本書出版得到國家古籍整理出版專項經費資助

宋人文集篇目分類索引

（一）

主　編　鄧廣銘
　　　　張希清

中　華　書　局

圖書在版編目(CIP)數據

宋人文集篇目分類索引/鄧廣銘,張希清主編.—北京:
中華書局,2013.1
ISBN 978 - 7 - 101 - 03837 - 8

Ⅰ.宋… Ⅱ.①鄧…②張… Ⅲ.古籍 - 中國 - 宋代 -
分類索引 Ⅳ.Z89:Z424.4

中國版本圖書館 CIP 數據核字(2003)第 016957 號

書　　名	宋人文集篇目分類索引(全五冊)
主　　編	鄧廣銘　張希清
責任編輯	王景桐　馮寶志　秦淑華
出版發行	中華書局
	(北京市豐臺區太平橋西里 38 號　100073)
	http://www.zhbc.com.cn
	E-mail:zhbc@ zhbc.com.cn
印　　刷	北京瑞古冠中印刷廠
版　　次	2013 年 1 月北京第 1 版
	2013 年 1 月北京第 1 次印刷
規　　格	開本/787×1092 毫米　1/16
	印張 155　插頁 10　字數 4180 千字
印　　刷	1 - 1500 冊
國際書號	ISBN 978 - 7 - 101 - 03837 - 8
定　　價	680.00 元

總　目

編 纂 説 明

　　我們現在懷着十分興奮和愉悦的心情,把《宋人文集篇目分類索引》奉獻給所有需要檢索這部工具書的國内外的朋友們。我們之所以感到興奮和愉悦,是因爲這部工具書在經過了幾度的崎嶇艱難的歷程之後,終於得到了與世人見面的機會。

　　與宋以前的幾個朝代相比較,兩宋的商品經濟又有了長足的發展。造紙術和雕板印刷術的普遍流行,也都爲隋唐五代時期之所不能及。這些條件的備具,促使兩宋學術文化事業的發展,也遠非前此的任何朝代之所能比擬。因而,兩宋學人屬於經史子集諸部的傳註和著述,以及這許多文獻之遺存至於今日者,真可稱爲卷帙浩繁,汗牛充棟。這對於後代從事於宋史研究者來説,自然可以提供極豐富的文獻資料。例如,單就集部中現尚可見的宋人的别集和總集來説,就還有四百六七十種之多。文集中所包含的,不但奏章、制誥等文與當時的政治事件直接相關,即使大量的行狀、墓誌或關於某些建築物的修建的記叙文字,也大都對於史事的考訂大有裨補。可是,卷帙既極繁富,則要想查知某一軍政大事是否曾爲某人所論奏,或某一人物的生平是否曾有人爲之撰寫,便不是一件頃刻可以辦到的事。因而《宋人文集篇目分類索引》的編纂,對於研治宋史者來説,乃成爲一椿亟需的工作。

　　所萬萬料想不到的是,正像這部《索引》内容之叢雜一樣,在編纂這部《索引》的進程當中,也竟是經歷了不少曲折和坎坷的。

　　最初從事於這部《索引》(當時叫做《引得》)的編纂的,是舊燕京大學哈佛燕京學社的引得編纂處,是由聶崇岐教授主持其事的。録製卡片的工作剛進行了一大半,而日寇侵華事作,工作遂停頓。及太平洋戰争爆發,日寇佔領了燕園,所已經録製的卡片,全被日寇恣意散亂,有的還被棄擲。這是這部《索引》所遭受的第一次災難。

　　1962年,鄧廣銘教授和聶崇岐教授商定,再把《宋人文集篇目分類索引》重新做起,同時還得到了中華書局總編輯金燦然先生的慨允,由中華書局提供編纂費用和工作場所,由鄧廣銘教授組織人力投入這一工作。不幸工作尚未開始,聶崇岐教授便突然病逝,於是這項工作的規劃和設計,全由鄧廣銘教授承擔。經過各方面的共同努力,這椿工作終於在1962年的夏季開始了。當時參加録製卡片的人員先後共有十一二人,而一切具體工作的安排則由何聰先生負責。經過將近三年的時間,卡片的録製和分類已全部完成,其中的傳記部分且已打印出了校樣。但是,相隔不久,史無前例的浩劫便突然襲來,這部在胚胎階段中的《宋人文集篇目分類索引》,隨之成了"破四舊"的勇士們要破的對象之一。於是,不但在大字報中聲討金燦然總編輯與反動學術權威(指鄧廣銘教授)狼狽爲姦,浪費了人民的財富兩萬餘元,而且已經錄製並分類排列的卡片又一次被打亂以至棄擲,使得數年之功毀於一旦。這是這部《索引》所遭受的第二次災難。在十年浩劫當中,這雖只是一個微不足道的小劫,然而在鄧廣銘教授和其他十幾位付出了辛勤勞動的同仁們,却不能不感到辛酸和痛惜。

1983年,美國亞利桑那州立大學的田浩教授來北京大學進行研究宋史的工作。有一天,他向鄧廣銘教授借閱《宋人文集篇目分類索引》,鄧先生將上述情況告訴了他。他熱情主動地提出,他可代向美國哈佛大學的哈佛燕京學社重新聯繫此事。結果,該學社果然應允支付編纂費用,我們遂於1984年的秋季開始了這部《索引》的第三次編纂工作。一年以後,哈佛燕京學社因故不再繼續支付費用,但我們却決定一不做,二不休,便改用全國高等院校古籍整理研究工作委員會的資助,把這一工作堅持進行下去。經過七八年的努力,現在終於清鈔編排完畢,可以交付排印了。

這次的編纂工作,仍由鄧廣銘教授主持,但一切具體工作的安排,則由張希清教授負責。先後參與錄製和排比卡片工作的,計有鄔天民、王幼忻、張光則、曲鴻、胡玉昆、陳荷、潘惠人、童靜嫻、鄭坤常、定士安、蔣清蘭以及本研究中心的臧健、李秀鉢等先生。在進行工作的過程中,這些先生一直都是嚴肅認真、一絲不苟的。而在關於《索引》中大小類目的區分和各類目下所附說明,還有關於引用書目的序列方面,對於《四庫全書總目·集部·別集類》中原定序列多所訂正,這種種,張希清教授都投入了大量的時間和精力。集合上述諸因素,就使得這次所編成的這部《索引》的質量,較之前兩次便又有了很大的提高。這也是我們感到值得欣慰的一事。

儘管如此,由於我們的經驗不足,考慮欠周,以及版本、目錄諸方面的知識的局限,出現在這部《索引》中的失誤之處必定還很不少,竭誠希望能得到專家學者以及使用這部《索引》的同志們的指正。

當今中華書局的總經理和總編輯,仍和已故的金燦然先生那樣,慨然允諾印行這部《索引》。我們參加編纂工作的諸人對此都表示由衷的感謝!

北京大學中國中古史研究中心本索引編纂小組

一九九三年一月二十八日初稿

一九九五年三月十六日定稿

凡　例

　　一、本索引所收録宋人文集凡五百零七種，其中別集四百六十四種、總集十八種、金石志二十五種。詩集一般不收，但若詩集中有文者，亦予收録，如《忠愍公詩集》等。奏議、題跋集亦作爲文集收録，如《石林奏議》《容齋題跋》等。凡合集及某一文集附録他人遺文者，則分別作爲一種文集著録，而在括號中加以説明。

　　二、爲便於查閲原文，本索引所收録文集，盡可能採用内容較多、流傳較廣的通行版本。通行版本不完備者，則採用善本。

　　三、本索引所收録文集，均著録有名稱(簡稱)、卷數、著者、版本等項，其順序一般按別集、總集、金石及著者生卒年排列。爲查閲方便，又按著者姓名筆畫，編製了《宋人文集著者索引》。

　　四、本索引所録篇目，包括所收文集内宋人撰寫的各種體裁的文章，不包括詩詞。別集中所附非本文集著者撰寫的傳狀、墓誌、序跋、雜文，亦予收録，而將撰寫人姓名註於篇目之後。兩種文集中互見重出的篇目，併列一目，以撰者本文集爲主，另集附後。總集内篇目，見於別集者，併列一目；不見於別集者，註其撰者姓名於篇目之後。每篇文章，一般只列一個篇目；個別文章所含内容較多，則另作副片，分見他類。

　　五、本索引篇目，一般依原文標題照録。若原標題過長，則酌加删節，如《觀文殿學士太子少師致仕贈太子太師歐陽公墓誌銘》，則删節爲《歐陽公墓誌銘》；原標題過於簡畧，則酌予增補，所補文字均加括號，以示區別，如金履祥《仁山集》中的《自號次農説》，則增補爲《(金履祥)自號次農説》。

　　六、本索引篇目之下皆以小號字註明所見文集的名稱(或簡稱)及卷、頁數。頁數後加註a、b，a代表上頁，b代表下頁。如"岳陽樓記　范文正集 7/3b"，即表示《岳陽樓記》一文見於《范文正公集》第七卷第三頁下。

　　七、本索引共收篇目十二萬有奇，爲了以簡馭繁，便於檢索，首先按不同文體分爲傳狀、詔令、奏議表狀、記、序、題跋、頌贊箴銘賦、論説、書啓、哀祭祈告、雜著等十一大類；然後在每大類中，再按篇目的内容分爲若干項；另外，根據需要，在某些項下再分若干目。

　　八、本索引傳狀類篇目，采用列表形式著録，分爲姓名、字、號、籍貫、生卒年、年齡、三代、篇名、出處等九項。各項概照篇目原文填寫；若原文有誤或不詳者，則參閲《宋史》等史書補正，不另註明出處。

　　九、篇目分類之後，一般按筆畫排列，若筆畫相同，則按筆形，以點、横、直、撇、曲爲序排列。根據篇目的不同內容,有的按篇目內容第一個字的筆畫、筆形排列,如記、贊等;有的按著者姓名的筆畫、筆形排列,如雜著等;有的按文集的順序排列,如祈告文等。具體排列方法,在各類文體之前,均有更爲詳細的説明,以備檢索。

十、爲了便於查找原書原文,本索引篇目一般按舊字形計算筆畫。這樣,某些字的筆畫就會多於新字形。可以參看《新華字典》中的《新舊字形對照表》。

文　集　書　目

61.祠部集三十五卷　强　至撰　武英殿聚珍版叢書本

62.鐔津文集二十二卷(鐔津集)　强　至撰　四部叢刊三編本

63.彭城集四十卷　劉　攽撰　武英殿聚珍版叢書本

64.范忠宣公集二十卷奏議二卷遺文一卷(范忠宣集)　范純仁撰　二范全書本

65.西溪集十卷(三沈集卷一至三)　沈　遘撰　四部叢刊三編本(沈氏三先生文集之一)

66.節孝先生文集三十卷附録一卷(節孝集)　徐　積撰　清刊本

67.孫莘老先生奏議事畧一卷(孫莘老奏議)　孫　覺撰　清道光二十五年高郵刊宋二孫先
　　生奏議事畧本

68.長興集四十一卷(缺卷一至十二、卷三十一、卷三十三至四十一)(三沈集卷四至五)　沈
　　括撰　四部叢刊三編本(沈氏三先生文集之一)

69.忠肅集二十卷拾遺一卷　劉　摯撰　畿輔叢書本(據武英殿聚珍版叢書本補拾遺)

70.蔣之奇遺稿一卷　蔣之奇撰　常州先哲遺書本(春卿遺稿附)

71.净德集三十八卷　吕　陶撰　武英殿聚珍版叢書本

72.廣陵先生集二十卷拾遺一卷補遺一卷附録一卷(廣陵集)　王　令撰　嘉業堂叢書本

73.雲巢編十卷(三沈集卷六至八)　沈　遼撰　四部叢刊三編本(沈氏三先生文集之一)

74.二程文集五十一卷(二程集)　程　顥、程　頤撰　清康熙刊本

75.舍人集二卷附校勘記一卷　孔文仲撰　豫章叢書本

76.錢塘韋先生文集十八卷附録一卷(錢塘集)　韋　驤撰　武林往哲遺著本(據羣書校補卷
　　七十一錢塘集補墓誌)

77.豐清敏公詩文輯存一卷(豐清敏詩文)　豐　稷撰　張壽鏞輯　四明叢書本

78.豐清敏公奏疏輯存一卷(豐清敏奏疏)　豐　稷撰　張壽鏞輯　四明叢書本(豐清敏公詩
　　文輯存附)

79.王魏公集八卷附校勘記一卷校勘續記一卷　王安禮撰　豫章叢書本

80.蘇東坡全集一百一十卷　蘇　軾撰　陶齋仿宋印本

81.東坡題跋六卷　蘇　軾撰　津逮秘書本

82.畫墁集八卷補遺一卷　張舜民撰　知不足齋叢書本

83.姑溪居士文集五十卷後集二十卷(姑溪集)　李之儀撰　粤雅堂叢書本

84.孫君孚先生奏議事畧三卷(孫君孚奏議)　孫　升撰　清道光二十五年高郵刊宋二孫先
　　生奏議事畧本

85.樂圃餘稿十卷附録一卷(樂圃稿)　朱長文撰　清康熙朱氏刊本

86.欒城集五十卷後集二十四卷三集十卷　蘇　轍撰　四部叢刊初編本

87.欒城應詔集十二卷　蘇　轍撰　四部叢刊初編本

88.范太史集五十五卷　范祖禹撰　四庫全書珍本初集本

89.青山集三十卷續集五卷附録一卷　郭祥正撰　清道光九年刊本

90. 宗伯集十七卷附校勘記一卷　孔武仲撰　豫章叢書本

91. 自省集一卷　劉奉世撰　新喻三劉文集清刻本

92. 西塘集九卷附録一卷　鄭　俠撰　閩刊本

93. 陶山集十六卷　陸　佃撰　武英殿聚珍版叢書本

94. 何博士備論一卷　何去非撰　浦城遺書本

95. 舒嬾堂詩文存三卷補遺一卷附録一卷(舒嬾堂文存)　舒　亶撰　四明叢書本

96. 朝散集十五卷附校勘記一卷　孔平仲撰　豫章叢書本

97. 孫傅師先生奏議事畧一卷(孫傅師奏議)　孫　覽撰　清道光二十五年高郵刊宋二孫先
　　生奏議事畧本(孫莘老先生奏議事畧附)

98. 讜論集五卷　陳次升撰　四庫全書珍本初集本

99. 演山集六十卷　黃　裳撰　四庫全書珍本初集本

100. 豫章黃先生文集三十卷(豫章集)　黃庭堅撰　四部叢刊初編本(據楊守敬校山谷外集
　　補遺文)

101. 山谷題跋九卷　黃庭堅撰　津逮秘書本

102. 自鳴集六卷附校勘記一卷　章　甫撰　豫章叢書本

103. 樂静集三十卷　李昭玘撰　四庫全書珍本初集本

104. 北湖集五卷　吳則禮撰　湖北先正遺書本

105. 灌園集二十卷　呂南公撰　四庫全書珍本初集本

106. 曲阜集四卷附校勘續記一卷　曾　肇撰　豫章叢書本

107. 曲阜集補三卷　曾　肇撰　陸心源輯　羣書校補(卷七十六、七十七)本

108. 西臺集二十卷　畢仲游撰　武英殿聚珍版叢書本

109. 龍雲集三十二卷附録一卷　劉　弇撰　豫章叢書本

110. 元城先生盡言集十三卷(盡言集)　劉安世撰　四部叢刊續編本

111. 淮海集四十卷後集六卷　秦　觀撰　四部叢刊初編本

112. 寶晉英光集八卷補遺一卷　米　芾撰　湖北先正遺書本

113. 寶晉山林集拾遺四卷(寶晉山林集)　米　芾撰　北京大學圖書館藏影宋抄本

114. 寶晉英光集補編四卷(寶晉集補)　米　芾撰　北京大學圖書館藏日本河三亥輯抄本

115. 海岳題跋一卷附寶章待訪録一卷　米　芾撰　津逮秘書本

116. 洛陽名園記　李格非撰　寶顔堂秘笈本

117. 後山先生集三十卷(後山集)　陳師道撰　適園叢書本

118. 濟北晁先生鷄肋集七十卷(鷄肋集)　晁補之撰　四部叢刊初編本

119. 游定夫先生集六卷卷首一卷卷末一卷(定夫集)　游　酢撰　清同治游智開校勘本

120. 龜山集四十二卷　楊　時撰　清光緒重刊本

121. 張右史文集六十卷(張右史集)　張　耒撰　四部叢刊初編本

122. 柯山集補十二卷　張　耒撰　陸心源輯羣書校補(卷七十八至八十七)本(據叢書集成初編本補拾遺二卷)

123. 宛丘題跋一卷　張　耒撰　津逮秘書本

124. 四明尊堯集十一卷(尊堯集)　陳　瓘撰　清光緒刻本

125. 濟南集八卷附德隅堂畫品一卷　李　廌撰　宋人集丙編本

126. 郴江百詠一卷輯補一卷　阮　閱撰　宋人集丙編本

127. 宗忠簡公集七卷附辨僞考異一卷(宗忠簡集)　宗　澤撰　金華叢書本

128. 嵩山文集二十卷附錄雜文一卷校勘表一卷(嵩山集)　晁説之撰　四部叢刊續編本

129. 雲溪居士集三十卷(雲溪集)　華　鎮撰　四庫全書珍本初集本

130. 潏水集十六卷　李　復撰　四庫全書本

131. 學易集八卷　劉　跂撰　畿輔叢書本

132. 道鄉集四十卷補遺一卷附錄一卷　鄒　浩撰　清道光鄒氏刊本

133. 豐清敏公遺事一卷附錄一卷新增附錄一卷續增附錄一卷校勘記一卷(豐清敏遺事)　李朴撰　四明叢書本(豐清敏公詩文輯存附)

134. 溪堂集十卷附校勘補遺一卷　謝　逸撰　豫章叢書本

135. 摛文堂集十五卷附錄一卷(摛文集)　慕容彦逢撰　常州先哲遺書本

136. 襄陵文集十二卷(襄陵集)　許　翰撰　四庫全書珍本初集本

137. 東堂集十卷　毛　滂撰　四庫全書珍本初集本

138. 浮沚集九卷補遺一卷　周行己撰　武英殿聚珍版叢書本(據敬鄉樓叢書本補遺)

139. 劉左史文集四卷(劉左史集)　劉安節撰　永嘉叢書本

140. 劉給諫文集五卷(劉給諫集)　劉安上撰　永嘉叢書本

141. 謝幼槃文集十卷(幼槃集)　謝　邁撰　清光緒重刻本

142. 竹隱畸士集二十卷(竹隱集)　趙鼎臣撰　四庫全書珍本初集本

143. 眉山唐先生文集三十卷附校勘記一卷(眉山集)　唐　庚撰　四部叢刊三編本

144. 跨鰲集三十卷　李　新撰　四庫全書珍本初集本

145. 雪峰空和尚外集不分卷(雪峰集)　〔釋〕慧　空撰　北京圖書館藏日本刻本

146. 石門文字禪三十卷(石門禪)　〔釋〕惠　洪撰　四部叢刊初編本

147. 忠穆集八卷　呂頤浩撰　四庫全書珍本初集本

148. 忠穆奏議三卷　呂頤浩撰　北京圖書館藏明刻本

149. 尹和靖集十卷　尹　焞撰　清光緒刊本

150. 高峰文集十二卷(高峰集)　廖　剛撰　四庫全書珍本初集本

151. 斜川集六卷附錄二卷訂誤一卷　蘇　過撰　知不足齋叢書本

152. 橫塘集二十卷　許景衡撰　永嘉叢書本

153. 羅豫章文集十二卷附卷首一卷卷末一卷(羅豫章集)　羅從彦撰　清光緒九年張國正刊

本

154.老圃集二卷補遺一卷遺文一卷　洪　芻撰　洪氏晦本齋叢書本

155.丹陽集二十四卷　葛勝仲撰　常州先哲遺書本

156.初僚集八卷　王安中撰　北京圖書館藏清抄本

157.忠惠集十卷附錄一卷(翟忠惠集)　翟汝文撰　四庫全書珍本初集本

158.石林居士建康集八卷(建康集)　葉夢得撰　觀古堂葉氏刊本

159.石林奏議十五卷　葉夢得撰　歸安陸心源影宋刊本

160.北山小集四十卷(程北山集)　程　俱撰　四部叢刊續編本

161.莊簡集十八卷　李　光撰　四庫全書珍本初集本

162.苕溪集五十五卷　劉一止撰　清朱祖謀刊本(據傅增湘校補本補卷十六、十七)

163.東觀餘論二卷附錄一卷　黃伯思撰　津逮秘書本

164.浮溪集三十二卷拾遺三卷　汪　藻撰　四部叢刊初編本(據叢書集成初編本補拾遺)

165.盧溪先生文集五十卷(盧溪集)　王庭珪撰　北京圖書館藏明嘉靖重刊本

166.鴻慶居士文集四十二卷(鴻慶集)　孫　覿撰　常州先哲遺書本

167.孫尚書大全集七十卷(孫尚書集)　孫　覿撰　中國科學院圖書館藏抄本

168.內簡尺牘編注十卷(內簡尺牘)　孫　覿撰李祖堯編注　常州先哲遺書本

169.宋著作王先生文集八卷(王著作集)　王　蘋撰　宋人集丁編本

170.梁溪先生全集一百八十卷附錄六卷(梁溪集)　李　綱撰　清福建刊本

171.北海集四十六卷附錄三卷　綦崇禮撰　四庫全書珍本初集本

172.胡少師總集六卷附錄一卷(少師集)　胡舜陟撰　清同治二年刊本

173.東窗集十六卷　張　擴撰　四庫全書珍本初集本

174.華陽集四十卷(張華陽集)　張　綱撰　四部叢刊三編本

175.崧菴集六卷　李處權撰　宋人集甲編本

176.毗陵集十六卷補遺一卷附錄一卷　張　守撰　常州先哲遺書本

177.李清照集不分卷　李清照撰　中華書局本

178.茶山集八卷拾遺一卷　曾　幾撰　武英殿聚珍版叢書本

179.忠正德文集十卷附錄一卷(忠正德集)　趙　鼎撰　清道光吳傑刊本

180.廣川書跋不分卷　董　逌撰　津逮秘書本

181.廣川畫跋不分卷　董　逌撰　十萬卷樓叢書本

182.三餘集四卷　黃彥平撰　宋人集乙編本

183.大隱集十卷　李正民撰　清乾隆翰林院抄本

184.沈忠敏公龜溪集十二卷附校勘記一卷(龜溪集)　沈與求撰　四部叢刊續編本

185.樗溪居士集十二卷(樗溪集)　劉才邵撰　四庫全書珍本初集本

186.陵陽集四卷(韓陵陽集)　韓　駒撰　清宣統姚埭沈氏仿宋本

187.東牟集十四卷　王　洋撰　四庫全書珍本初集本

188.陳修撰文集十卷(陳修撰集)　陳　東撰　清道光李氏刊本

189.北山文集三十卷卷首一卷卷末一卷(北山集)　鄭剛中撰　金華叢書本(據叢書集成初
編本補缺文)

190.鄱陽集四卷拾遺一卷　洪　皓撰　清同治三瑞堂刊本

191.傅忠肅公文集三卷(傅忠肅集)　傅　察撰　清演慎齋刻本

192.牧堂公集一卷(牧堂集)　蔡　發撰　清三餘書屋刻蔡氏九儒書(卷一)本

193.筠溪集二十四卷　李彌遜撰　四庫全書珍本初集本

194.簡齋集十六卷　陳與義撰　武英殿聚珍版叢書本

195.雙溪集十五卷附遺言一卷　蘇　籀撰　粵雅堂叢書本

196.歐陽修撰集三卷(歐陽澈集)　歐陽澈撰　乾坤正氣集(卷六十三至六十五)本

197.飄然集三卷附校勘記一卷校勘續記一卷　歐陽澈撰　豫章叢書本

198.栟櫚先生文集二十五卷(栟櫚集)　鄧　肅撰　清道光鄧廷楨重刊本

199.蘆川歸來集十卷(蘆川集)　張元幹撰　四庫全書本

200.浮山集十卷　仲　并撰　四庫全書珍本初集本

201.橫浦集二十卷　張九成撰　海鹽張氏影明刊本

202.相山集三十卷　王之道撰　四庫全書珍本初集本

203.忠愍集三卷附錄一卷(李忠愍集)　李若水撰　四庫全書本

204.李延平先生文集四卷(延平集)　李　侗撰　正誼堂全書本

205.默成文集四卷(默成集)　潘良貴撰　續金華叢書本

206.紫微集三十六卷　張　嵲撰　湖北先正遺書本

207.韋齋集十二卷　朱　松撰　四部叢刊續編本

208.中興備覽三卷　張　浚撰　涉聞梓舊本

209.灊山集三卷補遺一卷附錄一卷　朱　翌撰　知不足齋叢書本

210.東溪先生集二卷附錄一卷(東溪集)　高　登撰　清咸豐刊本

211.斐然集三十卷　胡　寅撰　四庫全書珍本初集本

212.松隱文集四十卷(松隱集)　曹　勛撰　嘉業堂叢書本

213.縉雲文集四卷附錄一卷(縉雲集)　馮時行撰　四庫全書珍本初集本

214.默堂先生文集二十二卷(默堂集)　陳　淵撰　四部叢刊三編本

215.屏山文集二十卷(屏山集)　劉子翬撰　三餘書屋刊本

216.范香溪先生文集二十卷(香溪集)　范　浚撰　四部叢刊續編本

217.胡澹庵先生文集三十二卷(澹庵集)　胡　銓撰　清道光十三年重刊本

218.漢濱集十六卷　王之望撰　湖北先正遺書本

219.竹軒雜著六卷　林季仲撰　永嘉叢書本

220. 太倉稊米集七十卷(太倉集)　周紫芝撰　北京大學圖書館藏傳抄本

221. 夾漈遺稿三卷(夾漈稿)　鄭　樵撰　函海本

222. 鄭樵遺文不分卷　鄭　樵撰　廈門大學歷史系鄭樵研究參考資料第一輯本

223. 湖山集十卷輯補一卷　吳　苕撰　宋人集丁編本(據仙居叢書本補缺文)

224. 五峰集五卷　胡　宏撰　四庫全書珍本初集本

225. 鄮峰真隱漫録五十卷(鄮峰録)　史　浩撰　清光緒四明史氏活字本

226. 嵩山居士集五十四卷　晁公遡撰　文淵閣四庫全書本

227. 侍郎葛公歸愚集十卷補遺一卷(歸愚集)　葛立方撰　常州先哲遺書本

228. 唯室集四卷附録一卷　陳長方撰　四庫全書珍本初集

229. 方舟集二十四卷　李　石撰　四庫全書珍本初集本

230. 莆陽知稼翁文集十一卷附録一卷校記一卷(知稼翁集)　黃公度撰　宋人集乙編本

231. 梅溪先生文集廷試策并奏議五卷詩文前集二十卷後集二十九卷附録一卷(梅溪集)　王十朋撰　四部叢刊初編本

232. 拙齋文集二十卷(拙齋集)　林之奇撰　四庫全書本

233. 艾軒集九卷附録一卷　林光朝撰　四庫全書珍本初集本

234. 盤洲文集八十卷附録一卷拾遺一卷附札記一卷(盤洲集)　洪　适撰　四部叢刊初編本

235. 蓮峰集十卷　史堯弼撰　四庫全書珍本初集本

236. 海陵集二十三卷外集一卷　周麟之撰　海陵叢刻本

237. 文定集二十四卷拾遺一卷　汪應辰撰　武英殿聚珍版叢書本

238. 南澗甲乙稿二十二卷拾遺一卷(南澗稿)　韓元吉撰　武英殿聚珍版叢書本

239. 雲莊集五卷附校勘記一卷(曾雲莊集)　曾　協撰　豫章叢書本

240. 洪文安公小隱集不分卷(小隱集)　洪　遵撰　南京圖書館藏清道光勞格抄本

241. 魏文節遺書一卷附録一卷　魏　杞撰　四明叢書本

242. 倪石陵書一卷　倪　樸撰　宋人集丙編本

243. 定菴類稿四卷(定菴稿)　衛　博撰　四庫全書珍本初集本

244. 澹軒集八卷　李　吕撰　四庫全書珍本初集本

245. 頤堂先生文集五卷(頤堂集)　王　灼撰　四部叢刊三編本

246. 澹齋集十八卷　李流謙撰　清乾隆翰林院抄本(據四庫全書本補缺文)

247. 洪文敏公集八卷(洪文敏集)　洪　邁撰　北京大學圖書館藏傳抄本

248. 容齋題跋二卷　洪　邁撰　津逮秘書本

249. 吳文肅公集二十卷(吳文肅集)　吳　儆撰　北京圖書館藏明吳瀛校刊本

250. 梅山續稿十七卷雜文一卷(梅山稿)　姜特立撰　北京圖書館藏清抄本

251. 錦繡策不分卷　楊　□撰　清王金曾校本

252. 渭南文集五十卷(渭南集)　陸　游撰　四部叢刊初編本

253.放翁逸稿二卷　陸　游撰　汲古閣本

254.石湖居士詩集三十四卷(石湖集)　范成大撰　四部叢刊初編本

255.范成大佚著輯存不分卷(范成大佚著)　范成大撰　孔凡禮輯　中華書局本

256.鄭忠肅奏議遺集二卷(鄭忠肅集)　鄭興裔撰　四庫全書珍本初集

257.周益國文忠公集二百卷年譜一卷附錄五卷(益國文忠集)　周必大撰　清道光二十八年刊本

258.周益公文集二百卷年譜一卷附錄五卷(益公集)　周必大撰　北京圖書館藏明祁氏淡生堂抄本(據黃丕烈校本補正卷六十四至七十一)

259.梁溪遺稿二卷補編一卷附錄一卷(尤梁溪稿)　尤　袤撰　常州先哲遺書本

260.誠齋集一百三十三卷　楊萬里撰　四部叢刊初編本

261.范蒙齋先生遺文一卷(范蒙齋遺文)　范端臣撰　四部叢刊續編本(范香溪先生文集附)

262.范楊溪先生遺文一卷(范楊溪遺文)　范端杲撰　四部叢刊續編本(范香溪先生文集附)

263.應齋雜著六卷附校勘記一卷　趙善括撰　豫章叢書本

264.芸庵類稿六卷(芸庵稿)　李　洪撰　四庫全書珍本初集本

265.晦庵先生朱文公文集一百卷續集十一卷別集十卷(朱文公集)　朱　熹撰　四部叢刊初編本

266.艮齋先生薛常州浪語集三十五卷(浪語集)　薛季宣撰　永嘉叢書本

267.于湖居士文集四十卷附錄一卷(于湖集)　張孝祥撰　四部叢刊初編本

268.南軒文集四十四卷(南軒集)　張　栻撰　清咸豐重刊本

269.江湖長翁文集四十卷(江湖集)　陳　造撰　明萬曆刊本

270.尊白堂集六卷　虞　儔撰　四庫全書珍本初集本

271.蠹齋鉛刀編三十二卷(鉛刀編)　周　孚撰　北京圖書館藏清抄本

272.克庵先生尊德性齋小集三卷補遺一卷(尊德集)　程　洵撰　知不足齋叢書本

273.西山公集一卷(西山集)　蔡元定撰　清三餘書屋蔡氏九儒書(卷二)本

274.羅鄂州小集六卷(鄂州集)　羅　願撰　粵雅堂叢書本

275.悅齋文鈔十卷補一卷　唐仲友撰　續金華叢書本

276.舒文靖集四卷附錄三卷　舒　璘撰　清同治孫氏刻本

277.香山集十六卷　喻良能撰　續金華叢書本

278.宮教集十二卷　崔敦禮撰　螺樹山房叢書本

279.東萊呂太史文集十五卷別集十六卷外集五卷附錄三卷附考異四卷(東萊集)　呂祖謙撰　續金華叢書本

280.省齋集十卷附錄一卷　廖行之撰　四庫全書珍本初集本

281.止齋先生文集五十二卷附錄一卷(止齋集)　陳傅良撰　四部叢刊初編本

282.止齋論祖四卷卷首論訣一卷　陳傅良撰　北京大學圖書館藏明正德鮑雄刊本

283. 格齋四六二卷補一卷附校勘記一卷　王子俊撰　豫章叢書本

284. 宋本攻媿集一百二十卷　樓　鑰撰　北京大學圖書館藏南宋樓氏家刻本

285. 攻媿集一百十二卷拾遺一卷　樓　鑰撰　四部叢刊初編本(據叢書集成初編本補拾遺)

286. 橘洲文集十卷(橘洲集)　〔釋〕寶　曇撰　日本元禄十一年戊寅織田重兵衛仿宋刻本

287. 雙峰猥稿九卷卷首一卷卷末一卷(雙峰稿)　舒邦佐撰　清咸豐重刊本

288. 義豐集一卷附校勘記一卷　王　阮撰　豫章叢書本

289. 王雙溪先生集十二卷(王雙溪集)　王　炎撰　清康熙王氏刊本

290. 定川遺書二卷附録四卷　沈　焕撰　四明叢書本

291. 羅鄂州遺文一卷　羅　頌撰　粤雅堂叢書本(羅鄂州小集附)

292. 崔舍人玉堂類稿二十卷附録一卷(玉堂稿)　崔敦詩撰　佚存叢書本

293. 崔舍人西垣類稿二卷(西垣稿)　崔敦詩撰　佚存叢書本(崔舍人玉堂類稿附)

294. 象山先生全集三十六卷(象山集)　陸九淵撰　四部叢刊初編本

295. 客亭類稿十四卷(客亭稿)　楊冠卿撰　湖北先正遺書本

296. 網山集八卷　林亦之撰　四庫全書珍本初集本

297. 東塘集二十卷　袁説友撰　四庫全書珍本初集本

298. 辛稼軒詩文抄存不分卷(稼軒集)　辛棄疾撰　古典文學出版社本

299. 慈湖先生遺書十八卷續集二卷補編一卷附新增附録一卷(慈湖遺書)　楊　簡撰　四明叢書本

300. 定齋集二十卷　蔡　戡撰　常州先哲遺書本

301. 九華集二十五卷附録一卷　員興宗撰　四庫全書珍本初集本

302. 緣督集十二卷　曾　丰撰　清咸豐善和曾氏家刻本

303. 抄本緣督集二十卷　曾　丰撰　北京圖書館藏清乾隆翰林院抄本

304. 止堂集十八卷　彭龜年撰　武英殿聚珍版叢書本

305. 默齋遺稿二卷增輯一卷(默齋稿)　游九言撰　宋人集乙編本

306. 龍川文集三十卷卷首一卷附録一卷辨偽考異二卷(龍川集)　陳　亮撰　金華叢書本

307. 詹元善先生遺集二卷(詹元善集)　詹體仁撰　浦城遺書本

308. 章泉稿五卷拾遺一卷附録一卷　趙　蕃撰　武英殿聚珍版叢書本

309. 雲莊集十二卷　劉　爚撰　明成化刊本

310. 絜齋集二十四卷拾遺一卷　袁　燮撰　武英殿聚珍版叢書本

311. 袁正獻公遺文鈔二卷附録三卷(袁正獻遺文)　袁　燮撰　四明叢書本

312. 樂軒集八卷　陳　藻撰　四庫全書本

313. 水心文集二十九卷補遺一卷(水心集)　葉　適撰　四部叢刊初編本(據永嘉叢書本補遺)

314. 水心先生別集十六卷(水心別集)　葉　適撰　永嘉叢書本

315.黃文肅公文集四十卷(勉齋集)　黃　幹撰　清康熙福建刊本

316.南湖集十卷附錄三卷　張　鎡撰　知不足齋叢書本

317.燭湖集二十卷附編二卷　孫應時撰　清嘉慶靜遠軒刊本

318.龍洲道人文集十五卷(龍洲集)　劉　過撰　北京圖書館藏清抄本

319.育德堂外制五卷　蔡幼學撰　敬鄉樓叢書本

320.育德堂奏議六卷　蔡幼學撰　北京圖書館藏南宋刊本

321.橘山四六二十卷　李廷忠撰　中國科學院圖書館藏明丹陽孫雲翼刊本

322.後樂集二十卷　衛　涇撰　四庫全書珍本初集本

323.竹齋先生詩集四卷(竹齋集)　裘萬頃撰　宋人集甲編本

324.陳克齋文集十七卷(克齋集)　陳文蔚撰　清康熙刊本

325.方泉先生詩集三卷(方泉集)　周文璞撰　汲古閣影鈔南宋六十家小集本

326.白石道人詩集二卷集外詩一卷附錄二卷歌曲四卷外集一卷(白石集)　姜　夔撰　四部
　　叢刊初編本

327.方壺存稿九卷(方壺稿)　汪　莘撰　北京圖書館藏明刊本

328.節齋公集一卷(節齋集)　蔡　淵撰　清三餘書屋蔡氏九儒書(卷三)本

329.昌谷集二十二卷　曹彥約撰　四庫全書珍本初集本

330.崔清獻公集五卷附言行錄(崔清獻集)　崔與之撰　粵雅堂刊本

331.山房集八卷後稿一卷附勘誤一卷　周　南撰　涵芬樓秘笈本

332.北溪大全集五十卷外集一卷(北溪集)　陳　淳撰　清乾隆栗齋刊本

333.澗泉集二十卷　韓　淲撰　四庫全書珍本初集本

334.復齋公集一卷(蔡復齋集)　蔡　沆撰　清三餘書屋九儒書(卷四)本

335.康範詩集一卷附錄一卷(康範集)　汪　晫撰　宋人集乙編本

336.林湖遺稿一卷(林湖稿)　高鵬飛撰　清康熙高士奇刊本(信天巢遺稿附)

337.性善堂稿十五卷(性善稿)　度　正撰　四庫全書珍本初集本

338.洺水集二十六卷　程　珌撰　北京圖書館藏明嘉靖刊本

339.漫塘文集三十六卷附錄一卷(漫塘集)　劉　宰撰　嘉業堂叢書本

340.九峰公集一卷(九峰集)　蔡　沈撰　清三餘書屋蔡氏九儒書(卷六)本

341.南塘先生四六不分卷(南塘四六)　趙汝談撰　北京大學圖書館藏清抄本

342.石屏詩集十卷(石屏集)　戴復古撰　四部叢刊續編本

343.準齋雜說二卷附錄一卷　吳如愚撰　武林往哲遺書本

344.松垣文集十一卷(松垣集)　幸元龍撰　北京大學圖書館藏清抄本

345.開國公遺集一卷(鄭開國集)　鄭　準撰　清康熙刊本

346.東澗集十四卷　許應龍撰　四庫全書珍本初集本

347.方是閑居士小稿二卷(方是閑稿)　劉學箕撰　北京圖書館清抄本

348.翠微南征録十一卷附校勘記一卷(南征録)　華　岳撰　四部叢刊三編本

349.翠微先生北征録十二卷(北征録)　華　岳撰　貴池先哲遺書本

350.信天巢遺稿一卷(信天巢稿)　高　翥撰　清康熙高士奇刊本

351.復齋先生龍圖陳公文集二十三卷拾遺一卷(復齋集)　陳　宓撰　南京圖書館藏清抄本

352.蜀阜存稿三卷　錢　時撰　民國十六年徐氏家集本

353.梅亭先生四六標準四十卷(梅亭四六)　李　劉撰　四部叢刊續編本

354.平齋文集三十二卷(平齋集)　洪咨夔撰　四部叢刊續編本

355.安晚堂詩集六十卷(原缺卷一至五、卷十三至六十)補編二卷補遺一卷輯補一卷(安晚集)　鄭清之撰　宋人集丙編本

356.西山先生真文忠公文集五十一卷(真西山集)　真德秀撰　四部叢刊初編本

357.鶴山先生大全文集一百十卷(鶴山集)　魏了翁撰　四部叢刊初編本

358.竹坡類稿五卷附録一卷(竹坡稿)　呂　午撰　北京圖書館藏清抄本

359.左史諫草一卷　呂　午撰　四庫全書珍本初集本

360.篔窗集十卷　陳耆卿撰　四庫全書珍本初集本

361.鶴林集四十卷　吳　泳撰　四庫全書珍本初集本

362.浣川集十卷補遺一卷　戴　栩撰　敬鄉樓叢書本

363.戴仲培先生詩文一卷(戴仲培集)　戴　埴撰　四明叢書本

364.漁墅類稿八卷(漁墅稿)　陳元晉撰　四庫全書珍本初集本

365.滄洲塵缶編十四卷(塵缶編)　程公許撰　四庫全書珍本初集本

366.蒙齋集二十卷拾遺一卷　袁　甫撰　武英殿聚珍版叢書本

367.清獻集二十四卷(杜清獻集)　杜　範撰　清同治吳縣孫氏刊本

368.敝帚稿畧八卷補遺一卷(敝帚稿)　包　恢撰　宋人集丙編本

369.鐵菴集四十五卷　方大琮撰　北京圖書館藏明正德八年方良節刊本

370.壺山四六一卷　方大琮撰　四庫全書珍本初集本

371.金佗稡編二十八卷、續編三十卷　岳　珂撰　浙江書局刊本

372.寶真齋法書贊二十八卷(寶真贊)　岳　珂撰　武英殿聚珍版叢書本

373.素軒公集一卷(素軒集)　蔡　格撰　清三餘書屋蔡氏九儒書(卷五)本

374.臞軒集十六卷　王　邁撰　四庫全書珍本初集本

375.白玉蟾海瓊摘稿十卷(玉蟾稿)　葛長庚撰　明嘉靖唐胄刻本

376.竹林愚隱集一卷(竹林集)　胡夢昱撰　豫章叢書本

377.象臺首末七卷　胡知柔撰　清刊本

378.張氏拙軒集六卷(拙軒集)　張　侃撰　四庫全書珍本初集本

379.靈巖集十卷　唐士耻撰　續金華叢書本

380.恥堂存稿八卷(恥堂稿)　高斯得撰　武英殿聚珍版叢書本

381.雪磯叢稿五卷(雪磯稿)　樂雷發撰　南宋羣賢小集本

382.北磵集十卷　〔釋〕居　簡撰　中國科學院藏傅氏雙鑑樓抄本(據四庫全書本補卷九、十)

383.西塍稿一卷續稿一卷　宋伯仁撰　宋人集甲編本

384.獻醜集一卷　許　棐撰　宋人集丁編本

385.梅屋雜著一卷　許　棐撰　汲古閣影南宋六十家小集本

386.字溪集十一卷附錄一卷　陽　枋撰　四庫全書珍本初集本

387.後村先生大全集一百九十六卷(後村集)　劉克莊撰　四部叢刊初編本

388.後村題跋四卷　劉克莊撰　津逮秘書本

389.覺軒公集一卷(覺軒集)　蔡　模撰　清三餘書屋蔡氏九儒書(卷七)本

390.何北山先生遺集三卷附錄一卷(何北山集)　何　基撰　金華叢書民國補刊本

391.東野農歌集五卷(東野集)　戴　昺撰　四庫全書珍本初集本

392.徐清正公存稿六卷附錄一卷校勘記二卷(清正稿)　徐鹿卿撰　豫章叢書本

393.寒松閣集三卷附錄一卷(寒松集)　詹　初撰　宋人集丙編本

394.退庵先生遺集二卷(退庵集)　吳　淵撰　北京圖書館藏明吳伯敬刊本

395.徐文惠公存稿五卷附錄一卷(徐文惠稿)　徐經孫撰　宋人集甲編本

396.雪篷稿一卷　姚　鏞撰　汲古閣影鈔南宋六十家小集本

397.久軒公集一卷(久軒集)　蔡　杭撰　清三餘書屋蔡氏九儒書(卷八)本

398.楳埜集十一卷　徐元杰撰　乾坤正氣集(卷七十五至八十五)本

399.静軒公集一卷(静軒集)　蔡　權撰　清三餘書屋蔡氏九儒書(卷九)本

400.無文印集二十卷語錄一卷　〔釋〕道　璨撰　北京圖書館藏日本貞享二年刻本

401.許國公奏議四卷　吳　潛撰　北京圖書館藏清抄本

402.履齋遺集四卷(履齋集)　吳　潛撰　北京大學圖書館藏明萬曆刊本

403.魯齋王文憲公文集二十卷附考異一卷(魯齋集)　王　柏撰　續金華叢書本

404.可齋雜稿三十四卷續稿前八卷續稿後十二卷(可齋稿)　李曾伯撰　四庫全書珍本初集本

405.彝齋文編四卷補遺一卷　趙孟堅撰　嘉業堂叢書本

406.秋崖先生小稿四十五卷(秋崖稿)　方　岳撰　北京圖書館藏明嘉靖刊本

407.雪窗先生文集二卷附錄一卷(雪窗集)　孫夢觀撰　四明叢書本

408.庸齋集六卷　趙汝騰撰　四庫全書珍本初集本

409.文溪存稿二十卷卷首一卷卷末一卷(文溪稿)　李昂英撰　清乾隆十八年刊本

410.潛山集十二卷　〔釋〕文　珦撰　四庫全書珍本初集本

411.勿齋集二卷　楊至質撰　宋人集丙編本

412.巽齋文集二十七卷附存一卷(巽齋集)　歐陽守道撰　廬陵書局本

413.鄭所南先生文集一卷附校勘記一卷(所南集)　鄭思肖撰　四部叢刊續編本

414.心史二卷　鄭思肖撰　金陵內學院刊本

415.秋堂集三卷補遺一卷附錄一卷　柴　望撰　宋人集甲編本

416.黃氏日鈔九十七卷　黃　震撰　耕餘樓刊本

417.則堂集六卷　家鉉翁撰　四庫全書珍本初集本

418.澗谷遺集三卷(澗谷集)　羅　椅撰　豫章叢書本

419.本堂文集九十四卷附錄一卷(本堂集)　陳　著撰　清光緒十九年四明陳氏刊本

420.竹溪鬳齋十一稿續集三十卷(鬳齋集)　林希逸撰　北京圖書館藏清抄本

421.格庵奏稿一卷(格庵稿)　趙順孫撰　指海本

422.雪坡舍人集五十卷補遺一卷附校勘記一卷校勘續記一卷校勘後記一卷(雪坡集)　姚勉
　　撰　豫章叢書本

423.先天集十卷附錄二卷　許月卿撰　四部叢刊續編本

424.蒙川先生遺稿四卷補遺一卷(蒙川稿)　劉　黻撰　永嘉叢書本

425.九峰先生集三卷卷首一卷附錄一卷(區九峰集)　區仕衡撰　粵十三家集本

426.閬風集十二卷附錄一卷　舒岳祥撰　嘉業堂叢書本

427.趙寶峰先生文集二卷(寶峰集)　趙　偕撰　北京圖書館藏清抄本

428.蛟峰文集七卷外集四卷(蛟峰集)　方逢辰撰　北京圖書館藏明弘治重修本

429.碧梧玩芳集二十四卷附校勘記一卷(碧梧集)　馬廷鸞撰　豫章叢書本

430.龜城叟集輯一卷(龜城集)　龔　開撰　楚州叢書本

431.四明文獻集五卷附年譜三卷　王應麟撰　四明叢書本

432.深寧先生文鈔摭餘編三卷補遺一卷　王應麟撰葉　熊輯　四明叢書本(四明文獻集附)

433.巽齋先生四六一卷(巽齋四六)　佚　名撰　北京大學圖書館藏清抄本

434.疊山集十六卷　謝枋得撰　四部叢刊續編本(據清刻本補遺文)

435.桐江集八卷　方　回撰　宛委別藏本

436.秋聲集六卷　衛宗武撰　四庫全書珍本初集本

437.陵陽先生集二十四卷(牟陵陽集)　牟　巘撰　吳興叢書本

438.山房先生遺文一卷　方逢振撰　北京圖書館藏明弘治重修本(蛟峰文集附)

439.何潛齋先生文集十一卷(潛齋集)　何夢桂撰　清康熙家刻本

440.梅巖文集十卷(梅巖集)　胡次焱撰　四庫全書珍本初集本

441.四如先生文稿五卷(四如集)　黃仲元撰　四部叢刊三編本

442.須溪集七卷附校勘記一卷校勘續記一卷　劉辰翁撰　豫章叢書本

443.仁山先生金文安公文集五卷(仁山集)　金履祥撰　金華叢書本

444.自堂存稿四卷(自堂稿)　陳　杰撰　豫章叢書本

445.古梅吟稿五卷遺稿一卷(古梅稿)　吳龍翰撰　宋人集甲編本

446.文山先生全集二十卷(文山集)　文天祥撰　四部叢刊初編本

447.陸忠烈公書一卷(陸忠烈集)　陸秀夫撰　乾坤正氣集(卷九十七)本

448.鐵牛翁遺稿一卷(鐵牛翁稿)　何景福撰　宋人集甲編本

449.佩韋齋文集二十卷(佩韋集)　俞德鄰撰　天禄琳瑯叢書本

450.百正集三卷　連文鳳撰　知不足齋叢書本

451.存雅堂遺稿五卷(存雅稿)　方　鳳撰　續金華叢書本

452.在軒集一卷　黄公紹撰　四庫全書珍本初集本

453.霽山先生集五卷卷首一卷拾遺一卷(霽山集)　林景熙撰　知不足齋叢書本

454.石堂先生遺集二十二卷(石堂集)　陳　普撰　北京大學圖書館藏明刊本

455.覆瓿集　卷　趙必瑑撰　清道光伍元徽校刊本

456.伯牙琴一卷補遺一卷　鄧　牧撰　知不足齋叢書本

457.晞髮集十卷晞髮遺集二卷補一卷　謝　翱撰　國粹叢書本

458.吾汶稿十卷附校勘記一卷　王炎午撰　四部叢刊三編本

459.勿軒集八卷　熊　禾撰　北京圖書館藏傅氏雙鑑樓抄本

460.林屋山人漫稿一卷(林屋稿)　俞　琰撰　北京大學圖書館藏清抄本

461.寧極齋稿一卷(寧極稿)　陳　深撰　宋人集乙編本

462.古逸民先生集二卷附録一卷(古逸民集)　汪炎昶撰　宛委別藏本

463.宋貞士羅滄洲先生集五卷(羅滄洲集)　羅公升撰　宋人小集本

464.牧萊脞語二十卷二稿八卷　陳仁子撰　北京圖書館藏清影元抄本

465.四庫輯本別集拾遺不分卷(四庫拾遺)　欒貴明輯　中華書局本

466.宋大詔令集二百四十卷(宋詔令集)　佚　名輯　中華書局排印本

467.國朝諸臣奏議一百五十卷(宋朝奏議)　趙汝愚輯　北京圖書館藏南宋淳祐刻本

468.皇朝文鑑一百五十卷(宋文鑑)　呂祖謙輯　四部叢刊初編本

469.五百家播芳大全文粹一百五十卷(播芳文粹)　葉　菜、魏思賢輯　北京圖書館藏清抄本

470.聖宋文選三十二卷(宋文選)　佚　名輯　清光緒鄰城于氏影宋重彫本

471.琬琰集删存三卷(琬琰存)　杜大珪輯　引得編纂處排印本

472.赤城集十八卷　林表民輯　清臨海宋氏重刊本

473.嚴陵集九卷　董　棻輯　清光緒漸西村舍刊本

474.吳都文粹十卷　鄭虎臣輯　清活字本

475.吳都文粹續集五十六卷補遺二卷(吳都續文粹)　〔明〕錢　穀輯　四庫全書珍本初集本

476.新安文獻志一百卷(新安文獻)　〔明〕程敏政輯　北京圖書館藏明刻本

477.全蜀藝文志六十四卷(蜀藝文志)　〔明〕楊　慎編　清嘉慶二十二年健爲張氏小書廔本

478.歷代名臣奏議三百五十卷(歷代奏議)　〔明〕黄　淮、楊士奇等輯　北京圖書館藏明永樂刻本

479.涑水司馬氏源流集畧 〔明〕司馬晰編 明刻本

480.歷代賦彙一百四十卷外集二十集逸句二卷補遺二十二卷 〔清〕陳元龍編 四庫全書本

481.南宋文範七十卷外編四卷 〔清〕莊仲方輯 江蘇書局刊本

482.宋代蜀文輯存一百卷(蜀文輯存) 傅增湘輯 江安傅氏刊本

483.金石録三十卷 趙明誠輯 四部叢刊初編本

484.金石萃編一百六十卷 〔清〕王 昶輯 清經訓堂刊本

485.金石續編二十一卷 〔清〕陸耀遹輯 清雙白燕堂刊本

486.八瓊室金石補正一百三十卷(八瓊金石補) 〔清〕陸增祥輯 民國十四年劉氏刊本

487.兩浙金石志十八卷 〔清〕阮 元編 浙江書局刊本

488.括蒼金石志十二卷續編二卷 〔清〕李遇孫輯 清浙江處州府署刻本

489.括蒼金石志補遺四卷(括蒼金石補) 〔清〕鄒伯森輯 聚學軒叢書本

490.東甌金石志十卷 〔清〕戴咸弼輯 清光緒浙江溫州排印本

491.嚴州金石録二卷 〔清〕鄒伯森輯 嘉業堂刊本

492.吳興金石記十六卷 〔清〕陸心源輯 清刻本

493.台州金石録十三卷 〔清〕黃 瑞輯 嘉業堂刻本

494.山右石刻叢編四十卷(山右石刻編) 〔清〕胡聘之輯 清刻本

495.粵西金石畧十五卷 〔清〕謝啓昆輯 清銅鼓亭刻本

496.江蘇金石志二十四卷 江蘇通志局輯 江蘇通志稿本

497.山左冢墓遺文不分卷(山左冢墓文) 羅振玉校録 近刻本

498.鄴下冢墓遺文二卷(鄴下冢墓文) 羅振玉校録 近刻本

499.鄴下冢墓遺文二編不分卷(鄴下二編) 羅振玉校録 近刻本

500.芒洛冢墓遺文三卷續編三卷補一卷(芒洛冢墓文) 羅振玉校録 近刻本

501.芒洛冢墓遺文四編六卷補一卷(芒洛四編) 羅振玉校録 近刻本

502.京畿冢墓遺文二卷(京畿冢墓文) 羅振玉校録 近刻本

503.山右冢墓遺文二卷補遺一卷(山右冢墓文) 羅振玉校録 近刻本

504.東都冢墓遺文一卷(東都冢墓文) 羅振玉校録 近刻本

505.中州冢墓遺文一卷補遺一卷(中州冢墓文) 羅振玉校録 近刻本

506.襄陽冢墓遺文一卷(襄陽冢墓文) 羅振玉校録 近刻本

507.廣陵冢墓遺文一卷(廣陵冢墓文) 羅振玉校録 近刻本

文　集　著　者　索　引

篇 目 分 類 目 錄

壹、傳　狀

貳、詔　令

參、奏議表狀

肆、記

伍、序

<h2 style="text-align:center">陸、題　跋</h2>

柒、頌贊箴銘賦

捌、論　說

玖、書　啓

拾、哀祭祈告

拾壹、雜　　著

宋人文集篇目分類索引

壹、傳狀

【編纂説明】

(一)傳狀類包括神道碑、墓誌銘、行狀、謚議、年譜、事畧、墓記、墓表、行録、遺事、傳、壙誌(記)、厝銘、塔銘、龕銘等。

(二)本類分爲男、女甲、女乙、釋道、姓名未詳者等五目,以傳主姓名的筆畫、筆形爲序排列。

(三)"女甲"中已婚者,以其夫姓名爲序,例如鍾子度妻吳守静,可檢鍾子度妻即得;未婚者以其父姓名爲序,例如陸游女陸閏娘,可檢陸游女即得。"女乙"以本人姓名爲序,例如吳守静(鍾子度妻)可逕檢"吳守静"即得;陸閏娘(陸游女)可逕檢"陸閏娘"即可。

(四)釋(僧人)均以法名爲序,例如惠通,可檢"惠"字;尼姑則在名後加註"(尼)"字;道士以本人姓名爲序,例如楊介如可檢"楊"字。

(五)墓誌中同一傳主,而内容不同者,則在篇目下,分别註明文集出處;同一傳主,同一内容,而互見各家文集者,也在篇目下加註出處,以便讀者參閲。

(六)爲檢閲醒目起見,本傳狀類篇目採取列表形式,分爲姓名、字、號、籍貫、生卒年、年齡、三代、篇名、出處等九項。籍貫均按祖籍,寓居某地不以籍貫論。年齡均按中國的傳統方法,以虛歲計算。凡宋朝以前的傳主,皆在傳主前加方括號註明朝代,例如漢朝的翟義,則寫作"〔漢〕翟義"。

一、男

二　畫

姓　名	字	號	生卒年 （年齡）	籍　貫	曾祖	祖	父	篇　名	出　處
丁之初			？—1191	懷王				丁君墓誌銘	江湖集 35/10a
～立			約 980—1041 （62）	宋城				丁府君墓誌 銘並序	樂全集 39/48a
～世雄	少雲		1146—1194 （49）	黃巖	皓	旼	軾	丁君墓誌銘	水心集 14/13a
～安常	權中		1078—1142 （65）	德清				丁公墓誌銘	丹陽集 13/6a
～安義	居中		1097—1151 （55）	德清	夢微	珙	維	丁居中墓誌 銘	茗溪集 49/7a
～志夫	剛巽		1066—1120 （55）	永嘉	世元		昌期	丁大夫墓誌 銘	橫塘集 19/1a
～里	守廉		1220—1286 （67）	新喻	公逸	居易	昱	丁守廉墓誌 銘	須溪集 7/6a
～希亮	少詹		1146—1192 （47）	黃巖	皓	旼	軻	丁少詹墓誌 銘	水心集 14/19a
～伯初	慎之		1017—1062 （46）	蘇州				丁君墓誌銘 並序 （沈遘撰）	西溪集 10 （三沈集 3/53a）
～伯杞	元有		1161—1229 （69）	莆田	履	士睦	瑤成	丁元有墓誌 銘	後村集 149/13a
～伯桂	元暉 元輝		1171—1237 （67）	莆田	履	士睦	瑤成	丁給事神道 碑	後村集 141/1a
～宗臣	元規		1001—1054 （54）	晉陵	匡景	衡泌		丁公墓誌銘	文恭集 37/6b
～度	公雅		990—1053 （64）	祥符	崇	顥	逢吉	丁文簡公度 崇儒之碑 （孫抃撰）	琬琰存 1/11a
～南一	宋傑	斗軒	1197—1266 （70）	莆田	士睦	瑤成	伯杞	丁宋傑墓誌 銘	後村集 164/4b
～南叟	山父		1231—1254 （24）	莆田	士睦	瑤成	伯桂	丁倩監舶墓 誌銘	後村集 156/13b

姓　名	字	號	生卒年（年齡）	籍貫	曾祖	祖	父	篇　名	出　處
～泰亨	嚴老		1123—1196 (74)	沛縣	洪	執中	述	丁公墓誌銘	鶴山集 81/1a
～游	國賓	澹齋	1156—1219 (64)	金壇	炤	坦	鉞	丁澹齋墓誌銘	漫塘集 29/2b
～堯	復之		？—1185	崇安			愛	丁復之墓記	朱文公集 94/29a
～寶臣	元珍		1010—1067 (58)	晉陵	輝	諒	束之	丁君墓誌銘 丁君墓表	臨川集 91/6b 歐陽文忠集 25/11b 江蘇金石志 9/6b
～某	世元		999—1067 (69)	永嘉				丁世元墓誌銘	浮沚集 7/12b
卜之先	知幾	無知子	1021—1095 (75)	湖州	漢	君寵	彥忠	卜君墓誌銘	陶山集 15/4b
刁湛			971—1049 (79)	丹陽			衎	刁公墓誌銘並序	樂全集 39/26a
～某			1005—1065 (61)	丹徒	彥能	衎	湜	刁君墓誌銘	臨川集 93/7b

三　畫

姓　名	字	號	生卒年（年齡）	籍貫	曾祖	祖	父	篇　名	出　處
于瑨	伯玉		1168—1226 (59)	毗陵	溥	霆	倣	于奉議墓誌銘	漫塘集 29/20a
士袞	補之		1071—1118 (48)	須城		建中	安亨	士補之墓誌銘	學易集 8/7b
万俟卨	元忠		1083—1157 (75)	陽武	琰	敏	湜	万俟公墓誌銘	鴻慶集 36/1a 孫尚書集 61/1a

姓 名	字	號	生卒年 （年齡）	籍貫	曾祖	祖	父	篇 名	出 處
上官 正父			912—974 (63)					上官公神道 碑銘	乖崖集 8/銘 1b
～ 融	仲川		995—1043 (49)	濟陰	琛	遜	佖	上官君墓誌 銘	范文正公集 13/25a

四 畫

姓 名	字	號	生卒年 （年齡）	籍貫	曾祖	祖	父	篇 名	出 處
卞日華			962—1012 (51)	冤句				卞府君墓誌 銘	武溪集 20/5a
文士慶	善積		1089—1152 (64)	廬陵				文士慶墓誌 銘	益國文忠集 31/10b 益公集 31/160a
～ 天祥 （雲孫）	天祥 宋瑞 履善	文山 三了 道人	1236—1282 (47)	廬陵	安世	時用	儀	文丞相叙 文山先生紀 年録	心史/下/7a 文山集 17/1a
								文丞相傳 （劉岳申撰）	文山集 19/8b
								丞相傳 （胡廣撰）	文山集 19/22b
								文丞相督府 忠義傳 （鄧光薦撰）	文山集 19/41b
～ 安國	德臣		1113—1167 (55)	廬陵			士慶	文山人墓誌	益國文忠集 90/5a 益公集 90/139b
～ 同	與可	笑笑 先生 錦江 道人 安静 文同 文湖 州 石室 先生	1018—1079 (62)	永泰	彦明	廷藴	昌翰	文公墓誌銘 （范百禄撰） 石室先生年 譜 （家誠之編）	丹淵集/ 墓誌 1a 丹淵集/ 年譜 1a

姓　名	字	號	生卒年 (年齡)	籍貫	曾祖	祖	父	篇　名	出　處
～彥若	公順		1019—1049 (31)	介休				文府君墓誌銘 (張耒撰)	八瓊金石補 98/9a 東都冢墓文/30a
～彥博	寬夫		1006—1097 (92)	介休		銳	泊	文忠烈公彥博傳(實錄) 文潞公家廟碑(河東節度使守太尉開府儀同三司潞國公文公先廟碑)	琬琰存3/14a 傳家集79/1a 司馬溫公集79/9a
～銳	挺之		944—996 (53)	介休	穟	沼	崇遠	文府君墓誌銘	文潞公集12/9a
～儀	士表	革齋	1215—1256 (42)	富川	利民	安世	時用	革齋先生事實	文山集11/6b
方士端	德明		1126—1170 (45)	莆田				方君墓誌銘	朱文公集92/30a
～士繇 (伯休)	伯謩	遠庵	1148—1199 (52)	莆陽	會	昭	豐之	方伯謩墓誌銘	渭南集36/10b
～大東	東叔		1185—1236 (52)	莆田	獻	庭輝	履之	方東叔墓誌銘	後村集149/16b
～大琮	德潤	鐵庵 壺山	1183—1247 (65)	莆田	中	萬	遧	鐵菴方閣學墓誌銘	後村集151/12a
～大輿	德原		1181—1234 (54)	莆田	中	萬	遧	方揭楊墓誌銘	後村集151/11a
～大鏞	德録		1185—1223 (39)	莆田	中	萬	遧	方君薛氏墓誌銘	後村集157/5a
～子方	正叔			葛川			桂	方君壙記	楳埜集10/6b
～子先	山甫		1199—1243 (45)	歙縣	行文	中孚	元旦	方節幹墓誌銘	竹坡稿4/8a
～元恪	幾先		1084—1175 (92)	嚴陵	仁拱	舉中	玠	方君墓誌銘	東萊集12/1a
～壬	若水		1147—1196 (50)	莆田	金	晬	應	方寧卿墓誌銘	後村集151/9a

姓名	字	號	生卒年(年齡)	籍貫	曾祖	祖	父	篇名	出處
~必敏			1230—1250 (21)	莆田	畛	嚴起	遇	方氏子墓誌銘	後村集 153/14a
~世京	可大	可菴	1181—1229 (49)	莆田	監	廷實	盛	方君墓誌銘	後村集 149/1a
~左鉞	武成		1199—1223 (25)	莆田	憲	崧卿	信儒	方武成墓誌銘	後村集 148/5b
~史	直作		1150—1212 (63)	莆田	祐	恢	紹	方公壙誌	鐵菴集 41/8a
~汝一	清卿		1215—1259 (45)	莆田	秉侯	阜時	碩子	方清卿墓誌銘	後村集 158/15a
~有開	躬明	溪堂	1124—1186 (63)	歙縣	顔	良	綱	方公行狀 方溪堂事畧	燭湖集 11/11a 新安文獻/先賢上/7b
~安仁	伯壽		1144—1227 (84)	歙縣				先祖事狀	桐江集 8/8a
~泳之(芹之)	潛深 子實		1156—1214 (59)	莆田				方公墓誌銘	復齋集 22/8a
~宗昇	季平		1143—1200 (58)	慈溪	熙	昌	思訓	方巡檢墓誌銘	燭湖集 12/1a
~武子	景絢		1159—1217 (59)	莆田		秉機	凡	方景絢判官墓誌銘	後村集 160/12a
~其義	同甫		1157—1230 (74)	莆田	伯用	漸	林	方君墓誌銘	後村集 161/18b
~岡	季山		?—1135	莆田	蘋	希益	燾	方君窆銘	艾軒集 9/12a
~岳	巨山	秋崖	1199—1262 (64)	祁門			欽祖	方吏部岳傳 方秋崖事畧	新安文獻 79/6b 新安文獻/先賢上/10b
~采(君采)	采伯	墨林居士	1197—1256 (60)	莆田	潤	馸	思齊	方采伯墓誌銘	後村集 157/1a
~阜鳴	子默		1157—1228 (72)	莆田	伯通	子寶	秉白	方子默墓誌銘	後村集 148/11b
~宜	元旦		1170—1236 (67)	歙縣	烈	行文	中孚	方元旦墓誌銘	竹坡稿 4/6a

姓　名	字	號	生卒年 （年齡）	籍貫	曾祖	祖	父	篇　　名	出　　處
～　祐	天貺 國平		1066—1137 （72）	莆田				八祖遺事	鐵菴集 37/3b
～彦老	元卿		1123—1179 （57）	浦江	聳	超	允修	方元卿墓誌 銘	龍川集 27/15a
～　珌	元善		1180—1243 （64）	歙縣				叔父七府君 墓誌銘	桐江集 8/43b
～　恬	元養 仲退	鑑軒 師古		歙縣				方鑑軒事畧	新安文獻/ 先賢上/8b
～信儒	孚若	好庵	1177—1222 （46）	莆田		憲	崧卿	方公行狀	後村集 166/5b
～　益	子謙		1153—1232 （79）	臨海			允安	宋方府君壙 誌	台州金石録 11/17a
～清孫	潛仲		1218—1249 （32）	莆田			大東	方潛仲墓誌 銘	後村集 152/10a
～　崈 （澤民）	崇德							先兄百三貢 元墓誌銘	桐江集 8/50b
～惟深	子通		1040—1122 （83）	莆陽			龜年	方子通墓誌 銘	程北山集 33/7b
～崧卿	季申		1135—1194 （60）	興化 軍	早	淵	憲	方君崧卿墓 誌銘	益國文忠集 71/6a 益公集 71/8b
								方公神道碑	水心集 9/17b
～　符	子約		1176—1233 （58）	莆田	翼	耀卿	由之	方子約墓誌 銘	後村集 149/14b
～得一	以夫		？—1255	莆田			采	方甥貢士墓 誌銘	後村集 160/15a
～　訥	希仁		890—966 （77）	新安	顥	亮	穀	方公墓誌銘	徐公集 15/9a
～　偕	齋古		992—1055 （64）	莆田	京	守禋	鼎	方公神道碑	蔡忠惠集 33/1a

姓 名	字	號	生卒年 (年齡)	籍貫	曾祖	祖	父	篇 名	出 處
～逢辰 (夢魁)	君錫 聖錫	蛟峰 先生	1221—1291 (71)	淳安	汝翼	謙	鎔	方公墓誌銘 (文及翁撰) 蛟峰先生阡 表(黃溍撰) 方氏仕譜誌	蛟峰集/外 3/3b 蛟峰集/外 3/14b 鐵菴集 37/8b
～ 滋	務德		1102—1172 (71)	桐廬	楷	蒙	元修	方公墓誌銘	南澗稿 21/1a
～ 琛	元獻		1189—1231 (43)	歙縣				叔父九貢元 墓誌銘	桐江集 8/48b
～ 琢	元章		1174—1229 (56)	歙縣			安仁	先君事狀	桐江集 8/11a
～ 逵	由甫	方壺 老人	1159—1230 (72)	莆田	祐	中	萬	方公墓誌	鐵菴集 41/5b
～ 械	景楫		1198—1257 (60)	莆田	子寶	秉白	阜鳴	方景楫墓誌 銘	後村集 158/5a
～ 淵	深之		1186—1258 (73)	河南				方深之墓誌	潛齋集 10/3a
～ 進	德翁							方君墓誌銘	桐江集 8/37b
～ 煜	聖時 曄	愚迁 翁	1072—1143 (72)	永嘉			端	方聖時墓誌 銘	竹軒雜著 6/6b
～ 璩	元珪		1184—1244 (61)	歙縣				叔父八府君 墓誌銘	桐江集 8/46a
～ 過	仁甫		1150—1232 (83)	莆田	祐	中	萬	伯父四一從 事壙誌	鐵菴集 41/11b
～ 壽	祖仁		1050—1096 (47)	桐廬	延昌	輯	載	方君墓誌銘	演山集 34/8a
～ 翥	次雲			莆田	峻	元寀	命	方子空銘	艾軒集 9/7a
～ 與			1099—1178 (80)	福清				方公墓誌	網山集 4/13b

姓　名	字	號	生卒年 （年齡）	籍貫	曾祖	祖	父	篇　　名	出　處
～澄孫	蒙仲		1214—1261 （48）	莆田	庭輝	履之	大東	方秘書蒙仲 墓誌銘 方烏山事畧	後村集 162/3a 新安文獻/ 先賢上/12a
～審權	立之	聽蛙	1180—1264 （85）	莆田	宙	程	銓	方隱君墓誌 銘	後村集 161/16a
～　導	夷吾		1133—1201 （69）	桐廬	蒙	元修	滋	方君墓誌銘	宋本攻媿集 113/12b 攻媿集 106/12a
～　繽			（73）	莆田	昀	珣	馱	方君墓誌銘	復齋集 22/28a
～　濯	儒纓		1184—1263 （80）	莆田			鎔	方教授墓誌 銘	後村集 160/8a
～應龍	梅叔	梅窗	1172—1238 （67）	莆田		有爲	冲卿	方梅叔墓誌 銘	臞軒集 11/1a
～懋德	元相		1085—1149 （65）	南陵	瑶	元緒	炳	方君墓誌銘	太倉集 70/13a
～　擴	端立		1107—1166 （60）	莆田	謹微	革	希叔	方公墓誌銘	艾軒集 9/4b
～　鎬	仲京		1131—1214 （84）	莆田				方公墓誌銘	復齋集 22/9b
～之泰	巖仲		1204—1254 （51）	莆田		壬	伯佑	方君巖仲墓 誌銘	後村集 157/15a
～　某	從禮		1071—1116 （46）	臨海		瑗	洵武	方文林墓誌 銘	橫塘集 19/7b
王　乙	次公		978—1050 （73）	元城	安	庭温	奉譚	王公行狀 王君墓誌銘	廣陵集 20/7a 臨川集 98/5a
～十朋	龜齡	梅溪	1112—1171 （60）	樂清	信	格	輔	王公墓誌銘	文定集 23/6b 梅溪集/附 錄/墓誌 1a
～九成	夷仲		1102—1159 （58）	雙流				王九成夷仲 墓誌銘	方舟集 15/2b

姓 名	字	號	生卒年 （年齡）	籍 貫	曾祖	祖	父	篇 名	出 處
～九疇	建中		1022—1096 （75）	廬陵	諫	邈	堯逮	王君墓誌銘	龍雲集 31/3a
～之奇	能甫			慶陽			庶	王公行狀	定齋集 14/1a
～之道	彥猷	相山 居士	1093—1169 （77）	廬州	用和		奇	王公神道碑	相山集 30/1b
～士朋	致遠		1177—1219 （43）	金壇			顯道	王進士墓誌 銘	漫塘集 30/7b
～大臨	舜輔	是翁 醉軒 居士	1117—1186 （70）	吉水	景視	端禮	鴻舉	王舜輔墓誌 銘	誠齋集 129/3b
～山民	隱甫		1003—1071 （69）	長社	徵	嗣宗	九齡	王君墓誌銘	蘇魏公集 61/6b
～斗文	仰之	耐庵	1187—1251 （65）	笠澤	閎	亶	籍	王公墓誌 （王庚孫撰）	吳都續文粹 38/23b
～文亮	昭遠		（71）	奉化	淶	紳	韶	王公墓誌銘	臨川集 95/7b
～ 元	舜弼		1029—1097 （69）	莘縣	祐		端	王君墓誌銘	雞肋集 67/10a
～元寶	煇之		1157—1228 （72）	宜興				故王武德墓 誌銘	漫塘集 30/17b
～无咎	補之		1024—1069 （46）	南城				王補之墓誌 銘	臨川集 91/10a
～ 木	伯奇	桂山	1167—1227 （61）	黃巖	俗	剛	士寧	桂山君墓表	漫塘集 32/22a
～太沖	元遂		1184—1251 （68）	莆田	晞亮	桂	潤之	王郎中墓誌 銘	後村集 155/1a
～日就	成德		1109—1174 （66）	分水	思應	僎	琳	王君墓誌銘	東萊集 11/5a
～中正 （捷）	平叔		962—1016 （55）	長汀	安	靖	成	王公墓誌銘	文莊集 28/15b
～中行	知復		1158—1210 （53）	餘姚	直臣	俣	遠	王君墓誌銘	絜齋集 19/8a
～ 介	元石	渾尺 居士	1158—1213 （56）	金華	矩	敏	嵩卿	王公墓誌銘	真西山集 46/27b
～公儀	子嚴		1023—1093 （71）	長道	珪	維嵩	振	王公儀碑銘 並序（王森撰）	金石萃編 141/12b

姓　名	字	號	生卒年 （年齡）	籍　貫	曾　祖	祖	父	篇　名	出　處
～立之	直方		1069—1109 （41）	密縣	希逸	仁	械	王立之墓誌銘	嵩山集 19/39a
～立言	叔子		（44）	眉山	賞		養心	王立言墓誌銘	鶴林集 34/17a
～必成	宗可		1168—1220 （53）	泉州	言	宥	進之	王公墓誌銘	復齋集 21/15b
～永年	長慶		1055—1129 （75）	義烏				王公墓誌銘	苕溪集 50/6a
～永富	德厚		1127—1202 （76）	餘姚	哲	彥誠	延貴	王迪功墓誌銘	燭湖集 12/5a
～　平	保衡		985—1047 （63）	侯官	伸	廷簡	居政	王公墓誌銘 王公墓碣銘	文恭集 37/1a 臨川集 98/1b
～正己 （慎言）	正之 伯仁	酌古 居士	1119—1196 （78）	鄞縣	說	玩	勳	王公墓誌銘	宋本攻媿集 107/1a 攻媿集 99/15b
～正功 （慎思）	有之 承甫		1133—1203 （71）	鄞縣	說	玩	勳	王君墓誌銘	宋本攻媿集 107/8a 攻媿集 100/1a
～世行	祖道			開封				全州盤石廟 碑	豫章集 24/5a
～世昌	次仲		955—1032 （78）	許州				王公墓誌銘	歐陽文忠集 61/8b
～世隆	可久		976—1042 （67）	河南			應之	王公墓誌銘 並序	河南集 16/12b
～　旦	子明		957—1017 （61）	莘縣	言	徹	祐	王公神道碑 銘 王文正公祠 堂碑	歐陽文忠集 22/1a 宗伯集 15/1a
～　田	介然		991—1065 （75）	開封	諫	士安	博文	王公墓銘	蘇魏公集 56/10a
～　令	逢原		1032—1059 （28）	廣陵	奉諲	琪	世倫	王逢原墓誌 銘 廣陵先生傳 （劉發撰） 先生逸事 （劉敞撰）	臨川集 97/1a 廣陵集/1a 廣陵集/傳 1a 廣陵集/ 附錄/2a

姓 名	字	號	生卒年 (年齡)	籍貫	曾祖	祖	父	篇 名	出 處
~代恕			(69)	咸平	丕	祚	銳	王公墓誌銘	歐陽文忠集 27/6b
~汝舟	公濟	雲溪翁	(79)	婺源				王提刑汝舟傳(羅願撰) 王提刑事畧	新安文獻 84/1b 新安文獻/ 先賢上/3b
~安仁	常甫		1015—1051 (37)	臨川	明	用之	益	王常甫墓誌銘	臨川集 96/1b
~安石	介甫 獾郎	半山老人	1021—1086 (66)	臨川	明	用之	益	王荊公安石傳(實錄)	琬琰存 3/21a
~安國	平甫		1028—1074 (47)	臨川	明	用之	益	王平甫墓誌	臨川集 91/8a
~安裔			1165—1211 (47)			澤	紀	王公墓誌銘	京畿冢墓文/ 下/38b
~衣	子裳		1074—1135 (62)	歷城	繼文	异	宿	王公墓誌銘	北海集 35/1a
~次張	漢老		1108—1181 (74)	長清	异	宿	衣	王公墓誌銘	南澗稿 21/27b
~式	用之		974—1038 (65)	曲江		當	臨	王君墓碣銘	武溪集 19/25b
~存	正仲		1023—1101 (79)	丹陽				王學士存墓誌銘	曲阜集補 3/1a
~光逢	慶會		1153—1229 (77)	潤州	介	渙之	楹	王居士壙誌	漫塘集 32/19b
~同	容季	公議	(32)	汝陰	廷金	居正	平	王容季墓誌銘	元豐稿 42/14b
~回	深父 深甫		1023—1065 (43)	汝陰	廷簡	居政	平	王深父墓誌銘	臨川集 93/5b
~回	亞夫		1121—1192 (72)	瑞安	岳	需	佃	王公墓誌銘	誠齋集 125/22a
~全斌			(69)	太原				王中書全斌傳(實錄)	琬琰存 3/3a
~仲莊	師禮		(68)	鄆城	惟恭	紹勛	文震	王君墓誌銘	郎溪集 20/6a
~仲儒	時中		1047—1096 (50)	河南	恪	淮	起	王仲儒墓誌銘	張右史集 60/12a

姓 名	字	號	生卒年 (年齡)	籍貫	曾祖	祖	父	篇 名	出 處
～仲舉	聖俞		1044—1111 (68)	福清		珣	礎	王聖俞墓誌 銘(江公望撰)	吳都續文粹 40/16b
～ 任	叔重		1051—1100 (50)	華陽			仲符	王叔重墓誌 銘	净德集 23/9b
～自中	道甫 道夫	厚軒 居士	1140—1199 (60)	平陽	正臣	成子	廷佐	王道甫壙誌 陳同甫王道 甫墓誌銘	止齋集 50/5a 水心集 24/15b
								王公墓誌銘	龍川集/附錄 2/1b 鶴山集 76/10a
～自成	志可		1169—1221 (53)	泉州				王翁源墓誌 銘	後村集 148/14b
～ 沖	景儒		989—1056 (68)	虞城		化	礎	王公墓誌銘	公是集 53/4b
～ 沿			—1044					王先生述	河南集 13/9b
～ 汲	師黶 (點)		982—1040 (59)	河南	福			王君墓碣銘 並序 王君墓誌銘	河南集 13/7b 歐陽文忠集 29/9a
～ 宏	志遠		？—1155	資中				王志遠墓誌	方舟集 15/4a
～ 克	希仁		1024—1077 (54)	開封	祐	懿	諒	王君墓誌銘	長興集 29 (三沈集 5/68b)
～克明	彥昭		1112—1178 (67)	樂平			實	王君墓誌銘	水心集 13/14b
～克貞	守節		930—989 (60)	廬陵				王君墓誌銘	徐公集 29/8b
～希羽				歙縣				王校正希羽 傳(羅願撰)	新安文獻 94 上/1b
～希淮	同甫	槐坡 居士	1217—1275 (59)	安福	廷	忠政	朝用	先父槐坡居 士先母劉氏 孺人事狀	吾汶稿 9/14a

姓　名	字	號	生卒年 （年齡）	籍貫	曾祖	祖	父	篇　名	出　處
～廷老	世臣		1062—1136 （75）	廬陵	邈	堯		王公墓誌銘	澹庵集 29/17a
～利	兼濟		955—1026 （72）	河南	坑	演	承謙	王公墓誌銘 並序	河南集 13/10b
～佐	宣子	敬齋	1126—1191 （66）	山陰	仁	忠	俊彥	王公墓誌銘	渭南集 34/1a
～延嗣	季先		873—966 （94）	固始				王延嗣傳	范太史集 36/15b
～伯先	孝公		？—1070	六合	德輝	可則	綸	王府君墓誌 銘	彭城集 37/16b
～伯庠	伯禮		1106—1173 （68）	鄞縣	寂	禔	次翁	王公行狀	宋本攻媿集 93/1a 攻媿集 90/1a
～伯芻	駒父	率齋	1132—1201 （70）	廬陵	佖	箱	侃	率齋王居士 伯芻墓誌銘	益國文忠集 73/9a 益公集 73/30a
～君錫			（63）	建昌				王君錫墓誌 銘	雪山集 11/10a
～炎	晦叔 晦仲	雙溪	1138—1218 （80）	婺源		廷機	橐	王大監炎傳 （胡升撰） 王雙溪事畧	新安文獻 69/14a 新安文獻/ 先賢上 8b
～炎午 （鼎翁 應梅）		梅邊	1252—1324 （73）	安福	忠政	朝用	希淮	王炎午傳畧 王炎午忠孝 傳（李時勉撰）	吾汶稿 10/1a 吾汶稿 10/6a
～其賢	能父		1182—1227 （46）	廣安	裳	濆	壽嵩	王君墓誌	鶴山集 75/10b
～枏	木叔	合齋	1143—1217 （75）	永嘉	震	延齡	輅	王公墓誌銘	水心集 23/15a
～坦 （延紹 延貞父）			892—942 （51）	廬江			潛	王君墓誌銘	徐公集 15/13a
～尚恭	安之		1007—1084 （78）	河南				王公墓誌銘	范忠宣集 14/1a

姓　名	字	號	生卒年 （年齡）	籍貫	曾祖	祖	父	篇　名	出　處
～　岡	壽基		？—1136後 （75）	無錫	璡	仁諒	軾	王公墓誌銘	鴻慶集 34/7a 孫尚書集 57/7a
～　易	悌卿		1004—1081 （78）	開封	知緒	繼凝	元慶	王公墓誌銘	忠肅集 12/14b
～典孫	陳仲		1110—1178 （69）	四川				王典孫墓表 （馬麒撰）	蜀文輯存 61/11b
～　固	伯充		988—1062 （75）	分寧				王公墓誌銘	鄖溪集 21/6a
～　昕	明之	忠溪		睢陽				王氏家譜記	霽山集 4/10b
～知和	遠夫		（64）	開封	延嗣	廷節	元祐	王君墓誌銘	鄖溪集 20/7a
～　岳	景申		1035—1080 （46）	彭城	乂	改	尚賓	王君墓誌銘	雲巢編9 （三沈集 8/51a）
～　肱	力道		1043—1077 （35）	臨沂			恭睦	王力道墓誌銘	豫章集 23/3a
～居正	剛中		1087—1151 （65）	江都	汝能	寶臣	幾	王公行狀	東萊集9/1a
～承業	紹祖		886—962 （77）	太原	翰	佐	珣	王公墓誌銘	河東集 15/7b
～　洪	國興	信庵	1151—1221 （71）	金壇			康	信庵老人墓誌銘	漫塘集 29/8a
～　洤	困道	郤塵	1190—1237 （48）	台州	網	之望	鈆	王公朝奉墓誌銘 （江朝宗撰）	台州金石録 9/28b
～　洙	原叔 源叔 尚汶		997—1057 （61）	宋城	厚	化	礪	王公墓誌銘	歐陽文忠集 31/11a
～　宎	伯如	林隱	1174—1243 （70）	信州	仲山	映	子治	王從事墓誌銘	楳埜集 11/1a
～彦隆	仲禮		1078—1128 （51）	德安	世規	詔		王公墓誌	東牟集 14/5b

姓名	字	號	生卒年 (年齡)	籍貫	曾祖	祖	父	篇名	出處
~彥博	仲遠		1035—1055 (21)	鉅野	鄰	志	丕	王仲遠墓誌銘	樂靜集 28/1a
~彥暉	子充		1113—1184 (72)	德興	畿	之純	居立	王君墓碣銘	朱文公集 92/18b
~ 度	君玉		1157—1213 (57)	會稽	光	鞏	俊民	王君墓誌銘	水心集 20/17a
~ 玨	德全		1112—1164 (53)	臨川	安石	滂	桐	王少卿墓誌銘	嵩山居士集 54/1a
~拱辰 (拱壽)	君貺		1013—1086 (74)	咸平	祚	銳	代恕	王開府行狀 王懿恪公拱辰傳(實錄)	公是集 51/10a 忠肅集/ 拾遺 1/4a 琬琰存 3/51a
~ 恬	道夫		1110—1174 (65)	永康	利用	自然	有朋	王君墓誌銘	東萊集 12/4b
~ 昱	公旦		962—1035 (74)	建陽	磻	樞	綸	王公旦墓誌銘並序 (滕宗諒撰)	宋文鑑 144/16a 琬琰存 3/79a
~思文	煥之		1134—1212 (79)	長潭	璇	徽	迥	王公墓誌銘	水心集 24/11a
~ 信	誠之		1137—1194 (58)	麗水	明達	真	長方	王給事墓誌銘 (洪邁撰)	括蒼金石志 6/1a
~ 律	公權		1018—1078 (61)	吉水	敞	昇	澄	王公權墓誌銘	龍雲集 32/3a
~浚明	子家		1069—1153 (85)	虞城	瀆	純臣	廷老	王公墓誌銘	雙溪集 15/8b
~庭珍	漢臣		1088—1142 (55)	安福	著	祥	奭	故弟漢臣墓誌	盧溪集 46/6a
~庭珪	民瞻	盧溪 先生 瀘溪	1080—1172 (93)	安福	著	祥	奭	王公庭珪行狀 王公墓誌銘	益國文忠集 29/1a 益公集 29/104a 盧溪集/ 卷首 8a、13a 澹庵集 29/1a

姓　名	字	號	生卒年 （年齡）	籍貫	曾祖	祖	父	篇　名	出　處
～庭瑋	德莊		1091—1141 （51）	安福	著	祥	弇	故弟德莊墓 誌	盧溪集46/7a
～庭瑋	才臣		1086—1141 （56）	安福	著	祥	弇	故弟才臣墓 誌銘	盧溪集 46/4a
～益	損之 舜良		993—1038 （46）	臨川				先大夫述王 公墓誌銘	臨川集 71/1b 元豐稿 44/6b
～益恭	達夫		992—1065 （74）	河南	崇	景純	慎	王君墓誌銘	蔡忠惠集 36/13a
～素	仲儀		1007—1073 （67）	莘縣	徹	祐	旦	王懿敏公素 墓誌銘 王公神道碑 銘並序	華陽集 37/31b 樂全集 37/34b
～珪	禹玉		1019—1085 （67）	華陽	永	贄	準	王太師珪神 道碑 （李清臣撰）	琬琰存 1/16b
～致	君一			鄞縣				王先生傳	四明文獻集 6/13b
～剛中	時亨		1103—1165 （63）	樂平	誠	翰	憲	王公墓誌銘	鴻慶集 38/1a 孫尚書集 60/15a
～晈 （東里）	僑卿 廣元			括蒼	慶遜	汴	絑	王僑卿墓表	誠齋集 122/1a
～時會	季嘉	泰菴	1137—1200 （64）	奉化	起	元發	中立	王季嘉墓誌 銘	渭南集 37/9a
～倫	正道		1084—1144 （61）	開封	端	元	毅	王節愍公倫 覆諡議	宋本攻媿集 45/8b 攻媿集 49/8a
								王公神道碑	宋本攻媿集 100/1a 攻媿集 95/1a

姓　名	字	號	生卒年(年齡)	籍貫	曾祖	祖	父	篇　名	出　處
								王節愍公忠肅廟碑	宋本攻媿集 57/14b 攻媿集 60/14a
								王節愍公廟碑	絜齋集 22/1a
～師心	與道		1097—1169 (73)	金華	惟堯	本	登	王公墓誌銘	文定集 23/1a
～師愈	與正 齊賢		1122—1190 (69)	金華				王公神道碑銘	朱文公集 89/21a
～師錫			(37)	臨川				王君墓誌銘	臨川集 93/7a
～師顏				浚儀		明	扶	王公墓誌銘	郎溪集 20/8b
～留孫	宜遠		1278—1310 (33)	安福	朝用	希淮	炎午	先祖宜山公遠居士墓誌 (王玄開撰)	吾汶稿 10/14a
～卿月	清叔	醒庵居士 醒齋	1138—1192 (55)	台州	瓛	阜	思正	王公墓誌銘	宋本攻媿集 109/1a 攻媿集 102/8a
～淮	季海		1126—1189 (64)	金華	本	登	師德	王公行狀	宋本攻媿集 90/1a 攻媿集 87/1a
								王公神道碑	誠齋集 120/20a
～翊	輔之		993—1053 (61)	汴				王君墓誌銘	蔡忠惠集 35/10b
～翊	南鵬		1092—1173 (82)	宣溪	贄	居	翔	王南鵬墓誌銘	誠齋集 128/8a
～袞	君章		1037—1078 (42)	吉水	昇	澄	律	王君章墓誌銘	龍雲集 32/1a
～墊翁	太古		1240—1300 (61)	婺源				王太古墊翁墓誌銘 (方回撰)	新安文獻 71/4b
～速	致君		1117—1178 (62)	餘姚	景章	真臣	興	王公行狀	攻媿集 90/9a

姓　名	字	號	生卒年 （年齡）	籍貫	曾祖	祖	父	篇　名	出　處
～惟正	晦蒙		972—1042 （71）	太原	襲	劇	恩	王君墓誌銘	蔡忠惠集 34/6b
～惟寅	賓叔	東埜翁	1194—1255 （62）	侲潭	迴	思文	夢庚	王君墓誌銘	黃氏日鈔 97/4b
～惟德	輔之		？—1027	鄆州				王君墓誌銘	傳家集 78/10b 司馬温公集 77/4a
～莊	伯祥		1088—1171 （84）	蒲江		政朝	體福	王伯祥墓誌銘（姜如海撰）	蜀文輯存 97/18a
～異	同父		1157—1202 （46）	盧陵	瑞	章	度	王同父墓誌銘	誠齋集 182/13a
～逢	會之		1005—1063 （59）	當塗	延嗣			王會之墓誌銘	臨川集 93/8b 吳都續文粹/ 補遺上/40a
〔隋〕 ～通	仲淹		584—618 （35）	龍門	彥	傑	隆	文中子補傳（司馬光撰）	宋文鑑 149/19a
～紳	公儀		1024—1064 （41）	長安	彬	識	漬	王君墓誌銘	丹淵集 39/7a
～陶	樂道			萬年	樵	誨	應	王尚書陶墓誌銘（范鎮撰）	蜀文輯存 10/7a
～貫之			967—1028 （62）	臨川				王公墓誌銘	臨川集 96/2a
～湘	清夫		1092—1164 （73）	開封	拱辰			王修職墓誌銘	嵩山居士集 53/5a
～淵	巨源		？—1085	管城	超	德用	咸熙	王公墓誌銘	蘇魏公集 60/11a
～渙之	彥舟		1060—1124 （65）	常山	敏	言	介	王公墓誌銘	程北山集 80/1a
～曾	孝先		978—1038 （61）	益都	鐸	繼華	兼	王文正公曾行狀（富弼撰） 王公墓誌銘	琬琰存 2/54a 景文集 58/13a
～堯臣	伯庸		1003—1058 （56）	虞城	化	礪	漬	王公行狀 王公墓誌銘	公是集 51/4a 歐陽文忠集 32/1a

姓　名	字	號	生卒年 （年齡）	籍貫	曾祖	祖	父	篇　名	出　處
～彭	元老		1067—1092 （26）				與	王君元老墓 誌銘	芒洛冢墓文/ 下/23b
～遶	仲達		991—1072 （82）	濮陽	温	讓	翰	王公墓誌銘	元豐稿 42/9a
～森	茂之		1035—1100 （66）	河清		元一	規	王公墓誌銘	西臺集 13/22b
～揮	時發		1090—1160 （71）	睢陽	邦彥	昌符	鑄	王公墓誌銘	浪語集 33/26a
～貽永 （克明）	季長 秀長			祁縣		溥	貽正	王貽永謚康 靖議	蘇魏公集 20/10a
～欽若	定國		962—1025 （64）	新喻	逷	郁	仲華	王公行狀 王公墓誌銘 並序	文莊集 28/9a 文莊集 29/13b
～復	子勉		？—1269	臨海	衍	公顯	滋	王君墓誌銘 （楊棟撰）	台州金石録 11/22a
～象祖	德父	大田	1164—1239 （76）	臨海		衛	應之	大田先生墓 誌（吳子良撰）	赤城集 16/10a
～登	廷錫		1066—1126 （61）	金華				王公墓誌銘	丹陽集 13/7b
～絲	敦素		989—1049 （61）	蕭山	慶	安	宸	王君墓表	范文正集 14/6b
～雍	子肅		988—1045 （58）	莘縣	徹	祐	旦	王公墓表	蘇學士集 15/4a
～義方								王御史廟碑	小畜集 17/13a
～椿				瀘州		文	堂	王承信墓誌 銘	方舟集 15/10a
～慎言	不疑		1011—1087 （77）	河南		曙	益恭	王公墓誌銘	范忠宣集 14/13a
～萬	萬里	淡齋	？—1234	蒲江				王聘君墓誌 銘	鶴山集 86/2b
～萬樞	贊元		1143—1205 （63）	金壇	韶	寀	彥融	王公墓誌銘	漫塘集 28/1a

姓　名	字	號	生卒年（年齡）	籍貫	曾祖	祖	父	篇　名	出　處
～葆	彥先		1098—1167（70）	崑山	制	申	億	王公葆墓誌銘	益國文忠集90/1a益公集90/135a
～遇	子合子正	東湖	1142—1211（70）	龍溪		彥道	羽儀	王公行狀	勉齋集37/3a
～嗣宗	希阮	中陵子	944—1021（78）	汾州	同節	待價	夢證	王嗣寂謚景莊議	蘇魏公集20/9a
～楝	彥明		1047—1067（23）	汝縣	維清	拯	綬	王彥明墓誌銘	西臺集14/2b
～楙	勉夫	分定居士	1151—1213（63）	吳縣	仲舉	薀	大成	王勉夫壙銘（薛紹彭撰）	吳都續文粹40/18b
～漢之	彥昭		1054—1123（70）	常山	敏	言	介	王公行狀	程北山集84/1a
～說	應求	桃源	1010—1085（76）	鄞縣	耕	簡	昭文	王公墓誌銘王先生傳	舒嬾堂文存3/15a四明文獻集6/14a
～說	嚴夫		1028—1101（74）	洛陽	彬	化基	舉正	王公墓誌銘	道鄉集35/1a
～廳	天休			長溪	文昉	栗	度	太原居士墓誌銘	演山集33/13b
～壽卿	魯翁		1060—1122（63）	陳留	世則	宗立	師元	王魯翁先生墓誌銘（李侗撰）	芒洛四編6/51b
～嘉言	仲謨		991—1037（47）	鉅野			禹偁	王公墓誌銘	彭城集37/6b
～兢	彥履		1032—1095（64）	穰縣	文素	朏	餘慶	王公墓誌銘	西臺集13/12b
～夢松	曼卿	順（慎）齋先生	1186—1272（87）	青田	澤	顏	廷珪	王公墓誌銘	蒙川稿/補10a括蒼金石志8/23b
～夢易	潛夫		？—1086	榮州	薀舒	長鈞	伯琪	王夢易墓誌銘（張商英撰）	蜀文輯存14/17b

姓 名	字	號	生卒年 (年齡)	籍貫	曾祖	祖	父	篇 名	出 處
～夢得 (秀之)	起嚴 子俊		1203—1271 (69)	金華	吉	汝謀	朝佐	王公墓誌銘	魯齋集 20/4b
～頓	叔雅		1123—1175 (53)	安福	祥	奭	庭珪	王叔雅墓誌 銘	誠齋集 127/12b
～聞詩	興之		1141—1197 (57)	樂清			十朋	王公墓誌銘	水心集 16/20a
～聞禮	立之		？—1206	樂清			十朋	王公墓誌銘	水心集 17/6a
～綱	振仲 羽中		1073—1127 (55)	縠城	允中	遷	文	王公墓誌	梅溪集/後 29/6a
～絢	唐公		1074—1137 (64)	開封	世融	克存	發	王公墓誌銘	毘陵集 13/5b
～絢	敏功		1085—1134 (50)	安陽	悅	東珣	審禮	王公絢神道 碑	益國文忠集 29/13b 益公集 29/119b
～適	子立		1055—1089 (35)	臨城	璘	馥	正路	王子立墓誌 銘	蘇東坡全集/ 後 18/10b
～震	東卿		1079—1146 (68)	開封	密	昌	澤	王公墓誌銘	斐然集 26/57a
～璉			926—973 (48)	密州		甲	徹	王府君墓誌 銘並序	小畜集 29/12b
～樞 (匡樞)	慎之		978—1016 (39)	無錫	克模	建寧	德政	王公墓表	文恭集 39/7a
～篴	元直		1049—1101 (53)	青神	維德	文化	介	王元直墓碑	斜川集 5/18a
～質	子野		1001—1045 (45)	莘縣	徹	祐	旭	王公行狀 王公墓誌銘 王公神道碑	蘇學士集 16/8a 范文正集 13/1a 歐陽文忠集 21/4a
～葡	夷仲		1107—1167 (61)	臨海	安禮	居中	庭筠	王公夷仲墓 誌銘	水心集 18/1a
～德	子華		1087—1154 (68)	鞏州	永	忠立	達	王公神道碑 (傅秀撰)	江蘇金石志 11/42b

姓名	字	號	生卒年(年齡)	籍貫	曾祖	祖	父	篇名	出處
～德文	周卿		1190—1246 (57)	吳縣	蘊	大成	棌	王公壙記（王玨撰）	吳都續文粹 40/21a
～德用	元輔		987—1065 (79)	管城	方	玄	超	王公行狀 王公神道碑銘	臨川集 90/6a 歐陽文忠集 23/1a
～畿	千里		1144—1200 (57)	廬陵				王千里墓誌銘	緣督集 8/1a
～融			1117—1186 (70)	奉化				王公墓誌	舒文靖集 2/3a
～默	復之			棘道	鄰	祚	晏	王君墓誌銘	豫章集 22/9a
～龜齡	安仁		1050—1076 (27)	鉅野	志	丕	彥博	王君墓誌銘	鷄肋集 66/13b
～繕	子雲		1073—1159 (87)	分水				王司諫墓誌銘	南軒集 28/5a
～鴻志	夢授		1081—1156 (76)	廬陵		九疇	廷俊	王夢授墓誌銘	盧溪集 42/8b
～應麟	伯厚 厚齋	深寧居士	1223—1296 (74)	鄞縣	安道	希亮	撝	浚儀遺民自誌 王公壙記 王厚齋先生小傳（鄭貞撰）	四明文獻集/自誌 22a 四明文獻集/壙記 24a 四明文獻集/卷首小傳 1a
～檢	反之		1056—1104 (49)	臨川	仲達	若納	正辭	王反之墓誌銘	溪堂集 8/11b
～邁	貫之	臞軒	1184—1248 (65)	仙遊	贄	汝舟	鑑	王少卿墓誌銘	後村集 152/11a
～曙	晦叔		963—1034 (72)	河南	傑	崇	景純	王公神道碑銘並序	河南集 12/9a
～濆	希聖		(56)	虞城			礪	王公墓誌銘並序	樂全集 39/18b
～贊	至之		994—1069 (76)	泰和			牧	王公墓誌銘並序	樂全集 39/8b
～曠	若谷		1027—1078 (52)	臨川				王君墓誌銘	灌園集 20/5b
～鎬	周翰		？—1027	澶淵	鼎	楷	袞	王君墓表	范文正集 14/1b

姓名	字	號	生卒年（年齡）	籍貫	曾祖	祖	父	篇名	出處
～鎬	德高		1135—1213 (79)	慈溪	發	庭芳	基	王德高墓銘	慈湖遺書/續 1/33a
～鎮	靖之		1116—1193 (78)	陳留	潤	履	蕃	王君鎮墓碣	益國文忠集 77/6a 益公集 77/88a
～懷忠	孝傑			開封		美	貞	王君墓誌銘	廣陵集 20/3b
～蘋	信伯	震澤	1082—1153 (72)	福清	珣	礎	伯起	王著作墓誌（章憲撰）	王著作集 5/5a 南宋文範 67/4a
～繹	彥成		1061—1132 (72)	平江	愈	琚	安仁	王公墓誌銘	丹陽集 14/1a
～藺	謙仲	軒山		盧江				王藺傳	杜清獻集 19/3b
～覺	天民 天明		1109—1175 (67)	安陽	亮	察	後	王公覺墓誌銘	益國文忠集 32/7b 益公集 32/9a
～某	公權		(83)	婺源				王君墓誌銘	浮溪集 27/9b
									新安文獻 91/3a
～某	夢得		1095—1165 (71)	無錫	宗古	舜臣	景文	王公夢得墓誌銘	孫尚書集 62/8b
～某	仲符		？—1088	華陽				王府君墓誌銘	淨德集 213/7b
～某 （無咎父）	君玉	夷門隱叟	(65)	南城				王君墓表	臨川集 90/14a
～某			996—1072 (77)	江都	錫	得中	汝能	王君墓誌銘	元豐稿 44/1a
元奉宗	知禮		961—1038 (78)	餘杭	仔倡	德昭	秀文	元公墓誌銘	范文正集 12/3b
～絳	厚之		1008—1083 (76)	錢塘	仔倡	德昭	守文	元公墓誌銘 元章簡公神道碑	王魏公集 8/15b 蘇魏公集 52/1a

姓　名	字	號	生卒年 （年齡）	籍貫	曾祖	祖	父	篇　名	出　處
～　璹 （燾）	仁伯		1171—1232 （62）	崇仁	克輔	端	可久	元公墓誌銘	漁墅稿 6/11b
尤　袤	延之	遂初 居士	1127—1194 （68）	無錫	大成	申	時亨	家譜本傳	尤梁溪稿/ 附錄5a
支時起	興道			資陽		成	翊	支興道墓誌 銘	方舟集 15/8b
牛宗諫			916—969 （54）	河南	孝恭	存節	知業	牛宗諫墓誌	芒洛冢墓文/ 下/14/b
〔五代〕 ～知讓			（43）	河南		孝恭	存節	牛公墓誌銘	芒洛冢墓文/ 下/14a
毛子中	積夫		1151—1215 （65）	瑞安		鐣	驤	毛積夫墓誌 銘	水心集 21/10a
～公亮	明叔		1122—1167 （46）	金華	廣	達	辰	毛君將仕墓 誌銘	東萊集 10/1b
～　洵	子仁		1003—1034 （32）	吉水	休	澄	應佺	毛君墓誌銘	武溪集 20/20b
～惠直 （嶽壽）	嵩老 申叔		1096—1164 （69）	吉水	九皋	琦	珵	毛嵩老墓誌 銘	誠齋集 128/3a
～朝弁	德充		1102—1174 （73）	洪雅	偖	景陽	絳	毛公墓誌銘 （范蓍撰）	蜀文輯存 73/15a
～　溥	之祖		996—1033 （38）	吉水	休	澄	應佺	毛君墓誌銘	武溪集 20/18b
～鼎新	新甫		1205—1271 （67）	黃岩	輔	幾	居厚	毛君墓誌銘	黃氏日鈔 97/6a
～　澥	文若		1048—1088 （41）	江山		德拱	維唐	毛文若墓誌 銘	東堂集 10/11a
～　隨	彥時		1077—1131 （55）	江山	煥	愷	勉	毛公墓誌銘	程北山集 33/2b
～應佺	子貞		967—1033 （67）	吉水	讓	休	澄	毛君墓銘	武溪集 20/16a

姓　名	字	號	生卒年 （年齡）	籍貫	曾祖	祖	父	篇　　名	出　處
仇公著	晦之		1036—1096 (61)	滄州	華	永	諒	仇府君墓誌銘（柳子文撰）	山左冢墓文/32b
勾龍樑	持國			資陽				勾龍府君墓誌銘	方舟集15/6b
～ 權	持正			資陽				勾龍府君墓誌	方舟集15/5b
尹 樸	處厚		(25)	河南			洙	尹君墓誌銘並序	安陽集47/24a 河南集28/34a
～ 仲宣			967—1037 (71)	河南	燉		文化	君公墓誌銘 尹公墓表	歐陽文忠集26/1a 蔡忠惠集33/9a
～ 宗輿			(65)	姑蘇	崇珪	昭壽	元興	尹君墓誌銘	豫章集22/19a
～ 洙	師魯		1002—1047 (46)	河南	誼	文化	仲宣	尹師魯墓誌銘	歐陽文忠集28/9b 河南集28/15a
								論尹師魯墓誌（歐陽修撰）	河南集28/28a
								尹公墓表	安陽集47/1a 河南集28/9a
								雜見事跡	河南集28/38a
～ 湘	巨川		1004—1027 (24)	河南	誼	文化	仲宣	尹府君墓誌銘並序	河南集14/1b
～ 燉	彦明 德充	和靖先生	1071—1142 (72)	河南	仲宣	源	林	尹燉墓誌銘（呂德元撰） 年譜	尹和靖集10/1a 尹和靖集1/1a

姓 名	字	號	生卒年 （年齡）	籍貫	曾祖	祖	父	篇 名	出 處
～ 源	子漸		996—1045 （50）	河南	誼	文化	仲宣	尹君墓誌銘	歐陽文忠集 31/6a 河南集 28/32a
～ 楫	濟川		1059—1107 （49）		文中	仲舒	渭	尹君墓誌銘 （尹焞撰）	東都家墓 文/42b
～ 節	守約		（56）	河南			暉	尹府君墓誌 銘並序	河南集 15/1b
～ 構	嗣復		（31）	河南	文化	仲宣	洙	尹判官墓誌 （范純仁撰）	河南集 28/35a 范忠宣集 15/12b
毋廷瑞	仁叔	平山	1219—1270 （52）	成都	岩 （巖）	諫	自誠	毋制機墓銘	疊山集 85/1a
～ 湜			1004—1063 （60）	河東				毋公墓誌銘	彤淵集 39/1a
孔文仲	經父	博治	1033—1088 （56）	新喻	文質	中正	延之	孔公墓誌銘	蘇魏公集 59/1a
～元方	子圓			銅鞮			寶	孔元方傳 （吳應紫撰）	新安文獻 35/7b
～元忠	復君	靜樂	1159—1226 （68）	長洲	先	佐	道	孔公行述	漫塘集 35/1a
～延之	長源		1014—1074 （61）	新淦	令倩	文質	中正	孔君墓誌銘	元豐稿 42/11a
～ 旼	寧極		994—1060 （67）	龍興	詢	延滔	昭亮	孔處士墓誌 銘	臨川集 98/3b
～道輔 （延魯）	原魯		986—1039 （54）	曲阜	光嗣	仁玉	勗	孔公墓誌銘	臨川集 91/4b
～端木	子與							孔右司端木 傳（李以申撰）	新安文獻 93/1a

五　畫

姓　名	字	號	生卒年 （年齡）	籍貫	曾祖	祖	父	篇　名	出　處
左某 （瑋實父）			（40）	河南			欽	左君墓誌銘	河南集 15/10a
古世淳	太素		1015—1084 （70）	金水				古府君墓誌 銘	净德集 26/10b
～ 摯	通老		1105—1154 （50）	遂寧	仲信	冕	堯卿	古摯墓銘 （王灼撰）	蜀文輯存 63/12b
石斗文	天民		1129—1189 （61）	新昌	倫	彝	悦可	石公行狀	燭湖集 11/4a
～中立	表臣		972—1049 （78）	洛陽	廷威	繼遠	熙載	石少師行狀 石太傅墓誌 銘 石公神道碑 銘	景文集 61/18b 景文集 59/6b 蘇魏公集 54/1a
～ 介	守道	徂徠 先生	1005—1045 （41）	俸符	路真	欽	丙	石先生墓誌 銘	歐陽文忠集 34/3b 徂徠集/ 卷末
～介 家族								石氏墓表 （石介撰）	金石萃編 14/25b
～允德	迪之		1152—1200 （49）	新昌	景恭	端怡	圖南	石君墓誌銘	渭南集 37/12b
～秀之	春卿		1017—1093 （77）	新昌	延俸	渥	待旦	石奉議墓誌	錢塘集 16/29a
～延年	曼卿 安仁		994—1041 （48）	宋城		自成	補之	石曼卿墓表	歐陽文忠集 24/1a
～延慶 （襲）	先錫		1101—1149 （49）	新昌	象之	景勳	師聖	石君墓誌銘	漢濱集 15/8a
～牧之	聖咨		1015—1093 （79）	新昌	延	渥	待用	石君碣銘	蘇魏公集 55/3b

姓　名	字	號	生卒年 （年齡）	籍貫	曾祖	祖	父	篇　名	出　處
～洵直	居正		999—1091 (93)	眉山	瑝	昌齡	待舉	石公墓誌銘	浮德集 22/4a
～保吉	祐之		954—1010 (57)	大梁	銳		守信	石保吉碑 (李宗諤撰)	金石萃編 129/20b
～保興 (保正　貞)	光裔		945—1002 (58)	大梁	銳		守信	石保興碑 (楊億撰)	金石萃編 129/31a
～揚休	昌言		995—1057 (63)	眉州	誧	元粲	濟	石工部揚休 墓誌銘 (范鎮撰)	蜀文輯存 10/1a
～景衡	叔平		1047—1104 (58)	新昌	渥	仕舉	衍之	石公墓誌銘	摛文集 15/1a
～畫問	叔訪		1125—1198 (74)	新昌	衍之	景術	公撲	石大夫畫問 墓誌銘	益國文忠集 35/8a 益公集 75/58b
～　輅	君榮		1008—1069 (62)	范縣	溫	文舉	崧	石君墓誌銘 石公墓誌銘 (杜純撰)	雞肋集 64/14b 東都冢墓文 39a
～　𡭴	子重	克齋	1128—1182 (55)	臨海		公孺		石君墓誌銘	朱文公集 92/4b
～熙載	凝績		928—984 (57)	洛陽	質	延威	繼遠	石公神道碑 銘	蘇魏公集 54/1a
～　碣	文炳			岐山				石碣傳	芸庵稿 6/17a
～　範	宗卿		1148—1213 (66)	浦江	泂	竂	知言	石君墓誌銘	絜齋集 18/21b
～德祥	君瑞		(85)	金華				石君瑞名德 祥墓誌並序	本堂集 36/3a
～徽之	子倩		1024—1078 (55)	新昌		渥	待用	石子倩墓誌 銘	陶山集 15/1a
～繼曾	興宗		1142—1199 (58)	新昌	端中	邦哲	祖仁	石公墓誌銘	渭南集 86/7a
～　某	君瑜		1011—1062 (52)	祥符				石君墓誌銘	丹淵集 36/1a

姓　名	字	號	生卒年 （年齡）	籍貫	曾祖	祖	父	篇　名	出　處
田有嘉	會之		1077—1142 (66)	開封	皓	澄	世立	田公墓誌銘	斐然集 26/18a
～延昭	紹方		972—1045 (74)	冀州				田公墓誌銘	范文正集 13/8b
～君度	唐公		(44)	鹿邑			京	田奉議墓誌	柯山集補/ 拾遺 12/747
～　況	元鈞		1005—1063 (59)	開封	祐	行周	延昭	田公墓誌銘 田公神道碑 銘	臨川集 91/1a 范忠宣集 16/3a
～　京	簡之		992—1058 (67)	鹿邑	可範	守忠	仲宣	田公行狀	郋溪集 19/4a
～述古	明之		1031—1100 (70)	安邱	永孚	均	亮	田明之行狀	學易集 8/15b 宋文鑑 138/13b
～　琳				開封				田侯生祠記	渭南集 21/8b
～　錫	表聖		940—1003 (64)	京兆	易直	成	懿	田公墓誌銘	范文正集 12/5b 咸平集/ 卷首 2a
								田司徒神道 碑陰(司馬光 撰)	咸平集/ 卷首 5b
～積中	巨載		1074—1135 (62)	沭陽	崧	猗	待問	田積中墓誌 (徐僉撰)	江蘇金石志 11/22a
～　懿	伯達		911—958 (48)	蜀	易直	誠		先君贈工部 郎中墓碣	咸平集/ 墓碣 1a
史九齡	南壽		1043—1117 (75)	眉山	瑾	正辭	大同	史南壽墓銘	眉山集 10/7a
～宇之	子發		1215—1293 (79)	鄞縣	師仲	浩	彌遠	史宇之墓誌 銘	四明文獻集 5/41b
～守道	孟傳		1173—1220 (48)	丹稜	憲	儀	元設	史君孟傳墓 誌銘	鶴山集 82/10a
～　扶	翊正	瀘南 詩老	？—1096	瀘州	溥	回	宗簡	史君墓誌銘	豫章集 24/9b

姓 名	字	號	生卒年 (年齡)	籍貫	曾祖	祖	父	篇 名	出 處
～育之	子報			鄞縣	師仲	浩	彌鞏	史鄂州墓誌銘	四明文獻集 5/46b
～ 浩	直翁	真隱 居士	1106—1194 (89)	鄞縣	簡	詔	師仲	純誠厚德元老之碑	宋本攻媿集 98/1a 攻媿集 93/1a
～ 浚	堯翁		1129—1203 (75)	鄞縣	簡	詔	才	史君墓誌銘	宋本攻媿集 112/1a 攻媿集 105/1a
～ 通	子深		(57)	青神				史子深墓誌銘	眉山集 15/7a
～堯俊	明甫 伯振		(32)	青神				兄伯振墓誌銘	蓮峰集 10/14a
～堯輔	充甫		1173—1216 (44)	丹稜	汝士	賁	似孫	史君堯輔墓誌銘	鶴山集 71/15a
～ 漸	進翁		1124—1194 (71)	鄞縣	簡	詔	木	史進翁墓誌銘	水心集 22/18b
令狐俅	端夫		1031—1110 (70)	山陽	嗣昌	頌	挺	令狐端夫墓誌銘	西臺集 12/12a
～ 挺	憲周		992—1058 (67)	山陽		嗣昌	頌	令狐公墓誌銘	西臺集 12/9a
丘迪嘉	惠叔		1179—1251 (73)	安溪				丘公墓誌銘	後村集 154/13b
～ 濬	道源	迂愚 叟	(81)	黟縣				丘殿丞濬傳 (張鉉撰) 丘殿丞事畧	新安文獻 100 上/5b 新安文獻/ 先賢上/3a
～〔鐸〕								丘君生祠記	鄭樵遺文/ 3b
代 淵	蘊之 仲顏	虛一 子	(73)	導江				代祠部墓誌銘	景文集 59/16b

姓　名	字	號	生卒年 (年齡)	籍貫	曾祖	祖	父	篇　名	出　處
白廷誨							文珂	白廷誨傳	錢塘集 17/16a
～	某	昭度		壁山				白昭度墓誌銘	縉雲集 4/6a
～	某	子安		函谷				白子安墓誌銘	縉雲集 4/6b
句希仲	衮臣		981—1051 (71)	華陽	同章	令宣	中正	句公墓誌銘	臨川集 95/3a
包汝諧			？—1121	溫州				包端睦忠孝傳	浮沚集/ 補遺/6a
～	昂	顯叟	1133—1182 (50)	樂清				包顯叟墓記	水心集 23/20b
～	拯	希仁	999—1062 (64)	合肥				孝肅包公傳 孝肅包公遺事	包孝肅奏議/ 傳1a 包孝肅奏議/ 傳7a
								重修包公墓記	包孝肅奏議/ 墓記1a
～	詠	義脩	899—939 (41)	歷陽	章	崟	泊	包府君墓誌	徐公集 16/14a
～履常	適可		1154—1217 (64)	合肥		汝嘉	昂	包君墓誌銘	真西山集 45/19a
～	諤	直臣	880—958 (79)	延陵		崟	泊	包君墓誌	徐公集 16/19a
司馬池	和中		980—1041 (62)	夏縣	林	政	炫	司馬府君碑 銘(龐籍撰)	司馬氏源流 3/1b
～	朴	文季		夏縣	池	旦	宏	司馬朴諡議 (孫道夫撰)	蜀文輯存 64/15b
～	光	君實	迂夫 迂叟 涑水 先生	1019—1086 (68)	夏縣	政	炫	池	司馬溫公行 狀(蘇軾撰)	蘇東坡全集 36/1a 司馬氏源流 3/16a

姓　名	字	號	生卒年 (年齡)	籍貫	曾祖	祖	父	篇　名	出　處
								司馬文正公 光墓誌銘 (范鎮撰)	蜀文輯存 10/6a 司馬氏源流 3/42b
								司馬文正公 墓銘初稿 (范鎮撰)	蜀文輯存 10/6b
								司馬溫公神 道碑(忠清粹 德之碑)	蘇東坡全集 39/1a 山右石刻編 15/1b 司馬氏源流 3/45b
～ 里	昭遠		998—1066 (69)	夏縣	政	炳	沂	司馬府君墓 誌銘	傳家集 77/4b 司馬氏源流 3/11a
～ 沂			975—1006 (32)	夏縣	林	政	炳	司馬君行狀	傳家集 79/10b 司馬溫公集 75/10a
								司馬君墓誌 銘並序	傳家集 77/13a 司馬溫公集 75/11b
								司馬君墓表 (王安石撰)	司馬氏源流 3/8b 山右石刻編 13/41b
～ 京	亢宗		1012—1079 (68)	夏縣	珂	昌	諮	司馬君墓誌 銘	范太史集 38/2b
～ 宣	周卿		1008—1075 (73)	夏縣	政	炳	浩	司馬府君墓 誌銘	傳家集 77/10b 司馬溫公集 79/5b 司馬氏源流 3/13b

姓　名	字	號	生卒年 (年齡)	籍貫	曾祖	祖	父	篇　名	出　處
～浩			968—1030 (63)	夏縣	林	政	炳	司馬府君墓表	傳家集 79/13a 司馬溫公集 79/4a
									山右石刻編 4/24a 司馬氏源流 3/7a
～康	公休		1050—1090 (41)	夏縣	炫	池	光	司馬君墓誌銘	范太史集 41/11a
～諮	嘉謀		993—1020 (28)	夏縣	政	珂	昜	司馬君墓表	傳家集 79/12a 司馬溫公集 78/6b
									山右石刻編 14/15b 司馬氏源流 3/10a
皮子良	漢公		962—1014 (53)	會稽	日休	光業	粲	皮公墓誌銘並序	河南集 15/5a

六　畫

姓　名	字	號	生卒年 (年齡)	籍貫	曾祖	祖	父	篇　名	出　處
江大方	器博		1044—1120 (77)	信安			相	江器博墓誌銘	程北山集 33/10b
～文叔 (澄)	清卿		1128—1194 (67)	侯官	聞	先	洵直	江公文叔墓誌銘	益國文忠集 72/1a 益公集 72/1a
～文蔚	君章		901—952 (52)	建安		毗	秦	江君墓誌銘	徐公集 15/1a
～心宇	虛白	天多		婺源			潤身	江天多事署	新安文獻/ 先賢上/14a
～日新	仲元		957—1013 (57)	雍丘		瓊	延溍	江府君墓誌銘	元憲集 34/7b

姓 名	字	號	生卒年(年齡)	籍 貫	曾祖	祖	父	篇 名	出 處
～介	邦直	玉汝先生	1126—1183 (58)	德興	時	夢符	衍	江君墓誌銘	朱文公集 92/20a
～休復	鄰幾		1005—1060 (56)	陳留	濬	日新	中古	江鄰幾墓誌銘	歐陽文忠集 33/9b
～宋符	景章							江主敬事畧	新安文獻/先賢上/11a
～泳	元適	西莊	1124—1172 (49)	開化			沔	江元適墓誌銘	宋本攻媿集 108/5b 攻媿集 100/12a
～直木	子建		917—980 (64)	尋陽	晃	蠣	驚	江君墓誌銘	徐公集 29/10a
～叔豫	子順		1186—1251 (66)	永福	鯨	宗臣	伯虎	江君墓誌銘	後村集 159/9b
～明	清卿		1126—1187 (62)	建陽	測	立	琦	江君清卿墓誌銘	朱文公集 93/1a
～信仲			(60)	建陽				江公墓誌銘	浪語集 33/30a
～袞	聖潛		1081—1146 (66)	開化	鎬	楫	汝言	江君墓誌銘	斐然集 26/53a
～致一	得之	石室先生		休寧				江石室致一傳(李以申撰)	新安文獻 77/10b
								江石室事畧	新安文獻/先賢上/4a
～惇提	安中		1079—1138 (60)	蘭溪		遜	術	江君墓誌銘	浮溪集 27/7a
～寓	仲宏		1087—1148 (62)	開化	樞	泊	沄	江仲宏墓誌銘	苕溪集 49/5b
～琦	全叔		1085—1142 (58)	建陽	九疇	測	立	江君墓誌銘	斐然集 26/24a
～塤	叔文		1169—1233 (65)	崇安	灝	奧	燾	江君塤墓誌銘	鶴山集 83/1a
～愷 (凱)	伯幾	雪矼		婺源				江雪矼事畧	新安文獻/先賢上/15a
～鈇	執中		999—1054 (56)	開化				江君墓碣文	西溪集10 (三沈集 3/57b)

姓　名	字	號	生卒年 （年齡）	籍貫	曾祖	祖	父	篇　名	出　處
～端禮	子和 季恭		1060—1097 （38）	圍城			休復	戀相	江子和墓誌銘	嵩山集 19/31b
～潤身	明德	事天	1217—1269 （53）	婺源			師夔	江公潤身墓誌銘（曹涇撰）	新安文獻 95上/4a
								江明德事畧	新安文獻/ 先賢上/13b
～褒	仲舉		1066—1121 （56）	開化	鎬	楫	汝明	江仲舉墓誌銘	程北山集 33/6a
～模	君範		1188—1235 （48）	金陵	之迪	溥	南一	江進士墓誌銘	漫塘集 32/5a
～樸	文叔		1019—1091 （73）	開化	房		鎡	江君墓誌銘	鷄肋集 66/6b
～襃	仲嘉		1069—1117 （49）	開化	鎬	楫	汝明	江君墓誌銘	程北山集 31/3a
～鎬			977—1046 （70）	開化				江公墓碑銘 並序	直講集 30/12b
～禍	天澤			婺源				江古修事畧	新安文獻/ 先賢上/14a
～某 （潛父）			（69）	德安				江君墓誌銘	彭城集 37/12b
～某	仲紀		—1107	臨川				江居士墓誌銘	溪堂集9/1a
宇文 師申	德聞		1111—1162 （52）	華陽			時中	宇文蜀州墓誌銘	嵩山居士集 53/1a
～師説	德承		1117—1156 （40）	華陽	宗象	邦彥	時中	宇文公墓誌銘	宋本攻媿集 115/23a 攻媿集 109/9b
～師獻	德濟		1128—1174 （47）	華陽	宗象	邦彥	粹中	宇文史君墓表	南軒集41/1a
安　丙	子文			廣安				安丙生祠記	鶴山集 40/11b 蜀藝文志 37下/17b

姓　名	字	號	生卒年 (年齡)	籍貫	曾祖	祖	父	篇　名	出　處
～								安少保丙梁州生祠記	鶴山集 42/16b
～昭祖	光遠	通村老子	1142—1198 (57)	鄞縣	希文	寓	時	安光遠墓誌銘	宋本攻媿集 111/13a 攻媿集 104/12b
～蕃	叔衍	謙仲	1172—1222 (51)	廣安	祁	燮	宿	安君墓誌銘	鶴山集 75/14b
米芾	元章	無礙居士 海嶽外史 家居道士 米襄陽	1051—1107 (57)	襄陽			光輔	米公墓誌 (蔡肇撰)	寶晉山林集 1/1a
								米元章墓	程北山集 16/6a
～復				襄陽				米公復神道銘	北磵集 10/16a
西門成允			960—1032 (73)	厭次			旦	西門公墓誌銘	忠肅集 13/1a
～楫	道濟		1032—1086 (55)	渤海	旦	成允	介	西門參軍墓誌銘	學易集 7/6b
艾謙	益之	澹軒	1153—1208 (56)	丹徒	袤	均	欽文	艾公及其妻李氏墓誌銘	漫塘集 30/2a
朱士聰	敏仲		(75)	金壇				朱進士埋銘	漫塘集 32/26b
～友直	正之	老屋居士	1175—1242 (68)	歙縣				朱公墓誌銘	竹坡稿 4/12a
～申								朱知軍事畧	新安文獻/ 先賢上/10a

姓 名	字	號	生卒年 （年齡）	籍貫	曾祖	祖	父	篇 名	出 處
～由義	宜之		1173—1239 (67)	寧休	瑞	逢時	晞孟	朱公由義墓 誌銘(章琰撰)	新安文獻 96 上/14b
～弁	少章	聘游	—1144	婺源				朱公行狀 朱奉使事畧	朱文公集 98/12a 新安文獻/ 先賢上/5a 新安文獻/ 先賢上/5a
～江	朝宗		1117—1198 (82)	毘陵	義	中	信	朱公墓誌銘	定齋集 15/6a
～亥								朱亥墓誌	蘇東坡全集/ 續 12/47b
～吉甫	邦憲					應祥	燴	朱吉甫墓碑 記(文及翁撰)	蜀文輯存 94/24a
～在	敬之 叔敬			婺源			熹	朱敬之事畧	新安文獻/ 文賢上/11a
～光庭	公掞		(58)	偃師	琪	文郁	景	朱公墓誌銘	范太史集 43/12a
～自期	君望		1242—1300 (59)	晉陵				朱山長墓誌 銘	牟陵陽集 24/9a
～完	純甫		1038—1102 (65)	瑞安				朱純甫墓誌 銘	橫塘集 19/11a
～廷實								朱君墓銘	艾軒集 9/20a
～延之			？—1073	天長				朱君墓誌銘	元豐稿 46/9a
～宗	成德		1081—1140 (60)	仙遊	榮	端	綏	朱公墓誌銘	鴻慶集 33/1a 孫尚書集 56/1a
～定國	興仲		1011—1089 (79)	廬江	詢	益	杲	朱君墓誌銘	無爲集 13/3b
～京	元顯		1060—1142 (83)	永嘉	珪	珏	輔忠	朱府君墓誌 銘	竹軒雜著 6/8b
～松	喬年	韋齋	1097—1143 (47)	婺源	振	絢	森	朱公行狀	朱文公集 37/18b 新安文獻 68/1a

姓　名	字	號	生卒年 （年齡）	籍貫	曾祖	祖	父	篇　名	出　處
								朱府君遷墓記	朱文公集 94/24b
								朱公松神道碑	益國文忠集 70/1a 益公集 69/8a
								朱獻靖公事畧	新安文獻/ 63/1b 新安文獻/ 先賢上/5b
~長文	伯原	樂圃	1039—1098 （60）	吳縣	瓊	億	公綽	樂圃先生墓誌銘 （張景修撰）	樂圃稿/ 附錄 1a
								樂圃先生墓表	寶晉英光集 7/6a 寶晉山林集 4/9b
									樂圃稿/ 附錄 4b 吳都續文粹 38/18b
								朱氏世譜	江蘇金石志 10/9b 樂圃稿 9/1a
~　昂	舉之		925—1007 （83）	衡山	起	泌	葆光	朱公行狀	文莊集 28/2a
~彥美	師實	機山 閒人	1064—1143 （80）	華亭	承進	約	伯虎	朱公墓誌銘	鴻慶集 34/1a 孫尚書集 58/1a
~　述	傳道		1031—1065 （35）	江陵	葆光	昂	正蓍	朱君墓誌銘	忠肅集 13/16b
~　信				陽武	洪	敬安	昭澤	朱君墓誌銘並序	武溪集 19/20b
~　浚	深源				婺源	熹		朱深源事畧	新安文獻/ 先賢上/14a

姓　名	字	號	生卒年（年齡）	籍貫	曾祖	祖	父	篇　名	出　處
～倬	漢章		1093—1163 (71)	閩縣	翼	敬修	庭佐	朱公神道碑	鶴山集 74/1a
～處仁	表臣		(39)	營邱	訓		咸熙	朱君墓誌銘	蘇學士集 14/15a
～晞冀			1172—1199 (28)	休寧				朱晞冀墓銘	山房集 5/12b
～晞顏	子淵		1135—1200 (66)	休寧	溫舒	瑞	逢時	朱公晞顏行狀（誠鏞撰）	新安文獻 82/6b
								朱工侍事畧	新安文獻/先賢上/7b
～晞顏	景淵		1163—1221 (59)	吳縣	慶	華	彥	朱朝奉墓誌銘	漫塘集 29/11a
～耜	元益		1075—1117 (43)	吳縣	億	公綽	長文	朱君墓誌銘	程北山集 32/9b
～敦仁	安之		1086—1154 (69)	鄞縣	文偉	用評	揆	朱安之墓誌銘	于湖集 30/3b
～森	良材			婺源	甫	振	恂	先君行狀	韋齋集 12/1a 新安文獻 63/1a
～廉			？—1178	福清				朱君埋銘	網山集 4/8b
～嗣發	士榮	雪崖	1234—1304 (71)	烏程	說	信	文質	朱雪崖朝奉墓誌銘	牟陵陽集 24/7a
～塾	受之		1153—1191 (39)	婺源		松	熹	亡嗣子壙記	朱文公集 94/29a
～蒙正	養源		1053—1118 (64)	邵武	貫	浦	藻	朱公墓誌銘	梁溪集 167/2a
～適之	子正		1164—1234 (71)	義烏	宗茂	邦彥	昌	朱君墓誌銘	蒙齋集 18/1a
～賡	師言 少裴		1109—1180 (72)	莆田			汝舟	朱府君墓誌銘	網山集 4/5b
～瑩	文玉		1024—1072 (49)	暨水	綰	亮	昉	朱府君墓誌銘	陶山集 15/6a
～慮	山甫		1212—1274 (63)	慈溪	祐	汝明	輝	朱縣尉墓誌銘	黃氏日鈔 97/15b

姓　名	字	號	生卒年（年齡）	籍貫	曾祖	祖	父	篇　名	出　處
～遵式	咸則		924—978 (55)	無極	儼	公政	思瓊	朱府君墓誌銘並序	小畜集 30/5b
～熹	元晦 仲晦	晦庵 晦翁	1130—1200 (71)	婺源	絢	森	松	朱先生行狀	勉齋集 36/1a 新安文獻 63/4a
								朱先生叙述 朱公覆諡議	克齋集 7/1a 後村集 112/8a
								朱文公事畧 朱先生叙述	新安文獻/ 先賢上/7a 北溪集/ 第四門 1/1a
～融	叔晦		1005—1077 (73)	曲江			裕	朱叔晦墓誌銘並序	韓南陽集 29/5a
～興國	君佐		1126—1175 (50)	永嘉			永	朱君佐壙識	止齋集 47/8a
～棹	逢年	玉瀾		婺源				朱逢年事畧	新安文獻/ 先賢上/5b
～蹕	子美		1079—1129 (51)	安吉		璘	南强	朱君墓表	毘陵集 14/6b
～權	聖與	默齋	1155—1232 (78)	休寧				朱惠州行狀	洺水集 15/7a 新安文獻 85/1a
								朱默齋事畧	新安文獻/ 先賢上/9b
～鑑	子明			婺源		熹		朱子明事畧	新安文獻/ 先賢上/12a
～某 （延祥父）				清河		千		朱君墓誌	鄞下冢墓文/ 20b
～某 （綬父）			1103—1185 (83)	臨川				朱公墓誌銘	江湖集 35/8b
～某	公向		1120—1163 (44)	平陽				朱公向壙誌	止齋集 48/4a
～某	德由		？—1107	金溪				朱德由墓誌銘	溪堂集 8/15a
～某	齊卿		969—1022 (54)	淮南				朱君墓誌銘	曾南豐集 29/3a

姓　名	字	號	生卒年 （年齡）	籍貫	曾祖	祖	父	篇　名	出　處
									元豐稿 46/2a
伍　總	子壽		1175—1226 （52）	西安	熹	侁	機	伍府君墓誌銘	蒙齋集 17/11a
印　某 （崇禮 崇粲父）			898—966 （69）	建康	知章			印府君墓誌	徐公集 16/18a
仲　訥	樸翁		999—1053 （55）	定陶	環	祚	尹	仲君墓誌銘	臨川集 94/11a
任之奇	穎士		1053—1114 （62）	須城	曉	顗	廣	任穎士墓誌銘	學易集 8/4a
～　伋 （汲）	師中		1018—1081 （64）	眉山				任公墓表	淮海集 38/8a
～　宗誼	仲宜		1049—1107 （59）	鄆州	胐	子輿	粹	任公墓誌銘	學易集 7/12b 宋文鑑 144/13a
～　青				壽春				任青傳	張右史集 50/12b
～　拱之	公肅		1018—1064 （47）	濟陰		中正	中師	任君墓誌銘	蘇魏公集 58/9b
～　衍	達夫		1110—1173 （64）	眉州			黃中	任承信墓誌銘	方舟集 16/5b
～　淵	子淵 全一		？—1144	蜀				任全一墓誌 銘	縉雲集 4/10a
～　顗	誠之		990—1067 （78）	壽光	沅	惟吉	曉	任公墓誌銘 （祖無擇撰）	芒洛四編 6/39b
～　續	似之		1114—1170 （57）	鄞縣	伯傳	廆	忠原	任君續墓誌 銘	益國文忠集 34/6b 益公集 34/39b
～　某 （任據）			945—1004 （60）	清河				任君墓誌銘 並序	河南集 17/10b

姓　名	字	號	生卒年 （年齡）	籍貫	曾祖	祖	父	篇　名	出　處
～　某	彥安		1031—1066 （36）	鄞縣				任君墓誌銘	丹淵集 37/9a
～　某			？—1109	小溪				任隱君墓表 銘	跨鰲集 29/7b
向子韶	和卿		1079—1128 （50）	開封	傳正			向公墓誌銘	龜山集 35/5b
～子諲	伯恭		1086—1153 或 1085—1152 （68）	開封	傳範	繪	宗明	向侍郎行狀 向公墓誌銘	五峰集 3/19b 文定集 21/1a
								向公墓表	澹庵集 26/4a
～子愿	宣卿		1097—1165 （69）	開封	傳正	綬	宗琦	向公行狀	盧溪集 47/3a
～仲堪	元仲		1100—1157 （58）	樂平	宗尹	蔚	乂中	向通判墓銘	盤洲集 76/5a
～　沈	深之		1108—1171 （64）	開封	綬	宗琦	韶	向君墓表	南軒集 39/10a
～宗琦			1059—1126 （68）	開封	敏中	傳正	綬	向太中墓誌 銘	龜山集 34/6b
～　拱 （訓）	星民		（75）	河內				向拱傳	錢塘集 17/18b
～敏中	常之		949—1020 （72）	開封	貽孫	載	瑀	向公神道碑 銘（祖士衡撰）	龍學集 15/1b
～傳範	仲模		1010—1074 （65）	開封			敏中	向公神道碑 銘並序	樂全集 37/29b
～　經	審理 （禮）		1023—1076 （54）	開封	瑀	敏中	傳亮	向公墓誌銘	長興集 28 （三沈集 5/62a）
～　瀞	節之		1122—1181 （60）	河內	受	宗琦	子忞	向侯墓誌銘	誠齋集 130/7a
～　澹	伯海			開封	繪	宗明	子諲	向朝散墓誌 銘	澹庵集 29/7a

姓　名	字	號	生卒年 （年齡）	籍　貫	曾祖	祖	父	篇　名	出　處
危　和	應祥	蟾塘 聞静 居士	1166—1229 （64）	臨川	巏	能	必强	危君墓誌銘	蒙齋集 17/12b
牟　忻	伯廣		1141—1220 （80）	井研			格	牟君墓誌銘	鶴山集 78/13b

七　　畫

姓　名	字	號	生卒年 （年齡）	籍　貫	曾祖	祖	父	篇　名	出　處
沈大經	元誠		？—1191	永嘉	惟欽	度	夷行	沈元誠墓誌 銘	水心集 15/7a
〜公權								沈君公權墓 誌銘	鄖峰録 44/原闕
〜　立	立之			歷陽	德饒	仁諒	平	沈公神道碑	無爲集 12/7a
〜立基	伯成		1052—1116 （52）	太康	倫	繼宗	惟恭	沈公墓誌銘	襄陵集 12/14b
〜　平	遵道		—1024	和州	籍	德饒	仁諒	沈君墓誌銘	蔡忠惠集 36/2b
〜世顯	光祖		1151—1213 （63）	盧州	福	全生	德	沈君墓誌銘	絜齋集 19/13a
〜有開	應先		1134—1212 （79）	常州	宗道	復	松年	沈公墓誌銘	水心集 21/1a
〜　昌	叔阜		？—1186	瑞安			希尹	沈叔阜壙誌	止齋集 50/1a
〜季長	道原		1027—1087 （61）	揚子	承諒	玉	播	沈公墓誌銘	王魏公集 8/4b
〜　周	望之		978—1051 （74）	錢塘				沈公墓誌銘	臨川集 98/9a
〜　度	子正		1034—1094 （61）	永嘉				沈子正墓誌 銘	浮沚集 7/15b
〜昭遜	道卿		1009—1076 （68）	太康			元吉	沈公墓誌銘	襄陵集 12/1a
〜　兼	子逮		974—1046 （73）	明州				沈君墓誌銘	臨川集 92/8a

姓　名	字	號	生卒年 （年齡）	籍　貫	曾　祖	祖	父	篇　名	出　處
～　起	興宗 興中		？—1088	鄞縣	敬	幹	兼	沈興宗墓誌銘	長興集 30(三沈集 5/85b)
～　振	發之		1001—1073 (73)	錢塘	承慶	英	同	伯少卿埋銘	雲巢編 10(三沈集 8/57a)
～　連	少逸		1169—1226 (58)	豫章分寧	元	世瑛	彦珙	沈君墓誌銘	鶴山集 80/8a
～　賁	成伯	獅巖	1127—1199 (73)	瑞安	惟正	咸	琮	獅巖沈君墓誌銘	平齋集 31/18a
～超回	深之		1020—1071 (52)	太康			元吉	沈公墓誌銘	襄陵集 11/6a
～　焕	叔晦		1139—1191 (53)	定海	開	子霖	銖	沈公行狀	絜齋集 14/15b 定川遺書附録 2/1a
								沈君焕墓碣	益國文忠集 78/5b 益公集 78/101b 定川遺書附録 2/14b
								定川言行編（袁燮輯）	定川遺書附録 2/8b
								定川沈先生傳	四明文獻集 6/14b
～端輔	温卿 相之		1090—1148 (59)	無錫				沈氏考妣墓誌銘	南澗稿 20/3a
～　遘	文通		1028—1067 (40)	錢塘			扶	沈公墓誌銘 沈公生祠堂德政記	臨川集 93/3b 都官集 8/10a
～與求	必先 和仲		1086—1137 (52)	德清	原	焕	彦	沈公行狀	苕溪集 30/4b
～　播（伯莊叔通父）			(36)	錢塘	廷蘋	承誨	玉	沈君墓表	臨川集 90/13a
～　鋭	蓄之		1012—1073 (62)	桐川				沈君墓表	陶山集 16/9b

姓 名	字	號	生卒年 （年齡）	籍貫	曾祖	祖	父	篇 名	出 處
～	遼	睿達		1032—1085 (54)	錢塘	英	同	扶	沈睿達墓誌銘	雲巢編10(三 沈集 8/78b)
～	衡	公持		1007—1074 (68)	蕭山	鄴	仁厚	僑	沈君墓表	蘇魏公集 55/1a
～	藻	子文			瑞安	延珍	坦	惟卿	沈君墓誌銘	橫塘集 20/1b
～	嚴	叔寬 德寬		(50)	德清	規	廷誨	延岫	沈君墓誌銘	范文正集 12/13a
～	體仁	仲一		1150—1211 (62)	瑞安				沈仲一墓誌 銘	水心集 17/18b
～	某			982—1057 (76)	錢塘				沈君墓誌銘	元豐稿 44/11a
汪一龍	遠翔	定齋	1230—1282 (53)	休寧	體仁	汝鑑	茹	汪公一龍墓 銘(方回撰)	新安文獻 95 上/10a
～大定	季應		1137—1198 (62)	鄞縣	元吉	洙	思溫	汪公墓誌銘	宋本攻媿集 110/24a 攻媿集 103/23a
～大猷	仲嘉		1120—1200 (81)	鄞縣	元吉	洙	思溫	汪公行狀 汪公大猷神 道碑嘉泰元 年 汪莊靖公事 畧	宋本攻媿集 91/1a 攻媿集 88/1a 益國文忠集 67/1a 益公集 67/1a 新安文獻/ 先賢上/6b
～文振	子泉			休寧				汪煥章事畧	新安文獻/ 先賢上/9b
～元圭	功甫	月山 老人	1293—1350 (58)	婺源	晉臣	大才	應雷	汪公元圭墓 誌銘(方回撰)	新安文獻/ 85/11b
～元春	景新		1208—1266 (59)	奉化	偲	珪	文簡	汪公行狀	黃氏日鈔 96/14a
～立信	誠甫 成父	紫源	1200—1274 (75)	安豐	智			汪紫原事畧 汪端明立信 仗節記 (張子長撰)	新安文獻/ 先賢上/12a 新安文獻/ 65/8b

姓　名	字	號	生卒年 (年齡)	籍　貫	曾　祖	祖	父	篇　名	出　處
～臺符				歙州				汪處士臺符 傳(羅願撰)	新安文獻/ 87/前 1b
～汝賢	奉顔		1125—1180 (56)	奉化	元之	康世	邦式	汪公墓誌銘	舒文靖集 2/7b
～　存	公澤	四友 先生		婺源			紹	汪公澤事畧	新安文獻/ 先賢上/4b
～　伋	及甫		1148—1218 (71)	奉化	康世	邦式	汝賢	汪君墓誌銘	絜齋集 19/5a
～　汲	子遷			績溪				汪推官汲傳 (羅願撰)	新安文獻 77/3a
～　杞 (利國)	南美		(93)	婺源	惟良	叔漸	路	汪公墓誌銘	南澗稿 22/8b
～廷美		汪長 者	(89)	婺源				汪長者廷美 傳(羅願撰)	新安文獻 87/後 1a
～　泳	伯游			休寧				汪伯游事畧	新安文獻/ 先賢上/9a
～宗臣	公輔	紫巖	1239—1330 (92)	婺源	夢弼	居易	有聞	汪公宗臣行 狀(汪斌撰) 汪紫巖事畧	新安文獻 87/13b 新安文獻/ 先賢上/14b
～炎昶	懋遠	古逸 民	1261—1338 (78)	婺源	冲	天衢	季安	汪古逸民先 生行狀	古逸民集/ 附錄 1a 新安文獻 71/1a
								汪先生墓誌 銘 汪古逸民事 畧	古逸民集/ 附錄 4b 新安文獻/ 先賢上/15a
〔唐〕 ～　武			？ —906	婺源				汪司空武傳 (羅願撰)	新安文獻 96 上/4a
～叔敖	子游		1048—1130 (47)	歙州	承吉	士明	霓	汪君叔敖墓 表	茶山集/ 拾遺 1a 新安文獻 91/11b
～叔詹	致道		1080—1160 (81)	歙州	承吉	瀚	世基	汪公叔詹行 狀(汪若海撰)	新安文獻 77/7a

姓　名	字	號	生卒年 (年齡)	籍貫	曾祖	祖	父	篇　名	出　處
～知言				歙州		希旦		汪司法事畧	新安文獻/ 先賢上/10a
～　勃	彥及		1088—1171 (84)	黟縣	昌齡	惟立	才貴	汪公墓誌銘 汪僉樞事畧	水心集 24/12b 新安文獻 81/7b 新安文獻/ 先賢上 6a
～　革	信民	青溪 居士	(40)	臨川				汪先生革傳 (周彥約撰) 江青溪事畧	新安文獻 77/6a 新安文獻/ 先賢上/4a
～若海	東叟		1101—1161 (61)	歙州	瀚	世基	叔詹	汪公若海行 狀(汪正夫撰) 汪直閣事畧	新安文獻 81/5a 新安文獻/ 先賢上/4b
～若容	正夫		1107—1161 (55)	歙州	士明	霓	叔敖	汪公若容墓 誌銘 (汪若思撰) 汪正夫事畧	新安文獻 94下/前3a 新安文獻/ 先賢上/6a
～若楫	作舟			休寧				汪秀山事畧	新安文獻/ 先賢上/12a
～思溫	汝直		1077—1157 (81)	鄞縣	順	元吉	洙	汪公墓誌銘	鴻慶集37/8a 孫尚書集 67/1a
～　深				歙州				汪所性事畧	新安文獻/ 先賢上/13a
～深之			1228—1267 (40)	開化				汪知監墓誌 銘	桐江集 8/25a
～　莘	叔耕	柳塘 方壺 居士	1155—1227 (73)	休寧				汪居士莘傳 (李以申撰) 汪柳塘事畧	新安文獻 87/6b 新安文獻/ 先賢上/8a
～雄圖	思遠 致遠	李頓 先生		休寧				汪李頓事畧	新安文獻/ 先賢上/9a

姓　名	字	號	生卒年（年齡）	籍貫	曾祖	祖	父	篇　名	出　處
〔唐〕 ～華			586—649 (64)	新安	泰	勳	僧瑩	汪公華行狀 （胡伸撰） 汪王廟考實 （羅願撰）	新安文獻 61/6a 鄂州集 6/1a 新安文獻 61/6a
～琸	處微		1162—1237 (76)	績溪	激	文中	三錫	康範先生行狀 汪君處微父墓碣銘 汪君墓誌銘 汪康範事畧	康範集/ 附錄3b 康範集/ 附錄7b 竹坡稿 4/10a 新安文獻 87/7b 新安文獻/ 先賢上/10b
～喬年	房孺		1080—1155 (76)	上饒	惠	濟	皓	汪公墓誌銘	文定集 21/10b
～復	晞顏			婺源				汪常簿事畧	新安文獻/ 先賢上/12b
～義和	謙之		1141—1200 (60)	黟縣	才貴	勃	作勵	汪公墓誌銘	絜齋集 18/1a
～義榮	焕之		(58)	黟縣	才貴	勃		汪理丞事畧	新安文獻/ 先賢上/8b
～楚材	太初 南老			休寧				汪太初事畧	新安文獻/ 先賢上/10a
～愷	伯强		1070—1142 (73)	德興	宗顔	穀	槃	汪君墓誌銘	浮溪集 26/28a 新安文獻 84/3b
～韶 （薦）	東美			黟縣				汪竹牖事畧	新安文獻/ 先賢上/14a
～翥	文舉		1096—1167 (72)	武寧	岫	安弼	安	汪文舉墓誌銘	于湖集 29/4b
～綱	仲舉	恕齋		黟縣	勃	作勵	義和	汪恕齋事畧	新安文獻/ 先賢上/9b

姓 名	字	號	生卒年 (年齡)	籍貫	曾祖	祖	父	篇 名	出 處
～徹	明遠		1109—1171 (63)	浮梁	仲宣	叔寶	俊修	汪公徹神道碑	益國文忠集 30/10a 益公集 30/130a
								汪參政生祠堂記	雪山集 6/7a
～穀	次元		1026—1105 (80)	婺源		震	宗顏	奉議公行狀 (汪藻撰)	浮溪集 24/19b 新安文獻 91/5b
～儀鳳	翔甫 祥甫	老山 居士 山泉 先生	1207—1290 (84)	歙州	崇實	擇善	鵬舉	汪山泉事畧 汪公儀鳳墓誌銘 (方回撰)	新安文獻/ 先賢上/11b 新安文獻 95上/1a
～襄	公弼			績溪				汪公弼事畧	新安文獻/ 先賢上/5b
～應元	尹卿		1207—1256 (50)	歙州	友成	大昕	言忠	汪公應元墓誌銘 (程元鳳撰)	新安文獻 83/1a
								汪提刑事畧	新安文獻/ 先賢上/11a
～應辰 (洋)	聖錫		1118—1176 (59)	信州 玉山				汪文定公事畧	新安文獻/ 先賢上/6a
～應晦				歙州				汪世顯事畧	新安文獻/ 先賢上/11a
～藻	彥章		1079—1154 (76)	德興	震	宗顏	穀	汪君墓誌銘	鴻慶集 34/12a 孫尚書集 59/1a 新安文獻/ 94上/8a
								汪龍溪事畧	新安文獻/ 先賢上/5a
～灌	慶衍		1107—1173 (67)	金華	文岳	濬	宗達	汪君將仕墓誌銘	東萊集 11/6a
～某								汪顯謨行狀	鄮峰錄 44/原闕

姓　名	字	號	生卒年 （年齡）	籍貫	曾祖	祖	父	篇　名	出　處
～　某			1195—1257 （63）	樂平				汪主簿墓誌 銘	碧梧集 18/7a
宋之才	庭佐		1090—1166 （77）	平陽	珏	楚	道元	宋侍郎行狀	浪語集 34/1a
～之珍	國寶		1059—1110 （52）	永嘉				國寶墓誌銘	劉左史集 2/1a
～之源	積之 深之		？—1221	雙流	傑	維	若水	宋君之源墓 誌銘	鶴山集 72/15b
～大發			？—1275	遂安				宋君墓誌銘	桐江集 8/27b
～文蔚	公炳		（72）	雍丘	範	蕭	在恭	宋府君墓誌 銘	景文集 60/6a
～天則	秉彝		1128—1191 （64）	遂安	奕	彦邦	時中	宋秉彝墓誌 銘	燭湖集 12/2b
～　有	子華		1097—1177 （81）	金華		正	裕	宋郴州墓誌 銘	東萊集 13/2b
～　祁	子京		998—1061 （64）	雍丘	駢	耀	玘	宋景文公祁 神道碑 （范鎮撰）	蜀文輯存 9/17a
～祁仲	伯應		1161—1224 （64）	彭山	才	覺	熙	宋君墓誌	鶴山集 75/8a
～　玘			？—1017	雍丘	紳	駢	耀	荊南府君行 狀	景文集 62/14b
～希孟	鄒卿		1114—1196 （83）	平陽	廳	槩	之時	宋鄒卿墓誌 銘	水心集 15/10b
～　位			？—1018	雍丘	紳	駢	耀	叔父府君行 狀	景文集 62/18b
～　佖	仲子		1130—1203 （74）	金華	正	裕	有	宋君佖墓誌 銘	益國文忠集 75/13a 益公集 75/65a
～伯仁	器之	雪巖		湖州				傳畧	西塍稿/2a
～　武	仲達		970—1025 （56）	太原		縉	韜	宋仲達墓銘	蘇學士集 14/11b

姓 名	字	號	生卒年（年齡）	籍貫	曾祖	祖	父	篇 名	出 處
～庠（郊）	公序		996—1066（71）	雍丘	駢	耀	玘	宋元憲公庠神道碑	華陽集 36/1a
～拯	道濟		1038—1065（28）	開封	譓	良	宏	宋君墓誌銘	蘇魏公集 56/1a
～若水	子淵		1131—1188（58）	雙流	右言	傑	維	宋公墓誌銘	朱文公集 93/20a
～晉之（孝先）	舜卿 正卿	樟坡居士	1126—1211（86）	樂清	惟表	世則	允修	宋君墓誌銘	宋本攻媿集 115/（殘）攻媿集 109/14b
～牲	茂叔	西園	1152—1196（45）	郴州	裕	有	沆	宋文林郎誌銘	真西山集 42/22a
～適	叔敏		1126—1182（57）	上饒	良弼	舜臣	孝先	宋公墓誌銘	南澗稿 22/13a
～敏求	次道		1019—1079（61）	平棘	龜符	皋	綬	宋敏求墓誌銘(范鎮撰) 宋公神道碑	蜀文輯存 10/2b 蘇魏公集 51/7b
～偓（延渥）	仲儉		926—989（64）	洛陽	儼	瑤	延浩	宋公神道碑並序	小畜集 28/1a
～紹恭	彥安		1132—1216（85）	開封	表微	炤	坦	宋公墓誌銘	水心集 22/8a
～湜	持正		950—1000（51）	長安	澤	贊	溫	宋公神道碑銘	武夷新集 8/1a
～斑（班）	粹父		（31）	管城	白			宋粹父墓碣	豫章集 24/28a
～棐	裁成 材成 子成		（78）	莆田	堂	琳	現	宋公墓誌銘	艾軒集 9/1a
～昞	益謙		（79）	當塗				宋尚書昞傳(李以申撰)	新安文獻 93/4a
～傅	嚴老		1125—1194（70）	平陽	應昌	仲彝	惇允	宋公墓誌銘	水心集 14/16a
～靖	子直		1063—1107（45）	彭城	説	仲容	希元	宋子直墓誌銘	道鄉集 36/1a
～道	叔達		1014—1083（70）	河南	溫	泌	緯	宋君墓誌銘	范忠宣集 13/3a

姓　名	字	號	生卒年 （年齡）	籍貫	曾祖	祖	父	篇　名	出　處
～道方	義叔 毅叔		1048—1118 （71）	襄陵			可德	宋侯墓誌銘	襄陵集 12/5a
～慈	惠父		1183—1246 （64）	建陽	安民	華	鞏	宋經畧墓誌銘	後村集 159/4b
～慎交	葆初		1000—1077 （78）	蒲陽	珂	皓	平	宋府君墓誌銘	净德集 26/2b
～晙 （暎）	景晉		1086—1161 （76）	祥符	庠	均國	崈年	宋公晙墓誌銘	益國文忠集 31/4a 益公集 31/152a
～誨	彥伯		1096—1175 （80）	成都	球	光	昌宗	宋運使墓誌銘	澹齋集 17/1a
～齊愈	文淵 退翁			蜀				記宋退翁齊愈被禍事 （孫道夫撰）	蜀文輯存 64/16a
～慶曾	承甫		1038—1102 （65）	平棘	皋	綬	敏求	宋公墓誌銘	西臺集 13/1a
～駒	厥父		1159—1220 （62）	紹興				宋厥父墓誌銘	水心集 25/1a
～樂			968—1048 （81）	建陽				宋公及夫人壽昌縣君江氏墓碣銘並序	直講集 30/14b
～豫	微之		1036—1065 （30）	彭城	惟幹	説	仲容	宋處士墓銘	後山集 20/1a
～應先	有間		1211—1258 （48）	莆田	藻	久	鈞	宋通判墓誌銘	後村集 159/16a
～蘊	元發		1136—1200 （65）	彭山	周士	亘古	煇	宋君墓誌銘	鶴山集 80/1a
辛有終	成之		999—1066 （68）	長社		仲甫	若冲	辛公墓誌銘	蘇魏公集 58/1a
～棄疾	幼安	稼軒 居士	1140—1207 （68）	歷城	寂	贊	文郁	辛稼軒先生墓記	疊山集 7/9a
～龐	化光		？—1089	長社	仲甫	若冲	有孚	辛君墓誌銘	蘇魏公集 61/9a

姓 名	字	號	生卒年(年齡)	籍貫	曾祖	祖	父	篇 名	出 處
祁某(革父)			977—1037 (61)	譙				祁公神道碑銘	歐陽文忠集 61/1a
邢世材	邦用		1140—1176 (37)	會稽	榮	皋	佐	邢邦用墓誌銘	東萊集 12/7a
,~孝揚								邢孝揚覆諡議	知稼翁集 8/3a
~居實	惇夫 敦夫		1068—1087 (20)	陽武			恕	邢惇夫墓表	嵩山集 19/20b
杜 仲				郁里				杜處士傳	蘇東坡全集/續 12/25b
~ 杞	偉長		1005—1050 (46)	開封		鎬		杜公墓誌銘	歐陽文忠集 30/4a
~希仲	德稱		1173—1235 (63)	蒲江	隆	該	師望	杜隱君希仲墓誌銘	鶴山集 83/9a
~宗象	仲祖		1018—1083 (66)		審進	彥鈞	贊文	杜公墓誌 (杜公力撰)	芒洛冢墓文/下 24a
~ 杲	子昕	於耕	1173—1248 (76)	邵武	圮	鐸	穎	杜尚書神道碑	後村集 141/7a
~昌期	信臣			山陰	彙征	克慧	虛己	杜君墓誌銘	長興集 27 (三沈集 5/48b)
~知仁	仁仲	方山		黃巖	誼	舜卿	春	杜君壙誌 (趙師夏撰)	赤城集 16/7a
~ 衍	世昌		978—1057 (80)	山陰		叔詹	遂良	杜祁公墓誌銘 杜公諡正獻議	歐陽文忠集 31/1a 韓南陽集 22/6a
~ 起	齊賢		961—1032 (72)	成都	合	祚	崇幼	杜公墓誌銘	安陽集 47/19a
~ 紘	君章		1037—1098 (62)	鄆城	堯臣	曾	彭壽	杜公墓誌銘	雞肋集 67/15a
~ 純	孝錫		1032—1095 (64)	鄆城	堯臣	曾	彭壽	杜公行狀	雞肋集 62/6a

姓　名	字	號	生卒年 （年齡）	籍貫	曾祖	祖	父	篇　名	出　處
～　陟	從聖		1001—1057 （57）	長江	禮	鍔	昭文	杜君墓誌銘	傳家集 78/6a 司馬溫公集 75/5b
～　庶	康侯		1211—1261 （51）	邵武	鐸	穎	杲	杜大卿墓誌銘	後村集 163/2b
～惟則	定國		950—1031 （82）	蜀				杜君墓誌銘	公是集 53/7b
～莘老	起莘		1107—1164 （58）	青神	澤民		輔世	杜御史莘老 行狀 （查籥撰） 杜殿院墓誌	琬琰存 2/76a 梅溪集/後 29/12b
～敏求	趣翁 掘翁		1039—1101 （63）	青神	光期	允昇	萬靜	杜公墓誌銘	净德集 24/3b
～　渙	濟叔		1016—1052 （37）	江寧			詢	杜君墓誌銘	臨川集 98/7b
～欽矞	寬伯		1063—1081 （19）	鄆城			純	杜君墓誌銘	鷄肋集 68/8a
～　詵	叔溫		1017—1041 （25）	山陰			衍	杜君墓誌	蘇學士集 15/3a
～　椿	大年		1115—1188 （74）	黃巖	明	誼	舜卿	杜君墓誌銘	水心集 13/8a
～廣心	德充		1179—1232 （54）	華陽	開	知來	蓋	杜君墓誌銘	鶴山集 82/16a
～　誼	漢臣			黃巖				杜誼孝子傳	蘇學士集 13/16a 赤城集 16/3a
～　瑩	德溫		970—1049 （80）	濮陽	佑	延嗣	珣	杜君墓誌銘	元豐稿 44/2a
～　醇	石臺			慈溪				杜先生傳	四明文獻集 6/13a
～　範	成之 成己	立齋 儀甫 儀夫	1182—1245 （64）	黃巖	廷臣	修	友宣	杜範 （黃震撰）	杜清獻集/ 卷首 1a
～　穎	清老		1142—1209 （68）	邵武	炤	圮	鐸	杜郎中墓誌 銘	後村集 150/1a

姓　名	字	號	生卒年（年齡）	籍貫	曾祖	祖	父	篇　名	出　處
～縝	伯玉		1079—1137（59）	餘姚	邁	式	調	杜府君墓誌銘	莊簡集18/6a
～鐸	文振		1111—1170（60）	建業	杞	照	圮	杜君墓誌銘	南澗稿20/29a
～某（扃父）			（62）	臨淮				杜君墓誌銘	無爲集13/8a
～某（行父）			987—1060（74）	普安	知權	昭	震	杜君墓誌銘	丹淵集37/11a
李十鑑	季明		1155—1221（67）	鄞縣	偉	晟	宗質	李君墓誌銘	絜齋集19/1a
～之才	挺之		？—1045	北海				李挺之傳	嵩山集19/15b
～之儀	端叔	姑溪居士	（80餘）	無棣			頎	李氏歸葬記（李之儀先代）	姑溪集50/6b
～士衡（仕衡）	天均		959—1032（74）	成紀	渙	徹	益	李公神道碑銘	范文正集11/17a
～大有	謙仲		1159—1224（66）	東陽	悦	皓	侃	李君墓誌銘	鶴山集75/4a
～大訓	君序		1166—1219（54）	閩縣	彦倫	癬佳	士龍	李知縣墓誌銘	勉齋集38/31a
～文淵	深道		1085—1146（62）	松溪		仲元	規	李公墓碑	南澗稿19/16a
～亢	伯起		1025—1074（50）	豐城	承從	彦珪	修永	李君墓誌銘	灌園集19/10a
～太	用之		？—1061	信都				李君墓誌銘	鷄肋集64/21b
～友仁	叔文		1156—1204（49）	餘姚	尚純	翊	揚	李叔文墓誌銘	燭湖集12/6b
～友直	叔益		1134—1199（66）	餘姚	尚	竑	梓	李公墓誌銘	宋本攻媿集111/16b攻媿集104/15b
～日昇			1082—1155（74）	仁壽				李日昇墓誌銘	九華集21/8b

姓 名	字	號	生卒年 (年齡)	籍貫	曾祖	祖	父	篇 名	出 處
～中師	君錫		1015—1075 (61)	開封	守澄	珣	陟	李公行狀	祠部集 34/9b
～公裕	好問		1058—1089 (32)	金鄉		定	象	李公裕墓誌 銘	雞肋集 65/4a
～仁垕	載叔		1203—1230 (28)	德興			駿	李迪功墓誌 銘	漫塘集 31/11b
～仁深	聲伯		1186—1230 (45)	德興	舜安	扐	駿	李君墓誌銘	真西山集 46/5b
～允及			963—1038 (76)	武德			繼又	李公行狀	河南集 12/6b
～丑父 (綱)	汝礪 艮翁	亭山 翁	1194—1267 (74)	莆田	德輝	永年	宗之	李艮翁禮部 墓誌銘 李公行狀	後村集 164/9b 鶴齋集 24/9b
～必達	伯通		1155—1219 (65)	餘姚	交	修	唐輔	李府君墓誌 銘	絜齋集 20/4a
～ 平	仲和		985—1054 (70)	唐安	充	勤	圜	李君墓誌銘	浮德集 26/5b
～ 丕 (真卿)	子京		1010—1080 (71)	朐山				李君墓誌銘	元豐稿 43/3b
～丕旦	晦之		1004—1052 (49)	萬年	轍	益	士衡	李君丕旦誌 銘	華陽集 38/31b
～ 石	知幾	方舟	1108—?	資州				自叙	方舟集 10/22b
～ 占	知來	雲巢 子	1118—1171 (54)	資州	仲舒	祐	嗣宗	雲巢子墓誌 銘	方舟集 17/1a
～用和	審禮		988—1050 (63)	開封	應己	延嗣	仁德	李郡王行狀 李郡王墓誌 銘	景文集 61/1a 景文集 58/9a
～汝文	仁可		1156—1221 (66)	仙遊				李仁可墓銘	四如集 4/6b
～守柔	必強		1110—1176 (67)	臨桂	穎	世詮	允彥	李君守柔墓 碣	益國文忠集 77/1a 益公集 77/82a

姓 名	字	號	生卒年 （年齡）	籍貫	曾祖	祖	父	篇 名	出 處
～守節	得臣		939—971 (33)	晉陽	植	益	筠	李侯墓誌銘	河東集 15/8b
～充庭	伯振		?—1210	鄞縣		珂	偁	李君墓誌銘	宋本攻媿集 1115/17a 攻媿集 109/3b
～ 冲	衛卿 (道卿)		(68)	侯官				李公墓誌銘	真西山集 45/9b
～ 伉	常武		1048—1093 (46)	鄆		緯	師中	李君墓誌銘	忠肅集 13/20a
～仲芳	秀之		961—1013 (53)	清河				李君墓表	歐陽文忠集 24/3a
〔南唐〕 ～仲宣	瑞保		961—964 (4)		昇	璟	煜	岐王墓誌銘	徐公集 17/1a
～仲侯	君直		1063—1141 (79)	巴西	鈞	哲	誼伯	李仲侯墓誌 銘(李安仁撰)	蜀文輯存 33/6a
～仲偃	晉卿		982—1058 (77)	隴西	昇	璟	從浦	李公墓誌銘	文恭集 37/8b
～ 份	文淑		1063—1082 (20)	新建			幾甫	李君墓誌銘	宗伯集 17/14a
～ 沆	太初		947—1004 (58)	肥鄉	豐	滔	炳	李公墓誌銘	武夷新集 10/1a
～ 宏	彥恢		1088—1154 (67)	宣城	師文	孝先	磻	李公墓誌銘	南澗稿 20/5b
～ 兌	子西		(76)	臨潁				李兌尚書諡 議	丹淵集 21/10a
～良弼	嚴老		1094—1176 (83)	六合	文智	明遠	壁	李君墓誌銘	南澗稿 21/20a
～ 迂	明遠		909—992 (84)	楚丘	煜	確	譚	李君墓誌銘	元豐稿 45/10b
～ 呂	濱老 東老	澹軒	1122—1198 (77)	光澤	誥	澹	純德	李君呂墓誌 銘 錄祖先遺事	益國文忠集 75/6b 益公集 75/56b 澹軒集 8/13b 澹軒集 8/1a

姓　名	字	號	生卒年 （年齡）	籍　貫	曾祖	祖	父	篇　名	出　處
～廷章	煥卿		1190—1250 (61)	新昌				李廷章墓銘	雪坡集 49/12a
～伯鈞	仲舉		(40)	永嘉			嵩	李仲舉墓誌 銘	水心集 18/18a
～　彤	周伯		1019—1072 (54)	晉原				李太博墓誌 銘	淨德集 25/5b
～　況	希荀		1029—1090 (62)	海陵	祥	載	容	李君墓誌銘	蘇魏公集 61/12a
～宗之	伯可	書櫥		莆田		德暉	永年	李艮翁禮部 墓誌銘	後村集 164/9b
～宗詠			982—1047 (66)	陳留			璨	李公墓誌銘 並序	樂全集 39/22b
～宗質	文叔		1112—1184 (73)	鄞縣	孝孫	偉	晟	李公墓誌銘 李臺州傳	宋本攻媿集 108/13b 攻媿集 101/1a 誠齋集 117/10a
～　定			(59)	金鄉		綰	義	李公神道碑	樂靜集 29/11b
～坤臣	中父		1168—1221 (54)	臨邛	寔	名孫	丙仲	李中父墓誌 銘	鶴山集 77/10a
～　邴	漢老	雲龕	1085—1146 (62)	鉅野	仲寶	景山	璿	李文敏公邴 神道碑	益國文忠集 70/4b 益公集 69/14a
～　忠	孝先		1058—1134 (77)	樂平				李公孝先墓 誌	相山集 29/2b
～忠信			955—1025 (71)	兗州		健	評	李忠信墓表 (姜潛撰)	金石續編 15/39a
～忠輔	道舉		1016—1077 (62)	零陵	沖	師運	惟簡	李君墓誌銘	雲巢編9 (三沈集 8/49a)
～　垂	舜工		965—1033 (69)	聊城			筠	李公墓誌銘 並序	河南集 17/8b
～知柔	望之		1134—1201 (68)	儀真				李公行狀	江湖集 35/16b

姓名	字	號	生卒年(年齡)	籍貫	曾祖	祖	父	篇名	出處
～知剛	作義		1071—1095 (25)	山陰	執中	審一	械	李司理墓誌	陶山集 14/8b
～知新	温卿			仙井				李君墓誌銘	跨鰲集 29/9a
～季札	季子			婺源			繪	李季子事畧	新安文獻/先賢上/8a
～侗	願中	延平先生	1093—1163 (71)	劍浦	幹	繧	渙	延平先生李公行狀 延平李先生墓誌銘	朱文公集 97/28b 延平集 4/4b 文定集 22/5a 延平集 4/11b
								羅李二先生狀(楊棟撰) 年譜	延平集 4/14a 延平集/年譜 3a
～周南	正雅		1065—1116 (52)	趙郡	緯	師中	伉	李正雅墓誌銘	學易集 8/6a
～迎	彥將	濟溪	1103—1174 (72)	濟源	章	百朋	弼儒	李君迎墓表 慶元三年	益國文忠集 75/14b 益公集 75/66b
～承鼐	大用		885—907 (23)	上黨			神福	李司空廟碑文	徐公集 27/10b
～宥	仲嚴		(62)	營丘	瑜	成	覺	李公墓誌銘並序	樂全集 39/14b
～彥華	仲實	藏脩先生	1123—1192 (70)	崇仁	英	侯	持	李公墓銘	鶴山集 79/4a
～庠	彭年		1012—1076 (65)	萬年				李水部墓誌銘	范忠宣集 12/14b
～炎震	元脩		1151—1214 (64)	合州	士觀	敏隨	如晦	李君炎震墓誌銘	鶴山集 71/10b
～炳			？—976	趙郡	幹	豐	滔	李公墓誌銘並序	小畜集 28/28b
～革	行之		1048—1111 (64)	京兆				李居士墓誌銘	潏水集 8/11b
～郁	光祖	西山先生	1086—1150 (65)	光澤			深	李公墓表	朱文公集 90/10a

姓 名	字	號	生卒年 (年齡)	籍貫	曾祖	祖	父	篇 名	出 處
～昴英	俊明	文溪	1201—1257 (57)	番禺			天秉	忠簡先公事 文考 (李璆朗輯)	文溪稿/ 卷末事 文考 1a
～ 迪	復古		971—1047 (77)	濮州	在欽	令洵	護	李公神道碑 銘並序	樂全集 36/11b
～昭述	仲祖		961—1059	饒陽	沼	昉	宗諤	李公墓誌銘	文恭集 38/5b
～ 修	適道		1040—1068 (29)	趙郡	克明	緯	師中	李君墓誌銘	西臺集 14/1a
～ 紀								李紀墓碣	益國文忠集 78/10b 益公集 78/107b
～ 象	材叔		1014—1076 (63)	藍田				李君墓表	灌園集 19/3a
～流謙	無變		1123—1176 (54)		唐臻	景聞	良臣	李流謙行狀 (李益謙撰)	澹齋集/ 附錄 1a
～ 浹	兼善		1152—1209 (58)	吳興				李公墓誌銘	水心集 19/1a
～ 浩	德遠 直夫	橘園	1116—1176 (61)	臨川	之遇	玩	彥	李公墓銘	南軒集 37/7a
～ 祥	元德		1128—1201 (74)	無錫	遠	通	揚	李公墓誌銘	水心集 24/3b
～起渭	肖望		1172—1230 (59)	福州	邦直	暘	鈞	李君墓誌銘	真西山集 45/23b
～耆壽	南公		？—1230	江陵	璵	昕	康年	李君墓表	鶴山集 79/15a
～時用				合陽	昭象	賓	天輔	李時用墓誌 銘	縉雲集 4/16a
～師中	誠之		1013—1078 (66)	楚邱	壽	克明	緯	李公墓誌銘	忠肅集 12/9b
～ 恕	貫道		1017—1097 (81)	安陸	弼	德升		李府君墓銘	道鄉集 34/5a
～純德	得之		1084—1135 (52)	光澤	鐸	誥	濬	李公墓誌銘	朱文公集 91/9b

姓　名	字	號	生卒年 (年齡)	籍貫	曾祖	祖	父	篇　　名	出　處
～　陟	元昇		967—1019 (53)	內黃	祚	守澄	珣	李君墓誌銘 並序 李公神道碑	樂全集 39/34b 臨川集 89/8b
～清臣	邦直		1032—1102 (71)	安陽	宗壽	士明	革	李公墓銘 李公行狀	雞肋集 64/1a 雞肋集 62/14b
～　章	達夫		1058—1124 (67)	堯山			漸崇	李公墓誌銘 並序 (霍□□撰)	京畿冢墓文/ 下/36a
～　訧	誠之		1144—1220 (77)	晉江	璪	郉	紃	李公墓誌銘	真西山集 42/10b
～　規	子震		1010—1077 (68)	祥符	知謙	延美	從憲	李君墓誌銘	蘇魏公集 60/8b
～惟正	中父		1152—1212 (61)	蒲江	仲昉	隆	大受	李君惟正墓 誌銘	鶴山集 72/11b
～　常	公擇		1027—1090 (64)	建昌	宗晦	知	東	李公行狀 李公墓誌銘	淮海集/ 後 6/10b 蘇魏公集 55/12a
～常寧	安邦		1037—1088 (52)	廩延	益	知進	永昌	李狀元墓誌 銘	淮海集 33/1a
～處道	深之		(75)	福唐	郁	汾	餘慶	李參軍墓誌 銘	張右史集 60/1a
～　冕			1025—1064 (40)	袁州		彥珪	修永	李君墓誌銘	灌園集 20/1a
～　問			975—1064 (90)	廣陵				李君墓誌銘	臨川集 97/9a
～敏之	仲通		1037—1066 (30)	濮州	令昫	護	遜	李寺丞(墓) 誌	二程(明道) 集 41/15b
～從浦 (初謙)	可大		946—995 (50)			昇	璟	李公墓誌銘	文恭集 36/1a
～從善	子師		940—987 (48)	成紀				李公墓誌銘	徐公集 29/4b
～　逢	承之		—1075 (40餘)	唐安	勤	圜	平	李府君墓誌 銘	净德集 25/1a

姓　名	字	號	生卒年 （年齡）	籍貫	曾祖	祖	父	篇　名	出　處
～　紳	綬卿		1142—1219 （78）	虔州	旻	公鎮	彥	李通直行述	漫塘集 34/3a
〔漢〕 ～　陵	少卿		？—前74	成紀		廣	當戶	李將軍墓碑 （徐賁撰）	山右石刻編 12/24b
～　渭	師望		979—1041 （63）	河陽		勳	遜	李公墓誌銘 並序	河南集 15/11a
～　琥	西美	知足 老人	1098—1174 （77）	廬江	虛一	公麟	□碩	李君琥墓碣 嘉泰三年	益國文忠集 78/3a 益公集 78/98b
～　琥	次琮		1156—1214 （59）	崇仁	侯	持	彥華	李次琮墓誌 銘	鶴山集 79/6a
～堯臣	元叔		1052—1098 （47）	長林				李元叔墓誌 銘	豫章集 23/19a
～虛舟	公濟		971—1059 （89）	建安	琯	詢	寅	李公墓誌銘 李公墓碑	武溪集 19/18a 武溪集 19/13b
								李公神道碑	臨川集 88/8b
～　華	君儀		1044—1129 （86）	溧陽	瓌	俊	憲	李公朝奉墓 誌銘	張華陽集 32/7a
～　棻				蒲州				李公生祠記	鷄肋集 31/12b
～景範	器之		1144—1196 （53）	湖口	舜申	篪	知幾	李左藏墓誌 銘	昌谷集 18/28b
～　開 （正稟方）	去非	小舟	1131—1176 （46）	銀山	祐	嗣宗	石	小舟墓誌銘	方舟集 17/4b
～　牪	世京		1036—1093 （58）	金鄉	綰	義	定	李公墓誌銘	樂靜集 28/9a
～　喬	子高		977—1044 （68）	南城	捷	文遇	彥機	李子高墓表	直講集 31/6b
～　衆	仲師		1037—1090 （54）	金鄉	綰	義	定	李奉議墓誌 銘	樂靜集 28/6a

姓 名	字	號	生卒年 (年齡)	籍 貫	曾 祖	祖	父	篇 名	出 處
~ 發	秀寶		1094—1174 (81)	吉水	宗應	復	汝明	李承議墓誌銘 李君發墓誌銘淳熙五年	澹庵集 29/13a 益國文忠集 33/1a 益公集 33/17a
~ 發	浩然		1097—1174 (78)	什邡	保榮	有質	世通	李公墓誌銘	朱文公集 94/19a
~ 絢	公素		1013—1052 (40)	依政	殼	辰	憲	李公墓誌銘	傳家集 71/1a 司馬溫公集 78/7a
~ 溥	子源	牧坡	1167—1243 (77)	旴江				李牧坡墓誌銘	敝帚稿 6/15a
~ 誠之	茂欽		1153—1221 (69)	東陽				李公墓誌銘 李侯墓表	絜齋集 18/10b 雲莊集 11/2a 真西山集 42/2a
~ 詵	先之		1126—1175 (50)	莆田		邴	維	李公墓誌銘	復齋集 22/29b
~ 道傳	貫之 仲貫		1170—1217 (48)	井研	公錫	發	舜臣	李兵部墓誌銘	勉齋集 38/19a
~ 猷	嘉仲 獻夫 獻父			鄞縣				李猷傳	四明文獻集 6/16b
〔南唐〕 ~ 煜	重光		937—978 (42)	隴西			景	隴西公墓誌銘並序	徐公集 29/1a
~ 雷應	震亨 子應		1229—?	浮梁				李君墓誌銘	碧梧集 19/1a
~ 椿	壽翁		1111—1183 (73)	永年	安	泰	升	李公墓誌銘 李侍郎傳	朱文公集 94/7a 誠齋集 116/1a
~ 慎思	敬中		1026—1063 (38)	郫縣	承粲	洪慶	章甫	李君墓誌銘	净德集 25/3a

姓名	字	號	生卒年（年齡）	籍貫	曾祖	祖	父	篇名	出處
～慎從	公澤		（50）	郫				李公澤墓誌銘	丹淵集 38/10b
～ 遇	用之	洞齋	1178—1248 （71）	閩縣	葵		冲	李公墓誌銘	後村集 165/17a
～ 睦	友賢		（67）	樂平				李君墓誌銘	碧梧集 19/3a
～畸實	季侔		1062—1108 （47）	晉陵	振	宿	選	李季侔墓誌銘	道鄉集 36/7b
～嗣宗			1088—1144 （57）	銀山	旦	仲舒	祐	先君墓誌銘	方舟集 16/20a
～漢臣	仲良		1061—1101 （47）	荊州				李仲良墓誌銘	豫章集 23/21a
～漢超	顯忠		？—977	雲中			霸	李公德政碑文	徐公集 25/1a
～ 寬	伯强		1006—1065 （60）	南昌		寅	虛舟	李君墓誌銘並序	臨川集 97/7a
～端方	靖之		1074—1142 （69）	武進	中立	士宗	鎮	李公靖之墓誌銘	鴻慶集 35/11a 孫尚書集 60/10a
～端懿	元伯		1013—1060 （48）	開封	崇矩	繼昌	遵勖	李公墓誌銘	歐陽文忠集 32/10b
～ 誠	明仲		？—1110	管城	惟寅	惇裕	南公	李公墓誌銘	程北山集 33/13b
～嘉量	仲平 平仲		1160—1224 （65）	雙流	文顯	廙	大年	李君墓誌銘	鶴山集 81/2b
～ 遠	志遠		1064—1088 （25）	昌樂	守則	吉	文	李公墓誌銘 （胡松年撰）	山左冢墓文 /46a
～ 僑	德秀	枕流居士	？—1221	臨邛	安道	澤	証	李公僑墓誌銘	鶴山集 73/1a
～蕭之	公儀		1006—1089 （84）	濮州	令珣	護	遜	李公墓誌銘	蘇魏公集 61/1a
～ 綱	伯紀	梁溪	1083—1140 （58）	邵武	僧護	賡	夔	李公行狀 李丞相綱諡忠定議	梁溪集行狀 上/1a—下/2a 梁溪集/附錄1a 水心集 26/15b

姓　名	字	號	生卒年（年齡）	籍貫	曾祖	祖	父	篇　名	出　處
								李綱覆謐議（宋之瑞撰）年譜	梁溪集/附錄3a 梁溪集/卷首年譜1a
～	靚	彥和		1110—1140 (31)	龍泉			俠	忠義李君傳	益國文忠集28/18b
～	樞	仲納		993—1071 (79)	原武	光	元超	興	李公神道碑銘	蘇魏公集53/10a
～	樞	應機		990—1027 (38)	鄆州	積	廷韞	戬	李君墓誌銘	忠肅集13/10b
～	撰	子約		1043—1109 (67)	連江	慕玢	餘慶	處常	李子約墓誌銘	龜山集31/2b
～餘慶	昌宗		(44)	連江	周	郁	慕玢	李公墓誌銘	臨川集94/5a
～	興	仲舉		954—999 (46)	原武	顥	光	元超	李公神道碑銘並序	臨川集89/3b
～	穆	孟雍		928—984 (57)	陽武			咸秩	李文恭公謐議	司馬溫公集55/10b 傳家集66/9a
～	壁	季章	雁湖居士 石林	1159—1222 (64)	丹稜	夙	中	燾	李公神道碑	真西山集41/22b
～	繽	伯玉	萬如居士	1109—1164 (56)	鉅野	景山	璂	邴	李公墓碣銘	朱文公集92/10a
～	覯	泰伯		1009—1059 (51)	南城				直講先生墓誌銘並序（陳次公撰）	直講集/外3/5b
～	駿	伯言		1159—1233 (75)	龍遊	浩	觀	昌圖	李公駿墓誌銘	鶴山集84/9b
～	遹	叔周		(64)	洛陽	章	百朋	元孺	李叔周墓誌銘	誠齋集128/11b
～彌遜	似之	筠溪子	1089—1153 (65)	吳縣	餘慶	處常	撰	李公家傳	筠溪集/傳1
～	謨	茂嘉		1082—1153 (72)	無錫	勤	度	景芳	李公墓誌銘	鴻慶集35/1a 孫尚書集59/7a

姓　名	字	號	生卒年 （年齡）	籍貫	曾祖	祖	父	篇　　名	出　處
～ 燾	仁甫 子真	巽巖	1115—1184 （70）	丹稜	夔	風	中	李文簡公燾 神道碑	益國文忠集 66/5b 益公集 66/8b 蜀藝文志 47 中/1a
～ 繪	參仲		1117—1193 （77）	婺源	蒙	居注	鏞	鐘山先生行 狀 李鐘山事畧	尊德集 3/25a 新安文獻 87/4a 新安文獻/ 先賢上/7a
～ 騄	致遠		1099—1163 （65）	貴平	世長	交	堯封	李隱君墓誌 銘	方舟集 16/1a
～ 鷭	雄飛		1156—1215 （60）	奉化	晟	崇	鼎	李雄飛墓誌 銘	絜齋集 20/15b
～繼隆	霸圖		950—1005 （56）	上黨	直	肇	處耘	李公墓誌銘	武夷新集 10/10a
～ 夔	師和 斯和		1047—1121 （75）	邵武	侍	僧護	賡	李修撰墓誌 銘	龜山集 32/1a
～ 繁	清叔 元昭	桃溪 先生	1117—1177 （61）	晉原	平	講	軺	李公墓誌銘	鶴山集 78/1a
～顯忠	君錫		1110—1178 （69）	青澗	德明	中言	永奇	李公行狀 （張掄撰）	琬琰存 3/69b
～ 某 （格、 至父）			911—953 （43）	真定				李公墓誌銘 並序	徐公集 29/6a
～ 某	廣途		901—968 （68）	雍邱	巢	禮	洪	李府君墓誌 銘並序	徐公集 29/13a
～ 某	景仁							李君墓誌遺 事記	祠部集 35/15a
～ 某 （誼伯父）			1002—1067 （66）	巴西				李處士墓誌 銘	丹淵集 38/16b
～ 某	漢臣		996—1047 （52）	開封	滔	炳	贄	李君墓誌銘	傳家集 77/3b 司馬溫公集 78/5b
～ 某								李太師墓誌	蘇東坡全集/ 續 12/47a

姓　名	字	號	生卒年 （年齡）	籍　貫	曾　祖	祖	父	篇　名	出　處
～某	聖源		（60）	南城				李進士墓誌	灌園集 19/8a
～某	從之		1087—1164 （78）	吳興	言	舜俞	鎮	李公墓誌銘	鴻慶集 39/6b
～某 （陳泌岳父）			（66）	平泉				李隱君墓誌	方舟集 16/3a
～如某 李如晦父			（74）	資州					
〔漢〕 豆盧鮒	子柔			外黃		仲叔	劫	豆盧子柔傳	誠齋集 117/3b
束端卿	表臣		1038—1109 （72）	中都	勛	顒	莊	束君墓誌銘	學易集 7/15a
巫大方	伯正		1164—1226 （63）	句容		葵	悉	巫伯正墓誌 銘	漫塘集 30/1a
～必	子固		1065—1120 （56）	句容	遜	褶	峻	巫公墓誌銘	鴻慶集 36/10b 孫尚書集 62/12a
折可適	遵正	太山公	1050—1110 （61）	雲中	惟讓	繼長	克儁	折公墓誌銘	姑溪集/ 後 20/1a
～克行	遵道		？—1108	雲中	御卿	惟忠	繼閔	折克行神道 碑（毛友撰）	金石萃編 147/1a
呂士元	佐堯		·969—1033 （65）	江寧		裕	文膺	呂君墓誌銘	歐陽文忠集 28/8a 新安文獻 91/1a
～士昌	子弼		999—1060 （62）	揚子	裕		延之	呂君墓誌銘	蔡忠惠集 36/1a
～大用	景宣		1156—1236 （81）	歙縣	仲明	昇	玗	先君壙記	竹坡稿 4/3a

姓　名	字	號	生卒年 (年齡)	籍貫	曾祖	祖	父	篇　名	出　處
～大防	微仲		1027—1097 (71)	藍田				呂汲公大防 傳(實録)	琬琰存 3/31b
～大鈞	和叔	京兆 先生	1031—1082 (52)	藍田	鵠	通	蕡	呂和叔墓表 (范育撰)	宋文鑑 145/12b
～文仲	子臧		—1007	新安			裕	呂侍郎文仲 傳(宋綬撰)	新安文獻 94 上/2a
～公著	晦叔		1018—1089 (72)	開封	龜祥	蒙亨	夷簡	呂正獻公公 著傳(實録)	琬琰存 3/11a
～公弼	寶臣		998—1073 (76)	開封	龜祥	蒙亨	夷簡	呂公行狀 呂惠穆公公 弼神道碑 (范鎮撰)	王魏公集 8/22b 蜀文輯存 10/11b
～公綽	仲祐 仲裕		999—1055 (57)	開封	龜祥	蒙亨	夷簡	呂公公綽墓 誌銘	華陽集 38/6a
～午	伯可	竹坡	1179—1255 (77)	歙縣	昇	玕	大用	呂公午家傳 (方回撰) 呂左史事畧	左右諫草/ 家傳 1a 新安文獻 79/1a 新安文獻/ 先賢上/10b
～夷簡	坦夫		979—1044 (66)	壽州	夢奇	龜祥	蒙亨	呂公神道碑 銘並序	樂全集 36/1a
～沇	叔朝		1205—1285 (81)	歙縣	玕	大用	午	呂公家傳 (方回撰)	左史諫草/ 監簿家傳 1a 新安文獻 79/10a
～希道	景純		1025—1091 (67)	開封	蒙亨	夷簡	公綽	呂公墓誌銘	范太史集 42/4b
～昌辰	伯熙		(61)	河南	龜圖	蒙正	務簡	呂君墓誌銘	忠肅集 13/21b
～祖謙	伯恭		1137—1181 (45)	婺州	好問	弸中	大器	壙記 (呂祖儉撰) 東萊公家傳 年譜	東萊集/ 附録 1/9a 東萊集 14/1a 東萊集/附 録 1/1a—8a

姓名	字	號	生卒年（年齡）	籍貫	曾祖	祖	父	篇名	出處
～茆	德章		1160—1222 (63)	旌德	仲鎮	若水		呂德章墓誌銘	竹坡稿 4/1a
～思恭	禮夫		1150—1201 (52)	東平杭	震	安道	興祖	呂正將墓誌銘	江湖集 35/2a
～師愈	少韓		1130—1194 (65)	永康				呂君墓誌銘	水心集 14/18a
～規	正臣		1053—1100 (48)	萊蕪	日新	旬	孜	呂正臣墓誌銘	樂静集 29/9b
～誨	獻可		1014—1071 (58)	安次	琦	端	荀	呂府君墓誌銘	傳家集 76/16b 司馬温公集 77/9a
～琰	德文		1112—1185 (74)	新昌			蒙	呂公墓誌銘	止齋集 49/3a
～惠卿	吉甫		1032—1111 (80)	晉江			璹	呂參政惠卿傳(實録)	琬琰存 3/24a
～溱	濟叔		(55)	揚州		文膺	士元	呂密學溱傳(洪邁撰) 呂密學事畧	新安文獻 94上/6b 新安文獻/先賢上/3b
～搢				臨海			頤浩	呂搢殘誌	台州金石録 8/8a
～廣問	仁甫		1098—1170 (73)	太平	行簡	公雅	希朴	呂公墓誌銘 呂待制廣問傳(李以申撰)	南澗稿 20/12a 新安文獻 93/後 3b
～蒙正	聖功		946—1011 (66)	河南	韜	夢奇	龜圖	呂文穆公蒙正神道碑(富弼撰)	琬琰存 1/50b
～夔友	子韶		1197—1239 (43)	諸暨	頤浩	摭	昭亮	呂君壙誌 呂氏家系	蒙齋集 18/20a 灌園集 17/1a
～某								書呂博士事	浮沚集 6/13b
～	某 尹之		1155—1219 (65)	新安				呂君尹之墓誌銘	洛水集 14/6a

姓　名	字	號	生卒年（年齡）	籍貫	曾祖	祖	父	篇名	出　處
吳之巽	先之		1160—1221 (62)	中江	彥翼	覺	良弼	吳先之之巽墓銘	鶴山集 72/7b
～山	鎮國	麞坡		休寧				吳麞坡事畧	新安文獻/先賢上/13b
～方慶	少琳		(69)				迺搆	吳方慶先生行狀	延平集 1/6a
～天秩	平甫		1019—1080 (62)	杭州	嗣	承贊	肅	吳平甫墓誌銘	錢塘集 16/24a
～天球	伯玉		1171—1236 (66)	休寧				吳公墓誌銘	秋崖稿 45/1a
～天常	希全		1037—1097 (61)	洛陽	延慶	澤	英	吳天常墓誌銘	張右史集 60/14b
～元亨	子正		991—1031 (41)	金鄉	貴	豫	蒨	吳君墓誌銘	傳家集 78/7a 司馬溫公集 75/7b
～中復	仲庶		1011—1078 (68)	永興				吳給事中復傳(實錄)	琬琰存 3/29a
～升	潛道		1055—1139 (85)	鄞縣	德	澤	渭	吳君墓誌銘	莊簡集 18/7b
～仁	靜翁		1159—1222 (64)	海寧	師心	士通	弼	吳靜翁墓誌銘	洛水集 14/9b
～及	幾道		1014—1062 (49)	靜海				吳公墓誌銘	郎溪集 21/4a
～丙	景南		1186—1251 (66)	永福	傑	師勳	廷	吳君墓誌銘	後村集 155/5a
～仕舜	伯俞		1047—1114 (68)	臨川	道玢	文侃	仁遂	吳伯俞墓誌銘	幼樨集 10/2a
～充	沖卿		1031—1080 (60)	浦城	進忠	諒	待問	吳正憲公充墓誌銘(李清臣撰)	琬琰存 2/33a
～有成	叔立		？—1239	潼川	覺	良翰	申	撫機弟墓誌	鶴林集 35/14b
～任歡				閶門				吳公任歡廟碑(張式撰)	新安文獻 96 上 /2b
～自牧	益謙		1161—1237 (77)	歙縣				吳益謙自牧墓誌銘(呂午撰)	新安文獻 87/9b

姓　名	字	號	生卒年(年齡)	籍貫	曾祖	祖	父	篇　名	出　處
～自然	誼甫		1213—1295 (83)	餘姚	松年		一之	吳誼甫墓誌銘	本堂集 91/10a
～如愚	子發	準齋	1167—1244 (78)	錢塘				吳公行狀	棋埜集 11/7a 準齋雜説/附錄 1b
～良			1025—1093 (69)	長子		智	嵩	吳良墓誌	山右冢墓文/補 8a
～孝先	謙仲		1166—1233 (68)	臨安				吳致政墓誌銘	平齋集 31/20a
～伸	仲舉		992—1064 (73)	鄱陽	漢琛	承諭	紹文	吳司封墓誌銘	金氏集/下/32a
～伯武	德甫		1046—1106 (61)	金溪		文雅	庠	吳德甫墓誌銘	溪堂集 8/14a
～君庸	伯起		1026—1053 (28)	東海		宿	元瑜	吳君墓誌銘	西溪集 10(三沈集 3/50b)
～育	春卿		1004—1058 (55)	建安	進忠	諒	待問	吳公墓誌銘	歐陽文忠集 32/5b
～炎	晦夫		1185—1243 (59)	建昌				吳主簿墓誌銘	敝帚稿 6/9b
～炎	濟之		1153—1221 (69)	莆田	仁	祐	衍	吳公墓誌銘	後村集 154/5b
～玠	晉卿		1093—1139 (47)	隴干	謙	遂	扆	吳武安玠功蹟記 (明庭傑撰)	琬琰存 1/23a
～松年	公叔		1119—1180 (62)	永嘉	比	充	表臣	吳公墓誌銘	誠齋集 125/26b
～直	伯立	桂山	1199—1265 (67)	越州新昌	汝能	邦偉	灝	吳伯立墓誌銘	本堂集 91/1a
～叔告	君謀		1193—1265 (73)	莆田	翊	國寶	元度	吳君謀少卿墓誌銘	後村集 164/14b
～昌裔	季永 季允		1183—1240 (58)	潼川				待制侍郎弟壙誌	鶴林集 35/12b
·～秉禮	子鈞		1043—1075 (33)	興國軍			中復	吳君墓誌銘	元豐稿 44/3a
～居仁	溫父		1126—1206 (81)	建陽	睿	天覺	戀功	吳節推墓誌銘	勉齋集 38/16b

姓　名	字	號	生卒年 （年齡）	籍　貫	曾祖	祖	父	篇　名	出　處
～居厚 （居實）	敦老		1037—1113 （77）	豫章				吳公墓誌銘	丹陽集 12/4b
～承腈	元禮		1041—1106 （66）	瑞安	隱	愨	利標	吳氏三十五 郎府君墓銘 （林根撰）	東甌金石志 5/9b
～　津	仲登		1133—1196 （64）	仙居	允昭	師錫	芾	吳公并碩人 姚氏墓誌銘	宋本攻媿集 115/6b 攻媿集 108/14b
～彥申	聖時		1064—1122 （59）	龍泉				吳公墓誌銘	梁溪集 169/7b
～　昶	叔夏	友堂 先生	—1219	休寧				吳先生昶小 傳（家乘）	新安文獻 69/11b
～　革	孚道		1036—1088 （53）	全椒		用之	頔	吳君墓誌銘	豫章集 22/13b
～　奎	長文		1010—1067 （58）	北海				吳公墓誌銘	彭城集 37/1a
～拱之	宗象		1002—1084 （83）	華陽	處謙	傳紹	季回	吳府君墓誌 銘	浮德集 26/9a
～　芾	明可	湖山 居士	1104—1183 （80）	仙居		允昭	師錫	吳公神道碑 先公少師易 名題誌 （吳洪撰）	朱文公集 88/9a 台州金石錄 6/15a 台州金石錄 7/27a
～　芾	子通		1087—1161 （75）	湘潭	惟忠	仁信	仲明	吳監廟墓誌 銘	南軒集 40/10b
～　思	子正		1055—1107 （53）	邵武				吳子正墓誌 銘	龜山集 30/11b
～　厔	基仲			休寧				吳基仲事畧	新安文獻/ 先賢上/9b
～柔勝	勝之		1154—1224 （71）	宣城	奭	殊	丕	吳勝之墓誌 銘	昌谷集 20/4b
～　浹	子通		（51）	龍泉		崇煦	轂	吳子通墓誌 銘（吳卑撰）	括蒼金石志/ 續 1/5b
～　浩	義夫	直軒		休寧			錫疇	吳義夫事畧	新安文獻/ 先賢上/14b

姓　名	字	號	生卒年 (年齡)	籍　貫	曾祖	祖	父	篇　名	出　處
～　益	叔謙		1124—1171 (48)	開封	文誠	從亨	近	吳公墓銘	松隱集 35/1a
～　祥			(62)	揚子				吳君墓碣	曾南豐集 29/2b 元豐稿 46/4b
～　珪	子琳		1076—1148 (73)	金華	藻	善	權	吳子琳墓誌 銘	香溪集 22/7a
～　適	君若		1174—1214 (41)	鄞縣	秉彝	魯卿	鑑之	吳君若壙誌	絜齋集 20/13a
～　翌	晦叔	澄齋	1129—1177 (49)	建寧	惻	深	從周	吳君行狀	朱文公集 97/45b
～貫林	元用		1124—1203 (80)	宜興	襄	冲	開	吳君行狀	箟窗集 7/15a
～　淵	道父	退庵	1190—1257 (68)	溧水			柔勝	吳莊敏公列 傳	退庵稿/ 卷首 1a
～評事			(63)	南府				吳評事墓誌	橘洲集 7/5b
～　琯	彥律		1054—1114 (61)	北海	文祐	懷德	奎	吳彥律墓誌 銘	樂靜集 29/1a
～順之	伯思		1088—1163 (76)	洛陽	方	安行	似	吳君順之墓 誌銘	益國文忠集 31/11a 益公集 31/160b
～　綱	子進		1056—1109 (54)	錢塘	廷贇	熙之	戣	吳公墓誌銘	丹陽集 12/7b
～資深	逢原							吳友梅事畧	新安文獻/ 先賢上/14a
～〔瑛〕	德仁		1021—1104 (84)	蘄春	文	叔	遵路	吳大夫墓誌 銘	張右史集 59/13b
～　葵	景陽		1145—1217 (73)	東陽	臻	杲	文炳	吳君墓誌銘	水心集 25/8a
～　號	文瑞		1150—1227 (78)	崇仁	遹	朴	淑	吳文瑞墓誌 銘	漁墅稿 6/17a
～　僅	庶幾		1002—1063 (62)	鄱陽	延進	承鑒	宗右	吳君墓誌銘	鄖溪集 21/2b

姓　名	字	號	生卒年 (年齡)	籍　貫	曾祖	祖	父	篇　名	出　處
～棨	君平		1062—1140 (79)	烏程	琰	惟幾	景元	吳君平墓誌銘	苕溪集 49/2a
～漢英	長卿		1141—1214 (74)	江陰		持	觀	吳郎中墓誌銘	漫塘集 28/7b
～漸 (興仁)	茂榮 德進	東齋	1124—1183 (60)	臨川	嗣宗	景章	萬	吳公行狀	象山集 27/8a
～墀	次周		1153—1231 (79)	崇仁				吳公墓誌銘	漁墅稿 6/18b
～輔堯	唐卿		986—1059 (74)	浦城	承蘊	仁凱	朴	吳君唐卿墓誌銘	古靈集 20/14a
～蓋	叔平		1125—1166 (42)	開封	文誠	從亨	近	吳公墓誌銘	松隱集 35/2b
～銓	伯承		1119—1170 (52)	浦城		獻可	知常	吳伯承墓誌	南軒集 41/4a
～槼	規父	一齋	1190—1244 (55)	建昌				吳規父墓誌銘	敝帚稿 6/17a
～懇	德穀		1063—1144 (82)	金陵	敏	蕃	頤	吳公墓誌銘	鴻慶集 34/9a 孫尚書集 58/8b
～儀	國華		？—1107	延平				吳國華墓誌銘	龜山集 30/10a
～儆 (儌)	益恭 恭父		1125—1183 (59)	休寧	師政	俊	舜選	吳公儆行狀 (程卓撰)	新安文獻 69/1a
								吳尚書謚文肅議 吳文肅公事畧	彭城集 24/5b 新安文獻/先賢上/7a
～龍翰	式賢	古梅	1233—1293 (61)	歙縣	昶		豫	吳古梅事畧	新安文獻/先賢上/14a
～諮	周朋		1098—1148 (51)	錢塘			師禮	吳周朋墓誌	東牟集 14/13a
～璘	唐卿		1102—1167 (66)	隴干	謙	遂	辰	吳武順王璘安民保蜀定功同德文碑(王曮撰)	琬琰存 1/43a

姓 名	字	號	生卒年 (年齡)	籍貫	曾祖	祖	父	篇 名	出 處
～橐	亦虛		1071—1116 (46)	安吉				吳亦虛墓誌銘	苕溪集 49/1a
～賁	成之			金溪		德筠	敏	吳録事墓誌	臨川集 98/10a
～蕃	彥弼		(43)	金溪				吳君墓誌銘	臨川集 98/8a
～興宗	子善		1018—1067 (50)	臨川	英	表微	偘	吳子善墓誌銘	臨川集 94/12a
～錫疇	元倫 元範	蘭臯	1215—1276 (62)	休寧			基仲	吳蘭臯事畧	新安文獻/ 先賢上/13b
～豫	正甫	場圃	1209—1281 (73)	歙縣				吳公墓誌銘	桐江集 8/32b 新安文獻 92 上/1a
～應紫				休寧				吳達齋事畧	新安文獻/ 先賢上/15b
～燧	茂新	警齋	1200—1264 (65)	同安	璉	宗	檜	吳侍郎神道碑	後村集 147/1a
～燠	春卿		1131—1186 (56)	西安	常陸	偲	檠	吳公墓誌銘	誠齋集 125/14b
～舉	太冲		941—1016 (76)	永興	瑗	章	思逈	吳君墓碣銘	歐陽文忠集 35/11a
～點	聖與		1057—1130 (74)	邵武	漢卿	顥	詔	吳公墓誌銘	浮溪集 26/1a
～懋	禹功		1080—1134 (55)	陽羨			誥	吳君墓誌銘	浮溪集 25/17b
～顥	伯顥		1148—1190 (43)	臨川	景章	萬	漸	吳伯顥墓誌	象山集 28/11a
～獵	德夫	畏齋	1143—1213 (71)	醴陵	象奇	子民	唐	吳公行狀 吳公生祠記	鶴山集 89/1a 性善稿 11/9b
～瓊	彥琳		1051—1117 (67)	北海				吳公墓誌銘	嵩山集 20/1a
～顓			1014—1034 (21)	金鄉			元亨	吳君墓誌銘	傳家集 78/8b 司馬溫公集 75/8b
～懿德	夏卿		1167—1228 (62)	慶元				吳君墓誌銘	真西山集 45/21b
～某	子玉	有恩	？—1047	吳興				吳君墓誌銘	景文集 60/7b

姓　名	字	號	生卒年 (年齡)	籍貫	曾祖	祖	父	篇　名	出　處
～某 （甫 申 冉父）			(78)	甌寧				吳處士墓誌 銘	臨川集 94/8b
～某	公擇		1068—1132 (65)	烏程	琰	惟幾	景元	吳公擇墓誌 銘	苕溪集 49/9a
別湜	景甫		1151—1225 (75)	郢川	震	宗	中孚	別公墓誌銘 別少師改葬 墓碑	鶴山集 85/12b 鶴林集 34/4a
余大雅	正叔		1138—1189 (52)	上饒	大約	安節	思永	余正叔墓碣	克齋集 12/12a
～公彥	仲美		1087—1154 (68)	德興	鼎	修己	師民	余仲美墓誌 銘	浪語集 33/28a
～良弼	嚴起		—1166	順昌				余公墓誌銘	澹庵集 27/17a
～信	彥誠		1074—1134 (61)	義烏	榮	喜	明	余彥誠墓誌 銘	北山集 15/1a
～適	永叔		1035—1076 (42)	將樂		可	思	余君墓表	龜山集 37/15a
～靖 （希古）	安道		1000—1064 (65)	曲江	從	營	慶	余公墓誌銘	蔡忠惠集 36/9a
								余襄公神道 碑銘	歐陽文忠集 23/6a 武溪集 21/1a
何大猷	少嘉		1162—1190 (29)	義烏	先	榘	恢	何少嘉墓誌 銘	龍川集 28/21a
～大臨	才叔		1028—1090 (63)	青城	繕	中	敏	何君墓誌銘	凈德集 25/10a
								何友諒子益 墓銘	鶴山集 108/文闕
～中立	公南		1004—1057 (54)	許昌				何公行狀	郢溪集 19/18a

姓　名	字	號	生卒年 （年齡）	籍　貫	曾祖	祖	父	篇　名	出　處
～　先	謙終		1058—1127 （70）	義烏	湜	祐	京	何氏考妣墓表	北山集 15/8a
～志同	彥時			龍泉			執中	何公墓表	絜齋集 17/1a
～　抗	彥高		1059—1125 （67）	邵武	福	景	紹謨	何長善承事墓誌銘	枑櫚集 24/1a
～　伸 （俊）			1167—1222 （56）		清	德	華	何君伸墓誌銘	後村集 156/9a
～伯謹	誠夫			永嘉			子發	何公行狀	止齋集 51/14a
～君平	少嚴		1016—1082 （67）	龍泉	睿	維	咸	何君行狀 何君墓誌銘	學易集 8/14b 彭城集 38/10b
～　武	繼文		1038—1109 （72）	江陰	清	亢	詠	何繼文墓誌銘	道鄉集 36/8b
～　松	堅才		1134—1181 （48）	東陽	淯	粹中	汝能	何君墓誌銘	止齋集 48/3a
～　松	伯固		1128—1192 （65）	金華	邂	端禮	溱	何公行狀	靈巖集 8/4b
～　受	持謙		1005—1081 （76）	南安	世隆	選	真	何君墓誌銘	龍雲集 31/1a
～　恢	茂宏		1125—1183 （59）	義烏	京	先	槊	何茂宏墓誌銘	龍川集 28/1a
～　耕	道夫	怡菴	1127—1183 （57）	綿竹	杲	延	革	何君耕墓誌銘 淳熙十四年	益國文忠集 35/1a 益公集 35/47a
～　基	子恭	北山	1188—1268 （81）	金華	溱	松	伯慧	何北山先生行狀（王柏撰）	何北山集 4/4a
								何文定公 （實錄）	何北山集 4/22a
～　敏	希顏		1002—1073 （72）	青城	令昕	繕	中	何君墓誌銘	淨德集 25/9a
～　偊	德揚		1121—1178 （58）	龍泉	君平	伯通		何德揚神道殘碑	括蒼金石志/ 續 1/12a
～逢原	希深		1106—1168 （63）	溫州				何提刑墓誌銘	梅溪集/後 29/2b

姓　名	字	號	生卒年 （年齡）	籍貫	曾祖	祖	父	篇　名	出　處
～普	德厚		1142—1208 (67)	蒲江	昭明	師元	宅仁	何君普墓誌銘	鶴山集 71/13a
～悳方	元方 伯直		1151—1215 (65)	綿竹	延世	革	耕	何君墓誌銘	鶴山集 74/14b
～換文	伯章							何府君墓誌銘	桐江集 8/40b
～傅	商霖	墓林 處士	(57)	永嘉				墓林處士誌銘	水心集 13/4a
～逮	思順		1153—1203 (51)	東陽	粹中	汝能	松	何君墓表	渭南集 39/16b
～夢桂 （應祈）	申甫 岩叟	潛齋		淳安	述	振	瑾	何氏祖譜序 何先生家傳	潛齋集 6/7 潛齋集附錄
～震龍	子東		1210—1282 (73)	江南				何子東墓誌	潛齋集 10/1a
～頤	養正		1210—1262 (53)	淳安				何養正朝奉墓誌	潛齋集 10/2a
～澤	景之		(60)	仁壽	得中	保廉	仲素	何盧江隱侯澤墓誌銘 （張商英撰）	蜀文輯存 14/13b
～謙	光叔	我軒	1197—1266 (70)	莆田	德	華	伸	何君墓誌銘	後村集 164/3a
～邁	子楚 子遠	韓青 老農	1077—1145 (69)	浦城			去非	何君墓誌	東牟集 14/9a
～鎬	叔京	臺溪 先生	1128—1175 (48)	邵武			兌	何叔京墓碣銘 何公壙誌	朱文公集 91/6b 朱文公集 94/26a
～瀹	叔禹		1152—1207 (56)	龍泉	執中	志同	佃	何君墓誌銘	水心集 21/12b
～某			959—1041 (83)	河南		朗	嚴	何君墓誌銘	河南集 15/8b
～某	子平		1021—1093 (73)	永嘉				何子平墓誌銘	浮沚集 7/19b

姓　名	字	號	生卒年（年齡）	籍貫	曾祖	祖	父	篇　名	出　處
〔唐〕狄仁傑	懷英			太原				唐狄梁公碑	范文正集 11/1a
～	青	漢臣	1008—1057（50）	西河	應	真	普	狄令公墓銘並序 / 狄武襄公青神道碑	武溪集 19/1b / 華陽集 35/10b 山右石刻編 13/46b
～	栗	孟章 仲莊	990—1045（56）	潭州	崇謙	文蔚	杞	狄君墓誌銘	歐陽文忠集 28/4b
～	棐	輔之	977—1043（67）	長沙	崇謙	文蔚	希顏	狄公神道碑	臨川集 89/6b
～遵禮	子安		1019—1094（76）	長沙	文蔚	希顏	棐	狄公墓誌銘	豫章集 22/6b
阮　某	元向		1143—1219（77）	武義	良	端彥	鴻	阮君墓誌銘	絜齋集 20/8a

八　畫

姓　名	字	號	生卒年（年齡）	籍貫	曾祖	祖	父	篇　名	出　處
宗　沃	汝賢		1055—1121（67）	義烏	惠	拱	舜卿	宗汝賢墓誌銘	宗忠簡集 3/9a
～	武	成老	？—1176	義烏		沃	稷	宗縣尉墓誌銘	龍川集 27/4a
～嗣宗			（69）	歙縣				宗白頭嗣宗傳（羅願撰）	新安文獻 100下/4b
～	澤	汝霖	1059—1128（70）	義烏				宗忠簡公傳遺事（曾懋撰）	魯齋集 14/1a 宗忠簡集 7/71a
京　鏜	仲遠		1138—1200（63）	豫章	皋	德用	祖和	文忠京公墓誌銘	誠齋集 123/18a

姓　名	字	號	生卒年 （年齡）	籍貫	曾祖	祖	父	篇　名	出　處
幸元龍	震甫	松垣	？—1232	高安				幸清節公斷 岳武穆万俟 卨子孫爭田 案跡	松垣集 11/1a
昔　横	飛卿		1173—1205 （33）	開封	義	友	世新	故昔將軍行 述	漫塘集 34/1a
林之奇	少穎	拙齋 三山 先生	1112—1176 （65）	侯官				拙齋林先生 行實（姚同撰）	拙齋集/拾 遺附録 11a
～大中	和叔		1131—1208 （78）	永康	禄	邦	茂臣	正惠林公神 道碑	宋本攻媿集 104/1a 攻媿集 98/1a
～大有	亨之	紫陽 翁	1203—1268 （65）	仙遊	巨	一鶚	涣	林君亨之墓 銘	四如集 4/17b
～大聲	欲仲		1079—1161 （83）	侯官	仲通	文祐	璋	林公墓誌銘	鴻慶集 37/12b 孫尚書集 66/11b
～子明	用晦	東岡 玉華 吟客	1242—1302 （61）	三山	寅		若水	林東岡用晦 墓誌銘	桐江集 8/39b
～子恭	安父		1174—1231 （58）	莆田			田	林處士墓誌 銘	後村集 150/19a
～子濟 （逢丁）	德遇 （以字行）		1205—1265 （61）	莆田	天覺	伯京	稚珪	林德遇墓誌 銘	後村集 162/1a
～友仁	公輔		1184—1248 （65）	莆田	孝澤	枅	應之	林公輔墓誌 銘	後村集 153/11b
～公一	道初		1217—1263 （47）	樂清	世定	守謙	標	林道初察推 墓誌銘	蒙川稿 4/6a
～公水	養平		1183—1261 （79）	福清	適	誕	環	林君墓誌銘	後村集 160/6a
～公奕	養大		1185—1255 （71）	福清	適	誕	環	林貴州墓誌 銘	後村集 157/6a

姓　名	字	號	生卒年 （年齡）	籍　貫	曾　祖	祖	父	篇　名	出　處
～公遇	養正	寒齋	1189—1246 (58)	福清	通	誕	璩	林寒齋墓誌銘	後村集 151/2a
～公選	養直		1192—1242 (51)	福清	通	誕	璩	林養直墓誌銘	後村集 150/11a
～仁澤	德俊	龍門 牧翁	1152—1219 (68)	永福	校	覺民	必先	林處士墓誌銘	勉齋集 38/35b
～仍	因可 伯淵			仙居	思	鐘	宓	林君墓誌銘 （郭磊卿撰）	台州金石錄 9/7b
～及之	時可		1169—1229 (61)	莆田	選	孝澤	析	林龍溪墓誌銘	後村集 149/9a
～立義	子宜		？—1225	莆田	國鈞	充	浦	林公墓誌銘	後齋集 21/27b
～石	介夫	塘奧 先生	1004—1101 (98)	瑞安			定	新歸墓表	止齋集48/7a
～汝礪	君用		1190—1262 (73)	莆田	天倫	成	方	林君墓誌銘	後村集 161/10b
～守道	守一	艾隱	？—1234	福寧	團	順夫	晞顏	林君墓誌銘	黃氏日鈔 97/10b
～光朝	謙之	艾軒	1114—1178 (65)	莆田	南一	繁	勉	林光朝諡議 （牟子才撰） 林光朝覆諡議（馬天驥撰） 林公光朝神道碑	艾軒集/ 附錄16a 艾軒集/ 附錄19a 益國文忠集 63/10b 益公集 63/117a 艾軒集/ 附錄6a
～同季	幼康			莆田			光朝	林氏坎誌	網山集4/18b
～仲損	炳之		1123—1171 (49)	瑞安	石	晞孟	松孫	新歸墓表	止齋集48/7a
～行知	子大		1152—1222 (71)	福清			簡肅	林公行狀 林經畧墓誌銘	復齋集23/1a 後村集 156/16a
～如羔	子裘		1148—1202 (55)	仙遊	革	伯文	若樸	林公墓誌銘	復齋集 21/17b

姓　名	字	號	生卒年 （年齡）	籍　貫	曾祖	祖	父	篇　名	出　處
～孝澤	世傅		1089—1171 （83）	莆田	質	傅	選	林運使墓誌銘	誠齋集 125/18b
～孝謹	彥信	朴軒	1094—1155 （62）	莆田	昭度	嗣宗	圭	林軒處士埋銘	艾軒集 9/18a
～杞	南仲		1095—1168 （74）	橫陽	基	景深	汝翼	林南仲墓誌銘	浪語集 33/29a
～秀發	實甫		1191—1257 （67）	莆田	積仁	元方	叔夏	林實甫墓誌銘	後村集 159/12a
～延年	夏卿		1114—1169 （56）	福州	晏	陶	棣	林君夏卿墓誌銘	拙齋集 18/9a
～宓			1139—1213 （75）	仙居		思	鐘	林君墓誌銘 （郭磊卿撰）	台州金石録 9/23b
～放	達本		1055—1109 （55）	仙居				林君達本墓誌銘 （左譽撰）	台州金石録 4/15a
～松孫	喬年	兌光 居士	1095—1168 （74）	瑞安	定	石	晞孟	新歸墓表	止齋集 48/7a
～周卿	少望		1135—1220 （86）	江南				林公行狀	勉齋集 37/17b
～居實	安之		1142—1175 （34）	瑞安			堯賓	林安之壙誌 林安之墓誌銘	止齋集 47/1b 東萊集 12/6b
～思哲	仲文		1157—1220 （64）	松陽	惟周	摵	中弼	林府君周夫人墓誌銘	蒙齋集 18/11a
～胄	甲文		1237—1267 （31）	福州			鶚翁	林君父子墓誌銘	鷹齋集 21/1a
～保	庇民 芘民		1079—1149 （71）	鄞縣	復	彥臣	延之	林公保神道碑	益國文忠集 68/1a 益公集 67/21a
～浦	東之			莆田		國鈞	充	林東之埋銘	網山集 4/10b
～枅	子方		（63）	莆田			孝澤	林公墓誌銘	復齋集 21/1a
～致祥	公履		1173—1240 （68）	長樂		栗	行言	林公墓誌銘	鐵菴集 41/13a

姓 名	字	號	生卒年(年齡)	籍貫	曾祖	祖	父	篇 名	出 處
~悦	民達		1114—1183(70)	瑞安		伯英	植	林民達墓誌銘	止齋集48/2a
~時	德成		1184—1241(58)	長樂	雰	天覺	瑾	林貢士墓誌銘	後村集154/8b
~峕	德言		1179—1228(50)	莆田	雰	天覺	瑾	林戶録墓誌銘	後村集160/10b
~豈	厚之	無惑	(71)	長溪	仁珙	昱	雄	林君墓誌銘	苕溪集50/9a
~師古	子平		1162—1224(63)	莆田	國鈞	充	浦	林公墓誌銘	復齋集21/19a
~師說	箕仲		—1153	仙遊	晟	輝	豫	林兵部墓誌銘	艾軒集9/23b
~師蒧	詠道	竹邨	(75)	臨海	彬	斂	信	林君墓碑(陳耆卿撰)林君墓表(吳子良撰)	赤城集16/11b赤城集16/12b
~淳厚	季雅		1141—1223(83)	平陽	丕	永年	待舉	林淳厚墓碑(林杲撰)	東甌金石志9/1a
~望	磻叟		1122—1189(68)	平陽			櫬	林磻叟墓碣	東甌金石志8/9a
~彬之	元質	圃山	1185—1262(78)	莆田	幹	采	麟	林公行狀圃山林侍郎神道碑	虜齋集24/1a後村集145/1a
~晞仲								林晞仲墓誌	四庫拾遺/東塘集248a
~國鈞	公秉	回年居士	?—1175	莆田				林府君墓碣	艾軒集9/15b
~崧	公材		1124—1175(52)	永康		潚	思聰	林公材墓誌銘	龍川集27/5b
~崖	希文		1196—1256(61)	莆田		天覺	琪	林君墓誌銘	後村集157/4a
~從周			977—1027(51)	海陽			璨	林公墓碣銘並序	武溪集19/8a
~淵叔	懿仲		1144—1195(52)	瑞安			文質	林懿仲墓誌銘	止齋集49/7a

姓 名	字	號	生卒年 （年齡）	籍貫	曾祖	祖	父	篇 名	出 處
～湜	正甫	盤隱	1132—1202 （71）	長溪	巖	樗	師中	林公墓誌銘	水心集 19/11b
～棟	國輔 與守	訥庵	1201—1251 （42）	永嘉	訓	廷翰	謹	林國輔墓誌銘	盧齋集 22/14b
～植	建之		1206—1254 （49）	長溪	坦	清臣	申	林君墓誌銘	文溪稿 12/5a
～棐	功輔		1180—1242 （63）	平陽		待舉	淳厚	林棐墓碣	東甌金石志 9/18a
～景詵			1183—1228 （46）	福州		天明	珪	林景詵墓誌銘	鐵菴集 41/9b
～傅	叔瑤		1178—1244 （67）	莆田	天倫	伯成	鸞	林君墓誌銘	後村集 150/16a
～復之	幾叟 亦顏		1151—1213 （63）	懷安	茂	穌	椿	林郎中墓誌銘	漫塘集 30/8a
～絢	伯素		1018—1076 （59）	懷集			漸	林府君墓誌銘	西塘集 4/1a
～雷龍 （霆龍）	伯雨	清逸 處士 春山 時人 漫翁	1235—1293 （59）	仙遊			大有	林君墓誌銘	四如集 4/1a
～璟	景良		1159—1229 （71）	福清	格	遹	誕	林公行狀 林公墓誌銘	後村集 166/1a 後村集 149/3a
～演	景大	養吾翁	1186—1254 （69）	莆田	繼道	夙	起初	林景大墓誌銘	後村集 155/15b
～端	大方		（74）	麗水				林端墓碣 （何澹撰）	括蒼金石補 2/24b
～誕	仲成		1128—1196 （69）	福清	伯材	格	遹	林沅州墓誌銘	後村集 148/3a
～廣	公遠		（48）	膠水				林侯墓誌銘	范忠宣集 13/9b
～碩	興祖		1133—1206 （74）	四明	簡	暐	嵩	林府君墓誌銘	宋本攻媿集 114/1a 攻媿集 107/1a

姓　名	字	號	生卒年 （年齡）	籍貫	曾祖	祖	父	篇　名	出　處
～夢協 (小名孔壽)	若山 彌協		1216—1269 (54)	莆田				林公墓銘	四如集 4/25b
～夢隆	德本		1208—1267 (60)	國清			雷震	林夢隆墓誌銘	鬳齋集 22/12a
～慶	養源		1175—1242 (68)	福清	通	誕	璟	林判官墓誌銘	後村集 150/14b
～頤叔	正仲		1142—1190 (49)	瑞安			元章	林正仲墓誌銘	水心集 16/17b
～輝	德夫		1026—1087 (62)	仙遊	達	桀	晟	林君墓誌銘	演山集 34/6a
～鼐	伯和 元秀		1144—1192 (49)	黃巖	實	灝	興祥	林伯和墓誌銘	水心集 15/17b
～憲卿	公度	存齋	1148—1217 (70)	懷安	菁	茂	齡	林存齋墓誌銘	勉齋集 38/25b
～遵文	明甫	中山 處士	(57)	國清	雷震	丞	夢奭	林明甫墓銘	四如集 4/9a
～穎	德秀		(31)					林德秀墓誌銘	水心集 22/20b
～鼐	叔和	草廬 先生	1146—1216 (71)	黃巖	實	灝	興祥	草廬先生墓誌銘	水心集 19/14b 赤城集 16/8b
～冀	希聖		986—1039 (54)	海陽	珍	知藝	洪裔	林君墓誌銘	蔡忠惠集 34/1a
～興宗	景復	全壁	？—1256	莆田	需	叢	應辰	林韶州墓誌銘	後村集 157/10a
～積	公濟 功濟		1021—1091 (71)	尤溪	扶	仁就	商	林公墓誌銘	演山集 33/1a
～積仁	充美 元美		1071—1142 (72)	莆田	澤	規	達	林公行狀	艾軒集 8/9a
～環	景溫		1154—1243 (90)	福清	格	通	誕	林公墓誌銘	後村集 150/8b
～謨	丕顯		1135—1193 (59)	連江	鮴	其	元炳	林君丕顯行狀	勉齋集 87/1a
～闔	端甫		1189—1259 (71)	南海				林隱君墓誌銘	文溪稿 12/4a

姓　名	字	號	生卒年 （年齡）	籍貫	曾祖	祖	父	篇　名	出　處
～鶚翁	朝叔		1211—1266 （56）	福州				林君父子墓誌銘	虜齋集 21/1a
～　某								幼殤小坎誌	網山集 4/19a
～　某	端仲			懷安				林端仲墓誌銘	勉齋集 38/7a
尚大伸	長道		1117—1178 （62）	安陽	從諫	棐	佐均	尚宗簿大伸墓誌銘	益國文忠集 34/4b 益公集 34/37a
～全恭	子初		905—974 （70）	潤州		愨	公迺	尚公羨道銘	徐公集 30/9a
～振藻	景華		1154—1201 （48）	安陽	棐	佐均	大伸	尚甥振藻墓誌銘 嘉泰二年	益國文忠集 73/11b 益公集 73/33a
卓　先	進之		1146—1229 （84）	莆田				卓推官墓誌銘	後村集 148/7b
～　某 （特立父）			？—1123	建陽				卓公墓誌銘	韋齋集 12/4a
易文贊	廣美		894—968 （75）	高安	暇	崇		易府君神道碑並序	徐公集 27/5a
～　暐	光道		1104—1162 （59）	廬陵	滋	谷	汝錫	易長者墓誌銘	澹庵集 25/16a
金大亨	元卿		1139—1189 （51）	金華	賜	肇	從政	金元卿墓誌銘	龍川集 28/12b
～安節	彥亨		1095—1171 （77）	休寧	仁用	應辰	裕	金忠肅安節家傳 （金子潛撰） 金忠肅公事畧	新安文獻 73/4b 新安文獻/ 先賢上/5b

姓名	字	號	生卒年 (年齡)	籍貫	曾祖	祖	父	篇名	出處
~良之	彦隆							金野仙事畧	新安文獻/ 先賢上/9b
~景文	唐佐			蘭溪				從曾祖曰九 府君小傳	仁山集 3/5a
~彌高 (本姓劉)	與瞻		1228—1257 (30)	蘭溪	天賜	世臣	夢先	亡兄桐陽仲 子與瞻甫行 狀	仁山集 3/13
~□臣	溫叟		990—1057 (68)	浮梁				金君墓誌銘	元豐稿 44/8b
竺欣 (順)	碩夫		—1182	奉化				竺碩夫墓誌 銘	定川遺書 1/7b
季光弼	觀國		1127—1183 (57)	平陽	宗喬	文瑩	敦習	季君墓誌銘	宋本攻媿集 108/8a 攻媿集 100/14b
~晞說	商霖	竹林 先生	1123—1183 (61)	豐城	仲元	安常	倬	季商霖墓誌 銘	誠齋集 132/3b
~陵	延仲	白雲	1081—1135 (55)	龍泉	惟一	僅	士元	季公墓誌銘	北海集 35/9a
~復	希賢		1050—1110 (61)	臨川	光	真		季公行狀	溪堂集 10/4b
~槃	仲承		1133—1200 (68)	吉水	兆	循	次魚	季仲承墓誌 銘	誠齋集 132/1a
侍其鈜	希聲		1057—1137 (81)	長洲	憲	泳	瑋	侍其公墓誌 銘	丹陽集 13/4b
~瑋	良器		1022—1104 (83)	長洲	禎	憲	泳	侍其公墓誌 銘	丹陽集 13/2b
岳飛	鵬舉		1103—1141 (39)	湯陰			和	忠顯廟牒碑 (楊懋卿撰) 鄂王行實編 年(岳珂撰)	兩浙金石志 12/37a 金佗稡編 4/1a - 9/1a

姓 名	字	號	生卒年 (年齡)	籍貫	曾祖	祖	父	篇 名	出 處
								賜諡指揮 忠愍諡議	金佗稡編/ 續 14/4b 金佗稡編/ 續 14/6a
								武穆諡議 武穆覆議	金佗稡編/ 續 14/10a 金佗稡編/ 續 14/12b
								賜諡忠武省 劄 賜諡告詞 (王塈撰)	金佗稡編/ 續 16/1b 金佗稡編/ 續 16/2a
								賜諡吏部牒 章尚書穎經 進鄂王傳	金佗稡編/ 續 16/3a 金佗稡編/ 續 17/3a – 21/17b
								劉光祖襄陽 石刻事迹 討楊么事 (黃元振撰)	金佗稡編/ 續 22/1a – 24/11b 金佗稡編/ 續 27/1a – 13b
								鄂王事迹 (孫道撰) 鄂王事迹 (吳拯撰)	金佗稡編/ 續 28/1a 金佗稡編/ 續 28/10b
								記岳侯事	江湖集 22/17a
征 集			(77)	揚子				征君墓表	臨川集 90/15a
周之美	彥聖		1054—1112 (59)	安陽	文舉	孝恭	革	周之美墓誌 銘	初僚集 8/16a
～之道	覺民		1030—1100 (71)	長城	鋌	仁皓	亨	周公墓誌銘	浮溪集 26/14b

姓 名	字	號	生卒年 (年齡)	籍貫	曾祖	祖	父	篇 名	出 處
～元卿 (冬卿)	景仁 聖予 成甫		1140—1186 (47)	遂昌	從諫	遏	綰	周君墓誌銘	宋本攻媿集 108/26a 攻媿集 101/13a
～元龜	錫疇	蒼巖	1198—1273 (76)	平陽				周公墓誌銘	霽山集 5/23a
～公弢	亮甫		1202—1256 (55)	萬安				周貢士墓誌銘	雪坡集 50/3a
～允成	子韶	恕齋	1165—1253 (89)	新吳				周恕齋墓誌銘	雪坡集 49/3b
～必大	子充 洪道	省齋 居士	1126—1204 (79)	廬陵	衎	詵	利建	行狀 (李壁撰)	益國文忠集/ 附錄2/1a 益公集/ 附錄2/1a 蜀文輯存 75/14a
								諡誥 (劉彌正撰)	益國文忠集/ 附錄3/1a 益公集/ 附錄3/1a
								忠文耆德之 碑	宋本攻媿集 98/21a 攻媿集 98/19b
									益國文忠集/ 附錄5/1a 益公集/附錄 5/1a
								周公神道碑	宋本攻媿集 99/1a 攻媿集 94/1a
									益國文忠集/ 附錄4/1a 益公集/附錄 4/1a

姓　名	字	號	生卒年 （年齡）	籍貫	曾祖	祖	父	篇　名	出　處
～必正	子中	乘成	1125—1205 （81）	廬陵	衎	詵	利見	周公墓誌銘	渭南集 38/12a
～必強	子柔		1128—1160 （33）	廬陵	衎	詵	利建	子柔弟墓誌 銘	益國文忠集 31/9b 益公集 31/158b
～安壽			1097—1187 （91）	上饒				周迪功墓誌 銘	克齋集 12/1a
～　因	孟覺		1120—1180 （61）	安福	文奇	仲海	大本	周府君因墓 誌銘	益國文忠集 72/12a 益公集 72/14b
～自強	勉仲		1120—1181 （62）	江山	源	彥質	夫亨	周公墓誌銘	南澗稿 22/1a
～　沇	子真		999—1067 （69）	益都	仁貴	子元	圭	周公墓誌銘 周公神道碑	鄖溪集 20/10a 傳家集 79/5a
									司馬温公集 78/9a
～孝恭	宥之		991—1071 （81）	平棘			文舉	周君墓誌銘	安陽集 49/9b（缺卷）
～　抃	熙父		1046—1116 （71）	嘉興	晏然	仁惠	從之	周君墓誌銘	程北山集 31/16a
～廷構	正材		901—966 （66）	廣陵	侃	潛	延禧	周君墓誌銘	徐公集 15/11b
～武仲	憲之		1076—1128 （53）	浦城	衡			周憲之墓誌 銘	龜山集 36/1a
～　虎	叔子		1161—1229 （69）	常熟	積	恕	宗禮	周防禦壙誌	漫塘集 32/14a
～　旻	夢臣		1011—1061 （51）	江山	漢規	德厚	幹	周君墓誌銘	元豐稿 43/12a
～　昕	君光							周府君碑並 碑陰	元豐稿 50/4a

姓 名	字	號	生卒年 (年齡)	籍 貫	曾祖	祖	父	篇 名	出 處
～ 侁	正父		1102—1162 (61)	嵊縣	惟	過	瑜	周府君墓誌銘	鴻慶集 36/14b 孫尚書集 63/6a
～ 泊	子及		?—1185	臨海	光	公舉	國寶	周公墓誌銘	水心集 19/6b
～彥先	師古		(42)	泰州	璡	述	嘉正	周君墓誌銘	臨川集 96/8b
～ 南	南仲	山房	1159—1213 (55)	吳縣	昇	因	安道	周君南仲墓 誌銘	水心集 20/1a
～若訥	叔辯		1104—1179 (76)	永康	謂	琛	褒	周叔辯夫妻 祔葬墓誌銘	龍川集 27/18a
～茂先	去華		1002—1033 (32)	泰州	璡	述	嘉正	周君墓誌銘	臨川集 96/9b
～庭俊	彥正		1074—1162 (89)	弋陽	文坦	備	知雄	周公墓誌銘	鴻慶集 36/12b 孫尚書集 61/11a
～ 珩	德昭	足翁	1090—1177 (88)	臨川	翰	袞	擇	周德昭墓誌 銘	雪山集 11/7b
～ 起	萬卿		(59)	鄒平	筠	仲思	訛	周公神道碑	臨川集 89/10a
～ 原	德祖		1025—1076 (52)	錢塘		仁禮	維翰	周居士墓誌 銘	淨德集 26/7a
～淳中	仲古		1122—1189 (68)	瑞安	昌齡	惟良	之翰	周先生墓誌 銘	水心集 13/10a
～惇頤 (敦實 惇實)	茂叔	濂溪 先生	1017—1073 (57)	營道	從遠	知強	輔成	濂溪先生行 實(朱熹撰)	周元公集 6/1a 朱文公集 98/17a
								周茂叔墓誌 銘(潘興嗣撰)	周元公集 6/4b 宋文鑑 144/1b
								世系圖 (後附圖說)	周元公集 5/1a
								年譜 (度正撰)	周元公集 5/3a

姓　名	字	號	生卒年 （年齡）	籍　貫	曾　祖	祖	父	篇　名	出　處
~堯卿 （奭）	子俞 子餘		994—1046 （53）	永明	知旺	德崇	仁遂	周君墓表	歐陽文忠集 25/3b 八瓊金石補 99/1a
~　喻	彦博		1027—1066 （40）	道州		仁遂	堯卿	周君墓誌銘	彭城集 38/8b
~　滂	彦霑		1063—1124 （62）	晉陵				周公墓誌銘	丹陽集 18/9a
~　瑜	公寶		1064—1151 （88）	剡	荀	惟	過	周府君行狀	梅溪集/前 20/7a
~達節	季明		1089—1143 （55）	永嘉	偉	道	宗政	周季明墓誌銘	竹軒雜著 6/9b
~　楫	伯濟		1129—1198 （70）	鄞縣	師厚	鍔	冲	周伯濟墓誌銘	宋本攻媿集 110/21a 攻媿集 103/20a
~　葵	立義	荆溪 唯心 居士	1098—1174 （77）	宜興	密	璟	裕	周簡惠公葵神道碑	益國文忠集 63/13a 益公集 63/119b 江蘇金石志 13/3b
~鼎臣	鎮伯		1126—1186 （61）	永嘉	宗道	德元	宲	周鎮伯墓誌銘	水心集 24/6b
~　楙	復本		1081—1124 （44）	遂昌	宸	元長	池	周公墓誌銘	梁溪集 170/4b
~端朝	子静 子靖	西麓	1172—1234 （63）	永嘉	德元	宲	鼎臣	周公端朝謚忠文議 （方回撰）	新安文獻 26/19a 桐江集 7/26b
								周侍郎墓誌銘	鶴林集 34/7b
~嘉正	榦之		970—1033 （64）	泰州		瓌	述	周公墓誌銘	臨川集 96/7b
~　毅 （小名伯豫）	仁仲 謙益		1105—1168 （64）	閩縣	瑄	汝礪	之邵	周仁仲行狀	拙齋集 18/5b

姓　名	字	號	生卒年 （年齡）	籍貫	曾祖	祖	父	篇　　名	出　處
～　樞	仲應		1098—1187 （90）	臨邑	登	點	淵	周公樞神道碑	益國文忠集 62/14a 益公集 62/102a
～　模	伯範	得間 居士	?—1208	鄞縣	師厚	鍔	淵	周伯範墓誌銘	宋本攻媿集 115/14b 攻媿集 109/1a
～　濤	幾道		1023—1066 （44）	泰州	述	嘉正	彥先	周君墓誌銘	臨川集 96/10a
～　謨	舜弼		1141—1202 （62）	建昌				周舜弼墓誌銘	勉齋集 38/14b
～　某 （播父）			980—1050 （71）	桃源				周君墓表	直講集 31/4b
～　某 （蘊詠父）			976—1052 （77）	南康				周公墓誌銘	臨川集 97/10b
～　某	彥通		1049—1105 （57）	永嘉				周君墓誌銘	浮沚集 7/23a
～　某	純臣		1093—1163 （71）	義烏				周承奉墓誌銘	梅溪集/後 29/1a
邵　亢	興宗		1014—1074 （61）	丹陽	勲	遇	餘	邵安簡公亢墓誌銘	華陽集 37/18b
～公輔	子正		1044—1089 （46）	北海	簡	宗	沖	邵君墓銘 （董詢撰）	山左冢墓文/33b
～　古	天叟		986—1064 （79）	范陽		令進	德新	邵古墓銘 （陳繹撰）	宋文鑑 143/7b
～　沖			1024—1080 （57）	北海	德譚	簡	宗	邵君墓誌 （邵子正撰）	山左冢墓文/31b
～叔豹	隱甫		1127—1194 （68）	平陽	膺	錫	倬	邵君墓誌銘	水心集 15/5a
～持正	子文		（49）	平陽			叔豹	邵子文墓誌銘	水心集 20/10b
～　某	叔承		1065—1145 （81）	宜興	明	直	詢	邵公墓誌銘	孫尚書集 61/7a

姓　名	字	號	生卒年 （年齡）	籍貫	曾祖	祖	父	篇　名	出　處
～景先	伯綏			丹陽	飾	勳	邈	邵君墓誌銘	臨川集 96/4b
～雍	堯夫	伊川丈人	1011—1077 （67）	范陽	令進	德新	古	邵康節先生（墓）誌 康節先生傳	二程集（明道）41/10b 范太史集 36/14b
～驥	德稱		1130—1193 （64）	蘭溪	文	迪	友賢	邵公墓誌銘	鶴山集 75/1a
～某			984—1042 （59）	山陽				邵君墓誌銘	郎溪集 22/6b
孟玄喆	遵聖		938—992 （55）	蜀		知祥	昶	孟公墓誌銘	河東集 15/2b
～仲宣	坦之		？—1001	開封	迪	守中	處讓	孟府君墓誌銘	元憲集 34/15b
～珙	璞玉	無庵居士	1195—1246 （52）	隋州	立	林	宗政	孟少保神道碑	後村集 143/1a
～猷	良甫		1156—1216 （61）	洺州	彥弼	忠厚	嵩	孟公墓誌銘	水心集 22/9b
～嵩	嶠之		1134—1177 （44）	洺州	遂	彥弼	忠厚	孟君墓誌銘	宋本攻媿集 115/11b 攻媿集 108/19b
～德								孟德傳	欒城集 25/12b
～澤	德潤		1118—1181 （64）	臨川	古	之方	鑑	孟君墓誌銘	南澗稿 21/10a
～導	達甫		1160—1220 （61）	洺州	彥弼	忠厚	嵩	孟達甫墓誌銘	水心集 25/5b

九　畫

姓　名	字	號	生卒年 （年齡）	籍貫	曾祖	祖	父	篇　名	出　處
洪天驥	逸仲	東巖	1208—1274 （67）	晉江	遇	德明	伯道	洪公行狀	文山集 11/11b
～中孚	思誠		1049—1131 （83）	休寧			文演	洪公中孚神道碑 （劉季高撰）	新安文獻 73/1a

姓　名	字	號	生卒年 (年齡)	籍貫	曾祖	祖	父	篇　名	出　處
								洪丹陽事畧	新安文獻/ 先賢上/4a
～昕	光佐	一了 居士	1090—1149 (60)	鄱陽			彥昇	叔父常平墓 誌銘	盤洲集 75/3b
～起畏		損軒		於潛			咨夔	高安洪侯生 祠記	雪坡集 33/7b
～适 (造)	景伯 温伯 景温	盤洲	1117—1184 (68)	鄱陽	炳	彥先	皓	盤洲老人小 傳行狀 洪文惠公适 神道碑嘉泰 元年	盤洲集 33/5a 盤洲集/ 附1a 益國文忠集 67/13b 益公集 68/1a
～秘	必之		1139—1209 (71)	鄱陽	彥先	皓	适	洪公秘墓誌 銘	鶴山集 71/3b
～湛	惟清		963—1003 (41)	休寧	勳	壽	慶元	洪比部湛傳 (王珪撰) 洪比部事畧	新安文獻 94上/4a 新安文獻/ 先賢上/2b
～渥				臨川				洪渥傳	曾南豐集 6/2b 元豐稿 48/2b
～琰	叔毅		1154—1224 (71)	淳安	孜	彥正	師騫	洪朝散墓誌 銘 洪朝散墓誌 銘又銘	漫塘集 29/15a 漫塘集 29/17b
～琥	子文		1177—1226 (50)	潛山			鑁	亡弟子文壙 誌	平齋集 31/10a
～瑛	叔瑜		1156—1235 (80)	淳安	孜	彥正	師騫	洪君墓誌銘	蒙齋集 18/4a
～皓	光弼		1088—1155 (68)	鄱陽		炳	彥先	先君行狀	盤洲集 74/1a
～摺	習之		1140—1147 (7)	鄱陽			适	第三子墓銘	盤洲集 75/2b

姓 名	字	號	生卒年 （年齡）	籍貫	曾祖	祖	父	篇 名	出 處
～ 槻 （格）	規之 成之		1137—1199 （63）	鄱陽	彥先	皓	适	洪使君槻墓 碣	益國文忠集 77/9a 益公集 77/92a
～ 遵	景嚴	小隱	1120—1174 （55）	鄱陽	炳	彥先	皓	洪文安公遵 神道碑	益國文忠集 69/1a 益公集 70/1a
～ 邁	景盧	容齋	1123—1202 （80）	鄱陽	炳	彥先	皓	洪文敏公傳	洪文敏集/ 卷首 1a
～應辰	用和	鶴隱	1197—1283 （87）	固始	真	皋	杞	洪公墓誌銘	秋聲集 5/33a
～ 繄	子忱		1126—1178 （53）	丹陽	固	擬	光祖	洪子忱墓誌 銘	宋本攻媿集 108/18a 攻媿集 101/5a
～嚴虎	德章	五圃 里人	1239—1306 （68）	莆田		奕孫	一之	洪德章墓誌 銘	四如集 4/21a
～ 某 （霖父）				天台				洪君墓誌銘	止齋集 50/6b
〔東漢〕 **度 尚**	博平			湖陸				度侯之碑	性善稿 13/5b
施大任	和叟		1051—1126 （76）	武進				施公墓誌銘	丹陽集 12/9a
～世英	俊卿		1164—1208 （45）	句容	璿	道	涇	施俊卿墓碣	漫塘集 32/20b
～師點	聖與		1124—1192 （69）	玉山	安與	舜則	實	施公墓誌銘	水心集 24/18a
～ 某 （鉅父）			1072—1147 （76）	武康				施府君墓誌 銘	苕溪集 49/13b
姜周臣	仁輔		1055—1111 （57）	建德	及	延	逸	姜公墓誌銘	丹陽集 14/2a

姓　名	字	號	生卒年 （年齡）	籍貫	曾祖	祖	父	篇　名	出　處
～　柄	子謙		1154—1202 (49)	鄞縣	侁	寬	浩	姜君墓誌銘	宋本攻媿集 113/20b 攻媿集 106/19b
～　浩	浩然		1109—1185 (77)	四明	德安	侁	寬	姜公墓誌銘	宋本攻媿集 114/17b 攻媿集 108/1a
～處度	容之		1136—1191 (56)	長山	筠	仲謙	詵	姜公墓誌銘	水心集 14/11a
～處恭	安禮		1135—1193 (59)	長山	筠	仲思	詵	姜安禮墓誌 銘	水心集 14/11a
～　逵	伯通		1040—1101 (62)	開封	文義	誠	宗奭	姜侯墓誌銘 （謝敞撰）	鄴下冢墓 文/33b
～　諤	正臣		1025—1058 (34)	海陵	珂	冉遇	仁惠	姜君墓誌銘 （史原撰）	江蘇金石志 8/56a 廣陵冢墓 文/22a
～　遵	從式		963—1030 (68)	長山	道黃	頻	詔	姜公行狀 姜副樞行狀	元憲集 33/8b 景文集 拾遺 21/8b
郎　思	伯永		1160—1235 (76)	臨安	贇	瑀	孜	郎迪功墓誌 銘	平齋集 31/22a
～　翯	鵬舉		1132—1178 (47)	永康	霖	觀光	思堯	郎秀才墓誌 銘	龍川集 27/12a
祖士衡	平叔		991—1026 (36)	上蔡				狀元紫微始 末	龍學集 14/1a
～　昷	景山 伯高			安平			仲僎	祖仙傳 （鄭隱撰）	龍學集 13/1a
～無擇 （煥斗）	擇之		1006—1085 (80)	上蔡	仲宣	岳	士安	祖氏源流 龍學始末	龍學集 附錄 1a 龍學集/ 附錄 1b

姓　名	字	號	生卒年 （年齡）	籍貫	曾祖	祖	父	篇　名	出　處
～無頗	夷甫		1029—1093 （65）	上蔡	仲宣	岳	士安	祖無頗贈宣 奉大夫提刑 始末	龍學集 16/1a
祝　奕	彥思		1063—1129 （67）	鉛山	虞	仁霸	世昌	祝君墓表	屏山集 9/6b
～　祐	彥將		1068—1133 （66）	鉛山	虞	仁霸	世昌	祝君墓誌銘	屏山集 9/2a
～　康	道濟		1039—1105 （67）	韋城	密	惟嶽	諮	祝公墓誌銘	丹陽集 13/1a
～　確	永叔		（83）	新安			景先	祝公遺事	朱文公集 98/26b 新安文獻 91/7b
～　穆 （丙）	和甫 和父			歙縣				祝和甫事畧	新安文獻/ 先賢上/8a
～　櫟	汝昭		1133—1191 （59）	西安				祝刪定墓誌 銘	真西山集 43/26a
柯維翰	從周		1203—1247 （45）	興國	震遠	伯壽	必勝	柯君墓誌銘	秋崖稿 45/5b
柳肩吾 （震）	象先		942—984 （43）	大名	佺	舜卿	承昫	柳君墓誌銘	河東集 14/13a
～承昫 （承胤）	繼華		908—965 （58）	大名		佺	舜卿	柳公墓誌銘 並序	河東集 14/4a
～承陟	繼遐		917—972 （56）	大名			夏卿	柳公墓誌銘 並序	河東集 14/9b
～承遠	繼宗		924—968 （45）	大名		佺	舜卿	柳公墓誌銘 並序	河東集 14/7b
～承翰	繼儒		903—965 （63）	大名		佺	舜卿	柳公墓誌銘 並序	河東集 14/1a
～　約	元禮		1082—1145 （64）	華亭	昉	昌	廷俊	柳公約神道 碑	益國文忠集 29/10a 益公集 29/115a

姓　名	字	號	生卒年 （年齡）	籍貫	曾祖	祖	父	篇　名	出　處
～崇	子高		928—980 （63）	建州	瓊	祚	瞪	柳府君墓碣銘並序	小畜集 30/8a
～閎	肩回		950—984 （35）	大名			承贊	柳君墓誌銘並序	河東集 14/11a
～開 （肩愈）	仲塗 紹先	東郊 野夫 補亡 先生	947—1000 （54）	大名	佺	舜卿	承翰	東郊野夫傳 補亡先生傳 柳公行狀	河東集 2/1a 河東集 2/5a 河東集 16/1a
～珹	伯玉		1071—1136 （66）	合肥	灝			柳公墓誌銘	鴻慶集 33/10a 孫尚書集 57/1a 吳都續文粹 45/11b
～寬夫	惠叔		1169—1228 （60）	麗水		深	可久	柳惠叔壙記 （柳孟仁撰）	括蒼金石 志/續/2/5b
～謐	仲静		1153—1209 （57）	麗水				柳宮巡墓誌銘	漫塘集 28/5a
～闢	太初		945—982 （38）	鄆城	佺	舜卿	承昫	柳先生墓誌銘並序	河東集 14/15b
〔南唐〕 **查**文徽			（70）	休寧				查尚書文徽傳（陸游撰）	新安文獻 80/1a
～元方				休寧			文徽	查侍御事畧	新安文獻/ 先賢上/2b
～道	湛然		955—1018 （64）	休寧				查待制道傳 （羅願撰）	新安文獻 64/6a
～籥	元章			海陵		許國		查元章事畧	新安文獻/ 先賢上/6b
胡大異	同之		1168—1227 （60）	金華				胡君墓誌銘	鶴山集 80/16a
～方平	師魯	玉齋		婺源				胡玉齋事畧	新安文獻/ 先賢上/13a
～元鈞	子正		1034—1107 （74）	晉陵	霖	宣	宗度	胡子正墓誌銘	道鄉集 35/12a

姓　名	字	號	生卒年 （年齡）	籍　貫	曾祖	祖	父	篇　　名	出　　處
～公武	英彥 彥英	學林 居士	1125—1179 （55）	廬陵	諒	方中	宗古	胡英彥墓誌 銘	誠齋集 128/16b
～　升	潛夫	定庵	1198—1281 （84）	婺源	閌休			胡定庵事畧 書國史定庵 胡公升丁巳 事	新安文獻/ 先賢上/12b 新安文獻 79/9b
～　及 （克儉）	考父		（62）	豫章			順	胡公墓誌銘	蘇魏公集 60/5b
～令儀			（87）	陳留	瑜	紹	弼	胡公神道碑 銘	范文正集 11/10b
～　仔	承之		1082—1138 （57）	廬陵				承之兄墓誌	澹庵集 30/12a
～　仔	元任	苕溪 漁隱		績溪				胡苕溪事畧	新安文獻/ 先賢上/6b
～民式	景範		1114—1173 （60）	廬陵			翼	景範弟墓誌 銘	澹庵集 28/9a
～安國	康侯	武夷 先生	1074—1138 （65）	崇安	容	罕	淵	先公行狀	斐然集 25/1a
～交脩	己梊		1078—1142 （65）	晉陵	林	寔	宗旦	胡公行狀	鴻慶集 42/4a 孫尚書集 51/5a
～次焱	濟鼎	梅巖 餘學	1229—1306 （78）	婺源				胡梅巖事畧	新安文獻/ 先賢上/13b
～仲舒	漢卿		1147—1174 （28）	晉康	贅	輪	彬	胡君仲舒墓 誌銘	鶴山集 72/3b
～　份	兼美		1082—1151 （70）	廬陵	副	諒	登臣	胡公墓誌銘 通判兄墓誌 銘	莊簡集 18/13b 澹菴集 30/14a
～　伋	彥思			婺源			紹	胡金部伋傳 （羅願撰）	新安文獻 84/3a
～　沂	周伯		1107—1174 （68）	餘姚	儼	尚能	宗汲	胡沂謚狀	燭湖集 1/7b
～　序	少賓		1130—1178 （49）	永嘉		觀國	袞	胡少賓墓誌 銘	止齋集 47/2b

姓 名	字	號	生卒年 （年齡）	籍 貫	曾祖	祖	父	篇 名	出 處
～玘	致廣		1133—1217 （85）	慈溪	奕	祚	竦	胡府君墓誌銘	絜齋集 19/15a
～余潛	叔昭		1166—1234 （69）	臨海	南仲	彥直	綎	胡藤州墓誌銘	後村集 154/10a
～伸	彥時			婺源			紹	胡司業伸傳 （羅願撰） 胡司業事畧	新安文獻 81/4b 新安文獻/ 先賢上/4a
～泳	季永		1138—1175 （38）	廬陵	愷	載	銓	胡君泳墓誌銘	益國文忠集 32/9a 益公集 32/10b
～宗汲	浚明	定翁	1071—1140 （70）	餘姚	諒	儼	尚能	胡府君墓誌銘	莊簡集 18/10b
～杰	商隱		1111—1169 （59）	廬陵				胡君商隱墓誌銘	澹庵集 27/14a
～昌齡	長彥		1113—1192 （80）	廬陵	諒	方中	仔	胡公昌齡墓誌銘	益國文忠集 71/2b 益公集 71/3b
～奕脩	叔微		1058—1108 （51）	晉陵	秾	宿	宗質	胡公行狀	姑溪集/後 19/1a
～革 （諶）	從之 寶之		1165—1219 （55）	慈溪	祚	竦	玘	胡君墓誌銘	絜齋集 19/17a
～咸	誠甫		1050—1130 （81）	績溪	嶠	筠	策	胡君咸墓誌銘 （汪藻撰）	新安文獻 91/4b
～則	子正		963—1039 （77）	永康	彭	瀄	承師	胡公墓誌銘	范文正集 12/8b
～昭	彥升			潭州	簡能	舜寶	覬	胡君墓誌銘	斐然集 26/30a
～俛	公謹		？—1074	共城	澄	岳	熙載	胡公墓誌銘	鷄肋集 66/17b
～勉齋								胡先生謚議	梅巖集 5/6b
～泰來	應之		1228—1294 （67）	剡溪				胡應之墓誌銘	本堂集 92/1a

姓　名	字	號	生卒年 (年齡)	籍貫	曾祖	祖	父	篇　名	出　處
～ 哲	明叔		1056—1125 (70)	江陰		忻	惟恭	胡君墓誌銘	丹陽集 14/4a
～ 航	公濟		(81)	東陽				胡公濟墓碣 銘	龍川集 27/13b
～ 宿	武平		995—1067 (73)	晉陵	持	徽	㠠	胡公墓誌	歐陽文忠集 34/8b
～ 堅常	秉彝		1115—1178 (64)	晉陵	宿	宗堯	越修	胡公墓誌銘	定齋集 15/1a
～ 處約	詳之		1152—1215 (64)	奉化	嗇	建澄	宗	胡君墓誌銘	絜齋集 20/6a
～ 敏			1018—1051 (34)	金溪			晏	胡君墓誌銘	元豐稿 44/2b
～ 敏翁								胡遜齋事畧	新安文獻/ 先賢上/14b
～ 偁	世美		(54)	廬陵		諒	方中	世美兄墓誌 銘	澹庵集 30/5a
～ 淵	澤之		？—1119 (70餘)	崇安	敏	容	罕	胡公墓誌銘	定夫集 6/9b
～ 雲	南彦		1120—1169 (50)	廬陵	諒	方中	偁	南彦姪墓誌	澹庵集 28/7a
～ 堯卿	宗元		1012—1082 (71)	新喻	寂	腆	靜	胡宗元墓誌 銘	豫章集 23/16a
～ 揚	伯清		1165—1226 (62)		仁善	資淵	作乂	胡伯清墓銘	鶴山集 82/8b
～ 閌休	良弼			婺源				胡制機閌休 傳 胡制機事畧	新安文獻 78/15a 新安文獻/ 先賢上/5a
～ 舜陟	汝明	三山 老人	1083—1143 (61)	績溪				胡三山事畧	新安文獻/ 先賢上/4b
～ 登臣	正平		1063—1132 (70)	長厚	湜	副	諒	十九叔墓誌 銘	澹庵集 30/1a
～ 勣	彦功		(64)	東陽			航	胡彦功墓誌 銘	止齋集 48/5a

姓　名	字	號	生卒年（年齡）	籍貫	曾祖	祖	父	篇　　名	出　處
～ 瑗	翼之	安定先生	993—1059 (67)	如臯	韜	脩	訥	胡君墓誌 胡安定先生墓表	蔡忠惠集 33/6a 歐陽文忠集 25/7a
									吳興金石記 7/1a
～ 戩	叔文	蘇門居士	1045—1091 (47)	共城	岳	熙載	俛	胡君墓誌銘	雞肋集 66/21b
～ 實	廣仲		1136—1173 (38)	崇安		淵	安止	胡君墓誌銘	南軒集 40/8a
～夢昱	季昭 季汲	竹林愚隱	1185—1226 (42)	吉水	厚禮	伯達	憲周	行述 謚議 （王埴撰）	象台首末 6/1a 象台首末 5/3b
								覆謚議 （楊潮南撰） 都省集議	象台首末 5/6a 象台首末 5/9a
								審謚 （夏錫撰） 覆審謚 （梅應發撰）	象台首末 5/10a 象台首末 5/10b
～ 銓	邦衡	澹菴	1102—1180 (79)	廬陵	珤	愷	載	胡公行狀 胡忠簡公神道碑 紹熙三年	誠齋集 118/5a 益國文忠集 30/7b 益公集 30/38b
～ 銑			?—1029	安定				胡府君墓誌銘	景文集 60/15a
～ 箕	斗南		1122—1194 (73)	廬陵	諒	方中	宗古	胡斗南箕墓誌銘	益國文忠集 71/1a 益公集 71/1a
～ 誼	正之	觀省佚翁	1159—1232 (74)	奉川	嗇	仁	宗彝	胡君墓誌銘	蒙齋集 17/16b

姓　名	字	號	生卒年 （年齡）	籍貫	曾祖	祖	父	篇　名	出　處
～	樽	崇禮		1147－1195 （49）	餘姚		宗伋	沂	胡崇禮墓誌銘 胡提幹壙記	水心集 17/20a 燭湖集 12/16a
～	憲	原仲	籍溪 先生	1086－1162 （77）	崇安		聳	淳	胡宣教行狀 胡公行狀 胡先生憲墓表	拙齋集 18/1a 朱文公集 97/16a 益國文忠集 35/8b 益公集 35/56a
～	霖	君濟		1060－1112 （53）	婺源				胡君墓誌銘	浮溪集 27/11b
～	嶧	仲連	如邨 老人 如邨 先生	1066－1144 （79）	永康	賑	枚	穆言	胡先生墓誌 銘	唯室集 3/11a
～	瀟	幾道		1133－1175 （43）	廬陵	愷	載	鋒 （鑄）	贍軍姪墓銘	澹庵集 24/7a
～	鍔	廉夫		1109－1166 （58）	廬陵		愷	汝明	廉夫弟墓誌	澹庵集 26/9a
～	鎬	從周		1104－1173 （70）	廬陵	璉	愷	汝明	從周弟墓誌 銘	澹庵集 28/11a
～	麟				歙縣				胡經諭事畧	新安文獻/ 先賢上/11b
～ 胡某 （舜元父）				977－1047 （71）	銅陵				胡君墓誌銘	臨川集 96/4a
～	某	子美		1080－1128 （49）	晉陵		宗炎	真修	胡公墓銘	孫尚書集 67/7b
～	某	季懷		1123－1170 （48）	廬陵	拱辰	權	鈇	季懷姪墓誌	澹庵集 28/5a
范子堅		石莊							石莊范學錄 子堅壙銘	雪坡集 49/1b
～ 子儀	中存			1031－1083 （53）	河南	德隆	雍	宗傑	范大夫墓表	范忠宣集 16/1a

姓 名	字	號	生卒年 (年齡)	籍貫	曾祖	祖	父	篇 名	出 處
～正平	子夷		(57)	吳縣	墉	仲淹	純仁	子夷公傳	范忠宣集/ 補編 27b
～正民	子政 正明 子正		(33)	吳縣	墉	仲淹	純仁	子正公傳	范忠宣集/ 補編 26b
～正國	子儀		(62)	吳縣	墉	仲淹	純仁	子儀公傳	范忠宣集/ 補編 30a
～世德	彥武		1067—1098 (32)	青州	令孫	禧	綬	范彥武墓誌 銘	竹隱集 18/7b
～ 圭	元功 信仲		1106—1154 (49)	成都	鎮			范元功墓誌 銘	方舟集 15/19a
～百禄	子功		1030—1094 (65)	華陽	璲	度	鍇	范公墓誌銘	范太史集 44/1a
～百歲	子老		1054—1082 (29)	成都	璲	度	鎮	范君墓誌銘	范太史集 39/15b
～百嘉	子豐		1049—1087 (39)	成都	璲	度	鎮	范君墓誌銘	范太史集 39/14a
～成大	至能	石湖 居士	1126—1193 (68)	吳縣	澤	師尹	雩	范公成大神 道碑	益國文忠集 62/1a 益公集 61/85b
～仲武	季克 仲烈		1164—1225 (62)	高安	大興	英	人傑	范季克墓誌 銘	昌谷集 19/18a
～仲淹	希文		989—1052 (64)	吳縣	夢齡	贊時	墉	范文正公仲 淹墓誌銘 (富弼撰)	琬琰存 2/8a 范文正集/ 褒賢 1/8a
								范公神道碑 銘	歐陽文忠集 20/9a 范文正集/ 褒賢 1/3a
									吳都續文粹 38/1a
								范文正公傳 (張唐英撰) 魏國公文正 公傳	范文正集/ 褒賢 1/1a 范文正集/ 補編 2/7b

姓　名	字	號	生卒年 (年齡)	籍貫	曾祖	祖	父	篇　名	出　處
								范文正公年 譜 年譜補遺	范文正集/ 年譜 1a 范文正集/ 年譜補遺 1a
								言行拾遺事 錄	范文正集/ 遺事錄 1/1a－4/12b
～仲温			985—1050 (66)	吳縣	夢齡	贊時	墉	范府君墓誌 銘	范文正集 13/26a 吳都續文粹 45/1a
～如山	南伯		1130—1196 (67)	邢臺	存	清臣	邦彦	范大夫及夫 人張氏行述	漫塘集 34/15b
～如圭	伯達		1102—1160 (59)	建陽	履謙	補之	舜舉	范直閣墓記 范公神道碑	朱文公集 94/23a 朱文公集 89/10b
～克信	允誠		1149—1217 (69)	丹陽	邦彦	有常	道	范承事墓誌 銘	漫塘集 29/5a
～祖禹	淳夫 純父 純甫 夢得		1041—1098 (58)	華陽	度	鍇	百之	范直講祖禹 傳(實錄)	琬琰存 3/44a
～純仁	堯夫		1027—1101 (75)	吳縣	贊時	墉	仲淹	范忠宣公行 狀 范忠宣公墓 誌銘 許國公諡忠 宣堯夫公傳 忠宣公諡議 節文 (鄧忠臣撰) 覆忠宣公諡 議(鄧忠臣撰)	范忠宣集 18/6a－ 20/12a 曲阜集 4/12a 范忠宣集/ 補編 30b 范忠宣集/ 補編 7b 范忠宣集/ 附錄 1a 范忠宣集/ 補編 6a 宋文鑑 135/16a

姓　名	字	號	生卒年 （年齡）	籍貫	曾祖	祖	父	篇　名	出　處
～　浚	茂明	香溪 先生	1102—1150 (49)	蘭溪	中孚	鍔	筠	小傳 (朱熹撰)	香溪集/ 傳7b
～純祐 (純佑)	天成		1015—1063 (49)	吳縣	贊時	墉	仲淹	范純佑墓誌 銘(富弼撰)	宋文鑑 139/14a
								天成公傳	范忠宣集/ 補編19b
～純誠	子明		(34)	吳縣	光謨	垍	鈞	范府君墓誌 銘	范忠宣集 13/1a
～純粹	德孺 德儒		1046—1117 (72)	吳縣	贊時	墉	仲淹	德孺公傳	范忠宣集/ 補編24a
～純禮	彞叟 夷叟		1031—1106 (76)	吳縣	贊時	墉	仲淹	彞叟公傳	范忠宣集/ 補編20b
～　啓	彌發 求邇	風月 處士		順陽				范求邇事畧	新安文獻/ 先賢上/13a
～　莊	子嚴		1039—1086 (48)	寶鷄	照	懿	吉元	范子嚴墓誌 銘(張今撰)	金石萃編 146/24a
～　湘	景山							范景山名湘 先丈逸事	本堂集 25/5a
～貽孫	餘慶		960—1002 (43)	歷城	守愚	質	旻	范公墓誌銘	武夷新集 9/2a
～　溶	茂寬		1082—1135 (54)	蘭溪	中孚	鍔	筠	范公墓誌銘	香溪集 22/13a
～　雍	伯純		979—1046 (68)	河南	仁恕	從龜	德隆	范公墓誌銘 范忠獻公雍 神道碑 (范鎭撰)	范文正集 13/10b 蜀文輯存 18/15b
～　灌	叔源		1115—1166 (52)	成都	鍇	百祿	祖述	范叔源墓誌 銘	方舟集 15/12a
～　端	思道		1008—1060 (53)	德化		成象	應辰	范君墓誌銘	元豐稿 43/8b
～遵道	聖涂		1033—1070 (38)	東平	正顔			范聖涂墓誌 銘	忠肅集 14/6b
～　機	純之	拙逸	1130—1210 (81)	延平				范公墓銘 范君墓誌銘	雲莊集 11/12a 真西山集 43/22a

姓　名	字	號	生卒年 （年齡）	籍貫	曾祖	祖	父	篇　名	出　處
～應發	純甫		1209—1288 （80）	昌國	庠	希顔	鎔	范君墓誌銘	本堂集 91/6a
～　鎮	景仁		1008—1088 （81）	華陽	昌祐	璲	度	范景仁墓誌 銘 范公神道碑	蘇東坡全集 39/7a 南陽集 30/3a
								范景仁傳	傳家集 72/1a 司馬溫公集 67/2b
								范蜀公鎮傳 跋（劉安世撰）	琬琰存 3/10a
～　某	濟美		1060—1120 （61）	建陽				范君墓碣	龜山集 37/16a
～　某			1085—1148 （64）	龍水				范隱君墓誌 銘	方舟集 15/17a
〔唐〕 苗延禄	世功		891—951 （61）	盱眙			鄉	苗公墓誌銘	徐公集 16/12b
符　佾	子列		1085—1120 （36）		惟則	守正	世表	符侯墓誌銘	芒洛冢墓文/ 下/25a
茅宗明	季德		1143—1203 （61）	餘姚	滋	柔常	中	茅從義墓誌 銘	燭湖集 12/10a
～宗愈	唐佐		1136—1203 （68）	餘姚		似	揚	茅唐佐府君 墓誌銘	燭湖集 12/8a
～　拱	國老		1147—1227 （81）	金潭		襄	守全	茅進武墓誌 銘	漫塘集 30/13b
俞公明 （忱一）	則明		1187—1253 （67）	分陽	簡	謙	點	俞公行狀並 銘	蛟峰集 7/31a
～君選	憲可	艮軒	1144—1215 （72）	婺源	霁	天瑞	元弼	俞公君選墓 誌銘 （江古修撰） 俞艮軒事畧	新安文獻 95 上/12a 新安文獻/ 先賢上/12b

姓　名	字	號	生卒年 （年齡）	籍　貫	曾祖	祖	父	篇　名	出　處
～　備		幾甫	（57）	沙陽	懷志	守瑩	繼倫	俞君墓誌	演山集 34/9a
～　寬	伯仁		1116—1208 （93）	臨安	舉	昌齡	徹	俞公墓誌銘	水心集 19/10b
～　灝	商卿		1146—1231 （86）	烏程				俞太中行狀	平齋集 32/8b
～獻卿	諫臣		970—1045 （76）	黟歙				俞公墓誌銘	公是集 53/1a 新安文獻 81/1a
种世衡	仲平		985—1045 （61）	洛陽	存啓	仁翊	昭衍	种君墓誌銘	范文正集 13/15a
郗　漸	子進		1091—1152 （62）	臨清	昌	文	寶	郗公墓誌銘	鴻慶集 34/4a 孫尚書集 58/5b
段元愷	達信		1101—1178 （78）	廬陵	居簡	世臣	子冲	段元愷墓誌 銘	益國文忠集 35/4a 益公集 35/51a
～少連	希逸		994—1039 （46）	開封	知遇	驤	子昂	段君墓表	范文正集 14/3b
〔唐〕 ～秀實	成公		—783	汧陽		達	行琛	段秀實太尉 傳	廣陵集 14/3a
～　琯	元美		1082—1134 （53）	廬陵	準	及	賁	段元美墓誌 銘	栳溪集 12/16b
～　鼎	聖可		？—1230	連山			光叔	段聖可墓誌 銘	鶴林集 34/14b
～與言	彥昌		1040—1109 （70）	鄭		重進	聿	段公墓誌銘	嵩山集 19/36a
皇甫鑑	唐弼		1000—1074 （75）	乘氏	鄴	明	載	皇甫君墓誌 銘	彭城集 38/4a

姓　名	字	號	生卒年 (年齡)	籍貫	曾祖	祖	父	篇　名	出　處
侯　可	無可		1007—1079 (73)	華陰	元	昌	道濟	侯先生墓誌	二程集(明 道)41/9b
〔唐〕 ～君集				三水				侯君集平高 昌紀功碑並 序	小畜集/外 11/3b
～　詠	可復		984—1033 (50)	河南		益	仁浦	侯君墓誌銘 並序	河南集 15/7b
胥元衡	平叔		1028—1066 (39)	長沙			偓	胥君墓誌銘	元豐稿 43/1a
～　某	致堯		965—1023 (59)	合肥				胥君墓誌銘	歐陽文忠集 61/10a
韋不伐	次德		979—1052 (74)	襄陽	允之	仁濟	襄	韋君墓誌銘 並序	樂全集 39/62b
～　襄	逾中		935—997 (63)	襄陽	鈞	允中	仁濟	韋府君墓誌 銘並序	樂全集 39/42b
～　驤	子駿		1033—1105 (73)	錢塘	鎬		杲	韋公墓誌銘 (陳師錫撰)	錢塘集/ 附錄/1a
姚正泰 (正夫)			1176—1230 (55)	莆田				姚元泰墓誌 銘	後村集 149/7a
～元哲	叔愚		(49)	慶元 府	孚	孝全	穎	姚饒州墓誌 銘	洺水集 14/13b
～公烈	伯武		1202—1253 (52)	新昌				姚公伯武墓 誌銘	雪坡集 49/9a
～平仲	希晏		1099— (80餘)	五原			古	姚平仲小傳	渭南集 23/1a
～仲達	子上		1054—1110 (57)	剡縣	文玘	德榮	延祐	姚君墓誌銘	道鄉集 36/5a
～汝賢	唐佐		1114—1192 (79)	永康	坎	孜	源	姚唐佐墓誌 銘	龍川集 28/20a
～直夫				莆田		朝嗣	隆	姚公墓誌銘 後	四如集 4/4a

姓　名	字	號	生卒年 (年齡)	籍貫	曾祖	祖	父	篇　名	出　處
～原道			919—1081 (63)	净海				姚公墓誌銘	豫章集 22/2a
～　淇	景瞻	韶溪	？—1274	韶溪	朝嗣	隆	直夫	姚君墓銘	四如集 4/2b
～　穎	洪卿		1150—1183 (34)	鄞縣	阜	孚	孝全	姚君行狀 姚君墓誌銘	絜齋集 15/1a 宋本攻媿集 114/5a 攻媿集 107/4b
								姚君墓誌銘	水心集 13/6a
～　濟	公才		1036—1108 (73)	隰州	覺	洋	隨	姚將軍墓表	初僚集 8/13a
～　寶			—1042	五原				姚將軍神道 碑銘	蘇魏公集 54/12a
～獻可	君俞		1140—1196 (57)	義烏	忠	昭	輝	姚君俞墓誌 銘	水心集 14/20b
～繼周			1229—1230					繼周壙記	雪蓬稿/12a
～　某	行簡	菊坪 先生	1191—1253 (63)	新昌				菊坪朝奉致 政壙誌	雪坡集 49/1a
紀　極	拯之		1147—1219 (73)	丹陽				紀通判行述	漫塘集 33/21b

十　畫

姓　名	字	號	生卒年 (年齡)	籍貫	曾祖	祖	父	篇　名	出　處
涂大向	子野		？—1141	宜黃	智	翊	固本	涂府君墓誌 銘	鴻慶集 35/14b 孫尚書集 63/4a
家定國	退翁		1031—1094 (64)	眉山	光	正		家府君墓誌 銘	净德集 23/4a
～　炎	季文		1145—1231 (87)	眉州	彬	彥知	鑄	家侯炎墓誌 銘	鶴山集 84/1a

姓　名	字	號	生卒年（年齡）	籍貫	曾祖	祖	父	篇　名	出　處
高士慶	慶之		1010—1057（48）	華州	魯	本	良夫	高君墓誌	潏水集 8/10a
～大中	正道		1130—1171（42）	蒲江	惟謹	永安	宏甫	高君大中墓誌銘	鶴山集 70/1a
～万			1028—1078（51）	崞縣				高万墓誌（賀霖撰）	山右石刻編 15/8a
～子莫	執中		1140—1200（61）	永嘉	公繪	世定	本之	高永州墓誌銘	水心集 15/22a
～子溶	慶遠		1141—1203（63）	永嘉	公紀	世則	百之	高公墓誌銘	水心集 16/13a
～子潤	畢老		1141—1217（77）	蒙城	士林	公紀	宗之	高公墓誌銘	水心集 22/12b
～天賜	與之		1194—1235（42）	句容	遷	士明	志崇	高與之墓誌銘	漫塘集 32/2b
～元之	端叔		1142—1197（56）	鄞縣	墫	公仔	世埴	高端叔墓誌銘	宋本攻媿集 110/1a 攻媿集 103/1a
～元常	復明		1042—1099（58）	符離	士宗	觀	秉	高君墓誌銘	雞肋集 65/15a
～世吏	無隱		1086—1158（73）	開封	遵憲	士剴	公嚴	高大夫行狀	澹庵集 31/4a
～旦	子明		1030—1086（57）	祥符	珪	化	懷慶	高公墓誌銘	雞肋集 64/12a
～禾	穎叔		1156—1225（70）	晉江	建	汝礪	伉	高公墓誌銘	復齋集 22/39b
～志寧	宗儒		971—1053（83）	洛陽	逵	潛	素能	高公墓誌銘	安陽集 47/6a
～松	國楹		1154—1211（58）	長溪	亶	亨	融	高君墓誌銘	水心集 17/13b
～若訥	敏之		997—1055（59）	榆次	諭	審鈞	懷諲	高觀文墓誌銘	景文集 60/1a
								高若訥諡文莊議	蘇魏公集 20/11a
								高公神道碑	文潞公集 12/2b

姓名	字	號	生卒年(年齡)	籍貫	曾祖	祖	父	篇名	出處
～崇	西叔		1173—1232 (60)	蒲江				高公崇行狀	鶴山集 88/6a
～登	彥先	東溪先生	—1148 (50餘)	漳浦				高先生言行錄	東溪集/附錄 6a
～廉	清臣		1078—1147 (70)	蘭溪	之勝	全	逢世	高府君墓誌銘	香溪集 22/1b
～道充(仲任)	與可		1182—1221 (40)	蒲江	永安	宏甫	大中	高君道充墓誌銘	鶴山集 72/9b
～載	東叔		—1216	蒲江				高君載行狀	鶴山集 88/2b
～翥	九萬 衍孫	菊磵	1170—1241 (72)	餘姚		世英	選	菊磵小傳	信天巢稿/小傳 1a
～頔	子奇		905—986 (82)	雍丘	彥昭	衡	西吾	高公墓誌銘並序	河東集 15/4b
～審釗	伯通		935—989 (55)	榆次	偉	齋	諭	高府君墓誌銘	景文集 59/18a
～談	景遂		1162—1230 (69)	光澤				高君墓誌銘	鶴山集 79/12b
～賦	正臣		1009—1092 (84)	中山	整	柔	尹	高公墓誌銘	范太史集 43/5a
～澤	叔淵		1145—1206 (62)	蒲江	珣	孝立	興國	高朝散墓誌銘	平齋集 31/12b
～融	光中		1129—1196 (68)	桐山				高光中墓誌銘	止齋集 50/3a
～擢	邦貢		1093—1158 (66)	懷安	昂	世軌	南仲	高府君(墓誌銘)	浪語集 34/8a
～瓊	寶臣		935—1006 (72)	蒙城	冕	霸	乾	高烈武王瓊神道碑	華陽集 36/7b
～懷諲	愛之		969—1007 (39)	榆次	齋	諭	審釗	高府君墓誌銘	景文集 59/20a
～繼勳	紹先		960—1035 (76)	蒙城	霸	乾	瓊	高穆武王繼勳神道碑	華陽集 36/14b
～夔	仲一		1138—1198 (61)	昫山	鵬	昇	溥	高君夔神道碑慶元六年	益國文忠集 65/3b 益公集 65/8a

姓　名	字	號	生卒年 (年齡)	籍貫	曾祖	祖	父	篇　　名	出　處
～　某				漳浦			登	埋銘	東溪集/上 26b
唐　介	子方		1010—1069 (60)	江陵	仁恭	謂	拱	唐質肅公介 墓誌銘 唐質肅神道 碑	華陽集 37/11b 忠肅集 11/7b
								唐參政介傳 (實錄)	琬琰存 3/25b
～少微				新安				唐御史少微 傳(羅願撰)	新安文獻 94上/1a
～季乙	述之		？—1217	晉原	直	德成	道寧	唐君季乙墓 誌銘	鶴山集 72/1a
～　拱			977—1022 (46)	錢塘	休復	仁恭		唐君墓表	歐陽文忠集 25/5a
～　重	聖任 元任		1083—1128 (46)	眉山	可言	淑	堯臣	唐資政公重 墓誌銘 (劉岑撰)	琬琰存 2/36a
～　既	潛亨	真淡 翁	1047—1100 (54)	江陵	謂	極	愈	唐公墓誌銘	道鄉集 35/6a
～堯章	煥文		1137—1198 (62)	閩縣	感	正甫	恩	唐君煥文行 狀	勉齋集 37/11b
～　詢	彥猷		1005—1064 (60)	錢塘			肅	唐公墓誌銘	彭城集 38/1a
～廣仁	充之		？—1119	內黃	克勤	中立	愈喜	唐充之墓誌 銘(陳瓘撰)	宋文鑑 144/10b
～　稷	堯弼	硯岡 居士	1088—1163 (76)	會昌	鑑	伯充	公慶	唐君墓誌銘	澹庵集 25/25a
～　瞻 (伯虎)	長孺 望之		1055—1106 (52)	丹陵				亡兄墓銘	眉山集 10/9b
～　某	彥通		1026—1088 (63)	丹陵				唐先生行狀	眉山集 16/1a
凌唐佐	公弼		？—1132	休寧				凌待制唐佐 盧臣忠傳 (羅願撰)	新安文獻 64/11b

姓 名	字	號	生卒年 (年齡)	籍貫	曾祖	祖	父	篇 名	出 處
								凌待制事畧	新安文獻/ 先賢上/4a
秦承裕 (秦義父)			917—994 (78)	廬江		太	進遠	秦公墓誌銘 並序	小畜集 29/6b
敖陶孫	器之	臞菴	1154—1227 (74)	福清				臞菴敖先生 墓誌銘	後村集 148/9a
袁 文	質甫	逸叟	1119—1190 (72)	鄞縣	轂	灼	垌	先公行狀 先公墓表	絜齋集 16/4b 絜齋集 17/7a
～ 方	誠之		1143—1209 (67)	鄞縣	轂	輝	坼	叔父迪功郎 監潭州南嶽 廟行狀	絜齋集 16/9a
～百之	必強		1048—1091 (44)	雍丘	楚材	穆	詵	袁府君墓誌 銘	學易集 7/7b
～ 任	信翁		1160—1239 (80)	鄞縣	灼	埴	有義	叔崇禧兵鈐 公墓誌	蒙齋集 18/19a
～ 灼	子烈			鄞縣			轂	曾祖遺事	絜齋集 17/3a
～良佐	輔德		1141—1192 (52)	奉化			景琳	袁輔德墓誌	舒文靖集 2/5b
～ 垌	卿遠		(59)	鄞縣	揆	轂	灼	先祖墓表	絜齋集 17/4a
～直友	聲史		1134—1213 (80)	建安	襌	符	延孺	袁聲史墓誌 銘	水心集 19/15b
～ 章	叔平		1120—1199 (80)	鄞縣	轂	灼	垌	叔父承議郎 通判常德府 行狀	絜齋集 16/11b
～ 康				懷寧				袁君墓銘並 序 袁君墓誌銘	廣陵集 20/5b 廣陵集 20/6b
～ 溉	道潔		(70)	汝陰				袁先生傳	浪語集 32/18b
～說友	起巖	東塘 居士	1140—1204 (65)	建安				家傳	東塘集 20/ 附錄 33b

姓　名	字	號	生卒年 (年齡)	籍貫	曾祖	祖	父	篇　名	出　處
～	樆	木叔		1150—1213 (64)	鄞縣				亡弟木叔墓 誌銘	絜齋集 20/25a
～	濤	巨濟		1138—1219 (82)	鄞縣	灼	堪	有年	從兄學錄墓 誌銘	絜齋集 20/23b
～	燮	和叔	絜齋 潔齋	1144—1224 (81)	鄞縣	灼	坰	文	袁公行狀	真西山集 47/1a 絜齋集/從 祀録 6/8a
									袁公墓誌銘	慈湖遺書/ 補編 6a 絜齋集/從 祀録 6/5a
									先公壙誌 (袁喬撰) 絜齋袁先生 傳	絜齋集/ 從祀録 6/2b 絜齋集/從 祀録 6/30b
									正獻公行狀	四明文獻集 6/15b 袁正獻遺文 附録 3/1a
〔唐〕 郝　逢	致堯				成都				郝逢傳 (彭乘撰)	蜀文輯存 4/13a
耿充從	徽之		979—1021 (43)	緱氏	正	思唐	昭化	耿公墓誌銘 並序	河南集 15/3a
～	傅	公弼		？—1041	河南				耿諫議傳	蔡忠惠集 29/4a
真德秀	景元 希元 景希	西山	1178—1235 (58)	蒲城				西山真文忠 公行狀 真公神道碑	後村集 168/1a 鶴山集 69/11b
夏守贇	子美				榆次			遇	夏公諡議狀	樂全集 34/13b

姓　名	字	號	生卒年 （年齡）	籍貫	曾祖	祖	父	篇　名	出　處
~庭簡 （廷簡）	迪卿		1173—1218 （46）	黃巖	咸	克修	思恭	夏公墓誌銘	水心集 23/1a
~ 竦	子喬		985—1051 （67）	德安	昱	奐	承皓	夏文莊公竦 神道碑	華陽集 35/4a
~ 璟	元臣		1248—1300 （53）	泉州		隱夫	必勝	夏宣武將軍 墓誌銘	四如集 4/22b
夏侯琳	世珍		1133—1183 （51）	分宜	藩	敏	繹	夏侯世珍墓 誌銘	誠齋集 129/15a
党光嗣	明遠		1050—1103 （54）	河西	素	宣	武	党君墓誌銘	豫章集 22/20b
馬之驥	千里		1221—1287 （67）	四明				馬千里墓誌 銘	本堂集 91/9a
~仁裕	德寬		879—941 （63）	彭城				馬匡公神道 碑銘	徐公集 11/9b
~仲舒	漢臣		1017—1046 （30）	金陵			皋	馬漢臣墓誌 銘	臨川集 96/5a
~知節	子元		955—1019 （65）	祥符			全義	馬公神道碑	臨川集 87/6b
~ 亮	叔明		959—1031 （73）	盧江	復	韜	澤	馬忠肅公亮 墓誌銘 （晏殊撰）	琬琰存 2/1a
~ 進								馬進傳	小畜集 14/2a
~ 絳			974—1048 （75）	大名		昭美	詰	馬公墓誌銘 並序	樂全集 40/19b
~ 詰	仲謀		（50）	大名	崇義	士安	昭美	馬公墓誌銘 並序	樂全集 40/5b
~ 範	器之		1161—1226 （66）	臨汾	周	彥	士寧	馬君墓誌	鶴山集 77/13a
~ 遵	仲塗		1011—1057 （47）	樂平				馬君墓誌銘	臨川集 95/8b
~ 隨	持正		1024—1076 （53）	鄆城	應圖	元方	僑	馬君墓誌銘	雞肋集 66/11b

姓　名	字	號	生卒年 （年齡）	籍　貫	曾　祖	祖	父	篇　名	出　處
～　某 （遵父）			988—1044 （57）	樂平	昭	亮	謝	馬處士墓表	武溪集 20/11b
柴成務	寶臣		934—1004 （71）	濟陰	丕	充	自牧	柴公行狀 柴公墓誌銘	武夷新集 11/17b 武夷新集 10/7a
～　望	仲山	秋堂 歸田	1212—1280 （69）	江山	復	伯之	可用	墓誌銘 （蘇幼安撰）	秋堂集/ 附録1a
～　淵	益深		1118—1172 （55）	永豐	觀國		震	柴君墓誌銘	文定集 23/13a
晏大正	子中		1178—1227 （50）	臨川	紳	孝稱	益	晏子中墓誌 銘	昌谷集 20/19a
～　防	宗武		1063—1110 （48）	臨川	郜	融	昭素	晏宗武墓誌 銘	溪堂集 9/3b
～　殊	同叔		991—1055 （65）	臨川	延昌	郜	固	晏公神道碑 銘 晏殊諡元獻 議	歐陽文忠集 22/7b 蘇魏公集 20/8a
								晏殊諡元獻 覆議	西溪集9 （三沈集 3/32a）
畢士安 （士元）	舜舉 仁叟		938—1005 （68）	鄭州	宗昱	球	乂琳	丞相文簡公 行狀 畢公墓誌銘	西臺集16/1a 武夷新集 11/1a
								畢文簡神道 碑	忠肅集 11/1a
～仲容	子莊		1031—1059 （29）	濰陽	士安	世長	從古	畢子莊墓誌 銘	四庫拾遺、 西臺集74
～仲衍	夷仲		（43）	鄭州	士安	世長	從古	畢公夷仲行 狀	西臺集 16/22a
～祈鳳	景韶	梧山	1224—1300 （77）	休寧	德	璘	夢和	畢祈鳳墓誌 銘（方回撰）	新安文獻 88/2a

姓 名	字	號	生卒年 （年齡）	籍貫	曾祖	祖	父	篇 名	出 處
～從古	幾道		1002—1059 （58）	鄭州	義林	士安	世長	畢從古行狀	西臺集 16/13b
～從周	師聖		1039—1110 （72）	鄭州	義林	士安	慶長	畢公師聖墓 誌銘	西臺集 14/4a
～ 某			？—1082	浮光		中正	京實	畢公墓誌銘	豫章集 22/4a
晁子與	點仲	清容 居士	1114—1201 （88）	鉅野	端彥	詠之	公邁	晁子與墓誌 銘	益國文忠集 75/1a 益公集 75/50a
～公壽 （公艾）	平子		1085—1107 （23）	清豐	仲衍	端彥	說之	嵩隱長子墓 表	嵩山集 19/18b
～公諤			1105—1165 （61）	任城	仲參	端義	巽之	司法晁君墓 誌銘	宋本攻媿集 114/24b 攻媿集 108/7b
～仲衍	子長		1012—1053 （42）	清豐	佺	迥	宗愨	晁君仲衍墓 誌銘	華陽集 38/20a
～仲參	孝先		1013—1067 （55）	鉅野		迪	宗簡	晁君墓誌銘	臨川集 96/10b
～仲詢	夠民		1057—1115 （59）	任城	佺	講	宗愿	晁公墓表	嵩山集 19/28a
～仲熙	子政		1019—1086 （68）	元符	佺	迥	宗愨	晁公墓誌銘	雞肋集 64/1b
～宗恪	世恭		1007—1069 （63）	元符	憲	佺	遘	晁公墓誌銘	元豐稿 46/7a
～宗簡				鉅野			迪	晁公改葬記	雞肋集 31/11a
～補之	无咎	濟北 歸來 子	1053—1110 （58）	鉅野	宗簡	仲偃	端友	晁无咎墓誌 銘	柯山集補/ 拾遺12/748 琬琰存 2/42b
～端友	君成		（47）	鉅野	迪	宗簡	仲偃	晁君成墓誌 銘	豫章集 23/4b

姓　名	字	號	生卒年（年齡）	籍貫	曾祖	祖	父	篇　名	出　處
～端中	元升		1051—1100（50）	鉅野		宗簡	仲偃	晁君墓誌銘	鷄肋集68/1a
～端仁	堯民		1035—1102（68）	鉅野	迪	宗簡	仲參	晁公墓誌銘	鷄肋集67/1a
～端稟	大受	寂默居士	1045—1090（46）	清豐	迥	宗愨	仲衍	晁君墓表	鷄肋集63/1a
～端禮	次膺		1046—1113（68）	任城	迪	宗簡	仲參	晁次膺墓誌銘晁公墓表	樂靜集28/15a嵩山集19/28b
～說之	以道伯以季此	景迂生天台教僧老法華	1059—1129（71）	清豐	宗愨	仲衍	端彥	晁氏世譜節錄	嵩山集/雜文3b
員南圭	德温		1087—1162（76）	三衢		安宇	石	員公墓誌銘	九華集21/10a
時汝功	德懋		1108—1175（68）	金華	則	理	焕	時君德懋墓誌銘	東萊集13/1b
～汝翼	德輔		1110—1174（65）	金華	則	理	焕	時君德輔墓誌銘	東萊集12/5b
～瀾	子瀾	南堂拙叟	1156—1222（67）	蘭溪	焕	汝功	鎰	時公墓誌銘	復齋集22/1a
～某	舜舉		982—1059（78）	滕縣		延岳	旦	時府君墓誌銘並序	樂全集39/50a
翁忱	誠之		1137—1205（69）	樂清				翁誠之墓誌銘	水心集15/19b
～彥約	行簡		1062—1122（61）	崇安	伯珍	元方	仲通	翁行簡墓誌銘	龜山集32/12b
～彥深	養源		1079—1141（63）	崇安	伯珍	元方	仲道	翁公神道碑	斐然集26/41b

姓　名	字	號	生卒年 （年齡）	籍　貫	曾祖	祖	父	篇　名	出　處
～蒙之	子功		1123—1174 （52）	崇安		彥深	揆	翁君墓碣銘	朱文公集 91/29a
倪　思	正甫	齊齋	1147—1220 （74）	歸安	豫	湜	稱	倪公墓誌銘	鶴山集 85/1a
～樸	文卿	石陵		石陵	展	子從		倪石陵傳	倪石陵書/ 傳1a
師民瞻			？—1152	彭山	仲瑄	順	適	師君墓誌銘	鶴山集 87/5b
～驥	德駿		？—1142	武陽			潛	師公傳	嵩山居士集 52/1a
徐士明	子潛		1167—1228 （62）	莆田	安禮	測	廷秀	徐處士墓誌 銘	後村集 153/14b
～子寅	協恭		1130—1195 （66）	慶元 府	義	佐	立之	徐公行狀	攻媿集 91/16b
～文質	處中		981—1030 （50）	開封				徐君墓誌銘	穆參軍集 3/15a
～文獻	德之		1103—1168 （66）	義烏	臘	舜臣	世都	徐君墓誌銘	東萊集 10/4b
～天賜	日休		985—1033 （49）	海州	知諫	遜	元楡	徐君墓誌銘	廣陵集 20/1a
～元方	仲盈		1183—1255 （73）	豐城	尚賓	廷實	瑜	徐公六十宣 義仲盈墓誌 銘	徐文惠稿 5/4b
～元楡	儞材			海州	溫	知諫	遜	徐君墓誌銘	元豐稿 44/4a
～中行	德臣	八行 先生		臨海		議	爽	徐公事畧 （陳瓘撰）	赤城集 16/1a
～希周 （景周）	士貴		1199—1246 （48）	豐城	浩	檜	灼	徐公墓誌銘	徐文惠稿 5/6a
～泳孫 （子中）	仲時		1208—1270 （63）	豐城	長孺	潛	韡	徐君北壟墓 誌銘	徐文惠稿 5/14a
～宗盛	德元		1137—1174 （38）	婺州				徐君墓誌銘	東萊集/外 5/7b

姓　名	字	號	生卒年 （年齡）	籍貫	曾祖	祖	父	篇　名	出　處
～定	德操		1118—1191 （74）	晉江	尤	逢	澤	徐德操墓誌銘	水心集 14/3b
～叔川	濟叔		1167—1226 （60）	西安	潛	嘉	忠	徐濟叔墓誌銘	真西山集 44/29b
～迪	昭用		930—975 （46）	東海			知詢	徐公墓誌銘	徐公集 30/3a
～迪哲			？—1183	平陽				徐公墓誌銘	止齋集 48/6a
～洪	孺興		1026—1057 （32）	建安			舉	徐洪墓誌銘	元豐稿 44/10a
～彥伯	長孺		（40）	姑蘇			執中	徐長孺墓碣	豫章集 24/29b
～拱	拱辰		1189—1244 （56）	浦城	智接	應龍	子愚	徐公墓誌銘	秋崖稿 45/3a
～浩	世真		？—1170				震	徐世真父墓 （徐元德撰）	東甌金石志 8/11a
～庭筠	季節	二徐 先生	1055—1179 （85）	黃巖	議	爽	中行	徐季節先生 墓誌銘 （石𡨥撰）	赤城集 16/4a
～桂	億年	內省 居士	1147—1230 （84）	豐城	端仁	邦義	浩	內省居士墓 誌銘	徐文惠稿 5/7b
～時乂	亨仲		1105—1175 （71）	分水	寶	宗永	舜元	徐君墓誌銘	東萊集 12/1b
～時雍	仲和							徐仲和墓誌 銘	洺水集 14/11b
～淮	佑元		？—1163	永豐	伸	季	汝霖	徐奉議墓誌 銘	澹庵集 26/6a
～鹿卿	德夫	泉谷	1189—1250 （62）	豐城	文貴	洪源	琮	徐侍郎神道 碑	後村集 144/1a
～森	壽叔	溪莊	1190—1256 （67）	清江	徹	源	大經	徐溪莊墓誌 銘	文山集 11/31a
～量	子平		1051—1112 （62）	西安				徐公行狀	程北山集 34/8a
～順	彥成		1208—1246 （39）	金華			基	徐彥成歲月 記	魯齋集 20/9a

姓　名	字	號	生卒年 （年齡）	籍貫	曾祖	祖	父	篇　名	出　處
～　復	希顏 復之	冲晦 處士 二處 士	（70餘）	莆田				徐復傳	元豐稿 48/1a
～　詡	元敏		1123—1188 （66）	浦城	伯	安常	彭年	徐公墓誌銘	誠齋集 125/31b
～　瑄	純中 漢玉	松月 居士	？—1228	永嘉	逢	澤	定	徐公墓誌銘	鶴山集 86/7b
～　愧	叔楙			永嘉			擴	徐叔楙壙誌	止齋集 47/1a
～　照	道暉 靈暉	山民	？—1211	永嘉				徐道暉墓誌 銘	水心集 17/5a
～　鉉	鼎臣		917—992 （76）	揚州	源	徽	延休	徐公年七十 六行狀 徐公墓誌銘	徐公集/ 行狀1a 徐公集/ 墓誌1a
～　鍇	武叔		1125—1187 （63）	平陽		隆	几	徐武叔墓誌 銘	止齋集 49/4a
～經孫 （子柔）	仲立	矩山	1192—1273 （82）	豐城	長孺	濬	茂異	徐公墓表 （熊朋來撰）	徐文惠稿/ 附錄2b
～端卿	于長		1126—1179 （54）	武義	惠	革	安邦	徐君墓誌	鶴山集 77/8b
～　蒙	叔珍		1143—1214 （72）	金壇	昱	中立	璋	徐府君墓誌 銘	漫塘集 28/13a
～夢莘	商老		1126—1207 （82）	臨江	用和	士穩	世亨	徐公墓誌銘	宋本攻媿集 105/1a 攻媿集 108/9b
～　鳳	子儀		1177—1224 （48）	浦城				徐公墓誌銘	真西山集 46/13b
～綱孫	仲正		1207—1265 （59）	豐城	長孺	濬	茂異	仲正學舍墓 誌	徐文惠稿 5/13a
～　誼	子宜 宏父		1144—1208 （65）	溫州		仲熙	迪哲	徐公墓誌銘	水心集 21/3b
～緯孫	仲表		1197—1262 （66）	豐城	長孺	濬	茂異	仲表上舍墓 誌銘	徐文惠稿 5/11a

姓　名	字	號	生卒年（年齡）	籍貫	曾祖	祖	父	篇　名	出　處
～璣	文淵	靈淵	1162—1214（53）	永嘉	逢	澤	定	徐文淵墓誌銘	水心集 21/11b
～積	仲車		1028—1103（76）	山陽	崇	爽	石	行狀 言行録	節孝集/事實 11b 節孝集/事實 20a
								東都事畧卓行傳序	節孝集/事實 28a
～徽言	彦猷		1090—1128（39）	西安				徐忠壯傳	香溪集 21/1a
～攀龍	麟卿		1193—1281（89）	越州	暉和	仲才	居仁	徐君攀龍壙記	本堂集 91/4a
～某	成甫		1035—1075（41）	高郵	亮	元吉	格	徐君主簿行狀	淮海集 36/7b
～某			（91）	樂平				徐府君墓誌	盤洲集 76/7b
～某			1132—1217（86）	句曲				徐處士墓誌銘	漫塘集 31/16a
桑光輔	魯卿		914—991（78）	濟州	並隱			桑公神道碑銘並序	小畜集 29/4b
～懌				雍丘				桑懌傳	歐陽文忠集 65/8b
孫一元	季良		1189—1268（80）	餘姚				孫君墓誌銘	黃氏日鈔 97/2a
～九敍	功甫		1164—1211（48）	天台	皓	闓	璠	孫君墓誌銘	蒙齋集 17/10a
～之翰	文舉		1137—1202（66）	慈溪				孫孝子墓誌銘	慈湖遺書/續 1/26a
～大成	振道		1140—1211（72）	丹徒	德	書	元方	孫府君行述	漫塘集 33/10a
～子秀	元實		1212—1266（55）	餘姚				孫公行狀	黃氏日鈔 96/6a

姓　名	字	號	生卒年 （年齡）	籍貫	曾祖	祖	父	篇　　名	出　　處
～介	不朋	雪齋 野叟	1114—1188 （75）	餘姚	亮	政	子全	孫君行狀	定川遺書 1/1b 燭湖集/ 附下/1a
								孫君並太孺 人張氏墓銘	燭湖集/ 附下/5a 宋本攻媿集 114/12a
									攻媿集 107/12a
～升	君孚		1038—1099 （62）	高郵				孫君孚先生 事署	二孫奏議/ 君孚下/22a
～永	蔓叔		1020—1086 （68）	長社	澄	冲	旦	孫公神道碑 銘	蘇魏公集 53/1a
～守彬	得之		923—995 （73）	汴京			徵	孫公墓誌銘	河東集 15/1a
～安	壽朋		1056—1092 （37）	長社	澄	冲	昂	孫壽朋墓誌 銘	道鄉集 34/2b
～成象	乾曜		991—1023 （33）	長沙	全	匡替	雋	孫公墓表	忠肅集 14/19b
～沔	元規		996—1066 （71）	會稽				孫威敏公沔 神道碑 （畢仲游撰）	琬琰存 1/53b
～沂	彥與		1169—1234 （66）	丹徒	書	元方	大成	孫承直墓誌 銘	漫塘集 31/22a
～杞	德發		1073—1137 （65）	晉陵	居約	宗汲	皞	孫公墓誌銘	鴻慶集 33/12a 孫尚書集 57/4a
～甫	之翰		998—1057 （60）	陽翟	恕	賁	從革	孫公行狀	曾南豐集 28/1a 元豐稿47/8a
								孫公墓誌銘 孫甫傳	歐陽文忠集 33/3b 灌園集16/6b

姓 名	字	號	生卒年 （年齡）	籍貫	曾祖	祖	父	篇 名	出 處
～ 抃 （實）	夢得 道卿		996—1064 （69）	眉山	熠	玤	著明	孫公行狀 孫公墓誌銘	蘇魏公集 63/1a 蘇魏公集 55/7b
～ 抗	和叔		998—1051 （54）	黟縣	師睦 （"南豐 集"為 延緒）	旦	遂良	孫君墓碑	臨川集 89/1a 新安文獻 80/4a
～吳會	楚望	齋窗 牧隨 翁	？—1270	休寧				孫楚望事畧	新安文獻/ 先賢上/11b
～宗鑑	少魏		1077—1123 （47）	尉氏	文通	士門	振	孫公墓誌銘	襄陵集 11/1a
～ 侑	有可		972—1017 （46）	汝陽	真	鑑	庸	孫公墓誌銘 並序	安陽集 47/10a
～ 侔 （虔）	少述 正之		1019—1084 （66）	吳興			及	孫少述傳 （林希撰） 先生行實 （實錄）	宋文鑑 150/11b 廣陵集/ 附錄 11a
～ 洋	叔度		1137—1198 （62）	餘姚	約	適	端仁	孫承事墓誌 銘	燭湖集 12/4a
～ 洙	巨源		1032—1080 （49）	揚子	易從	再榮	錫	孫學士洙墓 誌銘 （李清臣撰）	琬琰存 2/21b
～ 敀	無逸		1080—1151 （72）	武進	貫之	昌齡	昇	孫公墓誌銘	鴻慶集 35/8b 孫尚書集 60/6b
～昭遠 （大年）	顯叔		1071—1128 （58）	管城	著明	抃	喆	孫公昭遠行 狀	益國文忠集 29/5a 益公集 29/109a
～ 時	季中	樂安	1064—1119 （56）	晉陵	元瓚	居約	宗伋	樂安先生墓 表	鴻慶集 41/3b 孫尚書集 55/5a

姓　名	字	號	生卒年 （年齡）	籍貫	曾祖	祖	父	篇　名	出　處
～庸	鼎臣		922—988 (67)	汝陽	中	皆真	鑑	孫府君墓誌 銘並序	小畜集 29/9a
～惟吉	正之		1029—1101 (73)	武進				孫君墓誌銘	道鄉集 34/10a
～惟信	季蕃	花翁	1179—1243 (65)	開封	昇	可	頠	孫花翁墓誌 銘	後村集 150/13a
～惟恭	執禮		1038—1107 (70)	錢塘	寵	守信	用宗	孫公墓誌銘	襄陵
～逢吉	從之		1135—1199 (65)	龍泉	文	叔遇	宜	孫公神道碑	宋本攻媿集 102/15b 攻媿集 96/15a
～逢辰	會之		1142—1188 (47)	龍泉	文	叔遇	宜	孫使君逢辰 墓誌銘	益國文忠集 74/2b 益公集 74/37a
～貫	沖季		1153—1175 (23)	永康			序	孫貫墓誌銘	龍川集 27/6b
～堪	仲卿		1156—1213 (58)	江陵	義叟	濤	鈞	孫仲卿墓誌 銘	鶴山集 79/10b
～握	叔權		1071—1110 (40)	晉陵	世南	式	誼	孫叔權墓誌 銘	道鄉集 36/6b
～景玉	公輔		1123—1196 (74)	寧德	勸	藏	舉	孫武義墓誌 銘	鶴山集 80/10a
～貴	和叔		1040—1112 (73)	平定	同	通	誠	孫團練墓誌 銘	斜川集 5/29a
～復	明復	泰山 先生	992—1057 (66)	平陽				孫秀才 （魏泰撰） 孫明復先生 墓誌銘	孫明復集/ 附錄8a 歐陽文忠集 27/10b
									孫明復集/ 附錄6b
～亹	天誠		1105—1181 (77)	永康	繼先	無黨	軫	孫天誠墓誌 銘	龍川集 27/16a
～道	純老		1037—1108 (72)	鄭浦	範		湘	孫使君墓誌 銘	襄陵集 11/13a

姓 名	字	號	生卒年（年齡）	籍貫	曾祖	祖	父	篇 名	出 處
～福翁	叔和	香醉山人	1201—1272（72）	慈溪			微云	孫承節墓誌銘	黃氏日鈔 97/14b
～椿年	永叔		1141—1199（59）	餘姚	璣	繹	述	孫永叔墓誌銘 孫君墓表	水心集 16/16b 渭南集 39/13b
～ 嵩	元京		1238—1292（55）	休寧				孫艮山事畧	新安文獻/先賢上/14b
～夢觀	守叔	雪牕	1200—1257（58）	慈溪	俊乂	才冠	參	孫守叔墓誌銘 記雪窗先生之銘（曹滅炎撰） 孫公遺事記（王應麟撰）	履齋集 3/13b 雪窗集/附錄 1a 雪窗集/附錄 9b 雪窗集/附錄 8a
～ 適			1028—1055（28）	黟縣	旦	遂良	抗	孫君墓誌銘 孫郡推事畧	元豐稿 44/5b 新安文獻 80/6a 新安文獻/先賢上/3a
～ 調	和卿	龍坡先生	1126—1204（79）	長溪				孫和卿墓誌	鶴山集 80/11a
～ 奭	宗古		962—1033（72）	博平	霸	練	翌	孫僕射行狀 孫奭謚議 孫宣公墓誌銘	景文集 61/4a 景文集 43/12a 宋文鑑 135/11b 景文集 58/19b
～ 稷	農先		1074—1134（61）	晉陵	諷	夷清	志康	亡叔墓誌銘	鴻慶集 35/12b 孫尚書集 63/1a

姓名	字	號	生卒年 (年齡)	籍貫	曾祖	祖	父	篇名	出處
～億	廷齡		1009—1049 (41)	分宜				孫公墓表	武溪集 20/13a
～覷	志康		1050—1120 (71)	感化	長孺	師房	立節	孫志康墓銘	斜川集 5/25b
～龍舒	士雲		1008—1068 (61)	錢塘	崇	眺	冕	孫君墓誌銘	長興集26 (三沈集 5/42b)
～諤	正臣		1051—1109 (59)	邵武	昌齡	文準	迪	孫龍圖墓誌 銘	龜山集 34/9a
～錫	昌齡		991—1068 (78)	真州	劍	易		孫公墓誌銘	臨川集 97/2a
～應時	季和	燭湖 居士	1154—1206 (53)	餘姚	政	子全	介	孫君墓誌銘	宋本攻媿集 114/12b 攻媿集 107/12a
								孫燭湖先生 壙誌 (楊簡撰)	慈湖遺書/ 補編9a 燭湖集/ 附下/10a
～觀	明之		1030—1110 (81)	泗水	程	榮	達	孫君墓誌銘	襄陵集 11/8b
～逸	明遠		1054—1109 (56)	晉陵	居約	宗修	揚休	孫明遠墓誌 銘	道鄉集 36/3b
～鶚	齊賢		? (80)	富春				孫公墓表	范文正集 14/1a
～覺	莘老		1028—1090 (63)	高郵	公誠	再忻	億	孫莘老先生 事畧	二孫奏議/ 莘老19a
～繼鄴	元嗣		979—1037 (59)	金陵	惲	謙	承睿	孫繼鄴碑 (孫抃撰)	山右石刻編 13/23a
～覽	傳師		1043—1101 (59)	高郵	公誠	再忻	億	孫傳師先生 事畧 孫公墓誌銘	二孫奏議/ 傳師附25a 二孫奏議/ 傳師附30a
									西臺集 13/6b

姓　名	字	號	生卒年 （年齡）	籍貫	曾祖	祖	父	篇　名	出　處
～ 覦	仲益	鴻慶 居士	1081—1169 （89）	晉陵				黃林〔孫氏〕 先墓記	鴻慶集 23/1a
～ 嚴	次皋	爽山	1245—？	休寧				孫爽山事畧	新安文獻/ 先賢上/14b
～觀國	賓老			彰明				孫公墓誌銘	澹齋集 17/6b

十 一 畫

姓　名	字	號	生卒年 （年齡）	籍貫	曾祖	祖	父	篇　名	出　處
梁子中			1049—1125 （77）	昌州	信	義		梁子中墓誌 銘（李降撰）	蜀文輯存 40/12a
～文獻	國寶		923—967 （45）	益州	仲廉	彥儒	�	梁府君墓誌 銘並序 （勾中正撰）	蜀文輯存 1/2a
～汝嘉	仲謨 仲讚		1096—1154 （59）	麗水	納	佐	固	梁汝嘉神道 碑	益國文忠集 69/66 益公集 69/1a
～伯臣	明道		1060—1118 （59）	將樂	龔	筠	世廣	梁明道墓誌 銘	龜山集 31/12a
～宗善	明世			麗水				梁氏祠堂碑 銘	南澗稿 19/5b
～ 固	仲堅		987—1019 （33）	須城	惟忠	文度	顥	梁君墓誌銘 並序	樂全集 39/37b
～ 固	達夫		1066—1114 （49）	麗水	健	納	佐	梁府君墓誌 銘	鴻慶集 35/14a 孫尚書集 63/2b
～季珌	飾父		1143—1208 （66）	麗水	佐	固	汝嘉	梁侍郎行狀	漫塘集 33/1a
～彥回	亞之		1026—1066 （41）	須城	文度	顥	適	梁君墓誌銘	蘇魏公集 58/14a
～彥昌	得之		1021—1068 （48）	須城	文度	顥	適	梁公神道碑	摛文集 15/9a

姓　名	字	號	生卒年 (年齡)	籍貫	曾祖	祖	父	篇　名	出　處
～彦深	純之		1044—1116 (73)	須城	文度	顥	適	梁公神道碑	初僚集 8/9a
～彦通	貫之		1031—1098 (68)	須城	文度	顥	適	梁公墓誌銘	鷄肋集 65/18b
～師孟	醇之		1020—1091 (72)	菌川	昭懿	邈	肅	梁公墓誌銘	忠肅集 13/6b
～　蒨	夢符		990—1059 (70)	襄陽	處厚	湛	錫	梁公墓誌銘	忠肅集 18/11b
～　適	仲賢		1000—1069 (70)	鄆	惟忠	文度	顥	梁莊肅公適 墓誌銘	華陽集 37/24b
～　顥	微之		926—1034 (73)	高要		旻	光遠	梁君墓表	武溪集 20/14b
～應庚	本仁	止堂	1178—1268 (91)	閩縣	德昭	成慶	元輔	梁秘閣墓誌 銘	虞齋集 21/4a
～觀國	賓卿		1088—1146 (59)	番禺				梁君墓誌銘	斐然集 26/37b
寇日用				薊	德誠	安仁	顯贇	寇府君墓誌 銘並序	樂全集 39/46a
～　平	均輔		1004—1065 (62)	膠水	顯贇	日用	肅	寇公平墓誌 銘	華陽集 38/28a
～　準	平仲		961—1023 (63)	下邽	賓	延良	湘	贈謚誥萊公 祠堂碑辭	忠愍集/序 18a 公是集49/1a
								寇忠愍公準 旌忠之碑 (孫抃撰)	琬琰存1/7a 忠愍集 49/1a
章文煥	明叔			臨川	從吉	成績	賢	章府君墓誌 銘	黃氏日鈔 97/5a
～元任	莘民		1063—1129 (67)	浦城				章公墓銘	太倉集 70/10a
～友直	伯益		1006—1062 (57)	建安				章君墓誌銘	臨川集 91/9a
～　永	延仲		1062—1102 (41)	平陽				章延中墓誌 銘	橫塘集 19/6b

姓　名	字	號	生卒年 （年齡）	籍貫	曾祖	祖	父	篇　名	出　處
～用中	端叟		？—1181	萬全				章端叟墓誌銘	正齋集 47/7b
～印鹿				海陽			由之	章由之幼	綱山集 4/18b
～　甫	端叔		1045—1106 （62）	浦城				章端叔墓誌銘	龜山集 35/1a 吳都續文粹 補遺上/2b
～　服	德文		1106—1173 （68）	永康	洞	玠	俣	章公行狀	龍川集 26/1a
～　迪	吉老		（79）	無爲				章吉老墓表	寶晉英光 集/補遺7b
～　庭	明楊			分寧				章明楊墓碣	豫章集 24/31a
～　夏	彥明		1070—1130 （61）	寧國				章公墓誌銘	太倉集 70/7a
～寅臣			1156—1225 （70）	蒲江				章公墓誌銘	鶴山集 82/23a
～望之	民表			浦城	士廉		奂	章望之傳	少師集 5/5a
～　惇	子厚		1035—1105 （71）	浦城	炎	佺	俞	章丞相惇傳 （實錄）	琬琰存 3/43a
～得象	希言		978—1048 （71）	浦城	仁嵩	士廉	奂	章公墓誌銘	景文集 59/1a
～　著	晦文		1116—1155 （40）	永康	洞	玠	俣	章晦文墓誌銘	龍川集 27/7a
～　煥	昭卿		1137—1202 （66）	慈溪	翊	昭	景初	章府君墓誌銘	絜齋集 20/1a
～　詧	隱之		993—1068 （76）	雙流	璡	道	惠	章詧行狀	净德集 28/3a
～　綜	子上 子京		1062—1125 （64）	浦城	頻	訪	粢	章公墓誌銘	鴻慶集 33/6a 孫尚書集 56/8a 吳都續文粹 45/3b

姓　名	字	號	生卒年 （年齡）	籍　貫	曾　祖	祖	父	篇　名	出　處
～綏	仲結		？—1167	綿竹	彙		驚	仲結章君墓誌銘	澹齋集 17/16a
～緯	伯成		1054—1119 （66）	浦城	頻	訪	粢	章公墓誌銘	鴻慶集 33/3b 孫尚書集 56/4b
～燾	彥博 彥溥		1093—1174 （82）	宣城	旦	玭	元任	章公墓銘	誠齋集 125/11a
～闓之			1147—1172 （26）	莆田				章府君墓誌	網山集 4/11b
商　瑤			1006—1055 （50）	淄川	重進	文俊	餘政	商屯田墓誌銘	張右史集 59/11a
許大寧	寧之	友仁 先生	1193—1249 （57）	婺源	良	安國	琳	許公大寧壙記	先天集 7/2a 新安文獻 91/14a
～文蔚	衡甫 行父	環山				休寧		許郎中墓誌銘	洺水集 14/5a 新安文獻 10/1a
								許環山事畧	新安文獻/ 先賢上/10a
～元	子春		989—1057 （69）	宣城	稠	規	逊	許公墓誌銘	歐陽文忠集 33/1a 新安文獻 81/3a
～元 （先世）								許氏世譜	臨川集 71/4a
～日卿	居仲	雲屋	1222—1273 （52）	婺源	安國	琳	大寧	許公墓銘	先天集 10/4a
～月卿	太空 宋士	山屋 先生	1216—1285 （70）	婺源	安國	琳	大寧	山屋先生行狀(許飛撰) 許山屋事畧	先天集/ 附錄下/1a 新安文獻/ 先賢上/12a

姓名	字	號	生卒年(年齡)	籍貫	曾祖	祖	父	篇名	出處
								山屋許先生事録公牒	先天集/卷末事實 5b 先天集/卷末公牒 1a
~	平	秉之	?(59)	歙縣	禰	規	逸	許君墓誌銘	臨川集 95/10a
~	永	仲思	1060—1121(62)	襄陵	守英	陟	可宗	許公墓誌銘	襄陵集 12/7b
~	正	茂中	(59)	吳	延祚	仲莊	試	許君墓誌銘	長興集 27(三沈集 5/45b)
~	仲	彥時	1097—1157(61)	西河	源	士宗	建	許公墓誌銘	盧溪集 43/1a
~	份	子大	1079—1133(55)	閩縣			將	許公神道碑	梁溪集 166/3b
~	伸	懿叔	1092—1152(61)	無錫	至	旦	希道	許府君墓誌銘	鴻慶集 38/13b 孫尚書集 64/1a
~	玩	德占	1058—1115(58)	晉陵	懷素	延福	億	許德占墓誌銘	龜山集 31/8b
〔唐〕~宣平				歙縣				許宣平傳(羅願撰)	新安文獻 100上/3a
~	奕	成子	1170—1219(50)	簡州	載	國	延慶	許公奕神道碑	鶴山集 69/1a
~	拯	康伯	1015—1083(69)	開封襄邑			齊	許侯墓誌銘	陶山集 14/12b
~	迥	光遠	?(58)	歙縣	儒	禰	規	許迥傳	蔡忠惠集 29/6b
~	俞	堯言		黟縣	禰	規	遂	許孝子俞傳(胡瑗傳)	新安文獻 64/7b
~	袞	公儀	949—1005(57)	燕				許公墓誌銘	范文正集 12/1a
~	逖	景山	?(57)	歙縣	儒	禰	規	許氏世譜 許公行狀	臨川集 71/4a 歐陽文忠集 38/5a

姓 名	字	號	生卒年 (年齡)	籍貫	曾祖	祖	父	篇　名	出　處
									新安文獻 80/2a
～ 渤	仲容		978—1047 (70)	蒲城	德恭	知邑	仁愿	許君墓誌銘	范忠宣集 12/7b
～景亮	少明		1057—1113 (57)	瑞安	偘	薄	球	許少明墓誌 銘	浮沚集 7/8b
～景衡	少伊	横塘 先生	1072—1128 (57)	瑞安	偘	薄	球	許公墓誌銘	斐然集 26/1a
～ 幾	先之		1054—1115 (62)	貴溪	待用	堯卿	宗舉	許公墓誌銘	浮溪集 26/4b
～應龍	恭甫		1168—1248 (81)	閩縣	泰初	材	仲宏	許樞密神道 碑	庸齋集 6/5a
～懷宗	德祖		978—1030 (53)	仙遊	祐	澗	術	許處士墓表	蔡忠惠集 33/12a
～ 某			1014—1072 (61)	河內				許駕部墓誌 銘	范忠宣集 12/12a
～ 某	子安		1046—1105 (60)	臨川	鄧	壠	宗孟	許居士墓誌 銘	溪堂集 8/13a
郭之美	君錫		1036—1065 (30)	廬陵	諫	玠	佺	郭公墓誌銘	蔡忠惠集 36/15b
～子皐	德臣		1033—1087 (55)	廣都	漢平	仁渥	輔	郭君墓誌銘	范太史集 42/13a
～元方	天益		？—1064	開封	彥欽	勳	坦	郭君墓誌銘	無爲集 13/10a
～友直	伯龍		1008—1071 (64)	華陽				郭君墓誌銘	丹淵集 39/11b
～ 永	謹思 慎思		1076—1128 (53)	元城				郭永傳	浮溪集 20/7a
～正孫	興祖		？—1231	臨邛	畋	季舒		郭公墓誌銘	鶴山集 82/1a
．～申錫	延之		998—1074 (77)	大名	簡	晉	悦	郭公墓誌銘	忠肅集 11/14a
～ 江	伯山		1153—1217 (65)	東陽			良臣	郭伯山墓誌 銘	水心集 23/18b

姓 名	字	號	生卒年 （年齡）	籍貫	曾 祖	祖	父	篇 名	出 處
～守文	國華		935—989 （55）	太原	湛	秉	暉	郭公墓誌銘 並序	小畜集 28/20a
～ 成	信之		1047—1102 （56）	德順				郭公行狀	漢濱集 15/16a
～ 份	仲質			新淦	宣	庬	彌約	郭公墓碣銘	朱文公集 92/1a
～良臣	德鄰		？ （52）	東陽	感	招	知常	郭府君墓誌 銘	水心集 13/17a
～良顯	德揚		1137—1190 （54）	東陽	感	招	知常	郭處士墓誌 銘	水心集 13/18b
～ 杭	仲仁		？ （68）	臨邛				郭君杭墓誌 銘	鶴山集 70/8a
～叔誼	幼才	肖舟 老人	1155—1233 （79）	廣都	簡修	之邵	澤	郭君叔誼墓 誌銘	鶴山集 83/6b
～ 洗	清父		？—1225	成都				郭隱君墓誌 銘	鶴林集 35/8a
～ 堂	德基	西梅 居士 息齋 平六 山人	1245—1306 （62）	長樂				郭教授墓銘	四如集 4/29a
～晞宗	宗之		1136—1204 （69）	仙居	槻	欽	仲珉	郭公墓誌銘 （何澹撰）	台州金石録 8/22b
～逢原	公域		1040—1099 （60）	開封	超	守信	慶宗	郭公墓誌銘	演山集 33/7b
～ 琮				黃巖				郭孝子碑 （杜範撰）	赤城集 9/6b
～ 渾	仲醇		1014—1077 （64）	四明	師	繼崇	璉口	郭公墓誌銘	舒嬾堂文存 3/16b
～ 逵	仲通		1022—1088 （67）	洛陽	隱	榮	斌	郭公墓誌銘	范太史集 40/1a
～景脩	伯永		1045—1108 （64）	汶	義方	用誠	琳	郭公墓誌銘 （王允中撰）	山左冢墓 文/35b
～ 幾	造微		？ （37）	開封				郭君墓誌銘	潏水集 8/8b

姓 名	字	號	生卒年 （年齡）	籍貫	曾祖	祖	父	篇 名	出 處
～源明 （元廣）	永叔 潛亮		1022—1076 （55）	須城	寧	禹偶	勸	郭君墓誌銘	蘇魏公集 59/6b
～ 詢			？—1080	廣都				郭君墓誌銘	范太史集 38/9b
～榮之	仁甫			成都				郭縣尉墓誌 銘	鶴林集 35/6a
～ 維	仲逸		991—1042 （52）	當塗				郭公墓誌銘	臨川集 95/6a
～ 澄	伯清		1150—1179 （30）	東陽	招	知常	良臣	郭伯清墓誌 銘	東萊集 13/4a
～ 震	子東		1150—1201 （52）	吳郡			大任	郭子東壙誌	山房集 5/14b
～德誼								郭德誼墓銘	朱文公集 92/28a
～彌約	景文		1097—1178 （82）	吉水				郭公彌約墓 表	益國文忠集 35/7a 益公集 35/54b
～ 某 （蠙叟父）			992—1066 （75）	邛州				郭君墓誌銘	丹淵集 38/13a
康延澤	潤之		（70餘）	代北	嗣	公政		康公預撰神 道碑	小畜集 38/13a
～與之	伯可 叔聞	退軒 順菴		洛陽			倬	康伯可傳	山房集 4/11a
～ 翼	南仲		？ （82）	祥符	九齡	浹	繼隆	康公墓誌銘	盧溪集 44/1a
～ 某 （康倚父）			？ （62）	宛丘				康君墓誌銘	彭城集 37/13b
鹿 何	伯可		1127—1183 （57）	臨海	戡	欠 （一作 淵）	汝爲	鹿伯可墓誌 銘（樓鑰撰）	兩浙金石志 10/9a 台州金石録 8/7a

姓　名	字	號	生卒年（年齡）	籍貫	曾祖	祖	父	篇　名	出　處
～昌運	會之		1150—1213（64）	臨海		汝爲	何	鹿昌運墓誌銘（黃序撰）	兩浙金石志 11/10a 台州金石録 9/1a
率子廉			？—980	衡山				率子廉傳	蘇東坡全集/後 16/2b
黄士良	子善		1032—1109（78）	臨川	廣	堅	道亨	黃君墓誌銘	溪堂集 9/2a
～子游	叔言 叔偃		1080—1167（88）	宛邱	孝先	好謙	宰	黃公子游墓誌銘 淳熙五年	益國文忠集 33/10b 益公集 33/28b
～文晟	世成	壺隱先生	1137—1187（51）	南豐	履中	俯	越	黃公墓誌銘	象山集 28/4a
～中	通老		1096—1180（85）	邵武	汝臣	豫	崇	黃端明諡簡肅議 黃公墓誌銘	水心集 26/14a 朱文公集 91/15b
～中美	文昭		1065—1127（63）	邵武	夢臣	扄	蒙	黃公神道碑	朱文公集 89/15a 八瓊金石補 115/26a
～介	幾復		？—1088	南昌			畫	黃幾復墓誌銘	豫章集 23/10b
～公度	師憲	知稼翁	1109—1156（48）	蒲田	陟	逷	靜	黃公行狀（龔茂良撰） 黃公墓誌銘（林大鼐撰）	知稼翁集/附錄 1a 知稼翁集/附錄 3a
								尚書郞壙銘（黃沃撰）	知稼翁集/附錄 7a
～仁儉	約之		1114—1196（83）	奉化	好謙	宰	子游	黃君墓誌銘	宋本攻媿集 110/17b 攻媿集 103/17a

姓 名	字	號	生卒年 (年齡)	籍貫	曾祖	祖	父	篇　名	出　處
～仁静	仲山		1119—1205 (87)	新昌	朴	巽	惠之	黄公墓誌銘	水心集 15/13a
～正己 (千乘)	聖與 建侯		1131—1205 (75)	平陽	賁	淳	邈	黄君墓誌銘	水心集 15/11b
～丙炎	純宗 文炳 漢翁		1236—1286 (51)	臨川	儼	邦基	應辰	黄純父墓誌 銘	須溪集 7/1a
～石	圯老		1110—1175 (66)	平陽	邃	曷	理	黄公石墓誌 銘	益國文忠集 32/11a 益公集 32/13a
～以寧	宗一			永春			維	黄公墓誌銘	復齋集 22/11b
～台				宣城				黄屯田事畧	新安文獻/ 先賢上/3a
～汝翼			? (70)	金郷			京	黄君墓誌銘	鷄肋集 66/5b
～任榮	擇之			浦城	好謙	實	子有	黄公墓誌銘	南澗稿 20/9b
～自信	華叟		1198—1269 (72)	永陽				黄君墓誌銘	鶴齋集 21/3a
～仲元 (淵)	善甫 天叟	四如 居士 韻鄉 聲翁 彦安	1231—1312 (82)	莆田	必彰	汝守	績	壽藏自誌 黄四如先生 世次 黄四如 先生事迹	四如集 4/33a 四如集/ 世次 1a 四如集/ 事述 1a
～仲通 (本名正)	仲通		986—1059 (74)	曲江	烜	嬰		黄府君碑	武溪集 19/11b
～仲熊	非熊		1020—1055 (36)	豫章		湜	庶	非熊墓銘	豫章集 24/23b
～沐之	澤民 天澄		1176—1219 (44)	長溪	大中	十萬	楫	黄君墓誌銘	箕窗集 8/5b
～孝綽	公裕	潛山 叟	997—1070 (74)	太湖	鄩	元吉	覺	黄先生墓誌 銘	忠肅集 14/1a

姓　名	字	號	生卒年（年齡）	籍貫	曾祖	祖	父	篇　名	出　處
～均	士衡		1029—1074（46）	南城	惠傳	光震	質	黄士衡墓誌銘	灌園集20/9a
～何	景蕭		1136—1209（74）	休寧	宗議	中理	傑	黄公行狀黄公何行狀（汪泳撰）	洛水集15/1a新安文獻84/9b
～伯思	長睿雲賓	雲林子	1079—1118（40）	邵武	汝濟	履	應求	黄公墓誌銘	梁溪集168/2a東觀餘論/附録5a
～注	夢升		998—1039（42）	分寧	元吉		中雅	黄夢升墓誌銘黄君墓誌銘（別本）	歐陽文忠集28/3a歐陽文忠集28/12a
～宗諒	仲友		1122—1198（77）	諸暨	舜卿	彦	克寬	黄仲友墓誌銘	宋本攻媿集111/7a攻媿集104/7a
～京			1025—1082（58）	金郷				黄君墓誌銘	鷄肋集66/4a
～育	和叔		1019—1069（51）	分寧	元吉	中理	茂宗	和叔墓碣	豫章集24/24b
～東	仁卿		？—1200	閩縣	時	南仲	瑀	仲兄知縣墓表	勉齋集38/39a
～杭	子通		1166—1226（61）	都昌	澤	唐俊	灝	黄子通墓誌銘	昌谷集18/5b
～虎	子文		？—1246	諸暨	憲	瑀	祖	黄虎墓誌銘	鶴林集35/3b
〔唐〕～芮				歙縣				黄孝子芮傳（羅願撰）	新安文獻64/2b
～牧之	穉卿		1131—1190（60）	豐城	表	得禮	次山	黄使君牧之墓碣	益國文忠集78/8a益公集78/104a
～洧	清臣		1104—1165（62）	歐寧	執矩	伯堅	鋭	黄公墓碣銘	朱文公集93/3a

姓 名	字	號	生卒年 (年齡)	籍貫	曾祖	祖	父	篇 名	出 處
～度	文叔	遂初	1138—1213 (76)	新昌	巽	惠之	仁静	黄公行狀 黄公墓誌銘	絜齋集 13/1a 水心集 20/13a
～思永	仲脩		1169—1208 (40)	臨川	次山	愷之	逢吉	黄仲脩墓誌銘	勉齋集 38/8b
～珪	元功		？—1139	侯官	植	鄲	臻	黄吏部墓誌銘	横浦集 20/10b
～琪	希珍		988—1062 (75)	衡陽	璠	承禄	許	黄公墓表	武溪集 19/23b
～振龍	仲玉		1169—1219 (51)	閩縣	緯	鈞	知行	黄君仲玉行狀 黄君墓誌銘	勉齋集 27/20a 真西山集 45/16b
～秬	伯瑞		1108—1156 (49)	邵武	亨	景	潛善	黄公墓誌銘	盧溪集 42/4b
～師南	鯁卿		1125—1197 (73)	彬陽	紡	中臣	彦時	黄君墓誌銘	鶴山集 80/14b
～陞	進仲		1074—1138 (65)	東平	覺	孝綽	藝	黄公墓誌銘	文定集 20/6b
～章	觀復		1166—1220 (55)	新昌			度仲	黄觀復墓誌銘	水心集 25/7b
～莘	任道		1021—1085 (65)	太湖	元吉	覺	孝綽	黄府君行狀 黄君墓誌銘	無爲集 14/8b 忠肅集 14/2b
～崇	彦高		1073—1153 (81)	邵武	宸	汝臣	豫	黄君行狀 黄公墓誌銘	澹軒集 7/1a 朱文公集 91/11b
～得禮	執中			豐城				先大夫述	三餘集 4/12b
～涣	巽翁			休寧	中理	傑	何	黄運幹墓誌銘	洺水集 14/7b
～雲	鼎瑞 景祥	成齋	1131—1194 (64)	吳郡				黄公行狀	水心集 28/7a

姓　名	字	號	生卒年 (年齡)	籍貫	曾祖	祖	父	篇　名	出　處
～　閌	定翁		1170—1234 (65)	休寧	中理	傑	何	黃通判墓誌 銘	洺水集 14/18b
～　凱	舜舉		1169—1220 (52)	福州	叔惢	先覺	傑卿	族叔處士墓 誌銘	勉齋集 88/34b
～舜卿	醇翁	爲佛	912—1091 (80)	諸暨			振	黃君墓誌銘	陶山集 14/7b
～　策	子虛	隨緣 居士	1070—1132 (63)	姑蘇	浹	挺	彥	黃直閣墓誌 銘	龜溪集 12/7b
～　策	子長		1173—1223 (51)	豐城	彥輔	去華	疇若	黃承議墓誌 銘	昌谷集 18/8a
～　瑀	德藻		1109—1168 (60)	閩縣	徽	時	南中	黃公墓誌銘	朱文公集 93/7a
～　椿	茂齡		1147—1215 (69)	長樂	實	知變	球	黃君茂齡墓 誌銘	洺水集 14/4a
～　概	平甫		？ (32)	邵武	崇	中	瀚仲	黃平甫墓誌 銘	山房集 5/11b
～　塏	顯翁		？—1077 (40餘)	南城				黃顯翁墓誌 銘	灌園集 20/7a
～葆光	元暉		？ (58)	黟縣				黃侍御葆光 傳	洪文敏集 7/1a 新安文獻 77/5a
～　照	晦甫		1013—1066 (54)	益陽	餘慶	深	禰	黃君墓誌銘	忠肅集 13/8b
～　犖	子邁		1151—1211 (61)	分寧	廉	叔敖	霦	黃公行狀	絜齋集 14/1a
～　裳	文叔	兼山	1146—1194 (49)	普成	羑	楔	安中	黃公墓誌銘	宋本攻媿集 106/1a 攻媿集 99/1a
～　嚳	子耕	復齋	1150—1212 (63)	分寧	廉	叔敖	塋	黃子耕墓誌 銘	水心集 17/11a
～　頤	吉老		1039—1097 (59)	剡				黃君墓誌銘	陶山集 14/5b
～　擒	阮岡		1132—1167 (36)					黃公墓誌銘	應齋雜著 4/10a

姓　名	字	號	生卒年 （年齡）	籍貫	曾祖	祖	父	篇　名	出　處
～鐘	彥遠	南溪先生	1171—1242 （72）	崇仁				黃彥遠墓誌銘	漁墅稿 6/14b
～績	德遠		1196—1266 （71）	莆田	袞	必彰	汝守	黃德遠墓誌銘	後村集 163/18a
～〔縱〕	循聖		1101—1159 （59）	姑蘇		彥	策	黃君墓誌銘	文定集 22/1a
～鎰	子受		1018—1096 （79）	會稽	仁福	承霸	瑀	黃子受墓誌銘	雲溪集 29/14a
～簡	德廉		1177—1235 （59）	莆田	璋	文炳	艾	黃柳州墓誌銘	後村集 149/18a
～疇若	伯庸	竹坡	1154—1222 （69）	豐城	得禮	彥輔	去華	黃公神道碑	後村集 142/4b
～璟	少蘇 繼蘇		1136—1202 （67）	湖口	實能	可	武	黃公墓誌銘	昌谷集 18/1a
～灝	商伯 景夷	西坡		都昌				黃灝傳	杜清獻集 19/1a
～某	濟叔		1197—？	井研	時敏	順卿	子説	黃提幹行狀	牟陵陽集 24/1a
～某 （墢父）			1016—1072 （57）	南城				鄉丈人黃君墓誌銘	灌園集 19/9a
～某	道原		1040—1071 （32）	南城				黃公墓誌銘	灌園集 19/13a
～某	子莊		1048—1100 （53）	臨川				黃君墓誌銘	溪堂集 8/10a
梅正臣	君平		1004—1082 （79）	宣城	遠	邈	讓	梅君墓誌銘	無爲集 13/12b
～堯臣	聖俞		1002—1060 （59）	宣城	遠	邈	讓	梅聖俞墓誌銘	歐陽文忠集 33/7a 宛陵集/ 附錄 8b
～詢	昌言		964—1041 （78）	宣城	超	遠	邈	梅公墓誌銘 梅公神道碑	歐陽文忠集 27/1a 臨川集 88/4a

姓　名	字	號	生卒年 （年齡）	籍貫	曾祖	祖	父	篇　名	出　處
～應奇	和甫		？—1246	宣城				梅和甫稅院 墓誌銘	履齋集 3/11b
～　讓	克讓		959—1049 （91）	宣城	超	遠	邈	梅君墓誌銘	歐陽文忠集 31/7
連南夫	鵬舉		1086—1143 （58）	德安	舜賓	庸	仲涉	連公墓碑	南澗稿 19/9a
～舜賓	輔之		？—1030	應山		光裕	正	連處士墓表	歐陽文忠集 24/5b
曹士志	持可		1189—1225 （37）	都昌			彥繼	亡姪三十郎 葬誌	昌谷集 20/23b
～　中	德久		1073—1127 （55）	沙縣		熟	俊	曹君墓誌銘	斐然集 26/7b
～汝弼	夢得	松蘿 山人		休寧				曹山人事畧	新安文獻/ 先賢上/3a
～戎之				大名				曹公美政碑	牧萊脞語 20/2b
～　宏	安雅		1065—1145 （81）	金華	光明	歡	享	曹公墓誌	北山集 15/11b
～　佃	耕道		1091—1175 （85）	金華	傅	介	韶	曹君將仕墓 誌銘	東萊集 12/4a
～　易	一致		1153—1220 （68）	安固	文甫	迪	廣居	曹君易墓誌 銘	鶴山集 72/18a
～　旴	日華		1136—1209 （74）	都昌	溪	大經	晉	曹公墓誌銘	昌谷集 20/1a
～彥約	簡甫	昌谷	1157—1228 （72）	都昌	克	禮	興宗	曹公墓誌銘	鶴山集 87/14b
～　盅	因明	牧庵 居士	1135—1202 （68）	定海	慎微	實	粹中	曹君墓誌銘	宋本攻媿集 113/7a 攻媿集106/7a
～修睦			979—1046 （68）	建安				曹公墓誌銘	蔡忠惠集 34/11b
～　建	立之	无妄	1147—1183 （37）	餘干			天明	曹立之墓表	朱文公集 90/7b

姓　名	字	號	生卒年 (年齡)	籍　貫	曾祖	祖	父	篇　名	出　處
～晟	叔明		1128—1173 (46)	福州				曹叔明穸銘	網山集 4/16b
～矩	誨之			休寧			汝弼	曹屯田矩傳 (李以申撰)	新安文獻 64/後8a
～彬	國華		931—999 (69)	靈壽		業	芸	曹武惠王彬 行狀 (李宗諤撰)	琬琰存 2/50b
～崇之	唐老		1082—1125 (44)	管城			輔	曹公行狀	盧溪集 47/1a
～耜	仲本		1137—1197 (61)	祥符	之器	組	勛	曹公墓誌銘	宋本攻媿集 110/6a 攻媿集103/6a
～逢己	能謙		1201—1238 (38)	長興	照	驤	待聘	曹君能謙壙 誌	蒙齋集 18/18a
～閔 (隨)	次蕭		？—1200	都昌	通		一飛	曹次蕭墓誌 銘	昌谷集 19/27a
～瑋	寶臣		973—1030 (58)	靈壽	業	芸	彬	曹公行狀 曹武穆公行 狀 曹公墓誌銘	元憲集 33/1a 臨川集 90/2b 元憲集 34/1a
～輔	載德		1169—1127 (59)	沙縣	逞	寶臣	孚	曹〔公〕墓誌 銘	龜山集 37/9b
～憲	正叔		(86)	趙州		貴	珣	曹君墓表	彭城集 36/5a
～曄	彥華		1108—1175 (68)	金華	伯夔	君寶	熙	曹君墓誌銘	東萊集 11/7b
～錫	晉伯	敬思		宜黃			堯咨	曹侯生祠記	雪坡集 33/6b
～璪	子華		1077—1126 (50)	江陰				曹子華墓誌 銘	龜山集 34/5b
～鷟	不占		？ (40)				昂	曹子不占坎 誌	網山集 4/15a
～礎	潤甫		1061—1135 (75)	江陰	延訓	維正	文雅	曹君墓誌銘	毘陵集 12/7a

姓　名	字	號	生卒年 (年齡)	籍貫	曾祖	祖	父	篇　名	出　處
～某 (紹宗子)			1148—1208 (61)	都昌	充	敦禮	紹宗	從兄雲夢縣 尉墓誌銘	昌谷集 18/19a
戚師道	元魯		1027—1061 (35)	楚邱	同文	綸	舜臣	戚元魯墓誌 銘	元豐稿 43/3a
～舜臣	世佐		996—1052 (57)	楚邱		同文	綸	戚公墓誌銘	曾南豐集 29/1a 元豐稿 42/1a
盛允升	德常		1059—1116 (58)	吳興	得中	卞	僑	盛公行狀	龜溪集 12/1a
常有開	子光		1158—1234 (77)	富義	拱	揚	仁	常君有開墓 誌銘	鶴山集 83/3b
～同	子正	虛閒 居士	1090—1149 (60)	臨邛	溥		安民	常公墓誌銘	文定集 20/9a
～珪	粹夫		1037—1096 (60)	洛陽	仁美	畫問	吉	常承議墓誌 銘	西臺集 12/15a
～城	大防		1105—1154 (50)	華陽				常朝奉墓誌 銘	方舟集 16/9b
～琪	君璧		1024—1084 (61)	成都	延昱	思齊	禧	常君墓誌銘	净德集 22/1a
～秩	夷甫		1019—1077 (59)	汝陰				常公墓表	臨川集 90/11a
～溥	周用		1000—1077 (78)	臨邛				常公墓誌銘	净德集 24/8b
～夢錫	夢圖		898—958 (61)	萬年		泓	修	常公行狀	徐公集 20/10a
～諤臣	彥輔		1036—1100 (65)	商河	峻	仲容	億	常君墓誌銘	鷄肋集 65/7a
～某								常君墓誌 (殘)	鄴下冢墓 文/35b

姓 名	字	號	生卒年 (年齡)	籍貫	曾祖	祖	父	篇 名	出 處
彪虎臣	漢明		1078—1152 (75)	湘潭	翼	淑	約	彪君墓誌銘	五峰集 3/43a
莫 及	子晉		1123—1197 (75)	餘姚	襄	若思	曄	莫府君壙記	燭湖集 12/7a
～表深	智行		1053—1123 (71)	邵武	辰	及	説	莫中奉墓誌銘	龜山集 33/4a
～彥遠	叔達		1083—1110 (28)	餘姚	政	偕	易	莫叔達墓記	莊簡集 18/4b
～庭芬	國華		1091—1139 (49)	烏程	敵	抑	侗	莫國華墓誌銘	苕溪集 49/3b
～ 儔	壽朋		1089—1164 (76)	吳縣	延正	淵	卞	莫公墓誌銘	鴻慶集 38/7a 孫尚書集 60/23b 吳都續文粹 45/16a
莊安常	子尚		1072—1146 (75)	宜興	允明	詢	徽	莊公行狀	浮山集 4/15b
								莊君墓誌銘	浮溪集 27/4b
～松年	柏堅		1179—1234 (56)	金壇	義	必强	芑	莊承直壙誌	漫塘集 32/20a
～ 徽	君猷		1043—1120 (78)	宜興	餘慶	允明	詢	莊公墓誌銘	浮溪集 26/18b
婁 機	彥發		1133—1211 (79)	嘉興	億	乾曜	壽	婁公神道碑	攻媿集 97/1a
～ 鑄	南伯		1175—1226 (52)	永嘉	琯	克亮	世初	婁南伯墓誌銘	浣川集 10/3a
崔公孺	象之		1014—1071 (58)	鄢陵	周度	汝礪	立	崔君墓誌銘	安陽集 49/2b
～ 立	本之		969—1043 (75)	鄢陵	光表	周度	汝礪	崔公行狀	安陽集 50/17a

姓 名	字	號	生卒年 (年齡)	籍 貫	曾祖	祖	父	篇 名	出 處
～ 冲	志亨		1049—1113 (65)	清平	卒	懷忠	間	崔志亨墓誌銘	初僚集 8/19b
～若礪	公治		1107—1149 (43)	新興	鸚	惟肖	納誨	崔從政墓誌銘	澹庵集 29/20a
～保孫	祖德		? (24)	許州				崔君墓誌銘	柯山集補/ 拾遺 12/74
～致堯	用之			建安	蠡	尋	億	崔君墓誌銘並序	徐公集 30/4b
～敦詩	大雅		1139—1182 (44)	静海	琪	涇	邦哲	崔公墓誌銘	南澗稿 21/22b 玉堂稿/附録 14a(殘)
～ 著			1025—1065 (41)	夷陵		遵度	仲求	崔進士墓誌	郇溪集 22/8a
～ 覘	承之		1015—1099 (85)	博陵	廷温	繼榮	子良	崔君墓誌銘	雞肋集 67/21b
～ 鈞	元播		1050—1115 (66)	開封	裔	嶧	度	崔公行狀	斜川集 5/21b
～與之	正子	菊坡	1158—1239 (82)	增城			世明	崔清獻公行狀	文溪稿 11/5a 崔清獻集/ 附録 1a
								崔清獻公言行録 (李肖龍撰)	崔清獻集 1/1a—3/1a
～遵用	藏器		958—1022 (65)	博陵				崔君墓誌	蘇學士集 14/10a
～ 遹	孝立		1049—1100 (52)	嘉興	仁授	伸	敬中	崔君墓誌銘	道鄉集 34/8a
～ 某	漢臣		1038—1106 (69)	江陵				崔左藏墓誌銘	高峰集 11/27a
符承煦			975—1033 (59)	宛丘	存審	彦卿	昭愿	符君墓誌銘並序 (范隱之撰)	芒洛四編 6/33b
～ 授	天啓		1056—1139 (84)	南豐	倖	懷德	明遠	符公神道碑	北山集 15/4b

姓 名	字	號	生卒年 (年齡)	籍貫	曾祖	祖	父	篇 名	出 處
斛 儔	公和 宗魯		1141—1202 (62)	廬陵	道	祥卓	繼善	斛史君墓誌	誠齋集 132/19b
張九成	子韶	無垢 居士 橫浦 居士	1092—1159 (68)	錢塘	鑑	壽	伸	橫浦先生家 傳(張述) 橫浦先生 (于有成撰)	橫浦集/ 家傳 1a 橫浦集/ 家傳 13a
~九思			? (85)	陽谷			清	張公墓誌銘	歐陽文忠集 63/5b
~士遜	順之	退傅	964—1049 (86)	陰城	育從	裕	廷朗	張公行狀 張文懿公士 遜舊德之碑	文恭集 40/1a 景文集 57/14a
~大有	損之		999—1052 (54)	長沙	圖			張君墓誌銘	蘇魏公集 57/1a
~大訓	學古			德興	禹錫	後	杞	張君墓誌銘	鶴山集 86/13b
~大經	彥文		1114—1198 (85)	南城	新	本	富	張公神道碑	誠齋集 121/1a
~子充	仲倩		? (28)	漢陽			錫	張君墓誌銘	傳家集 78/1a 司馬溫公集 75/1b
~子皋	叔謨		990—1040 (51)	河南		齊賢	宗誨	張公墓誌銘 並序	河南集 17/5b
~文剛	常勝		1046—1072 (27)	烏程	任	維	先	張常勝墓誌 銘	臨川集 97/11b
~文蔚	隱之		998—1067 (70)	新津	立	全	仁謝	張寺丞文蔚 墓誌銘 (范鎮撰)	蜀文輯存 10/21b
~ 亢	公壽		999—1061 (63)	宋	裕	居實	餘慶	張公墓誌銘 並序	安陽集 47/12a
~方平	安道	樂全 居士	1007—1091 (85)	宋城	文熙	嶠	堯卿	行狀 (王鞏撰) 張文定公墓 誌銘	樂全集/附 錄 1a－46b 蘇東坡全 集/後 17/1a

姓　名	字	號	生卒年 （年齡）	籍貫	曾祖	祖	父	篇　名	出　處
～友直	清卿 益之		1002—1059 （58）	光化	裕	廷節	士遜	張公墓誌銘	文恭集 38/1a
～公裕	益孺		1023—1083 （61）	江原				張君墓誌銘	范忠宣集 14/4a
～　午	智夫		1155—1224 （70）	廣陵	孟程	弼直	澔僅	張君午墓誌銘	鶴山集 73/5a
～汝士	堯夫		997—1033 （37）	襄邑				張君墓誌銘 張君墓表	歐陽文忠集 62/6b 歐陽文忠集 24/11b
～汝圲	端衡		1165—1235 （71）	金壇	恪	體仁	損	張宣教墓誌銘	漫塘集 32/6a
～汝永	端袤		1160—1230 （71）	金壇	恪	體仁	損	張承直墓誌銘	漫塘集 31/10b
～　宇	泰定		1081—1158 （78）	晉陵	處仁	昊	彥直	張公墓誌銘	鴻慶集 37/4b 孫尚書集 66/6b
～　守	全真 子固	東山 居士	1084—1145 （62）	晉陵				張公謚議 （婁機撰）	毘陵集/ 16 附錄
								張公謚議覆 議（鐘必萬撰）	毘陵集/ 16 附錄
～守約	希參		？ （75）	濮州				張公守約墓 銘	畫墁集 6/8a
～次元	希一		1031—1097 （67）	武進	璆	似	昷之	張公行狀	道鄉集 40/1a
～　式	景則		989—1050 （62）	建安	漢夫	謨	希顏	張君墓誌銘	臨川集 92/9b
～　存	誠之		984—1071 （88）	冀州	侑	光偉	文質	張公墓誌銘	傳家集 76/12a 司馬溫公集 77/5b
～　旨	仲微		984—1061 （78）	河內			延嘉	張肯碑 （呂陶撰）	八瓊金石補 107/24a
～　先	子野		992—1039 （48）	開封		遜	敏中	張子野墓誌 銘	歐陽文忠集 27/8b

姓　名	字	號	生卒年 (年齡)	籍　貫	曾祖	祖	父	篇　名	出　處
～仲仁	子信		939—1000 (62)	吳興	從晟	賨	仁邈	張君墓誌銘	武夷新集 9/1a
～仲原	純臣		1051—1100 (50)	鉅野			鼎	張純臣墓誌 銘	樂靜集 29/16a
～仲梓	才卿		1129—1199 (71)	永嘉	積	忱	闐	張公墓誌銘	宋本攻媿集 111/21b 攻媿集 104/21a
～ 泗	楚望		983—1060 (78)	浦城	賨	靄	璟	張公墓誌銘	公是集 53/9a
～ 序	進之		1065—1122 (58)	晉陵	庭讚	延祚	霖	張進之墓誌 銘	龜山集 31/13b
～孝祥	安國	于湖	1133—1170 (38)	烏江			祁	張安國傳 宣城張氏信 譜傳	于湖集/ 附録 1a 于湖集/ 附録 4a
～克儉	約之		1017—1073 (57)	開封	寬	疑		張君墓誌銘	長興集 28 (三沈集 5/55b)
～ 谷	應之 仲容		995—1053 (59)	原武	節	遇	炳	張君墓表	歐陽文忠集 24/7a
～廷傑	漢卿		1111—1176 (66)	吳郡	政	奭	憲	張君廷傑墓 誌銘	益國文忠集 33/3b 益公集 33/20a
～ 甸	述功		1081—1153 (73)	湖州	叔和	宗佑	育	張府君墓誌 銘	苕溪集 50/13b
～ 孜 (茂實)	濟叔		997—1063 (67)	祥符	思謙	守恩	景宗	張公墓誌銘	郂溪集 20/2b
～宗說	巖夫	玉峰 逸老	1145—1227 (83)	崇安	德運	禀	璋	張君墓誌銘	鶴山集 80/12b
～宗誨	習之		969—1045 (77)	洛陽			齊賢	張公墓誌銘	河南集 17/1b
～ 杰	大中		1037—1084 (48)	宋			兀	張大中墓誌 銘	豫章集 23/14a

姓　名	字	號	生卒年 (年齡)	籍　貫	曾　祖	祖	父	篇　名	出　處
～叔夜	稽中 稽仲 嵇仲		？—1127	開封				旌忠愍節廟碑	朱文公集 89/18b
～昇 （昇）	杲卿		992—1077 (86)	韓城			惠	張康節謚議	忠肅集 7/19a
～忠恕	行父		1174—1230 (57)	綿竹	咸	浚	杓	張公墓誌銘	鶴山集 77/1a
～明	子聰		1077—1103 (27)	宿州				銘張明墓	道鄉集 36/11b
～季樗	延卿		1127—1204 (78)	永嘉				張公行狀	水心集 26/10a
～秉	孟節		？ (56)	歙縣			諤	張密學秉傳 （宋綏撰） 張密學事畧	新安文獻 945/3a （缺卷）新安/ 先賢工 2b
～牧	養正		937—1004 (68)	澶州			皓	張中允墓誌銘	長興集 25(三 沈集 5/23a)
～邵	才彥		1096—1156 (61)	烏江	延慶	補	幾	張公邵神道碑	益國文忠集 65/1a 益公集 65/1a
～洞	仲通		1019—1067 (49)	祥符	光	緒	惟簡	張洞傳	雞肋集 62/1a
～彥清	叔澄		1155—1218 (64)	浦城	夢禹	孝廉	宋興	張公墓誌銘	真西山集 46/17a
～彥博	文叔		1019—1067 (49)	蔡州	玘	制	保雍	張君墓誌銘	臨川集 94/10a
～宧	養正		1078—1151 (74)	毘陵	處仁	杲	彥直	張公墓誌銘	苕溪集 51/1a
～奕	源明		1012—1066 (55)	無錫	卓	漢濱	瑩	張君墓誌銘 張君墓誌銘 （馬仲甫撰）	蘇魏公集 58/12a 江蘇金石志 9/3b
～祖順	和卿		1137—1197 (61)	鄞縣	綸	寅	邦彥	張君墓誌銘	宋本攻媿集 111/1a 攻媿集 104/1a

姓　名	字	號	生卒年（年齡）	籍貫	曾祖	祖	父	篇　名	出　處
～珏	公予	竹溪逸士		婺源			洪	張公予珏竹溪事（朱熹撰）	新安文獻 65/8a
～奎	仲野		988—1052（65）	宋	裕	居實	餘慶	張樞密奎墓誌銘	琬琰存 2/6a
～咸	君說 君悦		1048—1099（52）	綿竹	庭堅	文矩	統	張君説墓誌銘（不著撰人）	蜀藝文志 47上/7a
～厚	處道	安常子 安素居士	1037—1120（84）	新鄭	純	紳	越	張處道墓誌銘	嵩山集 20/15b
～郁	文炳		949—991（43）	范陽	愛	旻	正	張公墓誌銘並序（嚴儒撰）	芒洛四編 6/36b
～持（伯虎）	久中		？—1047	曲江				張文中墓誌銘	曾南豐集 29/3b 元豐稿 43/11a
～持之	立叔	屏山居士	1174—1249（76）	建州	轂			張屏山墓誌銘	盧齋集 22/10a
～拱	輔之		？（60）	浚儀				張拱傳	濟南集 6/33b
～思	希聖		974—1037（64）	青州	庭實	昂	從化	張君墓誌銘 張府君墓表	歐陽文忠集 26/10b 武溪集 20/8a
～昷之	景山		985—1062（78）	廣陵	訓	璆	佖	張公墓誌銘	蔡忠惠集 36/4b
～弇	漢臣		979—1040（62）	河南			用存	張公墓誌銘並序	河南集 16/1b
～保孫	子遠		1015—1085（71）	信都	光偉	文質	存	張父墓誌銘	范太史集 39/5a
～保雍	粹之		975—1033（59）	蔡州			制	張府君神道碑	元豐稿 47/6a
～俊	伯英		1086—1154（69）	三陽	守明	慶	密	張循王神道碑	海陵集 23/1a
～浚	德遠	紫巖先生	1097—1164（68）	綿竹	文矩	紘（一作絃）	咸	張公行狀 張魏公傳	朱文公集 95上/1a 誠齋集 115/1a

姓　名	字	號	生卒年 （年齡）	籍貫	曾祖	祖	父	篇　名	出　處
~唐英	次功 次公	黃松 子	1029—1071 （43）	新津	珂	諤	文蔚	唐英墓誌銘 （張商英撰） 寧魂 （張商英撰）	蜀文輯存 14/12a 蜀文輯存 14/15a
~唐卿	希元		1010—1037 （28）	青州	昂	從	思	張君墓誌銘 並序	安陽集 47/22b
~祥龍	仲符		？—1258	新建				中沙先生張 公墓誌銘	無文印集 5/1a
~杙	敬夫 欽夫 樂齋	南軒	1133—1180 （48）	綿竹	絃 （一作 絃）	咸	浚	張公神道碑 張左司傳	朱文公集 89/1a 誠齋集 115/24b
~根	知常	吳園	1061—1120 （60）	德興				張公行狀	浮溪集 24/6b
~挺卿	斯立		1024—1065 （42）	開封		象中	宗古	張君墓誌銘	蘇魏公集 58/7b
~哿	安時		1055—1128 （73）	沙縣				張安時墓誌 銘	龜山集 37/1a
~淳	忠甫		1121—1181 （61）	永嘉				張忠甫墓誌 銘	止齋集 47/6a
~淑堅	正卿		1122—1169 （48）	衢州	智全	詠	彥琦	張堅鎮墓誌 銘	東萊集 13/1a
~淮	次公		1023—1074 （52）	河南	去華	師錫	景伯	張君墓誌銘	范太史集 38/1a
~商	吉甫		1074—1141 （68）	南平				張吉甫墓銘	縉雲集 4/3b
~商英	天覺	無盡 居士	1043—1121 （79）	新津				張少保商英 傳（實錄）	琬琰存 3/34a
~庶	晞顏		？—1199	綿竹	咸	瀣	枸	張晞顏墓誌 銘	鶴山集 79/8a
~鄰	知彥		1103—1189 （87）	烏江	延慶	補	幾	張公墓誌銘	渭南集 37/1a
~梲	仲山		1092—1165 （74）	綿竹	絢	鈞	注	張君墓誌銘	南軒集 39/1a
~惟德	輔之		1001—1049 （49）	南榮	儵	讓	文煥	張府君墓表	净德集 28/1a

姓 名	字	號	生卒年 (年齡)	籍 貫	曾祖	祖	父	篇 名	出 處
～	問	道卿		995—1046 (52)	陳留	洪	令釗	允	張君墓誌銘	范文正集 13/23a
～	溫	希澤		1000—1064 (65)	梓州				張公墓誌	丹淵集 38/5b
～	渭	象之		? (54)	洛陽	去華	師錫	景伯	張君墓誌銘	豫章集 22/12a
～	渭	渭叔		1172—1208 (37)	新昌			汝弼	張渭叔銘	慈湖遺書 5/10b
～	寓	廣叔		(35)	金鄉	蕭	畋	孝綽	張廣叔墓表	樂靜集 20/8a
～	詠	復之	乖崖	946—1015 (70)	鄆城	立	鐸	景	張尚書行狀	景文集 62/1a 宋文鑑 136/8a
									張公墓誌銘 (錢易撰)	乖崖集/ 附錄 6a
									張公神道碑 銘	安陽集 50/9a 乖崖集/ 附錄 11b
									張忠定諡議	公是集 41/15a 宋文鑑 135/13a
									忠定公傳 (王稱撰)	乖崖集/ 附錄 1a
									張詠傳	洪文敏集 7/3a
									忠定公遺事 (饒伯達撰)	乖崖集/ 附錄 25b
～敦頤		養正			婺源				張衡州事畧	新安文獻/ 先賢上/6a
～	祺	子履		1031—1089 (59)	嚴道		璋	闓	張子履墓誌 銘	豫章集 23/24b
～	禂	聖休		995—1050 (56)	餘杭	浩	文寶	延遇	張君墓誌銘	臨川集 93/6a
～	琯	子律		? (64)	真寧		居	遹	張公墓誌銘	渭南集 38/1a

姓　名	字	號	生卒年 （年齡）	籍貫	曾祖	祖	父	篇　名	出　處
～琬	禹錫		1099—1181 （83）	信州	嗣宗	大方	念	張公墓誌銘	象山集 28/2a
～堯卿	化生		985—1067 （83）	宋城	克	文熙	嶠	皇考金紫光 禄大夫太子 少師墓誌銘 並序 （趙槩撰序）	樂全集 40/1a
～植	次東		1070—1132 （63）	德興				張公墓誌銘	梁溪集 168/8a
～揮	子發			歙縣				張揮傳	新安文獻 100下/3b
～景	晦之		？ （49）	公安				張公墓誌銘	景文集 59/21b 宋文鑑14/3a
～景憲	正國 定國		1014—1080 （67）	襄邑	誼	去華	師德	張公行狀	范忠宣集 16/7a
～鈞	子和			江源	弼	浚	珦	張公墓誌銘	鶴山集 82/18a
～集思	繹仲							張集思墓誌 （張理撰）	吳興金石記 12/18b
～隆	君道		1026—1073 （48）	吳縣				張居士墓表	後山集 20/9b
～詨	子博		1188—1251 （64）	象山		珍	隸	張君孺人林 氏墓誌	黃氏日鈔 97/12b
～煥	道夫							張令君煥道 夫墓銘	鶴山集 108（文闕）
～瑗	君玉		1006—1060 （55）	全椒	煦	泊	安期	張君墓誌銘	臨川集 91/10b
～載	子厚	橫渠 先生	1020—1077 （58）	長安		復	迪	張子行狀 （呂大臨撰）	張橫渠集/ 行狀1a
								張子列傳 張子年譜 （武澄撰）	張橫渠集/ 列傳1a 張橫渠集/ 年譜1a
～椿	大年		1102—1170 （69）	綿竹	絃	鉞	濩	張君墓表	南軒集 40/1a

姓　名	字	號	生卒年（年齡）	籍　貫	曾祖	祖	父	篇　名	出　處
～ 塤	伯和		1184—1252 (69)	蕭山	世明	宗顏	炳□	張塤壙誌（張稱孫撰）	兩浙金石志 13/37a
～ 鼎	正之		1024—1091 (68)	鉅野			宗孺	張君墓誌銘	鷄肋集 68/17a
～ 寧	安道		1102—1167 (66)	曲陽	益	景	瓊	張公墓誌銘	澹庵集 27/1a
～端弼	廷直		1089—1154 (66)	樂清	迪	攷	瑀	張府君行狀	梅溪集 /前 20/3a
～端禮	南仲		1082—1132 (51)	龍泉	賓于	繼昌	居辰	張公墓誌銘	梁溪集 169/2a
～濟賢	師亮		943—1014 (72)	冤句				張文定公齋賢傳（實錄）	琬琰存 3/6a
～ 誨	傳師		1024—1077 (54)	吳	蠶	璿	沔	張傳師墓誌銘	雲巢編 10 （三沈集 8/59b）
～ 榮	仲才	獻之	1162—1226 (65)	臨海				張榮殘墓誌（謝方叔撰）	台州金石錄 9/14b
～ 戩	天祺		1030—1076 (47)	郿縣		復	迪	天祺行狀（呂大臨撰） 張天祺墓誌銘（張載撰）	張橫渠集 /行狀 5b 宋文鑑 144/8b
～ 芻	聖民		1015—1080 (66)	鄆	隋	皓	牧	張公墓誌銘	長興集 29 （三沈集 5/75a）
～ 緒	端遠		1094—1145 (52)	諸暨	參	湜	譽	張府君墓誌銘	香溪集 22/11a
～ 綱	彥正 彥政	華陽 老人	1083—1166 (84)	丹陽	俊	琪	翱	張公行狀（洪藏撰） 遺事（張堅撰）	張華陽集 40/1a 張華陽集 40/24a
～ 綸	昌言 公信		962—1036 (75)	汝陰	震	元	煦	張公神道碑銘	范文正集 11/5a
～ 維	振綱 仲欽		1112—1181 (70)	劍浦				張公墓誌銘	朱文公集 93/13b
～ 澄	仲容		?—1002	濟州	璫	溫	隱	張君神道碑銘	龍學集 9/1a

姓 名	字	號	生卒年 (年齡)	籍貫	曾祖	祖	父	篇 名	出 處
~ 奭	叔保		1127—1200 (74)	譙縣	言	宰	允蹈	張公行狀	誠齋集 119/23b
								張使君奭墓 誌銘	益國文忠集 73/1a 益公集 73/20a
~ 緦	邦和		1119—1173 (55)	汴京		復古	珏	張君墓誌銘	東萊集 11/2a
~ 履	坦夫		1149—1201 (53)	吉州	宰	允蹈	奭	張主簿履墓 誌銘	益國文忠集 73/10a 益公集 73/31b
~ 諷	隱直		1015—1076 (62)	浦城	霭	璿	沔	張司勳墓誌 銘	雲巢編 9 (三沈集 8/42a)
~ 鎮	深父		1160—1197 (38)	臨安	俊	子厚	宗元	張君墓誌銘	渭南集 36/5a
~ 鋼	德堅 紹祖		1134—1201 (68)	永新	伯英	志	成	張使君鋼墓 誌銘	益國文忠集 74/9b 益公集 74/45b
~ 錫	覬之		982—1049 (68)	漢陽	惟序	文翼	龜從	張公墓誌銘	歐陽文忠集 30/1a
~ 璪 (號)	邃明			全椒	昉	洎	方回	張公行狀	錢塘集 16/33a
~ 擴	子充			歙縣				張承務擴傳 (羅願撰)	新安文獻 100 下/2b
~ 鐥	正甫		1211—1273 (63)	奉川				張正甫墓誌 銘	本堂集 91/2a
~ 績	成叔		1113—1164 (52)	江原	公綽	澔	瑶	張君墓誌銘	嵩山居士集 54/5a
~ 燾	子公		1092—1166 (75)	德興	潛	磐	根	張忠定公燾 神道碑	益國文忠集 61/1a 益公集 64/12a
~ 簡	行可	就庵 居士	? (67)	大邑				張居簡墓誌 銘	鶴山集 71/7b

姓　名	字	號	生卒年 （年齡）	籍貫	曾祖	祖	父	篇　名	出　處
～藝多				臨川				張藝多傳	溪堂集/ 續補 1a
～　蘊	延蘊		956—1011 （56）	歷城		從實	光文	張公神道碑 銘	景文集 57/10b
～獻忠	廷臣		1106—1157 （52）	恭州				張廷臣墓誌 銘	縉雲集 4/2a
～　闡	犬猷		1091—1164 （74）	永嘉	恭	積	忱	張公闡神道 碑	益國文忠集 61/10b 益公集 61/77a
～顯忠	盡節		972—1031 （60）	樂陵		奉超	廷斌	張公墓誌銘	河南集 14/8a
～　某			958—1013 （56）	沙河				張公墓碑銘 並序	直講集 30/11b
～　某	元老		？ （74）	臨邛				張君墓誌銘	净德集 26/1a
～　某 （天瑞、 延瑞父）			1199—1271 （73）	饒州	南夫	珪	萬中	張公墓誌銘	黄氏日鈔 97/7b
～　某	唐英		1031—1101 （71）	宜興	延矩	麟	宗道	張唐英墓誌 銘	道鄉集 35/10a
～　某 （師軻父）			1011—1057 （47）	揚子				張君墓誌銘	臨川集 92/8b
陸九敍	子儀	五九 居士	1123—1187 （65）	金溪	演	戬	賀	陸公墓誌	象山集 28/3a
～九淵	子靜	象山 翁象 山先 生	1139—1192 （54）	金溪	演	戬	賀	象山先生行 狀諡議 （孔燁撰）	慈湖遺書 5/1a 象山集 33/3a 象山集 33/1a
								覆諡議 （丁端祖撰） 年譜	象山集 33/3a 象山集 36/1a
～九皋	子昭	庸齋 先生	1125—1191 （67）	金溪	演	戬	賀	陸修職墓表	象山集 28/12a

姓　名	字	號	生卒年 （年齡）	籍貫	曾祖	祖	父	篇　名	出　處
～九齡	子壽		1132—1180 （49）	金溪	演	戩	賀	陸先生行狀 陸先生墓誌 銘	象山集 27/1a 東萊集 13/4b
～　沉	子元		1110—1194 （85）	山陰	珪	佃	寊	陸郎中墓誌 銘	渭南集 34/15a
～　忻				山陰				陸氏大墓表	渭南集 39/9a
～秀夫	君實 實翁		1238—1279 （42）	鹽城				陸君實傳	龜城集/13a
～　侃	和之		1130—1206 （77）	侯官	衍	守	裡	陸侃墓誌 （陸垣撰）	八瓊金石補 118/8a
～　洸	子光		1124—1195 （72）	山陰	珪	佃	寊	陸公墓誌銘	渭南集 35/3a
～垣之	千里		1168—1229 （62）	金壇			從龍	陸迪功墓誌 銘	漫塘集 31/6b
～持之	伯微		1171—1225 （55）	金溪	戩	賀	九淵	陸伯微持之 墓誌銘	鶴山集 73/11b
～　宲	元珍		1088—1148 （61）	山陰	軫	珪	佃	陸公墓誌銘	渭南集 32/1a
～　珪	廉叔		1022—1076 （55）	山陰		昭	軫	陸君墓誌銘	蘇魏公集 59/10b
～　埈 （峻）	子高 申伯		1155—1216 （62）	崇德	遠	植	光弼	陸秘書墓誌 銘	漫塘集 28/15b
～時雍	堯夫		1093—1155 （63）	淳安				陸公行狀	曾雲莊集 5/1a
～　宧	元燾 居安		？ （70）	山陰				族叔父元燾 傳	渭南集 23/2a
～惇彥	德充		1069—1115 （47）	開封	若沖	詵	師閔	陸公墓誌銘	嵩山集 19/43b
～惟忠	子厚		1048—1097 （50）	眉山				陸道士墓誌 銘	蘇東坡全集/ 後 18/13a
～從龍	子雲	復齋	1141—1225 （85）	金壇	兌	淵	興	陸文學墓誌 銘	漫塘集 29/19b
～　滋	元象		986—1061 （76）	杭州	超	紹	承祖	陸先生墓誌 銘	祠部集 35/5a

姓 名	字	號	生卒年 (年齡)	籍貫	曾祖	祖	父	篇 名	出 處
～琮	寶之		1027—1082 (66)	山陰	郇	仁旺	明	陸公墓誌銘	陶山集 14/3b
～棠				建安				陸棠傳	斐然集 30/1a
～煥之	伯章 伯政	山堂	1140—1203 (64)	金溪	戩	賀	九思	山堂陸先生 墓誌銘	渭南集 38/9b
～愷	疆仲 強仲		1060—1124 (65)	侯官	中和	廣	長賓	陸少卿墓誌 銘	龜山集 34/1a
～韶之	虞仲		1080—1125 (46)	錢塘	滋	逢休	申	陸虞仲墓誌 銘	毗陵集 12/3b
～廣	彥博		1000—1052 (53)	侯官	景遷	崇展	中和	陸君墓誌銘	臨川集 92/4b
～廣	彥恭		1004—1065 (62)	侯官	景遷	崇展	中和	陸君墓誌銘	古靈集 20/4b
～夢發	太初		1222—1275 (54)	歙縣				陸公夢發墓 表(方回撰) 陸曉山事畧	新安文獻 83/3a(缺頁) 新安文獻/ 先賢上/12b
～憲元	道祖		1025—1064 (40)	侯官	崇展	中和	廣	陸君墓誌銘	古靈集 20/6b
～誧								陸誧傳	眉山集 10/1a
～靜之	伯山		1111—1187 (77)	山陰	珪	佖	長民	陸公墓誌銘	渭南集 33/6b
〔唐〕 ～龜蒙	魯望			長洲				甫里先生碑 銘(胡宿撰)	吳都續文粹 14/23a
～蟾				鐔津				陸蟾傳	鐔津集 16/10a
～鵬升			1207—1273 (67)	臨川	憲	宗周	守謙	陸太博墓誌 銘	黃氏日鈔 97/8a
～某								陸中散行狀	鄮峰錄 44/(原闕)
陳之元			? (27)					陳君墓誌銘	臨川集 93/11a

姓　名	字	號	生卒年 (年齡)	籍貫	曾祖	祖	父	篇　名	出　處
～之祥			？ (32)					陳君墓誌銘	臨川集 95/11a
～士宏	毅夫		1114—1160 (47)	惠安	佐	和孫	顯	陳君行狀 陳君墓銘	艾軒集 8/14a 艾軒集 9/9b
～士珪	君玉		1051—1109 (59)	平陽			宗偉	陳君玉墓誌銘	龜山集 31/1a
～士傑	伯英		948—1101 (54)	晉江	佐	錫	成之	陳君墓誌銘	演山集 33/10a
～大方	履道		？—1160	浦城	思賢			陳履道墓誌銘	澹齋集 17/14a
～大用	允中		1183—1253 (71)	高安				陳允中墓誌銘	雪坡集 49/6a
～文藻			963—1044 (82)	南城				陳君墓誌銘 並序	直講集 30/2b
～方中	國任		？—1185	瑞安				族叔國任墓誌銘	止齋集 50/5b
～天錫	百朋		1114—1199 (86)	平陽	伯諸	宗慶	希淵	陳百朋壙誌	止齋集 50/4b
～元昌			？ (55)	莆田				陳公行狀	艾軒集 8/12a
～元勳	彥功		1164—1217 (54)	宜春	之純	升	公璟	陳君墓誌銘	昌谷集 19/12b
～木	子仁		1009—1080 (72)	鄱陽	嵩	洪	樞	陳君墓誌銘	陶山集 14/11a
～日嚴	孝先		963—1015 (53)	福清				陳日嚴墓誌	八瓊金石補 88/6a
～介	方叟		1200—1265 (66)	福清	洪業	士表	侃	陳判官墓誌銘	虞齋集 22/7a
～公璟	師未		1139—1202 (64)	新蔡	式	之純	升	陳史君墓誌銘	誠齋集 132/15a
～升之 (旭)	暘叔 升之		1011—1079 (69)	建陽				陳成肅公升之傳(實錄)	琬琰存 3/30a
～仁壁	象先		？ (70)	閩				陳君墓碣銘並序	小畜集 30/3b

姓　名	字	號	生卒年 (年齡)	籍貫	曾祖	祖	父	篇　名	出　處
～少方	同之		1109—1130 (22)	長樂	袞	勷	伩	銘弟墓	唯室集 3/18a
～允昌	得全		1035—1122 (88)	義烏	桓	生	居昱	陳公墓誌銘	宗忠簡集 3/12a
～世昌	正卿	大四 老農	1132—1206 (75)	筠州	鞏	化光	友直	陳公墓誌銘	松垣集 9/4a
～世卿	光遠		953—1016 (64)	沙縣	昶	昂	文餘	陳公神道碑 銘	元豐稿 47/3a
～用庚	尋由	香爐 峰子	？—1209	巴岳	繼習	同超	子震	陳尋由墓誌 銘	性善稿 13/11b
～汝楫	濟夫		1093—1153 (61)	同安	珠	彥嗣	禧	陳公行狀	朱文公集 97/32b
～守仁 守淳	成甫	南窗 居士	1188—1240 (53)	平陽			志崇	南窗陳居士 墓誌銘	後村集 160/1a
～安仁	公壽		？ (67)	河陽	遠	芳繼	賡	陳公墓誌銘	范忠宣集 14/6b
～安定	子由		1018—1064 (47)	河陽		芳	贄	陳公墓誌銘	古靈集 20/11a
～安節	行之		1136—1181 (46)	弋陽		享仲	康伯	陳君墓誌銘	南澗稿 21/12b
～圭	表夫		？—1248	莆田	詵	俊卿	宓	陳提舉墓誌 銘	庸齋集 6/17a
～光現	晦之		948—1011 (64)	吳	沆	鏜	處瑩	陳府君墓誌 銘	蔡忠惠集 34/5a
～向	適中 邇中		？ (53)	建德	瑾	嗣元	逸	陳君墓誌銘	長興集30(三 沈集5/83a)
～希亮	公弼		1002—1065 (64)	青神	延禄	瓊	顯忠	陳公弼傳 陳少卿希亮 墓誌銘 (范鎮撰)	蘇東坡全集 33/10b 蜀文輯存 10/18b
～希點	子與		1144—1209 (66)	青田	圭	汝錫	棣	陳公神道碑	宋本攻媿集 104/13b 攻媿集 98/13a 括蒼金石補 2/15b

姓　名	字	號	生卒年 （年齡）	籍　貫	曾　祖	祖	父	篇　名	出　處
～良能	性之		1114—1183 （70）	永康	本	思忠	填	陳性之墓碑銘	龍川集 27/8a
～良翰	邦彥		1108—1172 （65）	臨海	咸寧	懷漸	守中	陳公行狀 陳公良翰神道碑嘉泰元年	朱文公集 97/37a 益國文忠集 66/1a 益公集 66/1a
～孝若	行先		1021—1080 （60）	東平	咸卿	肅	希古	陳行先墓誌銘	忠肅集 14/13b
～孝嘗	仲明		1015—1082 （68）	東平	咸卿	肅	希古	陳仲明墓誌銘	忠肅集 14/12a
～孝標	長孺		1014—1072 （59）	東平	咸卿	肅	希古	陳長孺墓誌銘	忠肅集 14/10b
～　址	廉夫		1170—1197 （28）	莆田	詵	俊卿	寔	陳君廉夫壙誌	朱文公集 94/29b
～　均	平甫	雲巖 純齋	？ （71）	莆田	詵	正卿	審	陳平甫墓誌銘	庸齋集 6/14a
～克己	子淵		？ （62）	黃巖	端臣	徽言	幾	陳子淵墓銘	鶴山集 79/14b
～求魯	質甫		1183—1253 （71）	樂清	師禹	說	泳	陳公墓誌銘	虞齋集 22/16a
～邦臣	季良		1122—1206 （85）	鄞縣	全	孜	公權	陳承奉墓誌銘	絜齋集 19/11b
～邦憲	叔舉		1133—1226 （94）	上饒			安壽	先君竹林居士壙記	克齋集 12/19a
～廷俊	時乂		1108—1168 （61）	永康	援 （伯援）	文什	良佐	陳府君墓誌銘	龍川集 28/3a
～君平			1028—1051 （24）	盱江			肅	廣文陳生墓銘並序	直講集 20/4a
～　泌	次雲		1117—1158 （42）	資陽	可之	翱	奎	陳次雲墓誌銘	方舟集 15/25b
～宗偉	公美		1032—1103 （72）	平陽	添	度	文濟	陳府君墓誌銘	橫塘集 19/4a
～宗諤	昌言		1041—1080 （40）	臨川	漢昇	延德	丁	陳居士墓表	溪堂集 10/1a

姓　名	字	號	生卒年 （年齡）	籍貫	曾祖	祖	父	篇　名	出　處
～宗譽	彥聲		1092—1165 （74）	東陽	用之	希觀	爹	陳君墓誌銘	渭南集 32/5a
～定	師德		1150—1174 （25）	莆田		詵	俊卿	陳師德墓誌銘	朱文公集 91/5a
～宜孫	行可	弗齋	1231—1297 （67）		默軒	觀	登	弗齋先生陳公宜孫行狀 （曹弘齋撰）	新安文獻 85/後9a
～武齡	壽朋		1148—1231 （84）	金壇	文智	宗顯	任	陳居士墓誌銘	漫塘集 31/13b
～坦然			？—1032	穎川				陳公墓碣	武溪集 20/1b
～東	少陽		1088—1129 （42）	丹陽	廣	思齋	震	行狀 （陳南撰） 墓銘 （胡天游撰） 墓表 （林魁撰） 京口耆舊集傳 （劉宰撰）	陳修撰集 6/5a 陳修撰集 9/20a 陳修撰集 9/19a 陳修撰集 6/17a
～尚文	質夫	陳杜鵑		休寧				陳漫翁事略	新安文獻/ 先賢上/6a
～長方	齊之	唯室先生	1108—1148 （41）	長樂	袞	勸	侁	陳唯室先生行狀 （胡百能撰） 陳唯室埋銘	唯室集 5/1b 唯室集 5/6b
～叔獻	元之		1018—1068 （51）	新津				陳君墓誌銘	丹淵集 38/7b
～昌運	元嘉		1117—1181 （65）	縉雲	捷	夢	師尹	陳元嘉墓誌銘	龍川集 28/6b
～明	昭甫		1160—1187 （28）	永康	知元	益	次尹	庶弟昭甫墓誌銘	龍川集 28/8a
～知和	德時		1024—1087 （64）	祥符	省華	堯叟	師古	陳君墓誌銘	雞肋集 64/7b
～知雄	守柔		1023—1093 （71）	鄭	省華	堯佐	述古	陳水部墓誌銘	西臺集 13/21a
～知儉	公廙		1035—1080 （46）	管城	省華	堯佐	博古	陳君墓誌銘	范太史集 38/7a

姓　名	字	號	生卒年 （年齡）	籍貫	曾祖	祖	父	篇　名	出　處
～知默	子思		（38）	鄭	省華	堯叟	師古	陳子思傳	西臺集 6/30a
～季雅	彥羣		1147—1191 （45）	永嘉	塤	壽	裕	陳彥羣墓誌 銘	水心集 14/10a
～侗	成伯		1024—1088 （65）	莆田			動之	陳君墓誌銘	四庫拾遺/ 彭城集/58
～俒	從之 復之		1069—1121 （53）	閩縣	清	衮	勸	先豫章公墓 銘	唯室集 3/14a
～肱	叔良		1019—1071 （53）	武寧				陳君墓誌銘	祠部集 35/13b
～居仁	安行	菊坡 先生	1129—1197 （69）	明州	砥	嘉謨	膏	陳公行狀	宋本攻媿集 92/1a 攻媿集 89/1a
								陳公居仁神 道碑	益國文忠集 64/3b 益公集 64/1a
～洙	師道 思道		1013—1061 （49）	建陽	仁魯	應期	商	陳君墓誌銘	古靈集 20/8a
～亮	同甫 同父	龍川	1143—1194 （52）	永康	知元	益		陳同甫王道 甫墓誌銘	水心集 24/15b 龍川集/ 附錄 2/1b
～彥恭	子愿		1058—1129 （72）	姑蘇	絳	動之	侗	陳君墓誌銘	浮溪集 27/1a
～衮	景淵		1085—1143 （59）	閬中	堯佐	述古	知祥	陳君墓誌銘	浮溪集 25/6a
～持	守之		1104—1175 （72）	永康	援	賀	知元	陳君迪功墓 誌銘	東萊集 12/3a
～昺	叔明		1146—1197 （52）	臨海				陳處士姚夫 人墓誌銘	水心集 25/4a
～思齊	景賢		1032—1093 （62）	播陽				陳君墓誌銘	摛文集 15/5b
～昭度	元矩	西軒 子	1111—1167 （57）	興化				西軒先生窆 銘	艾軒集 9/9a
～俞	舜卿 復卿		1228—1276 （49）	長樂				陳禮部墓誌 銘	須溪集 7/12b

姓 名	字	號	生卒年 (年齡)	籍貫	曾祖	祖	父	篇 名	出 處
~修古	幾道		1011—1081 (71)	東平		咸卿	蕭	陳幾道墓誌 銘 陳君墓誌銘	忠肅集 14/9b 無爲集 14/1a
~俊卿	應求		1113—1186 (74)	莆田	仁	貴	詵	陳公行狀 陳公墓誌銘	朱文公集 96/1a 誠齋集 123/1a
~ 約	子純		1021—1062 (42)	南城			微之	陳子純墓誌 銘	灌園集 20/12a
~ 章	子雲		1160—1232 (73)	天台			庸	陳公墓誌銘	四庫拾遺/ 篔窗集/425
~ 益	進之		1103—1167 (65)	永康	援 (伯 援)	賀	知元	先祖府君墓 誌銘	龍川集 27/1a
~ 厚	公載			沙河			薦	〔失題〕	四庫拾遺/ 忠穆集/207
~ 耿	仲操		974—1048 (75)	真定		審交	昌業	陳君墓誌銘	公是集 53/13a
~時可								陳君時可墓 表	鄮峰錄 44/(原闕)
~ 峴	儁南	東齋	1145—1212 (68)	平陽	懿	楠	汝賢	陳公墓誌銘	真西山集 44/1a
~師良	文叟	隨緣 居士	1088—1159 (72)	晉江	贊	察	照	陳文叟墓誌	相山集 29/6b
~師黯	公諤		1041—1100 (60)	彭城	宗旦	泊	琪	陳府君墓誌 銘	四庫拾遺/ 畫墁集/587
~ 淳	安卿	北溪	1159—1223 (65)	龍溪	宥	尚德	懷忠	叙述 (陳沂撰) 北溪先生主 簿陳君墓誌 銘	北溪集/外 4b 復齋集 22/12b 北溪集/外 1a
~寂之	通夫		1086—1098 (13)	葉	希世	諭	網	陳寂之墓誌 (陳寧之撰)	八瓊金石補 111/17a 東都冢墓 文/45b
~ 宿	師道	克齋	1173—1242 (70)	莆田	貴	詵	俊卿	陳公墓誌銘	後村集 150/5a

姓　名	字	號	生卒年（年齡）	籍貫	曾祖	祖	父	篇　名	出　處
～　庸	景回		1003—1065（63）	青衣	延保	顯忠	希載	陳君墓誌銘	豫章集 22/29a
～執中	昭譽		991—1059（70）	南昌	嵩	光嗣	恕	陳執中諡榮靈議 陳執中諡議（孫抃撰） 陳公神道碑銘並序	韓南陽集 22/7a 蜀文輯存 5/10b 樂全集 37/1a
～執古 陳世昌父				南昌	嵩	光嗣	恕	陳君墓誌銘	臨川集 95/1a
～執禮	良器		995—1062（68）	南昌	嵩	光嗣	恕	陳公神道碑	臨川集 88/5b
～國寧			1189—1255（67）	莆田			孺康	陳君宜人李氏墓誌銘	後村集 160/5a
～　造	公甫		1037—1082（46）	閬中	堯叟	師古	知章	陳公墓誌銘	嵩山集 20/11b
～　偕		月境		廣陵				陳偕傳	淮海集 25/1a
～從古	希顏 晞顏	洮湖	1122—1182（61）	金壇	廓	瑊	維	陳公從古墓誌銘	益國文忠集 34/8b 益公集 34/42a
～　習	傳正			眉山	德念	贊	位	陳公墓誌銘	凈德集 23/1a
～　貫	仲通		968—1039（72）	河陽			芳	陳公墓誌銘	河南集 14/9b
～　絨	若晦		1181—1252（72）	長樂	見堯	樞	霆	陳惠安墓誌銘	後村集 155/13b
～　紹	元繼		1103—1166（64）	瑞安				元繼壙誌	止齋集 50/1b
～　寔	師是		1143—1212（70）	莆田			俊卿	陳公行述	復齋集 23/16a
～詠之	之道		1181—1243（63）	臨海		良翰	廣壽	陳通判墓誌銘	敝帚稿 6/12b
～敦化			1112—1166（55）	永嘉				陳敦化墓誌銘	浪語集 34/7a

傳狀　一　十一畫　陳　169

姓 名	字	號	生卒年（年齡）	籍 貫	曾祖	祖	父	篇 名	出 處
～ 焯	仲明		1216—1266 (51)	建安			梓	陳公墓誌銘	鶡齋集 22/6a
～ 裕	寬夫		？ (86)	義烏				陳八評事墓誌銘	宗忠簡集 3/14b
～ 普	尚德	石堂 懼齋	1244—1315 (72)	寧德				石堂先生傳	石堂集/附錄 22/8b
～ 雲	世望		1105—1172 (68)	吉水	寧志	玠	安民	陳君世望墓誌銘	澹巷集 29/11a
～ 琪	寶之		1017—1076 (60)	彭城	承敏	宗旦	洎	先君事狀	後山集 20/12a
～堯佐	希元	知餘子 潁川先生	963—1044 (82)	西水	詡	昭汶	省華	自誌墓碑 陳公神道碑銘	蜀文輯存 3/12b 歐陽文忠集 20/3b
～堯英	秀伯		1109—1178 (70)	平陽				陳秀伯墓誌銘	水心集 18/9a
～ 琦	擇之	克齋	1136—1184 (49)	清江		宗禮	善	陳擇之墓誌銘	誠齋集 129/6a
～景東	景東 (以字行)		1087—1160 (74)	嘉興			獻臣	陳景東墓表	鴻慶集 39/3b 孫尚書集 60/36b
～景周	仲思		1167—1229 (63)	丹徒				陳修職墓誌銘	漫塘集 31/5a
～景思	思誠		1168—1210 (43)	弋陽		康伯		陳公墓誌銘	水心集 18/19b
～ 覬	慶之		？ —1063	永康	從	德欽	崇政	陳府君墓誌銘	錢塘集 16/25a
～貴誼	正甫		1183—1234 (52)	福清	碲	大剛	宗召	陳公神道碑 陳公生祠記	鶴山集 87/1a 後村集 88/14a
～傅良	君舉	止齋	1137—1203 (67)	瑞安	靖	邦	彬	陳公行狀 （蔡幼學撰） 陳公墓誌銘	止齋集/附錄 52/8a 水心集 16/4a 止齋集/附錄 52/15b

姓　名	字	號	生卒年 （年齡）	籍貫	曾祖	祖	父	篇　名	出　處
								陳公神道碑	宋本攻媿集 101/1a 攻媿集 95/16a 止齋集/附録 52/1a
～登來								陳知縣生祠記	雪坡集 38/10b
～　巽	公順		992—1076 （85）	德化		旁璩	俊	陳公神道碑銘	元豐稿 47/1a
～〔詵〕								冀國公壙銘	復齋集 21/28b
～義民	季陽		1116—1185 （70）	瑞安	智	稱	祥	陳季陽墓誌銘	止齋集 49/2a
～　煜	明叟		1101—1117 （17）	葉	諭	綱	寬之	陳明叟墓誌銘 （陳宜之撰）	東都冢墓文/ 44b
～　煒	光仲	退庵	1192—1268 （77）	莆田	膏	推	松	陳光仲常卿墓誌銘	後村集 165/4b
～　珹	伯瑜		1031—1114 （84）	沙縣	可法	太初	暄	陳伯瑜宣義行狀	默堂集 21/1a
～達善	行之		？ （58）	天台		公輔		陳公墓誌銘 （黃裳撰）	台州金石録 7/2b
～　葵	叔向		1139—1194 （56）	青田			彥成	陳叔向墓誌銘	水心集 17/9a
～　策	次賈	南墅	1200—1274 （75）	上虞	陞	原	大亨	陳次賈墓誌銘	本堂集 91/8a
～　經	公適		？ （40）	海州	堯	象之	尚	陳君墓誌銘	長興集 （三沈集 5/60b）
～漢公 （詠）	伯英		1004—1043 （40）	南城			璆	陳伯英墓表	直講集 31/2b
～漢卿	師黶		1009—1054 （46）	閬中	省恭	堯	淵	陳君墓誌銘	歐陽文忠集 30/7a
～端中	思正		1129—1189 （61）	永康	博	回	子茂	陳思正墓誌銘	龍川集 28/13b

姓 名	字	號	生卒年 (年齡)	籍 貫	曾祖	祖	父	篇 名	出 處
～	說	習之		？—1185	永嘉				陳習之壙誌	止齋集 49/5b
～嘉言	聖謨		1124—1204 (81)	潤州	頤	禧	琳	陳府君行述	漫塘集 33/9a
～	輔	安國		？—1089	象山			大雅	陳君墓誌銘	雞肋集 67/6a
～	戩	沖休		1081—1133 (53)	松溪		傅正	希正	陳公墓誌銘	毗陵集 14/1a
～	慥	季常 龍丘 居士 方山 子			青神			希亮	方山子傳	蘇東坡全集 33/16b
～與義	去非	簡齋	1090—1138 (49)	汝陽	希亮	恂	爲	陳公資政墓 誌銘	紫微集 35/9a
～夢庚	景長	竹溪	1190—1266 (77)	閩縣	禾	良臣	宗仁	陳吏部墓誌 銘	虞齋集 22/1a
～	蕭		992—1054 (63)	南城			文藻	陳公墓碣銘 並序 陳公墓誌銘	直講集 30/16a 直講集 30/17b
～	綱	少張		？ (54)	青衣	顯忠	希世	諭	陳少張墓誌 銘	豫章集 23/13a
～	維	子綱		？—1164	金壇	元	廊	珹	陳先生墓誌 銘	誠齋集 128/13b
～	遜		1003—1056 (54)	南城				陳君墓銘	直講集 30/10b
～	賡	仲雍		974—1033 (60)	安陽			芳	陳君墓誌銘 並序	河南集 14/2b
～慶勉 (廣勉)	志問		1183—1261 (79)	休寧	嘉聞	仁傑	克紹	陳公慶勉傳 (陳櫟撰) 陳志問事畧	新安文獻 85/6a 新安文獻/ 先賢上/11a
～	瑾	國器 東塘 陳氏		？ (70)	平陽				東塘處士墓 誌銘	水心集 21/17b
～	璆	仲溫		986—1031 (46)	南城				陳君墓銘	直講集 30/1a

姓 名	字	號	生卒年 （年齡）	籍貫	曾祖	祖	父	篇　名	出　處
～樞	慎之		？—1079	長興	彥夔	文倚	迪	陳君墓誌銘	元豐稿 42/4b
～增	仲能	習齋	1200—1266 （67）	莆田	詵	俊卿	宿	陳司直墓誌 銘	後村集 165/12a
～德								陳德墓誌銘 （向栗撰）	蜀文輯存 35/17a
～德成	仲德		933—972 （40）	潁川	茂新	滔	誨	陳公墓誌銘	徐公集 16/8a
～燁 （煜）	民表		1127—1214 （88）	永嘉	粹	仲遠	晟	陳民表墓誌 銘	水心集 25/16a
～璣	天受		1171—1227 （57）	池陽	畸	彥賢	大政	陳府君並夫 人何氏墓誌 銘	洺水集 14/22b
～蹂	際可		1127—1191 （65）	瑞安			孚	際可壙誌	止齋集 50/3a
～衡	公權		？—1194	侯官	碻		禧	陳公墓誌銘	朱文公集 94/22a
～龜年 （春坊）	壽卿		1130—1188 （59）	杭州	世昌	晏	思恭	陳春坊墓碑 銘	龍川集 28/9b
～龜明	錫公		1180—1222 （43）	永福	時升	宗亮	泰	陳處士黃夫 人墓誌銘	後村集 164/1a
～豫	子由 由用		1050—1117 （68）	建安	曉	贄	沖	陳公神道碑	鴻慶集35/5a 孫尚書集 60/1a
～豫	謙仲		1076—1115 （40）	永嘉		晞顏		陳氏考妣墓 銘	橫浦集 20/15a
～選			（46）	將樂				陳居士傳	龜山集27/3b
～謙	益之	易庵	1144—1216 （73）	永嘉	璿	敏昭	敦化	陳公墓誌銘	水心集 25/12a
～襄	述古	古靈 先生	1017—1080 （64）	侯官	令圖	希穎	象	陳古靈先生 行狀 （葉祖洽撰） 陳古靈先生 墓誌銘 （孫覺撰） 古靈先生年 譜	古靈集/ 附錄1a 古靈集/ 附錄11b 古靈集/ 附錄29a

姓　名	字	號	生卒年（年齡）	籍貫	曾祖	祖	父	篇　名	出　處
～蠡	宜訧			侯官				陳氏世系記	魯齋集 5/21b
～懋簡	養廉		1127—1191 (65)	永豐	言	深老		陳養廉墓誌銘	誠齋集 131/5b
～薦	彥升		？ (69)	沙河				〔失題〕	四庫拾遺 206/忠穆集
～彌高	魯山		1177—1248 (72)	興化			師垣	陳魯山墓誌銘	後村集 153/9a
～璹	國壽		1097—1158 (62)	建陽	譓		賓	陳公墓誌銘	文定集 21/13a
～鵬飛	少南		1099—1148 (50)	永嘉		戩	公謨	陳少南墓誌銘	水心集 13/1a
～鵬飛	圖南		？—1237	崇仁	惟覯	儞	能百	陳公墓誌銘	漁墅稿 6/6b
～繹	和叔		1021—1088 (68)	洛陽	瑩	光眖	見素	陳公墓誌銘	蘇魏公集 60/1a
～繹	元成		1104—1171 (68)	瑞安				元成墓誌銘	止齋集 50/2a
～顗文	輔臣		975—1043 (69)	仙遊		隝	洪進	陳公墓誌銘	蔡忠惠集 34/9a
～韡	子華	抑齋	1180—1261 (82)	侯官	俛	衡	孔碩	陳觀文神道碑	後村大全集 146/1a
～懿	公美		？—1120	平陽				陳通直墓誌銘	橫塘集 19/3b
～嚴	仲石		1154—1188 (35)	平陽				陳君墓誌銘	水心集 13/9a
～某			？ (50餘)	彭城	承敏	宗旦	泊	仲父陳君銘	後山集 20/8b
～某	粹父		1042—1081 (40)	彭城	承敏	宗旦	泊	季父通直郎陳君墓銘	後山集 20/9a
～某		晉齋	1219—1298 (80)					陳公墓誌銘	霽山集 5/21a
～某	淳老		1052—1111 (60)	廣安	咸若	篆	公著	陳隱士碣銘	跨鼇集 29/15b
～某			1005—1064 (60)	建安				陳君墓表	灌園集 19/4b

姓　名	字	號	生卒年（年齡）	籍　貫	曾祖	祖	父	篇　名	出　處
～某（志同父）			1099—1178（80）	婺州				陳公墓誌銘	止齋集47/4a
～某（光遠、光道父）			1006—1056（51）	南城				陳君墓銘並序	直講集30/8a
～某（之奇、之中祖）				臨川				陳府君墓誌銘	溪堂集8/8b
～某				會稽				陳氏老傳	渭南集23/3b
陶士達	仲和		1137—1212（76）	嘉興				陶宣義墓銘陶公壙誌	山房集5/13a 漫塘集32/18a
～大甄	成之		1163—1216（54）	嘉興	得祥	文幹	士達	陶公墓誌銘	漫塘集28/20a
～世雄	伯英		1207—1257（51）	慈溪	安	甄	允升	陶隱君墓誌銘	履齋集3/11a
～直夫	次仍		1063—1109（47）	潯陽	鑑	稷	舜咨	陶公墓誌銘	丹陽集14/3a
～叔獻	元之		1014—1049（36）	杭州			方	陶叔獻墓誌銘	西溪集10(三沈集3/52a)
～旊	季成		1067—1130（64）	吳興	浚	謹	象	陶君墓誌銘	浮溪集26/32a
～弼	商翁		1015—1078（64）	祁陽	觸	鈞	岳	陶公墓誌銘陶君墓誌銘	忠肅集12/1a 豫章集22/15b
								陶公傳	雲巢編8(三沈集8/23a)
～敬宣	文襃		899—950（52）	合淝	琳	晟	雅	陶公墓誌銘	徐公集15/7a
～薰	南仲		1158—1229（72）	清湘	鎔	宰	森	陶君墓誌銘	鶴山集78/16a
巢谷（縠）	元脩		1027—1099（73）	眉山			中世	巢谷傳	欒城集/後24/1a

十 二 畫

姓 名	字	號	生卒年 (年齡)	籍貫	曾祖	祖	父	篇 名	出 處
游九言 (九思)	誠之	默齋 先生	1142—1206 (65)	建陽		其藩	嘗	游氏世譜	默齋稿/ 下/17b
~元英	俊卿	西軒 居士	1144—1205 (62)	工饒				西軒居士墓 誌銘	克齋集 12/3a
~安民	安之		1061—1119 (59)	河南	仁美	文秀	及	游公墓誌銘 並序(朱維撰)	芒洛四編 6/49a
~克敬	務德		1195—1279 (85)	婺源	上達	璣	若圭	游君務德克 敬墓誌銘 (曹涇撰)	新安文獻 100下/7b
~師孟	醇夫		1086—1119 (34)	河南	文秀	及	安民	游公墓誌銘 並序(段誨撰)	芒洛四編 6/48a
~師雄	景叔		1038—1097 (60)	武功	永清	裕	光濟	游公墓誌銘	畫墁集/補 1a 金石萃編 141/23a
~ 復	執中		? (65)	建陽	惟真	耿	仲孫	游執中墓誌 銘	龜山集 30/6a
~ 酢	定夫	薦山 先生 廣平 先生	1053—1123 (71)	建陽	尚	禮	潛	宋嘉熙二年 賜諡誥游公 墓誌銘	定天集/ 卷首 1b 龜山集 38/1a 定夫集/ 卷首 2a
								年譜	定夫集/首卷
湯 千	升伯	隨適 居士 存齋	1172—1226 (55)	安仁				湯公墓誌銘 湯武康墓誌 銘	雲莊集 11/9a 真西山集 42/26b
~宋彥	時美		1154—1222 (69)	金壇	忱	鵬舉		湯朝議行述 湯朝議墓誌 銘	漫塘集 34/8a 漫塘集 29/10a
~ 玨	伯達		1139—1161 (23)	青田			思退	湯伯達墓誌	于湖集 29/1a
~頤年	養正		1139—1204 (66)	丹陽			東明	湯貢士行述	漫塘集 33/12a

姓 名	字	號	生卒年 （年齡）	籍貫	曾祖	祖	父	篇 名	出 處
富 言	應之		969—1031 （63）	洛陽	璘	處謙	令荀	富秦公言墓誌銘	琬琰存 2/44b
～延年	季長		1072—1136 （65）	吳郡		嚴	臨	富君墓誌銘	程北山集 31/1b
～紹京	世昌		1047—1083 （37）	河南	令荀	言	弼	富君墓誌銘	范太史集 38/10a
～ 弼	彥國		1004—1083 （80）	洛陽	處謙	令荀	言	富公行狀 富文忠公墓誌銘並序 富鄭公神道碑	范忠宣集 17/1a 韓南陽集 29/11a 蘇東坡集 37/1a
童 棐			1130—1211 （82）	台州	有方	衮	百材	童府君墓誌銘	筸窗集 8/8a
～ 驤	會卿		？—1269	龍安				童會卿墓銘	蛟峰集 7/36b
馮文顯	晦之		1010—1080 （71）	白馬	筠	蘊	守信	馮侯墓表	無爲集 14/13b
～ 元	道宗		975—1037 （63）	南海			邴	馮侍講行狀	景文集 62/7b 宋文鑑 136/1a
～元輔	長卿		1057—1129 （73）	涇縣			擇之	馮君墓誌銘	太倉集 70/4b
～守信	中孚		956—1021 （66）	白馬	倫	筠	蘊	馮守信諡議 馮公神道碑	司馬溫公集 55/11b 臨川集 88/1a
～延錫				武信				馮隱士碑陰文	跨鰲集 29/2b
～ 京	當世		1021—1094 （74）	江夏				馮文簡公京傳（實錄）	琬琰存 3/32b
～ 玠	君覜		1035—1070 （36）	遂寧				馮君覜墓誌銘	跨鰲集 29/4b
～施叔	孟博		1120—1179 （60）	永嘉			光庭	馮司理墓誌銘	止齋集 47/5b

姓　名	字	號	生卒年 （年齡）	籍　貫	曾　祖	祖	父	篇　名	出　處
～　籽	與忠		1099—1157 （59）	遂州	堯民	正雅	芝	馮君墓誌銘	漢濱集 15/11a
～信可	損之		985—1075 （91）	彭山	少連	承諒	知禮	馮先生墓誌 銘	净德集 26/4a
～庭堅	舜舉		1187—1239 （53）	建陽		朝佐	應昌	馮撫屬墓誌 銘	敝帚稿 6/4a
～　湛	瑩中		1125—1195 （71）	成紀	宗旦	瑀	康年	馮公行狀	絜齋集 15/10a
～誠之	明仲	復庵	1143—1206 （64）	綿州	堂	汝舟	鐵	馮君墓誌銘	鶴山集 79/1a
～堯夫	貫道			壽春				馮貫道傳	道鄉集 40/8a
～堯卿	進之							馮隱君墓誌 銘 （石午撰）	蜀文輯存 99/6b
～　預	子容		1118—1177 （60）	偃師	維申	景溫	鐸	馮君墓誌銘	南澗稿 21/8a
～興宗	振甫		1176—1237 （62）	慈溪	有義	敏功	奉先	馮君振甫墓 誌銘馮君振 甫言行記	蒙齋集 18/7a 蒙齋集 13/15a
～　某 （戀父）			？ （35）	安岳				馮主簿墓誌 銘	方舟集 15/22a
～　某 （如晦）			991—1065 （75）	安岳	嶠	元晏		馮君墓誌銘	丹淵集 39/14a
～　某 （康國父）			？ （83）	遂寧				馮隱君墓誌 銘	緝雲集 4/14a
～　某	巽甫		1186—1256 （71）	安岳	喬年	戊		馮巽甫墓誌 銘	後村集 157/8a
曾三聘	無逸		1144—1210 （67）	新淦	君彥	光庭	敏行	曾公神道碑 （游侶撰）	蜀文輯存 79/17b 粵西金石畧 12/15b
～文照	知章		？—986	新淦		補	福	曾君墓誌銘	徐公集 30/7b

姓　名	字	號	生卒年 （年齡）	籍貫	曾祖	祖	父	篇　名	出　處
～公亮	明仲		999—1078 （80）	晉江			會	曾太師公亮 行狀	曲阜集補 3/13b
～公望	武仲		1010—1066 （57）	晉江			會	曾府君墓誌 銘	祠部集 35/8b
～布	子宣		1036—1107 （72）	南豐	仁旺	致堯	易占	曾文蕭公布 傳 （實錄）	琬琰存 3/49a
～光祖	景山 承先		1134—1197 （64）	安福	弼	序昌	嘉謨	曾君光祖墓 誌銘	益國文忠集 72/5a 益公集 72/6a
～炎	南仲		1141—1211 （71）	南豐	肇	繡明	協	曾公神道碑	宋本攻媿集 103/14b 攻媿集 97/13b
～易占	不疑		979—1047 （69）	南豐	延鐸	仁旺	致堯	曾公墓誌銘 曾公神道碑	臨川集 93/1a 後山集 20/16a
								曾博士易占 神道碑 （李清臣撰）	琬琰存 2/48a
～彥圭	君玉		1124—1201 （78）	永豐	覘	安民	彭年	曾迪功彥圭 墓誌銘	益國文忠集 74/1a 益公集 74/35a
～庠	明叔		1018—1076 （59）	南豐	仁旺	致堯		曾君墓誌銘	元豐稿 46/10a
～炳	文伯		1024—1067 （44）	南豐			仲舒	曾君墓誌銘	安陽集 48/1a
～珏	天賜	義陽 逸叟	1191—1262 （72）	泰和	邦寧	知和	昌權	曾公墓誌銘	文山集 11/17a
～峕	景初		1106—1154 （49）	盧陵	億	鎮	定民	曾從令墓誌 銘	澹庵集 26/10a
～紆	公袞 公卷	空青 老人	1073—1135 （63）	南豐	致堯	易占	布	曾公墓誌銘	浮溪集 28/1a
～浩	德充		1088—1171 （84）	晉江	會	公望	孝蘊	曾公墓誌銘	南澗稿 20/26a

傳狀　一　十二畫　曾　179

姓　名	字	號	生卒年 （年齡）	籍貫	曾祖	祖	父	篇　名	出　　處
～　宰	子翊		1022—1068 （47）	南豐	仁旺	致堯	易占	子翊墓誌銘	曾南豐集 30/1a 元豐稿 46/11b
～耆年	壽翁		1148—1222 （75）	晉江	誼	恬	崇	曾公墓誌銘	後樂集 18/13a
～致堯	正臣		947—1012 （66）	南豐		可徒	仁旺	曾公墓誌銘 曾公神道碑 銘	臨川集 92/1a 歐陽文忠集 21/1a
～　崇	希元		1115—1180 （66）	晉江	孝純	宜	恬	曾使君墓誌 銘	南澗稿 21/31b
～敏遜	積臣		？—1156	吉水	孝先	君彦	光庭	曾修職墓誌 銘	澹齋集 17/11a 澹庵集 25/1a
～景初	唐傑		1042—1074 （33）	南城				曾君墓誌銘	灌園集 19/15a
～　幾	吉父	茶山 居士	1084—1166 （83）	河南	識	平	準	曾文清公墓 誌銘	渭南集 32/8b
～　漸	鴻甫		1165—1206 （42）	南城	處仁	度	發	曾公墓誌銘	水心集 21/7b
～　肇	子開		1047—1107 （61）	南豐	仁旺	致堯	易占	曾文昭公行 述 曾舍人肇傳 （實錄）	龜山集 29/2a 琬琰存 3/49b
～　誼	子常		1026—1076 （51）	南城	暹	士宗	充	曾君墓誌銘	元豐稿 42/13b
～　震 （括）	東老 禹任 伯貢		1136—1193 （58）	蘭溪	君彦	光遠	敏恭	曾東老墓誌 銘	誠齋集 130/9b
～　鞏	子固		1019—1083 （65）	南豐	仁旺	致堯	易占	行狀 （曾肇撰） 墓誌 曾公神道碑	琬琰存 2/67a 元豐稿 51/1a 元豐稿 51/9a 韓南陽集 29/6b 元豐稿 51/13b
～　機	伯虞	静菴 居士	1137—1200 （64）	吉水		光遠	敏才	曾君墓銘	誠齊集 131/16a

姓 名	字	號	生卒年 （年齡）	籍 貫	曾 祖	祖	父	篇 名	出 處
～ 噩	子蕭		1167—1226 （60）	閩縣			植	曾君墓誌銘	復齋集 22/24a
～ 曄	叔茂		1009—1053 （45）	南豐	仁旺	致堯	易占	亡兄墓誌銘	曾南豐集 29/4b 元豐稿 46/1a
～興宗	先祖	唯菴	1146—1212 （67）	寧都	京	通		曾君行狀	勉齋集 37/8a
～ 覺	道濟		1034—1070 （37）	南豐	致堯	易占	曄	亡姪韶州軍事判官墓誌銘	元豐稿 46/6b
～ 繰	元禮		1083—1123 （41）	南豐	致堯	易占	肇	曾君墓誌銘	浮溪集 27/17b
祿堅復	子固		1173—1232 （60）	潼川	天授	居一	栖之	祿君堅復墓誌銘	鶴山集 84/13a
彭千里	時舉		1110—1195 （86）	永新	儒	鎮	柟	彭孝子千里墓表	益國文忠集 75/16b 益公集 75/70b
～元亨	文昌		1133—1195 （63）	安福	朝	承裕	知微	彭元亨墓誌銘	益國文忠集 72/4a 益公集 72/4b
～汝礪	器資		1041—1094 （54）	鄱陽				彭待制汝礪墓誌銘	曲阜集補 3/7b
～ 合	子從		1093—1161 （69）	廬陵	仲素	士忠	衎	彭公墓誌銘	文定集 22/3a
～仲剛	子復		1143—1194 （52）	平陽	迥	宗盛	汝礪	彭子復墓誌銘	水心集 15/2b
～叔度	季量		1128—1201 （74）	吉水	鼎	并	浩然	彭君叔庭墓誌銘	益國文忠集 73/4b 益公集 73/24b
～周老	叔牙		1129—1176 （48）	廬陵	士忠	衎	合	彭叔牙墓誌銘	誠齋集 127/10a

姓名	字	號	生卒年(年齡)	籍貫	曾祖	祖	父	篇名	出處
~恪	邦憲		1104—1171(68)	廬陵	忠	勝	再德	彭迪功墓誌	澹庵集28/1a
~思永	季長		1000—1070(71)	廬陵				彭公行狀	二程集(明道)41/1a
~悅	仲荀		?(49)	建州	英	晏	大規	彭君墓碣銘	武夷新集8/14b
~商老	仲伊		1127—1199(73)	廬陵	任忠	衡	合	彭君商老墓誌銘	益國文忠集72/10b 益公集72/12b
~惟孝	孝求	求志居士玉峰老人	1135—1207(73)	廬陵	述	琮	汝弼	彭君墓誌銘	渭南集39/1a
~堯輔	道夫		1137—1195(59)	廬陵	衍	合	楚老	彭使君堯輔墓誌銘	益國文忠集71/4a 益公集71/5a
~期	子信		?(68)	廬陵				彭長者墓誌銘	澹庵集25/18a
~欽	仲恭仲敬	澹齋	1164—1228(65)	清江	愈	文通	龜年	彭侯墓誌銘	鶴山集74/17a
~運成	子遠		1164—1225(62)	丹陵	彬	隤	符	彭君子遠墓誌銘	鶴山集70/17b
~戠	子發		1059—1118(60)	鄱永			燾	彭子發墓誌銘	竹隱集18/10a
~漢老	季皓(浩)		1134—1200(67)	廬陵	士忠	衎	合	彭公行狀 彭府君漢老墓誌銘	誠齋集119/28a 益國文忠集73/6a 益公集73/26a
~憒	公謹		1026—1071(46)	湘陰		晃	鼎	彭君墓誌銘	忠肅集14/5a
~衛	明微		1035—1110(76)	廬陵	程	應求	思永	彭公墓誌銘	定夫集6/12a
~龜年	子壽	止堂	1142—1206(65)	清江	廣	愈	文通	彭公神道碑	宋本攻媿集102/1a 攻媿集96/1a

姓　名	字	號	生卒年 （年齡）	籍貫	曾祖	祖	父	篇　名	出　處
～　懷	遵道		1146—1201 （56）					彭遵道墓誌銘	誠齋集 132/7b
～　蠡 （改名鳳）	師范		1146—1200 （55）	都昌	壽	圖	時中	彭公墓誌銘	昌谷集 20/13b
惠　哲	茂明		1117—1172 （56）	宜興	智	溥	俊民	惠君墓誌銘	水心集 19/9a
～　迪	懋吉 楙吉		1114—1167 （54）	宜興	智	溥	俊民	惠公墓表	鴻慶集 39/1a 孫尚書集 60/33a
～　疇	敍之		？ （50）	江陰	子明	堅	煥	惠寺丞墓誌 銘	鶴林集 34/12a
〔漢〕 楊　雄	子雲		公元前 53—公元 18 （72）	成都				楊雄別傳	嵩山集 19/1a
掌禹錫	唐卿		990—1066 （77）	鄆城		廷暉	宣	掌公墓誌銘	蘇魏公集 57/6a
華申錫	元吉		1047—1087 （41）	武進	宏	絫	直淵	華元吉墓誌 銘	道鄉集 34/7a
～仲平	世衡		1067—1108 （42）	武進	參	直淵	申錫	華世衡墓誌 銘	道鄉集 36/3a
～直溫	宣卿		1006—1078 （73）	晉陵	勳	宏	昂	華君墓誌銘	蘇魏公集 57/15a
～　嶠 （輔）	元翰		1049—1098 （50）	武進	宏	參	直淵	華君行狀	道鄉集 40/6a
～　鎮	安仁	雲溪		會稽				行狀	雲溪集 30/8a
景　某	德友		1107—1163 （57）	普慈				景德友墓誌 銘	方舟集 16/4a

姓　名	字	號	生卒年 （年齡）	籍　貫	曾祖	祖	父	篇　名	出　處
單　拯	濟甫		1039—1108 （70）	下邳		翼	琇	單君墓誌銘	鷄肋集 68/20b
～　照	擇之		1047—1105 （59）	金華				單君墓誌銘	摛文集 15/6a
～　鍔	季隱		1031—1110 （80）	宜興	誼	熙	應	單季隱墓誌銘	摛文集 15/6b
開　趙 （本趙姓）	興宋		1134—1190 （57）	臨沂	喜	忠	整	開公埋銘 （趙天瑞撰）	吳都續文粹 38/21b
喻　師	夏卿		1101—1191 （91）	義烏	迁	宗	登	喻夏卿墓誌銘	龍川集 28/15a
舒邦佐	輔國 平叔	雙峰 先生	1137—1214 （78）	靖安	達先	機	茂	舒邦佐墓誌銘（李大異撰） 譜系	雙峰稿/ 卷首/b 雙峰稿/ 卷首/a
～　杲	彥升		1151—1216 （66）	永豐	錫	子誠	若德	舒彥升墓誌銘	水心集 22/14b
～岳祥	舜侯 景薛 東野	閬風 先生	1219—1298 （80）	寧海	倫祖	檉	純	舒閬風先生行狀 （劉莊孫撰）	閬風集/ 附錄 3b
～　衍 （沂）	仲與		1163—1213 （51）	四明	面力	邦臣	霍	舒君仲與墓誌銘	絜齋集 20/14a
～　琮	伯禮		1133—1190 （58）	奉化	惟政	卞	蕭	伯禮兄壙誌	舒文靖集 2/2a
～　撝	謙叔		1191—1263 （73）	黟縣				舒君墓誌銘	桐江集 8/26b
～　揚	德彰		？—1208	樂平				舒德彰墓碣	慈湖遺書 5/16a
～　雅	子正		？—1009 （70 餘）	歙縣				舒館直雅傳 （宋綬撰）	新安文獻 94 上/1b
								舒館直事畧	新安文獻/ 先賢上/2b

姓　名	字	號	生卒年（年齡）	籍貫	曾祖	祖	父	篇　名	出　處
～	亶	信道 懶（嬾）堂	1042—1104（63）	慈溪				舒亶傳（四明圖經）	舒嬾堂文存/卷首1a
～	銳	子春		1153—1178（26）	奉化	卞	斆	琬	舒子春墓誌	舒文靖集2/6b
～	璘	元質 元賓	廣平	1136—1199（64）	奉化		卞	斆	元質墓誌銘 廣平舒先生傳	慈湖遺書/補編3b 四明文獻集6/14a
～	斆	德濟		1106—1179（74）	奉化	文吉	惟政	卞	先君承議公壙誌	舒文靖集2/4b
秘居易	俟之		？—1185	上虞	景中	立	琬	秘君墓記	水心集13/7b
～	適	利往		953—1011（59）	雎陽				秘府君墓誌銘並序	樂全集40/8b
～	穎	公實		996—1050（55）	雎陽			適	秘公行狀	樂全集40/23a
程大昌	泰之		1123—1195（73）	休寧	晟	士彥	畎	程公大昌覆謚文簡議	雙溪集4/35a 新安文獻26/18b
									程公大昌神道碑	益國文忠集63/4a 益公集62/108a 新安文獻68/13a
									程文簡公事畧	新安文獻/先賢上/7a
～天民	行可		1055—1086（32）	開化			迪	程天民墓表	陶山集16/10b 新安文獻91/2b
～天秩	秩宗		1064—1108（45）	開化			迪	程君墓誌銘	程北山集31/6a

姓　名	字	號	生卒年 (年齡)	籍貫	曾祖	祖	父	篇　名	出　　處
～元白			944—992 (49)	博野	諲	新	贊明	程公神道碑銘	歐陽文忠集 21/8a 新安文獻 62上/10a
～元岳	遠甫	山窗	1218—1268 (51)	歙縣	大圭	正		程公元岳傳 (程敬所撰) 程山窗事畧	新安文獻 83/2b 新安文獻/ 先賢上/12b
～元鳳	申甫 瑞甫	訥齋	1200—1269 (70)	歙縣	大圭	正	放	程公元鳳家傳(程繼孫撰) 程文清公事畧	新安文獻 75/1a 新安文獻/ 先賢上/10b
〔東晉〕 ～元譚			？—322					程公墓碑 (方回撰)	新安文獻 45/2a
～　介		盤隱		婺源				程盤隱事畧	新安文獻/ 先賢上/11a
～仁霸				眉山				程公逸事	蘇東坡全集 /後9/15a
～立信			980—1047 (68)	蘇州				程君立信墓誌銘	蘇學士集 15/7a 新安文獻 91/1b
～立誠	伯修		(83)	遂寧	極	潛	仲任	程伯修墓誌銘	筸窗集 8/9b
～永奇	次卿	格齋	1151—1221 (71)	休寧	昭	全	先	程君永奇墓誌銘 (一葉茂叔撰) 程次卿事畧	新安文獻 69/12b 新安文獻/ 先賢上/8b
～汝能	公才		？—1163	德興			宏	程君公才墓表	朱文公集 90/17b 新安文獻 91/10b
～安節	元亨			休寧				程公安節傳	新安文獻 96上/16a
～　全	禹昌		？—1129	休寧	承敬	宿	昭	程公全神道碑(程易撰)	新安文獻 65/4b

姓 名	字	號	生卒年 (年齡)	籍 貫	曾祖	祖	父	篇 名	出 處
～ 先	傳之	東隱		休寧	宿	昭	全	程傳之事畧 程先生先墓 表(方回撰)	新安文獻/ 先賢上/8a 新安文獻 49/11a
～ 羽	仲遠		913—984 (72)	陸澤			俶	程公羽世録 (程琳撰)	新安文獻 62上/11b
～宏圖	士尚 士南			浮梁			瑪	程士南事畧	新安文獻/ 先賢上/6b
～宏濟	志仁		1124—1165 (42)	浮梁			瑪	程君墓誌銘	渭南集 37/15b
～ 祈	忠彦			浮梁			筠	程都官事畧	新安文獻/ 先賢上/4a
～克一	貫之		1087—1149 (63)	開化	壽	昭	璣	程克一墓誌 銘	浮溪集 27/12b
～克俊	元籲		1089—1157 (69)	浮梁	居吉	世顯	逸	程公克俊家 傳 程章靖公事 畧	新安文獻 94下/1a 新安文獻/ 先賢上/5b
～ 放	季嘉	拙庵	1165—1242 (78)	歙縣	遷	大圭	正	程宣義放墓 誌銘(呂午撰)	新安文獻 91/13a
～ 坦	坦然		959—1035 (77)	陽翟	遂	守璵	思義	程公坦神道 碑	華陽集 35/1a
～思禮			？—1164	眉州	可節	資	發深	程隱君墓誌 銘	方舟集 16/15a
～思禮	子容			新安	逵	卓	用之	程子容墓誌 銘	竹坡稿 4/11a
～ 琥	季聰		1023—1097 (75)	河南	羽	希振	遹	叔父朝奉 (墓)誌	二程集(伊 川)47/12b
～ 珦 (溫)	伯溫 君玉		1006—1090 (85)	河南				自撰墓誌太 公家傳 程太中事畧	新安文獻 62上/15b 二程集(伊川) 47/1a 新安文獻/ 先賢上/3b
～ 振	伯玉 伯起		1071—1127 (57)	樂平	承憲	溥	翶	程公神道碑	浮溪集24/1a 新安文獻 64/後8b

姓 名	字	號	生卒年 (年齡)	籍貫	曾祖	祖	父	篇 名	出 處
~時登	登庸		1249—1328 (80)	樂平	元度		夢子	程公先生時 登行狀 (許瑤撰)	新安文獻 70/6a
								程述翁事畧	新安文獻/ 先賢上/13a
~ 俱	致道	北山	1078—1144 (67)	開化	伯照	迪	天民	程公行狀 (程瑀撰)	程北山集 40/後1a 新安文獻 94上/12a
								程北山事畧	新安文獻/ 先賢上/5a
~師孟	公闢		1009—1086 (78)	吳				程殿撰事畧	新安文獻/ 先賢上/3a
~ 淮				河南				程通直事畧	新安文獻/ 先賢上/10b
~惟象	則之	三靈 山人		婺源				程惟象傳 (程祁撰)	新安文獻 100上/6b
~ 彪	美中		1059—1117 (59)		悦	永	初	程先生美中 墓誌銘	斜川集 5/32a
~直方	道大	前村	1251—1325 (75)	婺源				前村程先生 直方傳 (董時乂撰)	新安文獻 70/10a
								程前村事畧	新安文獻/ 先賢上/14b
~叔良	仲卿		995—1050 (56)	大冶	侃	滿	昭	程君墓誌銘	蔡忠惠集 35/12b
~叔達	元誠		1120—1197 (78)	黟縣	宗顏	遠	晉之	程公墓誌銘	誠齋集 125/1a 新安文獻 82/1a
								程莊節公事 畧	新安文獻/ 先賢上/6b
~ 卓	從元		1153—1223 (71)	休寧	士彥	畎	世昌	程公卓行狀 (傅伯成撰) 程公墓誌銘 程正惠公事 畧	新安文獻 74/2b 後樂集18/18a 新安文獻/ 先賢上/9a

姓名	字	號	生卒年(年齡)	籍貫	曾祖	祖	父	篇名	出處
～易	從道			河南		頤	端中	程從道事畧	新安文獻/先賢上/6b
～洙	正源		1210—1275(66)	休寧				程南窗事畧	新安文獻/先賢上/12b
～洵	欽國 允夫	克庵 翠林 逸民	1135—1196(62)	婺源			鼎	程克庵傳(程瞳撰) 程克庵事畧	尊德集/補遺7a 新安文獻/先賢上/8a
～珌	懷古	洺水 遺民	1164—1242(79)	休寧	自誠	會享	文夷	程公珌行狀(呂午撰)	洺水集25/2b 新安文獻94下/6a
								程公墓誌(程若愚撰)	洺水集26/1a
								程端明事畧	新安文獻/先賢上/10a
～述祖	繼孫			歙縣			元鳳	程繼孫事畧	新安文獻/先賢上/13b
～南金	叔貴		1168—1227(60)	丹稜	仁仲	隋	益	程君墓誌銘	鶴山集82/14b
～若庸	達原	勿齋先生 徽菴先生		休寧				程徽庵事畧	新安文獻/先賢上/13b
～晞尹	聖仁	隱莘居士	1214—1271(58)	休寧	儼	莘	嶸	程公晞君墓誌銘(方回撰)	新安文獻87/11b
～紹開(紹魁)	及甫	月巖	1212—1280(69)	貴溪	惟幾	光祖	自強	程公紹開墓表(方回撰)	新安文獻70/4b
～敦書	道叟		1101—1167(67)	眉州	濬	之邵	唐	程邛州墓誌銘	嵩山居士集52/7b
～琳	天球		988—1056(69)	博野	新	贊明	元白	程琳諡文簡議	西溪集9(三沈集3/33a)

姓 名	字	號	生卒年 （年齡）	籍貫	曾祖	祖	父	篇 名	出 處
								程公墓誌銘 程公神道碑銘	歐陽文忠集 30/9a 歐陽文忠集 21/10b 新安文獻 62上/12b
								程文簡公事署	新安文獻/ 先賢上/3a
～	森	伯茂		黟縣				程伯茂事署	新安文獻/ 先賢上/12a
～	覃	會元		休寧	士彥	畎	大昌	程公覃墓誌銘（程泌撰）	新安文獻 82/12b
～	揆	端卿	1104—1164 （61）	武陽	希甫	沂	植	程使君墓誌銘	方舟集 16/17a
～	掌	叔運	1184—1233 （50）	丹稜	誥	炎	士龍	程叔運掌墓誌銘	鶴山集 83/11a
～	源			河南				程監丞事署	新安文獻/ 先賢上/10b
～	瑜	叔寶	1020—1062 （43）	博野	羽	希振	道	程殿丞（墓）誌	二程集（明道）41/14a
～	瑀	伯宗 伯寓	愚翁	1097—1152 （66）	浮梁	仲卿	禦	抖	程公墓誌銘	澹庵集 23/1a 新安文獻 78/4a
								程龍圖事署	新安文獻/ 先賢上/4b
～	戡	勝之	997—1066 （70）	陽翟	守璋	思議	坦	程公神道碑銘並序	樂全集 26/22a
～楚翁				婺源				程義士楚翁傳	新安文獻 87/15a
～	榆	森之	1171—1238 （68）	松陽	起	矑	大雅	程公墓誌銘	蒙齋集 18/12b
～	鼎	復亨	環溪 翁	1107—1165 （59）	婺源		翔	著	程君墓表	朱文公集 90/6a 新安文獻 87/2b

姓　名	字	號	生卒年 （年齡）	籍貫	曾祖	祖	父	篇　名	出　處
～農卿				新安				程農卿墓誌銘	洛水集 14/19b
～嗣弼	夢符		1027—1086 （60）	河南	贊明	元白	琳	程公墓誌銘	范太史集 38/14a
～節	信叔			浮梁				程待制節傳 （楊本撰）	新安文獻 80/8b
～實之	士華	尊己翁		歙縣				程尊己事畧	新安文獻/ 先賢上/8b
～端中				河南	遹	珦	頤	程知軍事畧	新安文獻/ 先賢上/5b
～端蒙	正思	蒙齋	1143—1194 （49）	德興	宏	汝能	易	程君正思墓表	朱文公集 90/16a 新安文獻 69/5b
								程蒙齋事畧	新安文獻/ 先賢上/8a
～端慤 （邵公）			1064—1068 （5）	河南	遹	珦	顥	程邵公（墓）誌	二程集（明道）41/18a
～說	伯剛		1171—1207 （37）	丹稜	準	志行	符孫	程伯剛墓誌銘 （劉光祖撰）	蜀文輯存 70/18a
～鳴鳳	朝陽	梧岡		祁門				程武魁鳴鳳傳 （汪子相撰）	新安文獻 96 上/16b
								程武魁事畧	新安文獻/ 先賢上/12b
～頤	正叔	伊川先生	1033—1107 （75）	河南	希振	遹	珦	伊川先生年譜	朱文公集 98/18b 新安文獻 62 下/4b
								伊川年譜程侍講頤傳 （實錄）	二程集 （伊川） 附錄50/1a 琬琰存 3/54b
								程正公事畧	新安文獻/ 先賢上/3b
～徹	通甫	申齋		休寧			洙	程國諭事畧	新安文獻/ 先賢上/14b

姓　名	字	號	生卒年 （年齡）	籍貫	曾祖	祖	父	篇　　名	出　　處
～德萃		草亭 宋室 遺民		京山		宥興	子明	程公德萃述 （程潛夫撰）	新安文獻 88/1a
～遵彥	之邵			鄱陽				程祠部遵彥 傳（楊端如撰）	新文安獻 64/前 8b
～　璠	仲韞		1019—1075 （57）	開封	羽	希振	遹	程朗中（墓） 誌	二程集（明 道）41/19b
～　濬	治之		1001—1082 （82）	眉山	沼	仁霸	文應	程公墓誌銘	净德集 21/12a
～　邁	進道		1068—1145 （78）	黟縣	懿	適	宗顏	程公邁家傳 （程森撰）	新安文獻 84/5b
～　顥	伯淳	明道 先生	1032—1085 （54）	河南	希振	遹	珦	明道行狀 （程頤撰）	二程集/附錄 42/1a 新安文獻 62 下/4b
								程伯純墓誌 銘	韓南陽集 29/30a 新安文獻 62 下/1a
								明道先生墓 表（程頤撰）	二程集/附錄 42/24b 新安文獻 62 下/4b
								門人朋友敍 述（劉立之述）	二程集/附錄 42/13b
								門人朋友敍 述（朱光庭述）	二程集/附錄 42/16b
								門人朋友敍 述（邢恕述）	二程集/附錄 42/17b
								門人朋友敍 述（范祖禹述）	二程集/附錄 42/19b
								程宗丞顥傳 程純公事署	琬琰存 3/53b 新安文獻/ 先賢上/3b
〔陳〕 ～靈洗	元滌		514—568 （55）	歙縣			茂	程克壯公廟 碑（羅願撰）	新安文獻 44/6b

姓　名	字	號	生卒年 (年齡)	籍　貫	曾　祖	祖	父	篇　名	出　處
～　驤	師孟 季龍	松軒	1217—1289 (73)	休寧	卓	汝礪	思禮	程公驤傳 (程桂巖撰)	新安文獻 96 上/17a
～　某			993—1059 (67)	新昌				程府君墓誌 銘	金氏集/ 下/34a
～　某	用之		1153—1223 (71)	新安	學	逮	卓	程用之墓誌 銘	洛水集 14/12a
～　某	伯友		? (59)	眉州			.	程通判墓誌 銘	方舟集 16/7a
喬匡舜	亞元		898—972 (75)	高郵	譚	泰	鴻漸	喬公墓誌銘	徐公集 16/5b
～　拱	德瞻		1145—1173 (29)	東陽	應	瓘	松	喬德瞻墓誌 銘	東萊集 11/3b
～　敞	廣叔		1035—1090 (56)	高密				喬君墓誌銘	豫章集 22/27b
焦巽之	誠父			夾江	晟	松	昌彥	焦君巽之墓 誌銘	鶴山集 84/5a
傅　立	伯禮		994—1059 (66)	須城	凝	世隆	珏	傅公墓誌銘	臨川集 95/4b
～代言			1000—1044 (45)	南城				傅君墓表	直講集 31/2a
～自得	道安		1016—1083 (68)	濟源	君俞	裕之	察	傅公行狀	朱文公集 98/1a
～　求	命之		1003—1073 (71)	考城				傅公神道碑 銘	樂全集 36/35b
～　仁	凝遠		1084—1151 (68)	仙遊		程	嵩	傅正議墓誌 銘	渭南集 33/9b
～伯成	景初	竹隱	1143—1226 (84)	晉江		察	自得	傅公行狀	後村集 167/1a
～　杰	才甫		1167—1212 (46)	鉛山	縝	欽明	一飛	傅君墓誌銘	克齋集 12/8a
～垂範	祖德		988—1053 (66)	南城	封	宷	逢	傅君墓銘	直講集 30/4b

姓　名	字	號	生卒年 （年齡）	籍貫	曾祖	祖	父	篇　名	出　處
～爲棟	嚴叟							傅講書生祠堂記	克齋集 10/9a
～	珏	寶臣	972—1032 （61）	鄆州	思進	凝	世隆	傅君墓誌銘	傅家集 78/4a 司馬溫公集 78/3b
～	珏	仲溫	1016—1096 （81）	山陰	光弼	安遂	宗翊	傅府君墓誌銘	陶山集 14/14b
～思齊	至之		1024—1100 （77）	魚臺	瞻	圖	永錫	傅主簿墓誌銘	樂靜集 29/5b
～	修	子期	1139—1207 （69）	進賢	俊	安民	時中	傅公墓誌銘	勉齋集 38/10b
～ 常 （豫）	明孺		1047—1092 （46）	高郵	義	億	瓊	傅府君墓誌銘	陶山集 15/3b
～	野	亨甫	1017—1082 （66）	南城	宋	逢	垂範	傅野墓誌銘	灌園集 20/9b
～	楫	元通	1042—1102 （61）	仙遊	獻	偁	滋	傅公墓誌銘	浮溪集 26/9b
～	察	公晦	1089—1125 （37）	濟源	立	君俞	見	傅公行狀 （晁公休撰） 傅公墓誌銘 （李邴撰）	傅忠肅集/卷首行狀/a 傅忠肅集/墓誌銘/a
～諒友	沖益		1067—1118 （52）	仙遊	偁	滋	楫	傅公墓誌銘	鴻慶集 34/10b 孫尚書集 60/13a
～	瑾	君玉	？ （75）	鉛山	約	銓	源	傅縣丞墓誌銘	克齋集 12/16a
～	瓊	君實	1024—1072 （49）	揚州	旺	義	億	傅君墓誌銘	陶山集 15/2b
～	嚴	夢弼	1040—1073 （34）	建昌	宣遠		渙	傅嚴墓誌銘	灌園集 19/11b
～	某	世長	1024—1065 （42）	南城				傅處士墓表	灌園集 19/1a
強行父	幼安		1091—1157 （67）	錢塘	沖	至	俊明	強公行狀	曾雲莊集 5/4b

姓　名	字	號	生卒年 （年齡）	籍　貫	曾祖	祖	父	篇　名	出　處
～　翊	君翊		1026—1106 （81）	晉陵	乂瓊	明	弼	强君翊墓誌 銘	道鄉集 35/13b
費子文				蜀郡				費子文墓銘	鶴山集 70/12a
～元之	元善		1165—1217 （53）	金壇				費進士墓誌 銘	漫塘集 29/2a
～伯恭	希呂		？—1287	成都				費君墓誌銘	碧梧集 18/9a
～　琦	孝琰		1027—1080 （54）	成都				費君墓誌銘	净德集 24/11b
～　某			？—1147	邛州				費府君墓誌 銘	澹齋集 17/18a
賀允中	子忱		1090—1168 （79）	汝陽	息機	撫辰	現	賀公墓誌銘	南澗稿 20/21a
～　鑄	方回	慶湖 遺老	1052—1125 （74）	衛州	繼能	惟慶	安世	賀鑄傳	建康集 3/11b
陽　枋 （昌朝）	宗驥 正父	字溪 大陽 先生	1187—1267 （81）	巴川	明	熙載	景春	陽公行狀 （陽少箕、陽炎 卯撰）	字溪集 12/20a
								紀年録	字溪集 12/1a

十　三　畫

姓　名	字	號	生卒年 （年齡）	籍　貫	曾祖	祖	父	篇　名	出　處
塗勉仲			？ （56）	中江				塗勉仲墓誌 銘	方舟集 15/23b
～應南	仁方		1178—1221 （44）	高安				塗仁方行狀	松垣集 9/1a
～　某	子儀			新吳				塗君墓誌銘	雪坡集 49/13a

姓　名	字	號	生卒年 (年齡)	籍貫	曾祖	祖	父	篇　名	出　處
廉惟德	天輔			山陽				廉君四行述	無爲集 14/15b
雷震			1132—1208 (77)	金壇	豫	燦	彦強	雷翁墓碣	漫塘集 32/21a
～簡夫	太簡	山長		長安	德驤	有鄰	孝先	雷太簡墓誌 (蘇洵撰)	蜀文輯存 4/17b
楊大雅 (侃)	子正		964—1032 (69)	錢塘	嚴	鄖	蠔	楊公墓誌銘	歐陽文忠集 61/3a
～士訓	尹叔		1162—1219 (58)	福州	絳	宗孟	成大	楊料院墓誌 銘	勉齋集 38/28b
～　么								楊么事迹 (鼎澧逸民述) 討楊么事 (黃元振撰)	金佗稡編/續 25/1a - 26/10b 金佗稡編/續 27/1a—13b
～子謨	伯昌	浩齋	1153—1226 (74)	潼州	南重	裕	知章	楊公墓誌銘	鶴山集 74/7a
～文逸	慕賢		914—978 (65)	吳興	式	郜	弼	信州玉山令 府君神道表	武夷新集 8/10a
～文翊	巨卿		975—1047 (73)	束鹿	淵	君正	德成	楊君墓誌銘	臨川集 94/6a
～王休	子美		1130—1195 (66)	象山	端	零	渙	楊公行狀	攻媿集 91/1a
～令圭	如斯		1191—1233 (43)	遂寧	依	輔	予生	楊君令圭墓 誌銘	鶴山集 84/11b
～　存	正叟 存之		1058—1128 (71)	盧陵	戩	倫	郊	楊公墓表	誠齋集 122/6b
～良孺	子正		1111—1164 (54)	錢塘	懷憫	元卿	延宗	楊公墓誌銘	松隱集 36/11b
～　忱	明叔		1024—1062 (39)	華陰	津	守慶	偕	楊君墓誌銘	臨川集 93/10a
～邦乂	晞稷 希稷		1086—1129 (44)	吉水	亨	中謹	同	楊公行狀	誠齋集 118/21b
～宗惠	敦夫		1039—1094 (56)	綿竹	穎	曠	塾	楊府君墓誌 銘	淨德集 22/10a

姓 名	字	號	生卒年 (年齡)	籍貫	曾祖	祖	父	篇 名	出 處
～宗閔	景賢		1061—1128 (68)	崞縣	信	日新	仲臣	楊公墓碑	苕溪集 48/1a
～直方	端甫		？ (54)	成都				楊夫子墓碣 銘	跨鰲集 29/13b
～荓	文卿	南溪 居士	1096—1164 (69)	廬陵	堪	開	格非	楊君文卿墓 誌銘	澹庵集 25/22a
～迪	遵道		1055—1104 (50)	將樂				楊遵道墓誌 銘	韋齋集 12/2a
～所	次文	白雲 子	1045—1109 (65)	無爲	果	明	復	楊判官墓誌 銘	姑溪集 49/1a
～祖識	世孫						伯詹	楊祖識謚議 (游桂撰)	蜀藝文志 48 下/10b
～庭顯	時發		1107—1188 (82)	慈溪	倫	宗輔	演	楊承奉墓碣	慈湖遺書/補 編 176
～泰之	叔正	克齋	1169—1230 (62)	青神	芳	揆	虞仲	楊公墓誌銘	鶴山集 81/14a
～時	中立	龜山 先生	1053—1135 (83)	將樂			明	行狀畧 (吕本中撰) 龜山先生墓 誌銘 (胡世國撰)	龜山集/卷 首 13a
								年譜	龜山集/ 卷首 5a 龜山集/ 卷首 16a
～恕	寬之		1037—1097 (61)	河東	繼安	仲明	翱	楊寬之墓誌 銘	豫章集 23/22b
～恕	可久		1162—1225 (64)	丹徒	智圓	子存	樗年	楊大夫壙誌	漫塘集 32/17a
～處厚	純甫		1034—1071 (38)	綿竹	允恭	告	閎	楊都曹墓誌 銘	道鄉集 34/1a
～崇勳	寶臣		976—1045 (70)	薊州	方道	守斌	全美	楊太尉行狀 楊太尉墓誌 銘	景文集 61/10b 景文集 60/9a
								楊太尉神道 碑	景文集 57/5b

姓名	字	號	生卒年 (年齡)	籍貫	曾祖	祖	父	篇名	出處
～	偰	子寬		崞縣	宗閔	震	存中	楊惠懿公偰覆諡議	宋本攻媿集 45/9b 攻媿集 49/9a
～	偕	次公		980—1049 (70)	洛陽	偉		守慶	楊公墓誌銘	歐陽文忠集 29/4a
～	從義	子和	1092—1169 (78)	天興	懷信	武晟	仲方	楊從義墓誌 (袁勃撰)	金石萃編 49/46b
～	紹	肯堂	文溪居士		銀山	翱	恕	中郎	文溪居士墓誌銘	方舟集 15/14a
～	琪	寶臣		980—1050 (71)	新秦	弘信	重勳	光辰	楊君墓誌銘	歐陽文忠集 29/7b
～景芬		祖德	1027—1087 (61)	洛陽	慶	任	恂	楊公墓誌銘	鷄肋集 64/5a
～景畧		康功	1040—1086 (47)	華陰	守慶	偕	忱	楊公墓誌銘	蘇魏公集 56/2b
～	煒	元光	1106—1156 (51)	晉陵		晦	植	楊元光墓表	鴻慶集 41/6b 孫尚書集 55/9b
～	煒	隱父	1093—1148 (56)	丹稜	齊	素	時	楊隱父墓表	緝雲集 4/8a
～	椿	大年	1120—1153 (34)	廣漢			霧	楊大年墓誌銘	蓮峰集 10/10a
～	椿	元老	1095—1167 (73)	眉山	鴻震	亮	灝	楊文安公椿墓誌銘 (孫良佐撰)	琬琰存 2/38b
～	楫	通老	悦堂先生	1197—1254 (58)	長溪	亞	昇	梓	楊監稅墓誌銘	後村集 156/10b
～	量	公明		? (27)	惠安			君輔	楊公明墓表	蔡忠惠集 33/11a
～	構	起宗		1016—1073 (58)	蘇州		覃	文友	楊君墓誌銘	長興集 28 (三沈集 5/58b)
～	愿	原仲		1101—1152 (52)	吳郡		曼	宿	楊公墓誌銘	水心集 23/21b

姓　名	字	號	生卒年 （年齡）	籍貫	曾祖	祖	父	篇　　名	出　處
～ 潛	彦升		1084—1127 （44）	將樂				楊隱君墓誌	東牟集 14/2b
～ 適	安道 韓道	大隱 先生	？ （76）	慈溪				大隱楊先生 傳	四明文獻集 6/12a
～慶崇			1133—1160 （28）	丹陵	球	恂	柔中	楊君慶崇墓 誌銘	鶴山集 70/4a
～ 震	子發		1083—1126 （44）	崞縣	日新	仲臣	宗閔	楊公墓碑	筥溪集 48/6b
～震仲	革父			成都				楊震仲諡節 毅諡議	絜齋集 7/27a
～樗年	茂良		1132—1205 （74）	丹徒	京	智圓	子存	楊提舉行述	漫塘集 33/15b
～ 緯	文叔		1026—1087 （62）	任城	超	善基	昇	楊府君墓表	鷄肋集 63/6a
～ 整			1012—1084 （73）	魏			懷德	楊君墓誌銘	忠肅集 13/18b
～應詢	仲謀		1053—1115 （63）	開封	知信	景宗	永節	楊應詢神道 碑	初僚集 8/1a
～徽之	仲猷		921—1000 （80）	浦城	式	郜	澄	楊公行狀	武夷新集 11/12b
								楊公神道碑 銘	蘇魏公集 51/1a
～ 璵				宣城				楊殿丞作五 世祖系事狀	彭城集 34/7b
～ 鎬			？—1012	宣城				楊公墓表	郇溪集 22/8a
～ 簡	敬仲	慈湖 先生	1141—1226 （86）	慈溪	宗輔	演	庭顯	慈湖先生行 狀（錢時撰） 慈湖楊先生 傳	慈湖遺書 18/1a 四明文獻集 6/15a
								年譜 慈湖先生世 系	慈湖遺書/ 年譜 1a 慈湖遺書/ 世系 1a
～ 繪	元素	無爲 子	1027—1088 （62）	綿竹	曄	克	宗道	楊公墓誌銘	范太史集 39/8b

姓　名	字	號	生卒年 （年齡）	籍貫	曾祖	祖	父	篇　名	出　處
～　籌	伯明		1133—1210 (78)	慈溪	宗輔	演	庭顯	楊公伯明封志	慈湖遺書/續 1/25a
楊懿孺	彝父		1047—1122 (76)	浦城	有證	仇		楊君墓銘	程北山集 33/12a
～　某 （約父）			？—1055	榮德			見素	楊處士墓誌銘	丹淵集 38/15a
～　某			1004—1056 (53)	管城				楊承事墓誌銘	范宗宣集 14/8b
～　某 （美琪、美珣父）			？—1057	丹稜				楊君墓誌銘	嘉祐集 14/7a
～　某 （遽、通父）			？ (42)	清江				楊府君墓表	臨川集 90/17b
～　某	公適		1000—1064 (65)	江都				楊君墓誌銘	臨川集 97/9b
～　某 （名景叔父）			1041—1075 (35)	華陽				華陽楊君墓誌	柯山集補/拾遺 12/745
～　某	節之		1043—1093 (51)	任城	超	善基	早	楊君墓誌銘	鷄肋集 68/12a
～　某 （時父）			1028—1090 (63)	將樂				先君行狀	龜山集 29/1a
～　某	元定		1186—1253 (68)	金華	淵	伯玉	林	楊公墓誌銘	魯齋集 20/11a
～　某	公才		？—1173	丹徒				楊君行狀	鉛刀編 28/6b
賈士彥	升之		？—1075	穰縣			黯	賈君墓誌銘	長興集 28(三沈集 5/57a)
～　圭	信卿		1028—1072 (45)	開封			昌朝	賈圭墓誌銘	王魏公集 8/1b
～ 如訥	元辯		1088—1129 (42)	樂清	皓	靖	奭	賈府君行狀	梅溪集/前 20/5a
～　注	宗海		962—1008 (47)	開封	初	緯	連	賈令公墓誌	景文集 59/9a

姓　名	字	號	生卒年 （年齡）	籍貫	曾祖	祖	父	篇　名	出　處
～孝檜	季華	海堂 巢 鎔境 先生	1174—1248 （75）	樂清	奭			賈鎔境墓誌 銘	蒙川稿 4/9a
～ 林	仲山		1118—1170 （53）	鄆	公直	節	澡	賈仲山墓誌 銘	南軒集 41/6a
～昌朝	子明		998—1065 （68）	開封	緯	璉	注	賈文元公昌 朝墓誌銘 賈魏公神道 碑 賈魏公廟碑 （楊棟撰）	華陽集 37/1a 臨川集 87/1a 蜀文輯存 93/12b
～昌齡	延年		？ —1040	開封		琰	汾	賈公墓誌銘	范文正集 13/56
～ 逵			1010—1078 （69）	稾城				賈逵諡武恪 諡議	忠肅集 7/18a
～ 嵒	民瞻		1049—1100 （52）	開封	真	信	順	賈公墓誌銘	道鄉集 34/11b
～ 潭	孟澤		881—948 （68）	洛陽	昶	琛	翊	賈宣公墓誌 銘	徐公集 15/4a
～ 蕃	仲通		1020—1089 （70）	開封	琰	汾	昌齡	賈公墓誌銘	西臺集 13/3b
～ 黯	直孺		1022—1065 （44）	穰	延隱	昭遜	汶	賈公行狀 賈君黯墓誌 銘	彭城集 34/9a 華陽集 38/13b
裘萬頃	元量	竹齋		新建			繼祖	裘竹齋墓誌 銘（楊簡撰）	竹齋集 4/1b
慎曇	仲素		997—1059 （63）	三衢	知禮	從吉	鈞	慎公墓誌銘	無爲集 12/11a

姓　名	字	號	生卒年 （年齡）	籍貫	曾祖	祖	父	篇　　名	出　　處
虞太熙	元叟		1018—1085 (68)	上饒			蕭	虞公墓誌銘 （王存撰）	江蘇金石志 9/33a
～允文	彬父		1110—1174 (65)	隆州	昭白	軒	祺	紹興采石大 戰始末 虞雍公守唐 鄧事(任燮撰)	九華集 25/1a 琬琰存 3/77b
								虞公神道碑	誠齋集 120/1a
～剛簡	仲易 子韶		1163—1226 (64)	仁壽	祺	允文	公亮	虞公墓誌銘	鶴山集 76/1a
～　蕭	元卿		977—1056 (80)	江南	瞻	璀	戩	虞君墓誌銘	王文公集 95/4a
葉士寧	宗儒		1145—1210 (66)	樂清			良臣	葉君宗儒墓 誌銘	水心集 18/17a
～文炳	晦叔		1150—1216 (67)	浦城	仲通	顯仁	夢齡	葉氏墓誌銘	真西山集 46/21a
～必茂	君選	此堂	1214—1295 (82)	泰寧				葉公墓銘	四如集 4/15b
～光祖	顯之		1119—1203 (85)	永嘉		公濟		葉公壙誌	水心集 15/21b
～　份	成甫		1076—1147 (72)	平江	昭映	秉恭	唐懿	葉公墓誌銘	筠溪集 24/1a
～　任	仲堪		1005—1058 (54)	仙遊			賓	葉君墓誌銘	蔡忠惠集 35/14a
～　芳			1039—1102 (64)	永嘉				葉君墓誌銘	浮沚集 7/22b
～秉文	信臣		1083—1149 (67)	貴溪	翰	蔭	輔	葉信臣墓誌	東牟集 14/18b
～洵仁	行中		1088—1168 (81)	松陽				葉君墓誌銘	東萊集 10/2a
～彥眗	汝潛	南林 居士	1200—1266 (67)	仙遊	顒	元浚	棠	葉寺丞墓誌 銘	後村集 163/13b
～昭映	明遠		992—1046 (55)	延平		畧	仁昶	葉君墓誌銘	長興集27(三 沈集 5/47a)

姓　名	字	號	生卒年 （年齡）	籍貫	曾祖	祖	父	篇　名	出　處
～唐稽	順孺 唐懿		1053—1125 （73）	延平	仁昶	昭映	棐躬	葉公墓誌銘	程北山集 30/11b
～ 桐	彦倫		1020—1094 （75）	義烏		迎	遜	葉處士墓誌 銘	宗忠簡集 3/11a
～ 梓	元材		1126—1182 （57）	貴池	亶	茂	薈	葉君墓誌銘	水心集 13/3a
～ 參	廷瑞	次公	964—1043 （80）	烏程	彪	蠙	逵	葉府君墓誌 銘	景文集 59/13a
～ 湜	子是		1168—1226 （59）	建安				葉安仁墓誌 銘	真西山集 44/14b
～ 棠	次魏	萬竹		仙游		顥		葉侯生祠記	赤城集 10/1a
～義問	審言		1098—1170 （73）	壽昌				葉恭簡公謚 議	誠齋集 96/5b
～ 楠	元質		1138—1189 （52）	貴池	亶	茂	薈	葉君楠墓誌 銘	益國文忠集 35/5b 益公集 35/52a
～ 賓	虞卿		967—1045 （79）	仙遊		檀	素能	葉府君墓誌 銘	蔡忠惠集 34/14a
～ 臻	子益		1115—1171 （57）	蘭溪	昌世	逢	固	葉君墓誌銘	東萊集 10/5b
～ 曙	杲卿		988—1046 （59）	錢塘				葉公墓銘	祠部集 35/1a
～ 顒	子昂		1100—1167 （68）	仙遊	傳	寶臣	霆	葉公行狀 葉公行狀	誠齋集 119/1a 艾軒集 8/1a
～ 權	元立		1129—1187 （59）	貴池	亶	茂	薈	葉君墓誌銘	水心集 13/13a
萬世延	叔永		1097—1154 （58）	樂清	惟監	周	鴻	萬府君行狀	梅溪集/前 20/1a
葛次仲	亞卿		1063—1121 （59）	江陰	惟甫	密	書思	葛公行狀	丹陽集 15/4b

姓　名	字	號	生卒年 (年齡)	籍貫	曾祖	祖	父	篇　名	出　處
～自得	資深		1149—1215 (67)	黃巖	及	藻	天民	葛君墓誌銘	水心集 25/17b
～宏	文淵		992—1041 (52)	江陰	彪	詳	惟明	葛君墓誌銘	蔡忠惠集 34/3a
～良嗣	興祖		1013—1065 (53)	丹徒	遇	旴	源	葛興祖墓誌銘	臨川集 92/11a
～師望	興周		1053—1132 (80)	江陰	惟安	中敏	錫	葛公墓誌銘	丹陽集 14/5b
～書思	進叔	逃虛子	1032—1104 (73)	江陰	詳	惟甫	密	葛公行狀 葛公墓誌銘	丹陽集 15/1a 摛文集 15/2b
～書舉	規叔		1038—1091 (54)	江陰	詳	惟甫	密	葛宣德墓銘	淮海集 33/3b
～閎	子容		1003—1072 (70)	建德			昂	葛公墓誌銘	蘇魏公集 57/10b
～勝仲	魯卿		1072—1144 (73)	江陰	惟甫	密	書思	葛文康公神道碑	海陵集 23/6b
～源	宗聖		983—1054 (72)	麗水	貫	遇	旺	葛公墓誌銘	臨川集 96/12a
～澐	德源		1126—1200 (75)	常州	日宣	敏求	經	葛先生澐墓誌銘	益國文忠集 72/14b 益公集 72/17b
～賸	德載		1107—1190 (84)	金溪	祈	豐	思審	葛致政誌	象山集 28/7b
～懷敏				真定			霸	葛懷敏諡議	武溪集 18/8b
～權	執中		1060—1131 (72)	江陰	惟明	定	淳	葛君墓誌銘	丹陽集 14/7a
董天麟	應之	藥窗	1185—1261 (77)	慶元				董應之墓銘	本堂集 90/8a
～仲永	德之		1104—1165 (62)	開封	居正	之純	舜臣	董太尉墓誌	松隱集 36/4a

姓　名	字	號	生卒年 （年齡）	籍貫	曾祖	祖	父	篇　名	出　處
～昌裔	夢覘		1103—1180 (78)	廬陵	儀	乾粹	彭	董君昌裔墓誌銘	益國文忠集 72/6b 益公集 72/8a
～為良	景房		1131—1184 (54)	德興		湝	元一	董君景房墓表	朱文公集 90/13b
～　革	彥孚		1072—1112 (41)	金溪				董彥孚墓誌銘	幼槃集 10/1a
～　陵	廣叔		1111—1170 (60)	德興	中孚	介卿	材	董府君墓表	尊德集 3/29b
～　琦	順之		1116—1191 (76)	德興	介卿	材	陵	董君行狀 董公墓誌銘	尊德集 3/19b 朱文公集 93/28b
～道隆	德從		？ (54)	常德	植	補之	臨	董君墓誌銘	鶴山集 80/4a
～　熠	季興 繼興			德興	旻	湜	樗	董知縣墓誌銘	洺水集 14/1a
～　銖	叔重	盤澗	1152—1214 (63)	德興	材	陵	琦	董縣尉墓誌銘	勉齋集 38/12a
～　億	永年		1171—1202 (32)	吉州 永豐	獎	德元	克忠	董君億墓誌銘	益國文忠集 75/11b 益公集 75/63a
～隱子 〔名不詳〕				宿州				董隱子傳	豫章集 20/19a
～　觀	坦叔		1079—1164 (86)	吉州 永豐	洙	師範	唐	董公墓誌銘	盧溪集 44/3a
〔漢〕 **敬**子木	承登				祖徠		伯松	叔材	敬侏儒傳	誠齋集 117/5b
路　康	子齡		1153—1196 (44)	四明			觀	路子齡墓誌銘	絜齋集 20/16b

姓 名	字	號	生卒年 （年齡）	籍 貫	曾 祖	祖	父	篇 名	出 處
詹太和	甄老		1093—1140 (48)	遂安	瑀	誠	時	詹太和墓誌銘	浮溪集 28/7b
～世勛			？—1160	婺源			光國	詹氏忠勇世家（胡升撰）	新安文獻 64/2b
～至	及甫		1073—1140 (68)	嚴州	瑀	詢	安	詹公墓誌	南軒集 39/5b
～扚	成老		1050—1120 (71)	常州	儀	泌	誼	詹扚墓誌銘	毘陵集 12/5a
～廷堅	朝弼			婺源			洙	詹君墓誌銘	洺水集 14/17a
～淵	景憲		1168—1225 (58)	崇安	城	恪	沖	詹君墓誌銘	真西山集 45/12b
～惠明 （小名念一）				婺源				詹孝子惠明傳（羅願撰）	新安文獻 65/7a
～靖之	康仲		？ (52)	遂安		良臣	大方	詹朝奉墓表	渭南集 39/10a
～義民	敬叔		1162—1226 (65)	遂安	良臣	大方	靖之	詹侯墓誌銘	復齋集 22/5b
								詹侯墓表	雲莊集 11/1a 真西山集 42/1a
～體仁	元善		1143—1206 (64)	浦城	澤民	儁	慥	詹公行狀	真西山集 47/27a 詹元善集/ 上/3a
								詹公墓誌銘 詹體仁傳	水心集 15/14b 杜清獻集 19/13a
解元	善長		1089—1142 (54)	敷政	沂	榮	青	解公神道碑銘	鉛刀編 28/1a
鄒一龍	伯驤	春谷	1204—1255 (52)	豐城				鄒君墓誌銘	雪坡集 50/4a

姓　名	字	號	生卒年 （年齡）	籍貫	曾祖	祖	父	篇　　名	出　處
～宗暬	次魏		1105—1146 （42）	宜黄	齊	餘	陶	鄒府君次魏墓誌銘	鴻慶集 36/16a 孫尚書集 63/8a
～定	應可		1112—1170 （59）	新吴	廉夫	積	彦界	鄒應可墓誌銘	誠齋集 126/6a
～近仁	季友 魯卿	歸軒	？—1209	德興		聖從	孟	鄒魯卿墓銘	慈湖遺書 5/17a
～洞	至明		1062—1110 （49）	晉陵	元慶	霖	戬	至明弟墓誌銘	道鄉集 36/10a
～陜	志南		1092—1153 （62）	宜黄	務本	齊	餘	鄒府君志南墓誌銘	鴻慶集 37/15b
～浩	志完		1060—1111 （52）	晉陵	元慶	霖	戬	鄒公墓誌 （陳權撰） 鄒司諫浩傳 （實錄）	道鄉集/ 墓誌 6b 琬琰存 3/46b
～浩	志完		1060—1111 （52）	晉陵	元慶	霖	戬	鄒公年譜	道鄉集/ 年譜 8a
～陶	志新		1085—1153 （69）	宜黄	務本	齊	餘	鄒府君志新墓誌銘	鴻慶集 37/14b 孫尚書集 63/9b
～雯	德顯	南野 居士	1103—1192 （90）	樂平				鄒元祥尊人墓銘	慈湖遺書 5/19b
～夢遇	元祥 子祥	艮齋	？—1211	樂平			雯	鄒元祥墓碣	慈湖遺書 5/18a
～鳳	仲翔		1210—1273 （64）	富川	大明	人傑	世興	鄒仲翔墓誌銘	文山集 11/24b
～澹	次清	月近	1208—1265 （58）	富川	昶	時飛	大淵	鄒月近墓誌銘	文山集 11/23b
～澥	深之		1039—1086 （48）	新淦	顯	袞	夏	鄒君墓誌銘	無爲集 13/9a
～擴	希聖		1026—1108 （83）	常州				鄒君墓誌	道鄉集 36/11a
～爽	堯叟		1032—1089 （58）	泰寧				鄒堯叟墓誌銘	龜山集 30/8b

十　四　畫

姓　名	字	號	生卒年 (年齡)	籍貫	曾祖	祖	父	篇　名	出　處
廖　及	成叟	南園 遯翁	？ (45)	戎州		翰	璆	廖君墓誌銘	豫章集 24/7a
～夷清	禮卿		995—1042 (48)	將樂	居素	仲符	知章	廖君墓表	直講集 31/5a
～行之	天民		1137—1189 (53)	衡陽	世修	師錫	知彰	廖公行狀 廖公修職墓 誌銘	省齋集/ 附錄1a 省齋集/ 附錄7a
								廖公墓記	省齋集/ 附錄6a
～　玖 (顒父)	粹老		1077—1149 (73)	桂陽				廖守墓誌銘	橫浦集 20/8a
～　剛	用中	高峰	1071—1143 (73)	順昌	隱	丕	戀	廖公墓誌	南軒集 38/1a
～　戀	成伯		1033—1126 (94)	順昌				廖成伯朝請 墓表	默堂集 21/4a
榮　振	起之		1019—1087 (69)	任城	太素	範	翊	榮起之墓誌 銘	樂靜集 28/3b
趙九齡	仲祥		1044—1120 (77)	衛南	聞	詡	定	趙八行墓誌 銘	竹隱集 19/1a
～之禮	安道		1079—1128 (50)					趙氏譜牒 (趙昱撰)	蜀文輯存 76/12b
～士虬			1058—1069 (12)		允言	宗望	仲郃	士虬墓記	傳家集 78/19a 司馬溫公 集78/3a
～士佞			1087—1090 (4)		允弼	宗喬	仲擴	士佞墓記	范太史集 54/3b
～士弇			1060—1062 (4)		允成	宗鼎	仲嬰	宗室右監門 率府率墓記	華陽集 39/32a
～士倧	子強		1057—1089 (33)		允寧	宗敏	仲仍	北海侯墓誌 銘	范太史集 48/10a

姓　名	字	號	生卒年 （年齡）	籍貫	曾祖	祖	父	篇　名	出　處
～士亳			1087—1091 （5）		允讓	宗袞	仲篤	舒州防禦使 第七子墓記	范太史集 54/1b
～士捧			1085—1091 （7）		允升	宗惠	仲需	士捧墓記	范太史集 53/6a
～士跋 （跂）					允讓	宗輔	仲琛	節使趙忠果 謚議	誠齋集 96/6b
～士幅	信之		1069—1093 （25）		允成	宗儒	仲午	左班殿直墓 誌銘	范太史集 45/9b
～士晅 （令瑋）	和叔		1063—1089 （27）		允升	宗旦	仲寅	內殿崇班贈 左領軍衛將 軍墓誌銘	范太史集 50/14b
～士瑲			1086—1090 （5）		允升	宗辦	仲琨	士瑲墓記	范太史集 53/9b
～士遺			1085—1086 （2）		允良	宗絳	仲訒	右領軍衛將 軍男墓記	范太史集 54/14a
～士珽	子輿		1066—1091 （26）		允成	宗鼎	仲嬰	右侍禁墓誌 銘	范太史集 51/14a
～士彩	端質		1095—1160 （66）		允寧	宗諤	仲維	趙公墓誌銘	鴻慶集 38/11a 孫尚書集 60/29a
～士穎	濟叔		1063—1087 （25）		允讓	宗詠	仲山	廣平侯墓誌 銘	范太史集 48/13a
～士覾	公會		1068—1087 （20）		允成	宗嚴	仲防	贈左領軍衛 將軍墓誌銘	范太史集 50/9a
～士騎			1086—1093 （8）		允讓	宗樸	仲佺	潤州觀察使 第八男右班 殿直墓記	范太史集 54/7a
～士鵃			1082—1091 （10）		允誠	宗保	仲杵	康州團練使 男墓記	范太史集 53/12a
～士虩			1089—1090 （2）		允升	宗達	仲洙	太子右內率 府副率男墓 記	范太史集 53/12a
～士爄	明叔		1070—1089 （20）		允讓	宗誼	仲論	右侍禁墓誌 銘	范太史集 49/15a

姓　名	字	號	生卒年 （年齡）	籍貫	曾祖	祖	父	篇　名	出　處
～子建			1080—1092 （13）	崇信	世登		令羣	左班殿直墓 誌銘	范太史集 50/13a
～子振			1071—1091 （21）	從言	世奭		令穆	三班奉職子 振墓記	范太史集 53/12b
～子淳			1077—1093 （17）	從藹	世雄		令甄	三班奉職子 淳墓記	范太史集 53/7a
～子晝	叔問		1089—1142 （54）	信安	從審	世禕	令僉	趙公墓誌銘	程北山集 33/17a
～子琦	韞之		1071—1093 （23）	從謹	世亨		令褆	三班奉職墓 誌銘	范太史集 46/12b
趙子琦	君玉		1070—1088 （19）	從審	世肱		令課	三班奉職墓 記	范太史集 54/9b
～子買	漢翁		1054—1090 （37）	從恪	世規		令龜	蘄春侯墓誌 銘	范太史集 51/8b
～子皓	商老		1073—1092 （20）	從恪	世規		令卞	三班奉職墓 誌銘	范太史集 49/9b
～子濟	道卿		1075—1092 （18）	守約	世靜		令坰	三班奉職墓 記	范太史集 54/9a
～子瀟	清卿		1102—1167 （66）	從質	世敞		令奧	趙公墓誌銘	澹庵集 24/9a
～子蟠			1084—1092 （9）	從謹	世恬		令瘭	左侍禁之男 墓記	范太史集 54/12a
～　方	彥直		？—1221	衡山			棠	趙忠肅公畫 像記	牧萊脞語 二稿 3/1a
～元祐	慶長		995—1003 （9）				恒	周王謚悼獻 墓誌銘	武夷新集 11/8b
～元儼			985—1044 （60）			弘殷	光義	荊王墓誌銘	景文集 58/1a
～不泯			？ （47）				士械	趙君墓誌銘	艾軒集 9/10b
～不淰	和卿		1143—1181 （39）	臨安	宗祐	仲覝	士闌	平江府都監 墓誌銘（楊興 宗撰）	江蘇金石志 13/16a
～不侮	彥恭		1074—1119 （46）		宗立	仲琳	士顈	趙君權厝銘	苕溪集 51/9b

姓 名	字	號	生卒年 (年齡)	籍貫	曾祖	祖	父	篇 名	出 處
～不矜			1079—1090 (12)		宗達	仲烈	士紘	不矜墓記	范太史集 54/4a
～不衰	夢周		1107—1179 (73)			仲營	士嵒	趙公墓誌銘	朱文公集 91/24a
～不息 (不息)	仁仲		1121—1187 (67)		宗暉	仲損	士圃	趙公行狀 趙公諡宣簡 議	水心集 26/1a 水心集 26/12b
～不違 (士鞭第 三子)			1090—1093 (4)		宗儒	仲盤	鞭	右武衛大將 軍男墓記	范太史集 53/5a
～不獨	彥親		1106—1176 (71)		宗隱	仲癸	士譚	趙公墓誌銘	誠齋集 128/1a
～ 介	節夫		1125—1198 (74)	寶鷄	義	華	持	趙使君介墓 誌銘	益國文忠集 72/9a 益公集 72/10b
～公升	叔明		1143—1216 (74)	常熟			詵之	趙公墓誌銘	絜齋集 17/23a
～公育	浩養		1136—1203 (68)	盧陵	克友	叔襲	守之	公育墓誌銘 嘉泰三年	益國文忠集 75/4b 益公集 75/54b
～公衡	平仲	澹然 居士	1138—1196 (59)	進賢	克整	叔昭	緒之	趙公平仲墓 表公衡墓誌 銘	誠齋集 122/4a 益國文忠 集 7/9a 益公集 71/12b
～公邁	志行		1115—1179 (65)	徽州	克修		持之	趙公墓誌銘	復齋集 21/9a
～化之			1050—1051 (2)		承壽	克己	叔曠	化之石記	公是集 54/3b
～允良	公彥		1013—1067 (55)			光義	元儼	定王墓誌銘 並序	樂全集 38/5a
～允初 (允宗)	累之		？—1064			光義	元儼	博平郡王諡 安恭墓誌銘	華陽集 39/19a

姓 名	字	號	生卒年 (年齡)	籍 貫	曾 祖	祖	父	篇 名	出 處
～允迪	德謨		1014—1048 (35)			光義	元儼	永嘉郡王墓 誌銘並序	樂全集 38/9a
～允弼	公輔		1009—1070 (62)			光義	元偓	相王諡孝定 王墓誌銘	華陽集 39/25a
～必健	自強 宗強	石泉 居士	1193—1262 (70)		善能	汝弼	崇遠	趙使君墓誌 銘	後村集 160/15b
～必璩	玉淵	秋曉	1245—1294 (50)	東莞	善企	汝拾	崇訵	趙秋曉先生 墓表(陳璉撰)	覆瓿集/ 附錄3a
								趙必璩傳	覆瓿集/ 附錄1a
～世伋	季遷		1047—1068 (22)		德昭	惟和	從審	世伋墓誌銘	臨川集 98/13b
～世永	文億		1010—1068 (59)		德昭	惟吉	守節	南康郡王墓 誌銘	郎溪集 20/1a
～世延	叔億		1022—1065 (44)		德昭	惟吉	守節	彭城郡公墓 誌銘	華陽集 39/22a
～世享	公壽		1041—1087 (47)		德昭	惟忠	從謹	昌國公墓誌 銘	范太史集 50/3a
～世昌	保之		1020—1061 (42)		德昭	惟忠	從恪	洋川侯墓誌 銘	華陽集 39/14a
～世采	徽之		1040—1089 (50)		德芳	惟憲	從式	譙國公墓誌 銘	范太史集 52/15a
～世岳	希甫		1043—1081 (39)		德昭	惟忠	從藹	彭城侯墓誌 銘	王魏公集 8/14b
～世宣			1023—1058 (36)		德昭	惟忠	從藹	武當侯墓誌 銘	歐陽文忠集 37/6a
～世英	務實		1028—1063 (36)		德昭	惟和	從審	右武衛大將 軍墓誌銘	華陽集 39/15b
～世恩	君貺		1041—1087 (47)		德芳	惟憲	從式	楚州刺史諡 良僖墓誌銘	范太史集 47/2b
～世堅	溫其		？—1048		德昭	惟和	從審	世堅墓誌銘	文恭集 38/11a
～世崇	德卿		1021—1052 (32)		德昭	惟忠	從謹	廣平侯墓誌 銘	華陽集 39/9b
～世掌	持正		1047—1092 (46)		德昭	惟忠	從信	南康侯墓誌 銘	范太史集 48/9b

姓　名	字	號	生卒年 （年齡）	籍　貫	曾　祖	祖	父	篇　名	出　處
～世復	希静		1035—1088 （54）		德芳	惟能	從贄	原州防禦使 墓誌銘	范太史集 45/2b
～世資	承之		1052—1092 （41）		德昭	惟忠	從信	賀州刺史墓 誌銘	范太史集 46/3b
～世褒	仲華		1019—1041 （23）		德芳	維憲	從郁	銀青光録大 夫世褒墓誌 銘	樂全集 38/17b
～世融	仲源		1016—1055 （40）		德昭	惟忠	從恪	博平侯墓誌 銘	歐陽文忠 集 37/3a
～世衡	夏卿		1029—1059 （31）		德昭	惟忠	從恪	右監門衛將 軍墓誌銘	歐陽文忠 集 37/5b
～世邁	仲遠		1026—1049 （24）		德昭	惟能	從古	右領軍衛將 軍墓誌銘	華陽集 39/1a
～世繁	約之		1042—1086 （45）		德昭	惟正	從讜	安武軍節度 觀察留後信 都郡公墓誌 銘	范太史集 46/13b
～世職	叔良		1048—1086 （39）		德昭	惟忠	從信	嘉州刺史墓 誌銘	范太史集 46/4b
～世護			1039—1050 （12）		德昭	惟忠	從信	世護墓記	文恭集 35/16b
～以夫	用父	虛齋	1189—1256 （68）		僑之	填	彦括	趙公神道碑	後村集 142/10a
～田之	耕道		1065—1106 （42）		承訓	克孚	叔建	宗室右千牛 衛將軍墓誌 銘	摛文集 14/8b
～令史	仲揚		1059—1086 （28）		惟吉	守度	世括	北平侯墓誌 銘	范太史集 50/12b
～令岎	子固		1062—1089 （28）		惟憲	從郁	世芬	博平侯墓誌 銘	范太史集 49/8b
～令邦	安國		1051—1069 （19）		惟吉	守節	世符	令邦墓誌銘	傳家集 78/17b 司馬温公 集 78/2a
～令注	景相		1067—1091 （25）		惟忠	從謹	世恬	右侍禁墓誌 銘	范太史集 52/1b

姓名	字	號	生卒年 （年齡）	籍貫	曾祖	祖	父	篇名	出處
～令泌			1072—1091 （20）		惟能	從古	世設	左班殿直墓誌銘	范太史集 45/10a
～令茗	曼叔		1049—1092 （44）		惟忠	從藹	世本	慶州防禦使墓誌銘	范太史集 45/5a
～令迤			1065—1086 （22）		惟吉	守巽	世該	贈左領軍衛將軍墓誌銘	范太史集 48/1a
～令教	景修		1047—1090 （44）		惟忠	從質	世京	高密郡公墓誌銘	范太史集 50/1a
～令道	歸聖		1058—1089 （32）		惟能	從贄	世復	彭城侯墓誌銘	范太史集 50/11b
～令琮	子奇		1044—1092 （49）		惟吉	守巽	世該	豫章侯墓誌銘	范太史集 47/16b
～令憘	和叔		1055—1087 （33）		惟忠	從藹	世宣	奉化侯墓誌銘	范太史集 47/5b
～令壺	聖奧		1055—1090 （36）		惟忠	從質	世鎮	奉化侯墓誌銘	范太史集 47/7a
～令劀	子思		1059—1091 （33）		惟正	從讜	世覃	遂寧侯墓誌銘	范太史集 47/7b
～令璨	君寶		1068—1092 （25）		惟憲	從式	世采	右侍禁墓誌銘	范太史集 52/14b
～令赫	民瞻		1048—1086 （39）		惟吉	守約	世長	汝南侯墓誌銘	范太史集 52/7a
～令緄	景武		1066—1090 （25）		惟忠	從謹	世恬	右侍禁墓誌銘	范太史集 50/8a
～令鼐	文炳		1058—1100 （43）					環州防禦史行狀	橫塘集 20/4a
～令輯	君瑞		1044—1045 （2）			守約	世滋	太子右監門率府率令輯石記文	樂全集 38/28b
～令駃			1070—1090 （21）		惟憲	從式	世采	右班殿直墓記	范太史集 54/10b
～令駬	希才		1063—1087 （25）		惟和	從審	世仍	博平侯墓誌銘	范太史集 47/4b
～令龜	君寶		1047—1090 （44）		惟忠	從恪	世規	襄陽侯墓誌銘	范太史集 47/1a

姓　名	字	號	生卒年 （年齡）	籍貫	曾祖	祖	父	篇　名	出　處
～令緻	景炤		1063—1087 (25)		惟忠	從謹	世恬	左屯衛大將 軍墓誌銘	范太史集 49/13b
～令賽	聖美		1059—1091 (32)		惟正	從讜	世罩	東牟侯墓誌 銘	范太史集 47/8b
～令攉	公秀		1047—1090 (44)		惟吉	守節	世延	常山侯墓誌 銘	范太史集 52/10b
～令騂			1062—1090 (29)		惟吉	守約	世静	前右監門衛 大將軍墓誌 銘	范太史集 49/7b
～令懇	懇之		1052—1091 (40)		惟吉	守巽	世該	通判亳州墓 誌銘	范太史集 45/8a
～令瞿	思聖		1052—1089 (38)		惟忠	從質	世鎮	吉州團練使 墓誌銘	范太史集 45/6a
～令攀	子高		1065—1090 (36)		惟叙	從既	世逸	廣平侯墓誌 銘	范太史集 51/6b
～令倫	順之		1045—1093 (49)		惟憲	從郁	世奕	康州防禦使 墓誌銘	范太史集 46/6a
～令蠙	景珍		1049—1082 (34)		惟忠	從謹	世崇	東平侯趙公 行狀	無為集 14/11b
～令巍	君則		1049—1091 (43)		惟忠	從恪	世規	秀州團練使 墓誌銘	范太史集 45/7a
～令覿			1076—1085 (10)		惟正	從讜	世罩	左班殿直令 覿墓記	范太史集 54/2a
～矢之	伯直		1063—1105 (43)		承亮	克冲	叔縱	高密侯墓誌 銘	摛文集 14/8a
～　用	彌明		1151—1209 (59)	吳	伾	慶孫	思	定城令趙君 壙誌 (趙勳撰)	江蘇金石志 14/35b
～汝禀	秀叔		1193—1267 (75)	龍溪	士科	不誚	善紐	趙通判墓誌 銘	後村集 165/14a
～汝愚	子直		1140—1196 (57)	鄱陽	士慮	不求	善應	趙公墓誌銘 (劉光祖撰)	蜀文輯存 71/1a
～汝盟	觀之	樗叟	1172—1230 (59)	婺源	士休	不愷	善祐	趙公墓誌銘	復齋集 22/31b
～汝濫	文浩	假菴	1207—1273 (67)			不迹	善□	趙奉議墓誌 銘	黃氏日鈔 97/9b

姓名	字	號	生卒年（年齡）	籍貫	曾祖	祖	父	篇名	出處
~汝鐩（汝燧）	明翁	野谷	1172—1246（75）	宜春	士翕	不倦	善堅	趙郎中墓誌銘	後村集 152/1b
~安之			1098—1106（9）		承操	克勗	叔履	宗室丹州防禦使第五子石志	摛文集 14/9a
~充夫（達夫）	廉善 可大	東山	1134—1218（85）		報之	公懋	彦孟	趙公墓誌銘	絜齋集 18/16b
~吉			954—?	代州				丐者趙生傳	欒城集 25/14b
~光贊				涿郡	珽	敬	弘殷	夔王墓誌銘	武夷新集 11/7a
~屼	景山		1035—1065（31）	西安			抃	趙君墓誌銘	丹淵集 38/1a
~仲考	晞尹		1051—1067（17）				宗産	仲考墓誌銘並序	樂全集 38/15a
~仲全	瑞玉		1030—1091（62）		元佐	允言	宗説	右監門衛大將軍墓誌銘	范太史集 51/9b
~仲伋	希魯		1039—1077（39）		元份	允寧	宗敏	趙仲伋墓誌銘（蔡確撰）	東都冢墓文/34b
~仲行	德之		1046—1067（22）		元佐	允言	宗迥	南康侯仲行墓誌銘	臨川集 98/11b
~仲肩	聖稽		1059—1092（34）		元佐	允言	宗説	左屯衛大將軍墓誌銘	范太史集 47/15b
~仲來	進之		?（37）			允言	宗立	右武衛大將軍墓誌銘	王魏公集 8/13b
~仲侔	修甫		1039—1081（43）			允升	宗楷	高密侯墓誌銘	王魏公集 8/13a
~仲肭	明甫		1061—1081（21）		元份	允寧	宗肅	左領軍衛將軍墓誌銘	王魏公集 8/12b
~仲洽	景和		1040—1092（53）		元佐	允升	宗回	房國公墓誌銘	范太史集 45/1a
~仲革	景文		1039—1090（52）		元佐	允升	宗回	婺國公墓誌銘	范太史集 45/1a
~仲庬	子厚		1045—1068（24）		元份	允讓	宗樸	華陰侯仲庬墓誌銘	臨川集 98/12a

姓　名	字	號	生卒年 （年齡）	籍貫	曾祖	祖	父	篇　名	出　處
～仲科	師哲		1059—1090 （32）		元份	允寧	宗諤	通義侯墓誌銘	范太史集 45/4a
～仲郢			1025—1047 （23）		元佐	允言	宗說	仲郢墓誌銘 並序	樂全集 38/16a
～仲涵			1041—1047 （7）		元份	允讓	宗懿	仲涵石記文	樂全集 38/31b
～仲産			1041—1042 （2）		元佐	允言	宗迴	仲産石記文	樂全集 38/27b
～仲雪	潔已		1053—1093 （41）		元偓	允弼	宗制	彭城侯墓誌銘	范太史集 50/7a
～仲連	齊賢		1034—1069 （36）		元佐	允成	宗顔	華陰侯墓誌銘	傳家集 78/17a 司馬溫公集 78/1a
～仲遄	行可		1051—1087 （37）		元佐	允升	宗厚	華陰侯墓誌銘	范太史集 49/6a
～仲頎	修甫		1055—1080 （26）		元偓	允弼	宗藝	左領軍衛將軍墓誌銘	王魏公集 8/12a
～仲縉	公權		1042—1088 （47）		元佐	允升	宗辯	崇國公墓誌銘	范太史集 52/6a
～仲曄	子華		1042—1086 （45）		元份	允讓	宗詠	東陽郡王墓誌銘	范太史集 46/10b
～仲歠	子威		1050—1092 （43）		元份	允讓	宗輔	華國公墓誌銘	范太史集 51/7b
～仲僮			？—1139		元份	允讓	宗漢	瓊王仲僮謚議	南澗稿 11/21b
～仲麇	和叔		1072—1092 （21）		元份	允讓	宗輔	天水縣開國子墓誌銘	范太史集 46/15b
～仲韠	子儀		1038—1087 （50）		元佐	允言	宗說	柴州團練使墓誌銘	范太史集 46/8a
～仲夔	彦之		1047—1068 （22）		元佐	允言	宗說	仲夔墓誌銘	臨川集 98/13a
～孝錫			1085—1087 （3）		仁宗	英宗	顥	永國公墓記	范太史集 53/11b
～克之			1031—1034 （4）		廷美	德鈞	承裔	貴州刺史殤子墓記	元憲集 34/18a

姓　名	字	號	生卒年 (年齡)	籍貫	曾祖	祖	父	篇　名	出　處
～克己	安仁				廷美	德恭	承壽	饒陽侯墓誌銘	景文集 58/6a
～克壯	構之		1043—1059 (17)		廷美	德雍	承亮	克壯石記	公是集 54/1b
～克協			1022—1048 (27)		廷美	德雍	承睦	輕車都尉墓誌銘	公是集 52/8b
～克威			1032—1034 (3)		廷美	德鈞	承鑒	故右班殿直墓記	元憲集 34/17b
～克溫			1018—1053 (36)		廷美	德鈞	承偉	廣平侯墓誌銘	公是集 52/3a
～克勤	進之		1030—1079 (50)		廷美	德隆	承訓	儀國公墓誌銘	王魏公集 8/9a
～克構			1045—1086 (42)		廷美	德彝	承最	新平侯墓誌銘	公是集 52/5b
～克賢			1043—1063 (21)		廷美	德鈞	承詡	趙公墓誌銘	郇溪集 21/9b
～克播	伯芳		1038—1049 (12)		廷美	德雍	承亮	克播石記	公是集 54/5a
～克凝	希政		？—1075		廷美	德雍	承睦	南康侯墓誌銘奉勅撰	長興集 27(三沈集 5/52b)
～克蕭			1030—1057 (28)		廷美	德恭	承慶	右武衛大將軍墓誌銘	公是集 52/7b
～克闢	辨道		1036—1063 (28)		廷美	德彝	承錫	趙公墓誌銘	郇溪集 21/10a
～　抃	閱道	知非子	1008—1084 (77)	西安	曇	湘	亞永	趙清獻公神道碑	蘇東坡全集 38/1a
～希俩	寅父	野雲	1166—1237 (72)	無錫				趙野雲墓誌銘	北磵集 10/19b
～希懌	叔和		1155—1212 (58)		子堅	伯仁	師虔	趙正惠公墓誌銘	真西山集 45/1a
～希錧 (希喆)	君錫	時隱居士	1176—1233 (58)	常山				趙公希錧神道碑	鶴山集 78/14a
～希瀞	無垢	静齋	1194—1251 (58)	西安	徽學	伯昂	師展	趙公墓誌銘	後村集 155/7b
～延嗣								趙延嗣傳	祖徠集 9/15a

姓 名	字	號	生卒年 (年齡)	籍貫	曾祖	祖	父	篇 名	出 處
～伸夫	信道		1162—1222 (61)	常熟	劼之	公義	彥軾	趙君墓誌銘	絜齋集 17/16a
～伯圭	禹錫		1125—1202 (78)		世將	令譮	子偁	崇憲靖王行狀	宋本攻媿集 86/1a 攻媿集 86/1a
～伯直	明道		1103—1167 (65)		世彊	令碑	子祐	趙明道墓誌銘	宋本攻媿集 110/14b 攻媿集 103/14a
～伯清	仲廉		1113—1166 (54)		世鴻	令睹	子祠	趙伯清行狀 (胡大韶撰)	八瓊金石補 114/20a
～伯淮	彥濟		1120—1177 (58)		世括	令陞	子英	趙公行狀	燭湖集 11/1a
～伯術	可大		1121—1188 (68)		世顥	令實	子照	趙運幹墓誌銘	應齋雜著 4/8a
～伯球 (伯松)	堅老		1136—1202 (67)	吉州	世覃	令賽	子惇	趙君伯球墓誌銘	益國文忠集 74/6b 益公集 74/42a
～伯攄	德蘊		1114—1168 (55)		世統	令杳	子暉	趙君墓誌銘	宋本攻媿集 109/12b 攻媿集 102/19a
～伯驤	希遠		1124—1182 (59)		世恬	令晙	子茇	趙公伯驤神道碑	益國文忠集 70/9a 益公集 70/9b
～宗回	晞聖		1017—1066 (50)		光義	元佐	允升	漢東郡公墓誌銘並序	樂全集 38/12a
～宗沔	上善		? (20)		光義	元份	允讓	廣平侯墓誌銘	歐陽文忠集 37/5a
～宗育	德之		1012—1041 (30)		光義	元佐	允言	汝陰侯墓誌銘並序	樂全集 38/14a
～宗述	子耆		1023—1068 (46)		光義	元偓	允弼	祁國公宗述墓誌銘	臨川集 98/12b
～宗師	靖之		1028—1056 (29)		光義	元份	允讓	高密侯墓誌銘	歐陽文忠集 37/4a

姓 名	字	號	生卒年（年齡）	籍貫	曾祖	祖	父	篇 名	出 處
～宗訥	行敏		1009—1054 (46)		光義	元佐	允成	安陸侯墓誌銘	歐陽文忠集 37/2a
～宗望	子國		1020—1063 (44)		光義	元佐	允言	高密郡公墓誌銘	華陽集 39/17a
～宗道	子淵		999—1071 (73)	封邱	瑢	正德	賀	趙君墓誌銘	安陽集 49/5a 八瓊金石補 103/27b 東都冢墓文/30b
～宗瑗	君玉		1033—1088 (56)		光義	元份	允讓	追封崇王諡孝溫墓誌銘	范太史集 51/1a
～宗默	潛真		1018—1054 (37)		光義	元佐	允升	安康侯墓誌銘	華陽集 39/2b
～宗顔	希聖		1008—1055 (48)		光義	元佐	允成	遂國公墓誌銘 遂國公宗顔諡昭裕	歐陽文忠集 37/1a 西溪集 9（三沈集 3/31b）
～宗藝	用之		1029—1056 (37)		光義	元偓	允弼	彭城郡公墓誌銘	華陽集 39/21a
～宗蓋	才叔		1039—1080 (42)		光義	元份	允讓	楚國公墓誌銘	王魏公集 8/10b
～宗嚴	子莊		1013—1063 (53)		光義	元佐	允成	彭城郡公墓誌銘	華陽集 39/23b
～宗辯	慎微		1023—1068 (46)		光義	元佐	允升	宗辯墓誌銘	臨川集 98/10b
～庚夫	仲白	山中翁	1173—1219 (47)	莆田				趙仲白墓誌銘	後村集 148/1a
～性夫	仁老		1176—1252 (77)		暐之	公建	彦晦	趙尚書神道碑	後村集 142/1a
～叔罕			1045—1050 (6)		德彝	承矩	克循	叔罕石記	公是集 54/2b
～叔宦			1086—1105 (20)		德彝	承襲	克家	宗室故左班殿直石志	摛文集 14/6a
～叔忢	傳道		1068—1103 (36)		德雍	承睦	克戒	宗室故左侍禁墓誌銘	摛文集 14/2b

姓　名	字	號	生卒年 （年齡）	籍貫	曾祖	祖	父	篇　　名	出　處
～叔舍			1056—1059 （4）		德彝	承錫	克闢	叔舍石記	公是集 54/1a
～叔俏	子儀		？—1106		德雍	承炳	克睍	河內侯墓誌 銘	摘文集 14/9a
～叔前	伯先		1054—1105 （52）			承遵	克觀	丹陽侯墓誌 銘	摘文集 14/7a
～叔峙	德澹		1058—1104 （47）		德彝	承架	克彰	高密郡公墓 誌銘	摘文集 14/5a
～叔悲	彥直		1085—1106 （22）		德彝	承錫	克蹯	宗室故左班 殿直墓誌銘	摘文集 14/9b
～叔疾			1049—1053 （6）		德彝	承矩	克廣	叔疾石記	公是集 54/3a
～叔珪			1095—1103 （9）		德彝	承錫	克家	宗室故左班 殿直石志	摘文集 14/4a
～叔耘	勤之		1058—1106 （49）		德雍	承亮	克暨	高密郡公墓 誌銘	摘文集 14/6b
～叔納	才元		1053—1104 （52）		德雍	承睦	克彙	高密郡公墓 誌銘	摘文集 14/4b
～叔趾			1051—1069 （19）		德彝	承矩	克循	趙公墓誌銘	蘇魏公集 60/15a
～叔紺	子春		1053—1106 （54）		德雍	承亮	克愉	清源侯墓誌 銘	摘文集 14/10a
～叔尊	應之		1055—1103 （49）		德彝	承矩	克彰	房陵羣公墓 誌銘	摘文集 14/3a
～叔詹 （叔昭）			1035—1058 （25）		德鈞	承震	克明	右武衛大將 軍墓誌銘	公是集 52/9b
～叔僧			1047—1054 （8）		德恭	承慶	克顏	叔僧石記	公是集 54/7b
～叔鄭	季武		1064—1104 （41）		德彝	承衍	克省	高密侯墓誌 銘	摘文集 14/4a
～叔闓			1052—1053 （2）		德彝	承衍	克諧	叔闓石記	公是集 54/7a
～叔篆			1087—1106 （20）		德彝	承錫	克稟	宗室故左班 殿直石志	摘文集 14/8b
～叔樂	和甫		1050—1102 （53）		德隆	承訓	克孚	博平侯墓誌 銘	摘文集 14/1b

姓　名	字	號	生卒年 (年齡)	籍貫	曾祖	祖	父	篇　　名	出　　處
～叔鼐			1051—1055 (5)		德恭	承慶	克絢	叔鼐石記	公是集 54/6b
～叔澁	德源		1082—1106 (25)		德存	承衍	克施	宗室故左班 殿直墓誌銘	摛文集 14/8a
～叔澹	靖之		1051—1103 (53)		德難	承睦	克凝	洋川郡公墓 誌銘	摛文集 14/2a
～叔璔	君玉		1070—1103 (34)		德彝	承錫	克告	宗室故西頭 供奉官墓誌 銘	摛文集 14/3b
～叔醾			1055—1059 (5)		德恭	承慶	克絢	叔醾石記	公是集 54/4b
～叔藻	景文		？—1074		德恭	承慶	克繼	馮翊侯墓誌 銘	長興集27 (三沈集 5/50b)
～叔曡			1043—1053 (11)		德恭	承南	克基	叔曡石記	公是集 54/6a
～昇之	君儀		1072—1105 (34)		承亮	克冲	叔皮	宗室故西頭 供奉官墓誌 銘	摛文集 14/5b
～　和	子禮		1036—1096 (61)			諲	士元	宋故趙公墓 誌　銘　並　序 (裴公輔撰)	山右石刻編 17/16a 山右冢墓文 下/45/b
～季培			1059.4— 1059.10 (1)		克己	叔韶	檢之	季培石記	公是集 54/3b
～　的 (及父)			？ (84)	良鄉				趙公墓誌銘 並序	河南集 14/6b
～　阜	則平		1195—1252 (58)		椿	起	綱	趙教授墓誌 銘	後村集 155/17a
～承裔			997—1053 (57)			廷美	德鈞	祁國公墓誌 銘	公是集 52/1a
～承睦			？ (48)			廷美	德雍	虔州觀察使 墓誌銘	景文集 58/7b
～承慶 (承宗)	祐之		1001—1039 (39)		弘殷	廷美	德恭	循國公神道 碑	無爲集 12/1a

姓 名	字	號	生卒年（年齡）	籍貫	曾祖	祖	父	篇 名	出 處
～承範						廷美	德彝	覆宗室遂寧郡王承範諡僖溫議	彭城集 24/5a
～承操			1022—1058（37）			廷美	德雍	安定侯墓誌銘	公是集 52/4b
～宣輔	仲申		？（61）	天水	全真	倚	台	趙君墓誌銘	徐公集 15/15a
～彦俉（彦俊）	才卿		1137—1201（65）	吉州	叔嶢	梃之	公顥	趙君彦俉墓誌銘	益國文忠集 74/5b 益公集 74/40b
～彦侯	蘭叔	東巖	？（71）				公賓	趙公行狀	後村集 169/11b
～彦真（彦能）	德全 從簡		1143—1196（54）	會稽	叔澹	賚之	公戀	趙公墓誌銘	渭南集 34/18a
～彦俟	安卿		1155—1218（64）		叔褧	尚之	公廣	趙公墓銘	水心集 23/5a
～彦堪	任卿		1121—1163（43）		叔昂	千之	公紹	趙君墓表	南澗稿 22/32a
～彦端	德莊	介庵 居士	1121—1175（55）		叔邶	澤之	公旦	趙公墓誌銘	南澗稿 21/16a
～彦櫹	文長		1148—1218（71）		叔侯	訓之	公渙	趙公墓銘	水心集 23/8b
～ 炳	公明		1144—1223（80）	德安	直	芹	庚	趙公明墓誌銘	昌谷集 19/9b
～ 祐	壽臣		1001—1045（45）	滏陽	符	昉	盛	趙君墓誌銘	鷄肋集 68/3a
～持之			1055—1058（4）		承勗	克構	叔璪	持之石記	公是集 54/4a
～若珪	玉父		1187—1229（43）		彦恂	亮夫	時侃	趙奉議墓銘	漫塘集 31/3a
～思恭	伯莊		1035—1108（74）	洛陽	普	承	從約	趙公墓誌銘	學易集 7/9b
～致中	周才		？（70）	普成			君輔	趙隱君墓誌銘（黃裳撰）	蜀文輯存 71/23b

姓 名	字	號	生卒年 (年齡)	籍貫	曾 祖	祖	父	篇 名	出 處
~時佐	宜仲		1181—1233 (53)		公偊	彦恂	亮夫	趙大夫墓誌銘	漫塘集 32/1a
~時通	宜伯		1161—1221 (61)	星水	公著	彦顔	俫夫	趙邵武墓誌銘	真西山集 44/26a
~時煥 (時敏)	文晦 克勤	耻齋	1201—1257 (57)	晉江	公端	彦綵	礪夫	趙克勤吏部墓誌銘	後村集 158/1a
~時賢	君舉		1186—1225 (40)	崇德	公孺	彦讐	扨夫	趙君舉墓誌銘	浣川集 10/4b
~時錡	元鼎		1210—1268 (59)	莆田	公謹	彦迻	蕙夫	趙閔宰墓誌銘	後村集 165/16a
~俾夫	壽翁		1179—1234 (56)	餘干	和之	公彦	彦榛	趙君墓誌銘	蒙齋集 17/19a
~師旦	潛叔		1011—1052 (42)	山陽	晟	和	應言	趙君墓誌銘	臨川集 94/3b
~師孟	醇叟		1109—1172 (64)		令圖	子野	伯莊	趙公醇叟墓誌銘	南軒集 40/4a
~師恕	季仁			長樂				趙郎中德政碑(秦祥發撰)	粵西金石畧 12/7a
~師望	公弼		1015—1068 (54)	山陽	晟	和	約言	趙君墓誌銘	長興集 26 (三沈集 5/38b)
~師潯 (師信)	深甫		1148—1199 (52)	鄞縣	令儇	子恙	伯起	趙深甫墓誌銘	宋本攻媿集 111/10a 攻媿集 104/9b
~師龍	舜臣 德言		1143—1193 (51)	餘姚	令蘧	子翔	伯述	趙公墓誌銘	宋本攻媿集 109/7a 攻媿集 102/14a
~師羼	從善	無著 居士 東牆	1148—1217 (70)		令晙		伯嘯	趙公墓誌銘	水心集 24/7b
~翊之	望弨		1078—1105 (28)		承亮	克冲	叔峨	宗室故右班殿直墓誌銘	摛文集 14/7b
~崇度	履節	節齋	1175—1230 (56)	餘干		應善	汝愚	趙公墓誌銘	真西山集 43/30b

姓　名	字	號	生卒年 （年齡）	籍貫	曾祖	祖	父	篇　名	出　處
～崇堂	肯夫		1230—1244 （15）	閩三山			汝騰	子將仕崇堂墓誌銘	庸齋集 6/20b
～崇悉	壽伯		1164—1228 （65）	丹陽	不爭	善泗	汝永	趙訓武墓誌銘	漫塘集 31/1a
～崇模	履規			餘干			汝愚	趙公德政之碑（張茂良撰）	粵西金石畧 12/4a
～崇憲	履常		1160—1219 （60）	餘干		應善	汝愚	趙華文墓誌銘	真西山集 44/6b
～崇禪	叔茂		1221—1268 （48）	武康	不赧	善恬	汝棟	趙君墓誌銘	黃氏日鈔 97/1b
～從式	智□		1007—1071 （65）			德芳	惟憲	榮王從式墓誌	韓南陽集 29/1a
～從郁	仲文		998—1041 （44）			德芳	惟憲	皇從姪全州觀察使追封新興侯墓誌銘	景文集 58/5a
～從信	君瑞		1011—1061 （51）			德昭	惟忠	宗室楚國公墓誌銘	華陽集 39/11a
～從審	叔度		1006—1051 （46）			德昭	惟和	宗室宣城郡公墓誌銘	華陽集 39/5b
～從質	子野		1010—1052 （43）			德昭	惟忠	宗室博陵侯墓誌銘	華陽集 39/7b
～從贄	子儀		1007—1050 （44）			德芳	惟能	宗室南陽侯墓誌銘	華陽集 39/3b
～　滋	道卿		？—1087	滏陽	昉	盛	祐	趙知錄墓誌銘	樂靜集 30/4b
～溫瑜	子美		997—1057 （61）	洛陽	處厚	孚	安仁	趙公墓誌銘	蘇魏公集 58/4a
～善佐	佐卿		1134—1185 （52）	邵武軍	仲營	士崺	不衰	趙使君墓碣銘	朱文公集 92/25b
～善俊	俊臣		1132—1195 （64）		仲營	士崺	不衰	趙君善俊神道碑	益國文忠集 64/1a 益公集 63/130a
～善待	時舉		1128—1188 （61）		仲忽	士說	不柔	趙公墓誌銘	絜齋集 17/11a

姓 名	字	號	生卒年 (年齡)	籍 貫	曾 祖	祖	父	篇 名	出 處
～善恭 (善恭 善儀)	作肅 麟之		1148—1217 (70)		仲沄	士崒	不擇	趙公墓誌銘	後樂集 18/5b
～善悉	壽卿		1141—1198 (58)	定海	仲馴	士起	不尤	趙公墓誌銘	水心集 21/19a
～善應	彥達	幸菴	1118—1177 (60)	餘干	仲企	士慮	不求	趙君彥遠墓 誌銘	朱文公集 92/14b
～善譽	静之 德廣	恕齋	1143—1189 (47)		仲暹	士迫	不晦	趙公墓誌銘	宋本攻媿集 108/32a 攻媿集 102/1a
～ 普	則平		922—992 (71)	常山				趙中令公普 神道碑 (趙炅撰)	琬琰存 1/1a
～ 越	彥中		? (56)	江陰				趙君墓誌銘	丹陽集 14/4b
～ 逵	莊叔		1117—1157 (41)	資陽	可	宗亮	衍	趙舍人墓誌 銘	海陵集 23/13a
～ 棠		赤溪 君	(54)	濟陰	季良	元授	陶	趙君塔銘並 序	樂全集 40/27b
～ 開	應祥		1066—1141 (76)	安岳	守忠	惟岳	英	趙待制開墓 誌銘 (李燾撰)	琬琰存 2/31b 蜀文輯存 54/1a
～舜臣	和叔		1020—1075 (56)	東平	文興	利	希言	趙君墓誌銘	學易集 7/16a
～鈞臣	秉之		1068—1112 (45)	韋城			偁	趙君墓誌銘	浮溪集 27/22b
～ 隆	夷仲		1025—1079 (55)	洛陽	孚	安仁	溫瑜	趙君墓誌銘	無為集 13/6b
～ 遂	景初	野塘 處士	1162—1246 (85)	玉山	澤	渙	藩	趙處士墓誌 銘	後村集 161/1a
～ 幹			932—1003 (72)	虞城				趙公神道碑 並序	樂全集 37/25a
～萬宗 (宗萬)	仲淵	跋鰲 先生	997—1074 (78)	山陰				跋鰲先生趙 萬宗傳	雲溪集 29/9b

姓　名	字	號	生卒年（年齡）	籍　貫	曾祖	祖	父	篇　名	出　處
～鼎	元鎮	得全居士	1085—1147（63）	聞喜				自誌筆録	忠正德集 10/6b
～睦之			1101—1159（59）					趙監廟墓表	五峰集 3/41a
～戣	成德			休寧				趙吟矑事畧	新安文獻/ 先賢上/11a
～槩（公稈）	叔平		998—1083（86）	虞城	著	惠	幹	趙康靖公槩墓誌銘 趙康靖公神道碑	華陽集 38/1a 蘇東坡全集/ 後 18/14b
～粹中	叔達		1124—1187（64）	鄞縣	伸	公綽	濬	趙公神道碑	宋本攻媿集 105/1a 攻媿集 98/21a
～遠	任道		？—1262	鄞縣	賡	大年	居義	趙君墓碣	黃氏日鈔 97/1a
～熙	德遠		1128—1180（53）	永川	拯	鴻	鎬	趙熙墓誌銘（陳昂撰）	蜀文輯存 79/10b
～與忎	德寬		1184—1239（56）	青田	伯仁	師虔	希□	趙公壙誌（趙孟堅撰）	吳興金石記 12/14b
～與時	行之		1175—1231（57）		伯穎	師古	希宜	趙公墓銘	彝齋文編 4/21a
～像之	民則 明則		1128—1202（75）	高安	承錫	克家	叔贇	趙公行狀	誠齋集 119/33a
～綸	君任	時齋	1164—1222（59）	聞喜	鼎	汾	盬	趙君綸墓誌銘	鶴山集 78/8a
～慶慶	善源		1059—1063（5）		惟吉	守約	世静	均州防禦使殤子墓記	華陽集 39/31a
～霄	彥昭		1062—1109（48）	永嘉				趙彥昭墓誌銘	浮沚集 7/6b
～楥年	難老 子壽	莫真野人	1106—1160（55）	蒙陽				趙君墓誌銘	方舟集 16/24b
～積	表微		963—1038（76）	宣城	賡	修己	晟	趙僖質公諡議	傳家集 66/10b 司馬温公集 55/11b

姓　名	字	號	生卒年 (年齡)	籍貫	曾祖	祖	父	篇　名	出　處
								趙傅質謚議	公是集 41/16a 宋文鑑 135/13b
								趙公墓誌銘 並序	河南集 13/12b
～　億	延之		1081—1135 (55)	西安	抃	凱	霖	趙公墓誌銘	浮溪集 27/20a
～　燁	景明	掘齋	1138—1185 (48)	太康	懷	信	格	趙公墓誌銘	定齋集 15/3b
～　蕃	昌父	章泉 先生	1143—1229 (87)	玉山	暘	澤	渙	趙先生墓表	漫塘集 32/9a 章泉稿 5/10a
～　顥 (仲格)			1056—1088 (33)		元份	允讓	曙	故魏王追封 記	范太史集 53/1a
～應龍	子雲		1195—1240 (46)	嘉定	瑄	革	朝俊	趙君墓誌 (楊煥撰)	吳都續文粹 44/48a
～　薦	賓興		1034—1081 (48)	依政	翱	文	祐	趙君墓誌銘	浮德集 24/1a
～徽之	天和		？—1103		承慶	克繼	叔敖	河內侯墓誌 銘	摛文集 14/3a
～　瞻	大觀		1019—1090 (72)	盩厔	翰	彬	剛	趙公神道碑 銘	范太史集 41/3b
～爵之	子厚		1061—1105 (45)		承遵	克虔	叔武	宗室馮翊侯 墓誌銘	摛文集 14/6a
～轔之	積中		1092—1152 (61)		承秉	克周	叔何	趙府君墓誌 銘	南澗稿 20/1a
～懷恩 (尼瑪丹怎)				西寧 州	置勒 斯賫	溫錫 沁	錫巴 袞	趙郡王墓誌 銘	方舟集 16/26a
～　犨之			1092—1105 (14)		承亮	克冲	叔皮	宗室涇州觀 察使第十七 子志	摛文集 14/5b
～　某 (士竭 第二子)			1080—1088 (9)		宗悌	仲微	士竭	右監門衛大 將軍男墓記	范太史集 53/7b

姓　名	字	號	生卒年 （年齡）	籍貫	曾祖	祖	父	篇　名	出　處
～　某 （仲碩 第六子）			1086—1088 （3）		允升	宗悌	仲碩	遂州觀察使 男墓記	范太史集 53/8a
～　某 （仲篤 第六子）			1087—1089 （3）		允讓	宗袞	仲篤	右武衛大將 軍舒州防禦 使第六子墓 記	范太史集 54/1a
～　某 （仲戩 第二子）			？—1091		允讓	宗袞	戩	右監門衛大 將軍第二子 墓記	范太史集 54/1b
～　某 （士岌 第五子）			1089—1090 （2）		宗達	仲烈	士岌	右武衛大將 軍昌州刺史 第五子墓記	范太史集 54/4a
～　某 （仲弓 第六子）			1087—1091 （5）		允成	宗仁	仲弓	右監門衛大 將軍康州刺 史第六子墓 記	范太史集 54/5a
～　某 （令籧 第二子）			1085—1093 （9）		從贄	世經	令籧	右監門衛大 將軍第二子 墓記	范太史集 54/5b
～　某 （仲杵 第六子）			1089.9— 1089.12（2）		允成	宗保	仲杵	右武衛大將 軍康州團練 使第六男墓 記	范太史集 54/5b
～　某 （仲弗 第六子）			1088—1089 （2）		允成	宗仁	仲弗	右監門衛大 將軍英州刺 史第六男墓 記	范太史集 54/8b
～　某 （士綏 第三子）			1084—1090 （7）		宗嚴	仲商	士綏	右千牛衛將 軍第三男墓 記	范太史集 54/9a
～　某 （仲厥 第五子）			1091—1092 （2）		允讓		仲厥	右武衛大將 軍興州團練 使之男墓記	范太史集 54/12b
～　某 （仲理 第十二子）			1087—1091 （5）		允讓	宗袞	仲理	達州防禦使 之男墓記	范太史集 54/12b

姓　名	字	號	生卒年 （年齡）	籍　貫	曾祖	祖	父	篇　名	出　處
～　某 （仲理 第十三子）			1088—1091 （4）		允讓	宗袞	仲理	達州防禦使 之男墓記	范太史集 54/13a
～　某 （仲郚 第三子）			1043—1045 （3）		允言	宗說	仲郚	宗室右監門 率府率仲郚 第三男石記 文	樂全集 38/29b
～　某 （宗訥 第四子）			1041—1042 （2）			允成	宗訥	宗室右千牛 衛大將軍宗 訥第四男石 記文	樂全集 38/30a
～　某 （宗育 第二子）			1041—1042 （2）			允言	宗育	宗室故贈潁 州防禦使汝 陰侯宗育第 二男石記文	樂全集 38/30b
～　某 （宗迥 第五子）			？ —1042			允言	宗迥	宗室右屯衛 將軍宗迥第 五子石記文	樂全集 38/31a
～　某 （宗楷 第八子）			1046—1047 （2）				宗楷	右監門衛大 將軍宗楷第 八男石記文	樂全集 38/32a
～　某	公茂		？ （63）	赤水				趙公茂墓誌 銘	性善稿 13/8b
綦崇禮	叔厚 處厚	北海 先生	1083—1142 （60）	北海			亢	氏族言行錄	北海集/附 下/5b
臧　詢	公獻		1051—1110 （60）	安吉				臧記室行狀	苕溪集 30/2b
～　愚 （丙）	仲回 夢壽		939—991 （53）	大名			今圖	臧公墓誌銘 並序	小畜集 28/24b
～　賓卿	雲叟		1109—1163 （55）	四明		中立	師顏	臧公墓誌銘	慈湖遺書/ 續 1/28b
～　鏗	子與		1165—1202 （38）	淮陰		翌	珪	臧子與墓誌 銘	江湖集 35/1a

姓　名	字	號	生卒年 （年齡）	籍貫	曾祖	祖	父	篇　名	出　處
裴德裕 （德谷、 德昌）			？ （76）	萬泉			濟	裴公墓誌銘	歐陽文忠集 29/12b
～德興	載之		988—1054 （67）	開封		延復	麗正	裴公墓誌銘	西溪集10(三 沈集 3/44a)
蒲師道	叔範		1008—1053 （46）	閬中	茂璘	穎士	仲	蒲君墓誌銘	蔡史惠集 35/15b
～慎密	叔榮		1012—1072 （61）	果州	承蘊	仁讚	士廉	蒲君慎密墓 誌銘	華陽集 38/18a
～遠猷 （遠猶）	仲俞 仲與 仲輿		1012—1092 （81）	成都	勳	裕	亮	自誌墓誌 蒲仲輿墓碣	蜀文輯存 17/9b 豫章集 24/27a
～某	大觀		？ （47）	閬中				蒲隱君墓誌 銘	方舟集 15/21a
蓋　淑	子美		1017—1080 （64）	冤句				蓋君墓誌銘	陶山集 14/16a
～　經	德常		1129—1192 （64）	開封				蓋經行狀	後樂集 17/12b
～　震	伯安		1009—1085 （77）	長葛			湘	蓋君墓誌銘 並序 （郭諶撰）	中州冢墓文/ 55b
～某 （平、 參父）			？ （65）	元城				蓋府君墓誌 銘並序	樂全集 39/53a
蒼庭筠						籫	斡	蒼庭筠傳	屏山集6/6a
〔上古〕 ～　頡								蒼公墓記	八瓊金石補 121/26a
聞人譽	聲甫		1081—1153 （73）	武康	永	億	濟	聞人府君墓 誌銘	苕溪集 50/11a

姓　名	字	號	生卒年 (年齡)	籍貫	曾祖	祖	父	篇　　名	出　處
僖　某	潤甫		? (44)	蜀				僖潤甫墓誌銘	縉雲集 4/12b
翟汝持	公肅		1070—1095 (26)	丹陽			思	伯氏公肅埋銘	翟忠惠集 10/4b
～守素	昭儉		922—992 (71)	任城			溥	翟公墓誌銘並序	小畜集 29/1a
～起宗	元振		1170—1226 (57)	金壇			惜	翟承事墓誌銘	漫塘集 30/13a
～敦仁	静叔		1069—1118 (50)	韋城				翟静叔墓誌銘	竹隱集 17/12b
〔漢〕 ～　義	文仲							漢忠臣翟義傳	香溪集 21/6a

十　五　畫

姓　名	字	號	生卒年 (年齡)	籍貫	曾祖	祖	父	篇　　名	出　處
潘好古	敏修 伯御		1101—1170 (70)	松陽	幹	珂	宗回	潘公墓誌銘	東萊集 10/2b
～好謙	伯益 損之	矯齋	1117—1175 (59)	松陽	幹	珂	宗説	潘朝散墓誌銘	東萊集 12/7b
～昉少 (公從)	庭堅	紫岩	1204—1246 (43)	閩縣	懷英	子儀	釣伯	潘庭堅墓誌銘	後村集 152/5a
～周伯	宗之		1181—1269 (89)	長樂	師孔	飛英	子韶	潘左藏墓誌銘	虜齋集 21/8a
～　美	仲詢		921—987 (67)	大名			璘	潘武惠公美傳(實錄)	琬琰存 3/1a
～特竦	廷立		1082—1139 (58)	青田	惟德	抃	廙	潘公墓誌銘	北海集 34/11b
～惟一	景參			永嘉				潘知縣墓誌銘	鶴林集 35/1a
～　時	德鄜 德卿		1126—1189 (64)	金華	宗簡	祖仁	良佐	潘公墓誌銘	朱文公集 94/1a
～得剛	知柔	可齋	1201—1283 (83)	華亭	日益	伯涓	仁進	潘公墓誌銘	秋聲集 5/37a

姓　名	字	號	生卒年 （年齡）	籍貫	曾祖	祖	父	篇　名	出　處
～　植	立之		？ （59）	懷安			滋	潘君立之行狀	勉齋集 37/13b
～朝卿	春卿		1113—1190 （78）	永嘉		彥先	安中	潘公墓誌銘	止齋集 49/6a
～景憲	叔庭		1134—1190 （57）	金華	珂	宗回	好古	潘公墓誌銘	朱文公集 93/11b
～慎修	成德 德成		937—1005 （69）	建州	武源	宗裔	承佑	潘公墓誌銘	武夷新集 9/12a
～擇師	希明	靖齋 居士	1123—1200 （78）	溧陽	由	深之	積	潘君墓誌銘	漫塘集 29/8b
～　鯁	昌言		1036—1098 （63）	黃州	吉甫	衢	革	潘奉議墓誌銘	柯山集 50/17b
～　某	宗權	水塈	1218—1254 （37）	宜春				潘司户宗權墓誌銘	雪坡集 49/2a
諸葛 **仲文**	彥明		1083—1151 （69）	上饒				諸葛君墓誌	東牟集 14/21b
〔蜀〕 ～　亮	孔明		181—234（54）	瑯琊			珪	諸葛孔明傳	斐然集 24/31a
～　瑾	子直		1156—1235 （80）	丹陽	參	軾	汝賢	葛承直墓誌銘	漫塘集 32/4a
～　説	夢叟		1125—1174 （50）	永嘉	璿	原	純	諸葛公行狀	止齋集 51/12b
～　鎡	大本		1158—1223 （66）	丹陽	暉	材	深	諸葛貢元墓誌銘	漫塘集 29/18b
鄭子簡			1218—1263 （46）	莆田	閎禮	孺可	衝甫	鄭甥主學墓誌銘	後村集 161/14b
～　卞	子憲		1031—1105 （75）	金華	百樂	克允	謐	擬〔先中奉〕墓表記先中奉墓表始末	北山集 27/1a 北山集 27/3b
～文遹	成叔	庸齋	1167—1224 （58）	閩縣	忻	雋	倫	鄭君墓誌銘	復齋集 22/35b
～天麟	德甫	菊存	？ （67）	歙縣	拱辰			鄭公天麟墓誌銘 （陳宜孫撰）	新安文獻 88/4a

姓　名	字	號	生卒年 （年齡）	籍貫	曾祖	祖	父	篇　　名	出　　處
～ 元				須城				鄭元傳	徂徠集 6/7a
～仁傑	克俊		1139—1198 （60）	代陽		圭	絲	鄭公墓誌銘	緣督集 8/4a
～ 平			993—1043 （51）	衡陽				鄭君墓誌銘	歐陽文忠集 35/1a
～可學	子上	持齋	1152—1212 （61）	莆田	諶	思默	仕謙	鄭公墓誌銘	復齋集 21/5a
～ 丙	少融		1121—1194 （74）	長樂	芳	馗	遇	鄭公丙神道碑	益國文忠集 65/9b 益公集 65/15a
～民度	仲祥		1029—1069 （41）	吳郡	延紹	文遂	戩	鄭君民度墓誌銘	華陽集 38/26a
～民彝	德常		1021—1060 （40）	吳郡	延紹	文遂	戩	鄭君民彝墓誌銘	華陽集 38/34b
～安恭 （思恭）	子禮		1099—1171 （73）	懷邑	元吉	有彰	雍	鄭公墓誌銘	南澗稿 20/16b
～良朋	少安		1161—1235 （75）	東陽	振	壽	紹庭	鄭君墓誌銘	蒙齋集 18/2b
～志通	達之							鄭君墓誌銘	洺水集 14/11a
～希甫	源明		956—1027 （72）	滎陽	儀	遵勗	光壽	鄭公墓志	蘇學士集 14/12b
～ 谷	守愚		987—1061 （73）	宜春	隱	瓌懿	谷	鄭都官墓表	龍學集 9/3b
～伯英	景元	歸愚翁	1130—1192 （63）	永嘉				鄭景元墓誌銘	水心集 21/16b
～性之 （自誠）	信之		1172—1255 （84）	侯官	可大	獎	汝永	鄭觀文神道碑	後村集 147/6a
～知柔	仁父	百拙翁	1083—1150 （68）	宣城				百拙翁墓誌銘	太倉集 70/16a
～ 洙	宗魯		1067—1124 （58）	金華	克從	詳	汝嘉	宗魯行狀	北山集 7/6a
～ 疱	純甫		1212—1253 （42）	莆田		僑	寅	鄭疱宣教墓誌銘	後村集 156/12a

姓　名	字	號	生卒年 （年齡）	籍貫	曾祖	祖	父	篇　名	出　處
～思肖	憶翁	所南	？ （78）	連江		咸	起	鄭所南小傳	所南集/ 小傳 1a
～浦	仲淮		1159—1224 （66）	莆田	紹	良臣	獵得	鄭侯墓誌銘	復齋集 21/21b
～俠	介夫	大慶 居士 一拂 居士	1041—1119 （79）	福清	御	謐	量	謐議 （劉靖之撰） 覆謐議 （李傅道撰） 墓誌 （夏之文撰） 介夫傳 傳（謝鳳述）	西塘集/ 傳誌 24b 西塘集/ 祠錄 26b 西塘集/ 傳誌 3b 西塘集/ 傳誌 18b 西塘集/ 傳誌 6b
～起 （震）	叔起	菊山	1199—1262 （64）	連江	昭嗣	沂	咸	菊山翁家傳	心史/下/ 27b
～剛中	亨仲 漢章	北山 觀如	1088—1154 （67）	金華	克允	諧	卞	鄭公墓誌銘 （何耕撰）	北山集/卷末 蜀文輯存 59/4a
～耕老	穀叔		1108—1172 （65）	莆田	亞卿	資深	安正	鄭公墓誌銘	水心集 15/9a
～倫	次山		1135—1195 （61）	閩縣	銘	忻	雋	鄭處士墓誌	勉齋集 38/1a
～紓	武仲		1001—1056 （56）	安陸	保雍	嶼	建中	先公行實 鄭君墓誌銘	郎溪集 19/10a 蔡忠惠集 36/17b
～清之 （燮）	德源 文叔	安晚	1176—1251 （76）	鄞縣		覃	若沖	鄭公行狀	後村集 170/1a
～〔寀〕	載伯		1188—1249 （62）	福安				樞密鄭公行 狀	後村集 169/1a
～惇忠	景孚		1027—1087 （61）	丹徒			向	鄭公墓表	陶山集 16/11b
～俣 （潛甫）	德言	村邊	1196—1251 （56）	莆田	良	圉	瞀	鄭德言墓誌 銘	後村集 154/17b

姓　名	字	號	生卒年 (年齡)	籍　貫	曾　祖	祖	父	篇　　名	出　處
～逢辰	伯昌		？—1248	閩縣	焕	珪	昭先	鄭吏部墓誌銘	庸齋集 6/11a
～詒	正臣		999—1058 (60)	德安		裔	束	鄭君墓表	臨川集 90/11b
～景純 (康祖)	夢得		1091—1137 (47)	開封	守鈞	志明	昭緒	鄭司門墓銘	松隱集 36/8a
～溥	巨中		1073—1121 (49)	金華	克從	詳	汝能	族兄巨中嫂 王氏 姚氏合葬銘	北山集 7/1a
～雍	公肅		1031—1098 (68)	襄邑				鄭公行狀	北海集 34/1a
～愷	和叔		1022—1082 (61)	尤溪	瀜	淑		鄭君墓誌銘	演山集 34/1b
～毅	致剛		1080—1129 (50)	建州	仁順	嵩	鎮	鄭公墓誌銘	龜山集 37/11a
～戩			992—1053 (62)	吳縣	思正	延紹	文遂	鄭公墓誌銘	文恭集 36/4a
～餘慶	文叔		1142—1201 (60)	黃巖	寅	瓊	伯禧	鄭公墓誌銘 (張布撰)	台州金石錄 8/18a
～樸翁	宗仁		1240—1302 (63)	平陽	國珍	得孫	阜卿	鄭公墓誌銘	霽山集 5/16b
～噩	仲酉		1129—1184 (56)	平陽	瓊	榛	躬	鄭仲酉墓誌 銘	水心集 15/1a
～興裔 (興宗)	光錫		1126—1199 (74)	開封	紳	翼之	蕃	鄭公興裔神 道碑	益國文忠集 70/13a 益公集 70/16b
～穆	閎中		1018—1092 (75)	侯官				鄭公墓誌銘	范太史集 43/1a
～獬	義夫 毅夫		1022—1072 (51)	安陸	保雍	嶼	建中	鄭翰林獬傳 (實錄) 鄭氏世錄	琬琰存3/27b 郟溪集 18/10a
～濟甫	逢言		1205—1254 (50)	莆田	恪	毅	度	鄭逢言墓誌 銘	後村集 162/9a
～獵得			？ (74)	閩				鄭公墓誌銘	復齋集 21/29a

姓　名	字	號	生卒年 （年齡）	籍貫	曾祖	祖	父	篇　名	出　處
～　嚴	君傅		1202—1252 （51）	莆田	守約	撰	渭	鄭君傅墓誌 銘	後村集 155/6b
～　驤	潛翁			玉山				旌忠愍節廟 碑	朱文公集 89/18b
～　某								鄭公諡議狀	樂全集 34/14a
～　某			1057—1141 （85）	長興				鄭君墓表	苕溪集 50/12a
～　某 （粹道父）			？ （68）	滎陽				鄭隱居墓誌 銘	方舟集 15/15b
樓　弇	元應		1199—1173 （75）	鄞縣	杲	郁	肖	叔祖居士並 張夫人墓誌 銘	宋本攻媿集 108/1a 攻媿集 100/7b
～叔韞								樓公叔韞墓 誌銘	鄮峰錄 44/（原闕）
～　奎	叔茂 叔戀		1191—1241 （51）	東陽	瑞	允載	雷	樓叔茂墓誌 銘	魯齋集 20/9b
～　郁	子文	西湖 先生		奉化				高祖先生事 畧	宋本攻媿集 66/a 攻媿集 85/1a
								城南樓先生 傳	四明文獻集 6/13b
～　錫	予善 申伯		1134—1183 （50）	鄞縣	常	异	璩	先兄嚴州行 狀	宋本攻媿集 88/9b 攻媿集 85/10a
～　鐩	少及		1136—1211 （76）	鄞縣	常	异	琚	從兄樓府君 墓誌銘	宋本攻媿集 115/殘 攻媿集 109/19a
～　蘊	季發		1101—1171 （71）	義烏	訓	琳	中立	樓君墓誌銘	東萊集 10/6b

姓　名	字	號	生卒年 （年齡）	籍貫	曾祖	祖	父	篇　　名	出　處
～　錫	昭聲		1132—1163 （32）	鄞縣	常	异	璩	樓君墓誌銘	宋本攻媿集 112/19b 攻媿集 105/19a
～　鑰	大防 啓伯	攻媿 主人	1137—1213 （77）	鄞縣	常	异	璩	樓公行狀	絜齋集 11/1a
鞏　嶸	仲同		1151—1227 （77）	武義	熹	庭芝	灃	鞏公墓誌銘	平齋集 31/1a
～　豐	仲至	栗齋	1148—1217 （70）	武義	熹	庭芝	灃	鞏仲至墓誌 銘	水心集 22/16a
歐　慶	貽孫		966—1029 （64）	乾德				歐君墓表	歐陽文忠集 24/10a
歐陽弅	耿仲		1121—1173 （53）	永和	綮	璟	襄	歐陽耿仲弅 墓誌銘	益國文忠集 32/6a 益公集 32/7a
～　修	永叔	六一 居士 醉翁	1007—1072 （66）	廬陵	郴	偓	觀	六一居士傳 行狀 （吳充撰）	歐陽文忠集 44/7a 歐陽文忠集/ 附錄 1/8b
								歐陽文忠公 諡議 （李清臣撰）	宋文鑑 135/15a 歐陽文忠集/ 附錄 1/20a
								歐陽公墓誌 銘	安陽集 50/1a 歐陽文忠集/ 附錄 2/1a
								歐陽文忠公 神道碑	欒城集/後 23/1a 歐陽文忠集/ 附錄 2/10b

姓 名	字	號	生卒年 （年齡）	籍貫	曾祖	祖	父	篇 名	出 處
								神宗實録本傳	歐陽文忠集/附録3/1a
								重修實録本傳（葉濤撰）	歐陽文忠集/附録3/9b
								神宗舊史本傳	歐陽文忠集/附録4/1a
								四朝國史本傳	歐陽文忠集/附録4/8b
								事迹（歐陽發等述）	歐陽文忠集/附録5/1a
～ 通	文叟	逸翁	1040—1098 （59）	廬陵	壽	鵬	居簡	歐陽文叟墓誌銘	龍雲集31/9a
～ 棐	叔弼		1047—1113 （67）	廬陵	偓	觀	修	歐陽叔弼傳	西臺集6/24a
～ 鈇	伯威	寓菴	1126—1202 （77）	廬陵	來用	元發	充	歐陽伯威墓誌銘	益國文忠集74/8a 益公集74/43b
～ 發	伯和		1040—1085 （46）	廬陵	偓	觀	修	歐陽伯和墓誌銘	張右史集59/7b
～ 載	則之		959—1026 （68）	廬陵	託	郴	儀	歐陽公墓誌銘	歐陽文忠集29/10a
～德載	君厚		？ （59）	莆陽	渭卿	淇	起莘	歐陽君厚墓誌銘	四如集4/5a
～ 穎	孝叔		962—1034 （73）	荊南	託	彬	倣	歐陽公墓誌銘	歐陽文忠集61/6b
～ 曄	日華		959—1037 （79）	廬陵	託	彬	偓	歐陽公墓誌銘	歐陽文忠集27/4a
～應求	仲俊	樗叟	1089—1164 （76）	廬陵	諒	震	景先	歐陽先生墓誌銘	澹庵集26/1a
～旛然	達可		1091—1159 （69）	安福	載	瑜	安稷	歐陽縣丞墓誌銘	廬溪集43/3a
～ 彝	元鼎		1135—1209 （69）	廬陵	粲	璟	襄	歐陽元鼎墓誌銘	益國文忠集75/2b 益公集75/51b

姓　名	字	號	生卒年 （年齡）	籍貫	曾祖	祖	父	篇　名	出　處
～　觀 （德儀）	仲賓		952—1010 （59）	盧陵	託	彬	偃	瀧岡阡表 先君墓表	歐陽文忠集 25/8b 歐陽文忠集 62/7b
厲仲方 仲詳	約甫		1159—1212 （54）	東陽	凝	邦用	邦俊	厲領衛墓誌 銘	水心集 22/1a
～邦俊	元明		1138—1185 （48）	東陽		凝	邦用	厲君墓誌銘	水心集 13/14a
慕容 彦逢	叔遇 淑遇		1067—1117 （51）	宜興				慕容彦逢諡 議（蔣璹等撰）	摛文集/ 附録 1a
								慕容彦逢墓 誌銘	摛文集/ 附録 2b
～彦喜	叔孚		1084—1103 （20）	宜興				慕容叔孚墓 誌	摛文集 15/8b
蔡大醇	希孟		1182—1230 （49）	丹陽	球	國幹	璨	蔡希孟墓誌 銘	漫塘集 31/15a
～天球	粹夫		1025—1069 （45）	宋州	陟	希顔	極	蔡君墓誌銘	忠肅集 13/15a
～天經	元愷		1022—1049 （28）	睢陽	陟	希顔	拯	蔡君墓誌銘	樂圃稿 10/7b
～元方	安禮		1054—1097 （44）	將樂				蔡奉議墓誌 銘	龜山集 30/3b
～元定	季通	西山 先生	1135—1198 （64）	建陽	充	諒	發	蔡公墓銘 蔡元定傳	雲莊集 11/5b 杜清獻集 19/15a
～元康	君濟		1075—1117 （43）	平陽			彦先	蔡君濟墓誌 銘	橫塘集 19/9a
～元卿	長叔		972—1018 （47）	膠水		縮	鄰	蔡公墓誌銘 並序（劉槩撰）	山左冢墓文 29a
								蔡君墓表	范文正集 14/5a

姓名	字	號	生卒年（年齡）	籍貫	曾祖	祖	父	篇名	出處
～元龜	君寶		？—1112	平陽			汝平	蔡君寶墓誌銘	浮沚集 7/14a
～必勝	直之		1140—1203 (64)	平陽	岳	欽	蔚	蔡知閣墓誌銘	水心集 17/1a
～幼學	行之		1154—1217 (64)	瑞安	昌	廷直	端卿	蔡公墓誌銘	水心集 23/2a
～充	公度		986—1056 (71)	南城	恭	道隆	旦	蔡公墓誌銘	元豐稿 43/5b
～沆	復之	復齋居士	1159—1237 (79)	建陽	諒	發	元定	復齋公墓誌（徐夢發撰）	蔡復齋集 4/43b
～沉（若）	仲默文公	九峰先生	1167—1230 (64)	建陽	諒	發	元定	九峰先生蔡君墓表	真西山集 42/6b
～抗	子直		1008—1067 (60)	宋城				蔡公墓誌銘並序	樂全集 40/11b
～伸	申道 伸道		1088—1156 (69)	仙遊	琇	襄	旻	大父行狀 蔡公伸神道碑	定齋集 14/6b 益國文忠集 63/1a 益公集 62/104b
～伯伊	莘老		1138—1187 (50)	麗水				蔡莘老壙記（蔡潮撰）	括蒼金石志/續 1/16a
～定	元應		？—1127	會稽			革	蔡孝子傳	香溪集 21/8b
～杭（抗）	仲節	久軒	1193—1259 (67)	建陽	發	元定	沈	蔡文肅公墓誌（葉采撰）	久軒集 8/64b
～昕	景叔		1031—1066 (36)	睢陽	陟	希言	挺	蔡君墓誌銘	樂圃稿 10/1a
～承禧	景繁		1035—1084 (50)	臨川		宗晏	元導	蔡公墓誌銘	蘇魏公集 56/7a
～奕	如晦		1040—1083 (44)	宋城	陟	希言	挺	蔡君墓誌銘	劉忠肅集 12/5b
～拯	仲仁		998—1054 (57)	下邑	堅	陟	希顏	蔡公墓誌銘	樂圃稿 10/4a
～待時	元晦		1126—1189 (64)	台州		產	元之	蔡君墓誌銘	水心集 14/5b

姓 名	字	號	生卒年 (年齡)	籍 貫	曾 祖	祖	父	篇 名	出 處
～ 高	君山		1008—1035 (28)	仙遊	顯皇	恭	琇	蔡君山墓誌銘	歐陽文忠集 28/1a
～ 格	伯至	素軒	1183—1252 (70)	建陽	發	元定	淵	素軒公墓誌 (范弘忠撰)	素軒集 5/12b
～ 挺	子正		1014—1079 (66)	宋城				蔡公墓誌銘	樂全集 40/33b
～ 湍	子東		1121—1176 (56)	仙遊	襄	旻	伸	蔡公墓誌銘	誠齋集 128/5b
～ 淵	伯静	節齋	1156—1236 (81)	建陽	諒	發	元定	節齋先生墓 誌銘(王遂撰)	節齋集 3/31a
～ 閔	彦高		1045—1093 (49)	衢州	顏	旷	偍	蔡君墓誌銘	襄陵集 11/11b
～ 欽	承辟		1060—1078 (19)	睢陽	陟	希言	抗	蔡君墓誌銘	樂圃稿 10/3a
～ 發	神與	牧堂 老人	1089—1152 (64)	建陽		允	諒	蔡牧堂公墓 表(詹體仁撰) 蔡氏諸儒行 實述(翁易撰)	牧堂集/ 附錄 1/43b 牧堂集/九 儒首卷/總 述 1a
～ 稟	淳之		1002—1045 (44)	膠水	綰	鄰	元卿	蔡君墓誌銘 並序	樂全集 39/40a
～ 漸	進之		1019—1057 (39)	膠水	鄰	夢臣	文齊	蔡贊善墓誌 銘	范忠宣集 13/2a
～ 齊	子思		988—1039 (52)	膠水	綰	鄰	夢臣	蔡公行狀 蔡公墓誌銘 蔡公神道碑 銘並序	歐陽文忠集 38/1a 范文正集 12/14a 樂全集 37/17a
～ 説 (誐)	子難		1022—1073 (52)	錢塘				蔡君墓誌銘	蘇魏公集 57/3a
～ 模	仲覺	覺軒	1188—1246 (59)	建陽	發	元定	沈	蔡覺軒先生 墓誌(翁合撰)	覺軒集 7/24b
～ 確	持正		1037—1093 (57)	晉江			黃裳	蔡忠懷公確 傳(實録)	琬琰存 3/40b

姓　名	字	號	生卒年 （年齡）	籍貫	曾祖	祖	父	篇　名	出　處
～　蕃	晉如		1064—1111 （48）	宋城	希言	挺		蔡君墓誌銘	學易集 8/1a
～　襄	君謨		1012—1067 （56）	仙遊	顯皇	恭	琇	蔡公墓誌銘	歐陽文忠集 35/2a 蔡忠惠集/ 卷首 18a
～彌邵	元德		1116—1173 （58）	東陽	億	材	友文	蔡元德墓碣 銘	龍川集 27/3a
～　鎬	正之		1143—1191 （49）	臨海	產	元之	待時	蔡君墓誌銘	水心集 14/7b
～　權	仲平	静軒	1195—1257 （63）	建陽	發	元定	沈	蔡静軒公墓 誌（陳元善撰）	静軒集 9/15b
～　衢	子亨		1106—1163 （58）	仙遊	準	京	傋	蔡子亨墓誌 銘	益國文忠集 31/2b 益公集 31/150a
～　某 （説父）			999—1070 （72）	錢塘				蔡君墓誌銘	彭城集 37/10b
蔣　文	質甫	勝菴	1216—1283 （68）	奉化	榛	浩	琮	蔣質甫墓誌 銘	本堂集 91/5a
～允濟	德施		1104—1166 （63）	興安			熙	蔣公墓誌銘	于湖集 30/1a
～存誠	秉信		？—1210	四明	俊明	琚	從	蔣秉信墓銘	慈湖遺書 5/14b
～行簡	仲可		1126—1196 （71）	永嘉	錫	扶	惇	蔣公墓誌銘	水心集 18/13a
～叔興	少韓 德瞻	存齋	1163—1223 （61）	永嘉	扶	淳	行簡	蔣知縣墓誌 銘 存齋蔣弋陽 墓誌銘	鶴林集 35/10a 浣川集 10/6a
～　果	明道			歙縣				蔣進義果傳 （李以申撰）	新安文獻 96 上/後 12b
～　真	持志		1083—1132 （50）	浦江	承漢	用亨	浹	蔣持志墓誌 銘	北山集 7/2a

姓名	字	號	生卒年 (年齡)	籍貫	曾祖	祖	父	篇名	出處
～堂	希魯	遂翁	980—1054 (75)	宜興	幼蟾	宏謹	九皋	蔣公神道碑	文恭集 39/1a 春卿稿/ 附 13a
								附傳	春卿稿/ 附 12a
～湋	彥回			零陵				蔣彥回傳	誠齋集 117/1b
～稟	忱甫		1042—1111 (70)	永嘉		絳	宓	蔣君墓誌銘	橫塘集 20/1a
～猷	仲遠 冠權		1065—1130 (66)	金壇	郢	益	師錫	蔣公墓誌銘	浮溪集 27/30a
～璿	夢錫		1063—1138 (76)	宜興	九皋	滂	之奇	蔣公墓誌銘	浮溪集 27/26a
～圓	粹中		1043—1130 (88)	毘陵				蔣公墓誌銘	毘陵集 13/1a
～熙	明遠			興安				蔣君墓誌銘	斐然集 26/68a
～綸	德言		？—1186	鄞縣	猷	誤	臺卿	蔣德言墓誌 銘	宋本攻媿集 108/22b 攻媿集 101/9b
～璨	宣卿	景坡	1085—1159 (75)	宜興	九皋	滂	之美	蔣公墓誌銘	鴻慶集 37/1a 孫尚書集 66/1a
～彝	子有		1074—1122 (49)	吳郡	九皋	堂	長源	蔣公墓誌銘	程北山集 30/7b
～繼周	世修		？—1196	青田	球	裡	仔	蔣公墓誌銘	渭南集 35/6b
樊光遠	茂實		1102—1164 (63)	錢塘	文	用安	周	樊茂實墓誌 銘	文定集 22/7b
～邦獲	君復		1172—1253 (82)	奉化	汝英	繕	康之	樊君復墓誌 銘	本堂集 90/9a
～潛	仲明		776—832 (57)	萬年	澄	偶	諭	樊公神道碑	徐公集 27/7b

姓　名	字	號	生卒年 （年齡）	籍貫	曾祖	祖	父	篇　名	出　處
黎　淳	希聲		1015—1093 （79）	廣安	嵩	元祐	德穎	黎公墓誌銘	淨德集 22/7b
樂大章	聖錫		1160—1241 （82）	崇仁	詔武	倫	光國	樂公墓誌銘	漁墅稿 6/9a
～　才	子美		1096—1153 （58）	資州				樂先生墓誌 銘	方舟集 16/32a
～　生								樂生傳	浮沚集 6/15a
～　材	元脩		？—1189	延貢	周	察	潮	樂君材墓誌 銘	鶴山集 70/9b
衛　沂	與叔		1151—1204 （48）	崑山	孝先	闓	時敏	先兄奉化縣 主簿墓誌	後樂集 18/3b
～廷諤	德言		？ （78）	錢塘				衛廷諤墓誌 銘	金石萃編 132/30a
～季敏	子文		1137—1200 （64）	崑山	淳	孝先	闓	先考太師魯 國公墓銘	後樂集 18/2a
～時敏	子脩		1133—1180 （48）	崑山	淳	孝先	闓	先伯知縣先 伯母孺人墓 銘	後樂集 18/1a
～景山	仲安		992—1041 （50）	河南			續	衛君墓表	河南集 13/6b
～膚敏	商彥		1081—1129 （49）	華亭	至	九思	公望	衛公墓誌銘	浮溪集 25/9b
～　翼	翼之		1171—1231 （61）	句曲			九思	衛主簿墓誌 銘	漫塘集 31/17b
～　闓	致虛		1090—1151 （62）	華亭		淳	孝先	先祖考太師 魏國公行狀	後樂集 17/9b
～　藻	德章		1142—1219 （78）	華亭				姪孫朝散大 夫前知武岡 軍墓誌銘	後樂集 18/10a
～　某	希道		1011—1067 （57）	解梁	秘	約	密	衛君墓表	范忠宣集 15/14b
～　某								衛君子傳	復齋集 7/8b

姓　名	字	號	生卒年 （年齡）	籍貫	曾祖	祖	父	篇　　名	出　　處
劉一止	行簡	苕溪	1078—1160 （83）	歸安	旳	逢	撫	劉公行狀	南澗稿 22/35a 苕溪集 54/1a
～人傑	德萬		1136—1175 （40）	新淦				劉德萬人傑墓誌銘 嘉泰元年追述	益國文忠集 73/3b 益公集 73/23a
～士偲	子怡			仙居			愈	劉子怡墓誌銘	水心集 17/16a
～大中	立道			真州				劉忠肅公大中覆諡議	宋本攻媿集 46/7b 攻媿集 49/7a
～大有	處謙	遜齋	1111—1171 （61）	安福	益	臣忠	仲珪	劉處謙墓銘	誠齋集 126/9b
～大成	仲吉		1131—1202 （72）	建陽	植	祐	南夫	劉君大成墓誌銘	益國文忠集 75/3b 益公集 75/53a
～大同	季從		1155—1192 （38）	廬陵	華	珍	逢辰	劉君季從墓銘	誠齋集 130/2b
～大聲	和卿		1137—1193 （57）	金華	賜	肇	從政	劉和卿墓誌銘	龍川集 28/23a
～子羽	彥修		1095—1144 （50）	崇安	太素	民先	韐	劉公墓誌銘 劉公神道碑	南軒集 37/1a 朱文公集 88/2b
～子翬	彥沖	屏山 病翁	1101—1147 （47）	崇安	太素	民先	韐	諡議 （張碖撰） 覆議 （鄭起潛撰） 屏山先生劉公墓表	屏山集/ 諡議 1a 屏山集/ 覆議 3a 朱文公集 90/1a 屏山集/ 墓表 1a
～文質	士彬		965—1028 （64）	保塞	延	昌	審奇	劉公墓誌	蘇學士集 14/7b

姓　名	字	號	生卒年 （年齡）	籍　貫	曾祖	祖	父	篇　　名	出　　處
～文禮	君防		1208—1238 （31）	莆田	洄直	槳	煒叔	劉君方氏墓誌銘	後村集 152/1a
～元剛	南夫 南強	容齋	1187—1268 （82）	吉水	致道	圭	次朔	劉容齋墓誌銘	文山集 11/15a
～公彥	君俞		1050—1079 （30）	諸城				劉君俞墓誌銘	滴水集 8/5b
～允恭	邦禮	橫塘翁	1093—1175 （83）	福清	謙	岫	元善	劉令君墓誌銘	南澗稿 20/41a
～立之	斯立		985—1048 （64）	臨江	逵	琪	式	先考益州府君行狀 劉君墓誌銘	公是集 51/21a 歐陽文忠集 29/1a
～文言	禹昌		981—1061 （81）	臨江			式	劉公墓誌銘並序	西溪集 10(三沈集 3/48a)
～可仕	達仲	樂邱 桂林	1216—1285 （70）	安成	克正	三德	有俊	樂邱處士墓誌銘	須溪集 7/16a
～四郎								劉四郎墓誌	山左冢墓文/31b
～令猷	辰告		1126—1169 （44）	泰和	紹	及甫	獬	劉君令猷墓誌銘	益國文忠集 32/1a 益公集 32/1a
～用行	聖與		1168—1249 （82）	晉江	渤	叔熙	光	劉贛州墓誌銘	後村集 153/15b
～用長	通伯		1179—1224 （46）	金壇		嗣慶	桂岊	通伯姪墓誌銘	漫塘集 29/18a
～民覺	莘材		1048—1131 （84）	崇安	玉	文廣	太素	劉公墓表	屏山集 9/3a
～安上	元禮		1069—1128 （60）	永嘉	延貴	瑩	去非	行狀（薛嘉言撰）	劉給諫集 5/8a
～安正	中行		1069—1118 （50）	溧陽	旷	述	握	劉中行墓誌銘	竹隱集 18/5a
～安世	世臣 平叔		1100—1167 （68）	安福		贇	思	劉先生行狀 劉公墓誌銘	誠齋集 118/1a 盧溪集 45/1a
～安世	器之	元成	1048—1125 （78）	大名			航	劉諫議安世傳（實錄）	琬琰存 3/47b

姓 名	字	號	生卒年 （年齡）	籍貫	曾祖	祖	父	篇 名	出 處
～安節	元承	大劉 永嘉 先生	1068—1116 （49）	永嘉	延貴	瑩	弨	劉公墓誌銘	劉左史集 4/14b
～安禮	元素		1093—1124 （31）	永嘉	延貴	瑩	弨	從弟元素墓 銘	劉給諫集 4/4a
～ 充	安道		1038—1087 （50）	開封				劉承制墓誌 銘	張右史集 59/12b
～ 式	叔度		948—997 （49）	新喻	超	逵	琪	先祖磨勘府 君家傳	公是集 51/1a
～光叔	景實		1183—1250 （68）	莆田	汝霖	洵直	果	劉丞墓誌銘	後村集 153/12b
～光祖	德修	後溪 先生 山堂	1142—1222 （81）	陽安	漢	松材	寔	劉閣學墓誌 銘	真西山集 43/1a
～仲達	君行		1192—1235 （44）	長寧		鎰	仁同	劉仲達墓誌 銘（楊棟撰）	蜀文輯存 93/15a
～ 夙	賓之		1124—1171 （48）	莆田	範	願	炳	著作劉公墓 誌銘	水心集 16/7a
～ 汲	直夫		？—1128	丹稜	易	浩	安民	劉汲傳	嵩山居士集 52/3b
～長翁	會孟	須溪	1232—1297 （66）	廬陵				須溪先生行 狀	四庫拾遺 512/養吾集
～克永	子修		1207—1262 （56）	莆田	炳	夙	彌正	六二弟墓誌 銘	後村集 156/3a
～克剛	處和		1199—1254 （56）	莆田	炳	夙	彌正	惠州弟墓誌 銘	後村集 156/3a
～克莊 （灼）	潛夫	後村	1187—1269 （83）	莆田	炳	夙	彌正	謚議 劉公行狀	後村集 196/1a、2b 盧齋集 23/1a
								後村先生墓 誌銘 （洪天錫撰）	後村集 104/1a 後村集 195/1a
～克遜	無競	西墅	1189—1246 （58）	莆田	炳	夙	彌正	工部弟墓誌 銘	後村集 153/3b
～希深	審淵		1212—1246 （35）	莆田		朔	起晦	審淵弟墓誌 銘	後村集 151/5a

姓　名	字	號	生卒年 （年齡）	籍貫	曾祖	祖	父	篇　名	出　處
～邦光	國華		？—1173	武義	政	仲申	繪	劉公墓誌銘	東萊集 11/7a
～邦美	才卿	樂庵	1198—1273 （76）	富川	德遠	文煥	子玉	劉氏墓誌銘	文山集 11/26b
～廷直 （庭直）	諤卿 養浩	浩齋 先生	1100—1160 （61）	安福	璣	知復	仕先	劉君墓誌銘 劉公墓表	盧溪集 46/3a 誠齋集 122/10a
～伯任			？ （55）	黃江	造	儼	緝	劉郎中伯任 墓誌銘	拙齋集 18/7a
～定國	伯于		1040—1057 （18）	新喻			敞	兄子定國墓 誌銘	彭城集 38/13a
～定國 （傳）	平仲		1036—1090 （55）	長興	文奎	承福	涉	劉公神道碑	毘陵集 14/8a
～　放	儀父			蘇州	琪	式	立之	季弟清溪縣 丞墓誌銘	彭城集 38/12a
～尚之			？ （33）	丹稜	潤	昌辰	毅	劉尚之墓誌 銘	緙雲集 4/1a
～和叔 （和仲）	咸臨		？ （25）	南康		渙	恕	劉咸臨墓誌 銘	豫章集 23/18a 三劉家集 /103a
～居正	安行		997—1040 （44）	東光	盛	溫	格	劉君神道碑	蘇魏公集 54/7b
～　昂	亨仲		1102—1152 （51）	南康	強	文治	元弼	劉亨仲墓誌 銘	橄溪集 12/28a
～忠順			987—1061 （75）		崇魯	晟	簡	劉公墓誌銘	郎溪集 21/1a
～　牧	先之 牧之	長民	1011—1064 （54）	西安	彥深	仁祚	知禮	劉君墓誌銘 並序	臨川集 97/4b
～　弢	公輔		1049—1116 （68）	永嘉		廷貴	瑩	劉公墓誌銘	橫塘集 19/5a
～　洽	百禮		1101—1142 （42）	安福		質	開	劉推官墓誌 銘	盧溪集 45/5a
～　洙	師魯		1183—1230 （48）	永新		鑑		劉寶章墓誌 銘	後村集 165/1a

姓 名	字	號	生卒年 (年齡)	籍 貫	曾祖	祖	父	篇 名	出 處
～泃直	子浩		1119—1175 (57)	莆田	做	譽	汝霖	劉公墓誌銘	復齋集 22/16b
～ 戌	孟容		1195—1247 (53)	莆田	炳	夙	彌邵	古田弟墓誌 銘	後村集 153/7a
～彦奇				莆				劉君墓銘	艾軒集 9/14a
～彦弼	英臣		1091—1142 (52)	安福	從一	維新	昱	劉公墓誌銘	盧溪集 44/4b
～ 庠	希道		1023—1086 (64)	彭城			顏	劉公墓誌銘	净德集 21/1a
～ 弈	蒙伯 象伯		999—1051 (53)	閩縣	文濟	甫	若虚	劉君墓碣	蔡忠惠集 33/16b 八瓊金石補 101/1b
～ 春	端木		1136—1180 (45)	永嘉		機	立己	劉端木墓誌 銘	止齋集 48/1a
～ 玶	平甫	七者 翁	1138—1185 (48)	崇安	民先	韋合	子翬	劉君墓誌銘	朱文公集 92/23b
～ 革			1092—1156 (65)	成都				劉府君墓誌 銘	盤洲集 76/1a
～ 拱	特道		1055—1139 (85)	歸安		述	損	叔父朝請墓 誌銘	苕溪集 49/10b
～若川 (武)	朝宗 定功		1073—1163 (91)	廬陵	海	惟一	陶	劉公若川墓 誌銘	益國文忠集 31/1a 益公集 31/148a
～若虚	叔陽		970—1019 (50)	閩縣	伎	文濟	甫	劉公墓碣	蔡忠惠集 33/13b
～茂實	元弼		1079—1156 (78)	安福				劉元弼墓誌 銘	盧溪集 43/6b
～ 昱	晦叔		1034—1114 (81)	葉城	文顯	從一	惟新	劉公墓誌銘	西臺集 13/16b
～ 异	偉明		1048—1102 (55)	安福	岳	賢	愷	劉偉明墓誌 銘(李彦弼撰)	龍雲集/ 附錄3a
～ 禹	希儼		1035—1093 (59)	德平	思齊	誠	芝	劉君墓誌銘	豫章集 22/25b

姓　名	字	號	生卒年 （年齡）	籍貫	曾祖	祖	父	篇　名	出　處
～紀明	景輝		1059—1131 （73）	廬陵	齊	宗白	澄	亡叔墓誌銘	樅溪集 12/14a
～高尚				汾州				劉高尚傳	太倉集 50/5a
～庭老	季齡		1153—1202 （50）	安福	曼	彥章	汪	劉隱君墓誌銘	誠齋集 132/8a
～益之	仲益		1176—1214 （39）	金壇	杞	嗣慶	桂巖	仲益姪墓誌銘	漫塘集 28/15a
～　朔	復之		1127—1170 （44）	莆田	範	願	炳	劉公墓誌銘	水心集 16/7a
～　珪	伯玉		？—1154	樂清	宗晟	熙	文善	劉府君墓表	鴻慶集 41/5a 孫尚書集 55/7b
～　琪	共父 共甫 恭父		1122—1178 （57）	崇安	民先	韐	子羽	謚議 （宋若水撰） 覆謚議 （張叔椿撰）	琬琰存 3/65a 琬琰存 3/66a
								賜謚指揮 劉公行狀	琬琰存 3/64b 朱文公集 88/17b
								劉公行狀 （劉玶撰） 劉公神道碑	琬琰存 3/55b 朱文公集 88/17b
								劉樞密墓記	朱文公集 94/26b
～勉之	致中	白水 先生 草堂	1091—1149 （59）	崇安	滋	照	元振	劉公先生墓表	朱文公集 90/21a
～起晦	建翁		？—1205	莆田	願	炳	朔	劉建翁墓誌銘	水心集 18/11b
～師愈	道甫		？ （56）	雍丘	審奇	文質	渭	劉君墓誌銘	雞肋集 65/13b
～　恕	道原 道源		1032—1078 （47）	高安	權	玓	渙	劉君墓碣	范太史集 38/5a 三劉家集/ 72b

姓 名	字	號	生卒年 （年齡）	籍貫	曾祖	祖	父	篇 名	出 處
								劉道原墓誌銘	豫章集 23/6b 三劉家集/72b
								書劉道原墓碣（張舜民撰）	三劉家集/72a
～章	微之		1067—1129 （63）	廬陵				劉府居墓誌銘	廬溪集 45/6b
～康夫	公南		1034—1088 （55）	侯官	甫皇	若虛	奕	劉先生墓誌銘 劉公南墓表	龍雲集 32/8b 西塘集 4/6b
～黃中	師厚		999—1048 （50）	蒲州	節	延	紳	劉君墓誌銘	長興集 24（三沈集 5/18b）
～常	子中		1028—1065 （38）	渤海	應圖	爲	庚	劉子中墓誌銘	忠肅集 14/8a
～冕	端甫	竹林逸翁	1072—1145 （74）	安福			泳	劉端甫墓誌銘	樞溪集 12/23a
～崇俊	德脩		1084—1124 （41）	淮陰				劉公神道碑	徐公集 11/4a
～偉甫	少奇		1215—1244 （30）	莆田	夙	彌正	克遜	少奇墓誌銘	後村集 151/4a
～得吉 （規甫）			1216—1253 （38）	莆田	朔	起晦	希深 （審淵）	規甫姪墓誌銘	後村集 160/10a
～渙	凝之	西磵（澗）居士	1000—1080 （81）	筠州	盈	權	均	西澗先生劉公世家 三劉先生家傳	三劉家集/5a 三劉家集/6a
～曾森	存畔		1240—1297 （58）	簡池	光祖			劉君墓誌銘	四如集 4/13b
～琥	國禮			新市				劉國禮傳	誠齋集 117/8a
～敞	仲原	公是	1019—1068 （50）	臨江	琠	式	立之	劉公行狀 劉公墓誌銘	彭城集 35/1a 歐陽文忠集 35/6b
～貽慶	天賜		992—1053 （62）	萬年	著	元載	溥	劉君墓誌銘	范忠宣集 12/9a

姓　名	字	號	生卒年 (年齡)	籍貫	曾祖	祖	父	篇　名	出　處
～欽世 系								麻沙劉氏族 譜	勿軒集 3/17a
～強學	行父	退庵	1154—1224 (71)	西安			穎	劉公墓誌銘	真西山集 46/8b
～漪	德霖		1079—1134 (56)	武成	世璘	仲思	升	劉君墓誌銘	浮溪集 27/14b
～滁	全因	豐國	1099—1159 (61)	新喻	立德	戩	武賢	劉豐國行録	鄂州集 4/1a
～靖之	子和	孝敬 先生	1128—1178 (51)	廬陵	戩	武賢	滁	劉君墓誌銘 劉子和傳	南軒集 40/6a 朱文公集 98/28b
～靖共	子直		1087—1151 (65)	貴溪				劉隱君墓誌 銘	東牟集 14/23b
～郚	巨源		848—906 (59)	廣陵	永	審	瓛	劉君墓誌銘	徐公集 16/16a
～愚 (靖君)	必明		1133—1215 (83)	龍游				劉靖君墓誌 銘	水心集 21/15a
～愈	進之 達之		? (71)	温州				劉進之行狀	浪語集 34/3a
～微 (杞)	成德		1091—1162 (72)	金壇				先祖十九府 君墓誌	漫塘集 32/24b
～墉	叔翰		1102—1175 (74)	武義	仲思	升	漪	劉梧州墓誌 銘	東萊集 12/2b
～戩	伯景		1032—1088 (57)	安成	義總	文爽	俊	劉伯景墓誌 銘	龍雲集 31/5a
～蒙慶	茂先	雲茅 居士	1132—1203 (72)	金壇			微	雲茅居士朝 奉壙銘	漫塘集 32/26a
～銓	全之		1111—1166 (56)	樂清				劉知縣墓誌 銘	梅溪集/後 29/14b
～蕭	子信		1122—1183 (62)	廬陵	戩	武賢	沂	劉子信墓誌 銘	鄂州集 4/3b
～澄	定伯	前村	1220—1272 (53)	富川	文焕	子玉	邦賢	劉定伯墓誌 銘	文山集 11/28a
～震	伯聲		1020—1072 (53)	東明	澤	居仁	絃	劉伯聲墓誌 銘	元豐稿 43/2b

姓　名	字	號	生卒年 （年齡）	籍貫	曾祖	祖	父	篇　名	出　處
～摯	莘老		1030—1097 （68）	東光	温	格	居正	劉右丞摯傳 （實錄）	琬琰存 3/18b
～鞈	仲偃		1067—1127 （61）	崇安	文廣	太業	民先	劉公鞈神道 碑（宇文虛中撰）	蜀文輯存 36/7b
～煇 （幾）	之道 子道		1030—1065 （36）	鉛山				劉之道狀元 墓誌銘	無爲集 13/1a
～嶠	仲高		1077—1138 （62）	吳興	述	握	欽	劉君墓誌銘	浮溪集 25/15a
～賀甫	去華		1220—1268 （49）	莆田	夙	彌正	克剛	去華姪墓誌 銘	後村集 165/10a
～德禮	敬叔 子深		1145—1199 （55）	安福	貫	京	遇	劉君行狀	誠齋集 119/20a
～諶	公量		997—1064 （68）	保塞	昌	審言	文質	劉府君墓誌 銘	滴水集 8/3a
～諫			1042—1075 （34）	金鄉		元康	拯	劉君墓誌銘	鷄肋集 66/15b
～羲叟	仲更		1017—1060 （44）	晉城	仁裕	廷	浩	劉檢討羲叟 墓誌銘 （范鎭撰）	蜀文輯存 10/21b
～燁	耀卿		968—1029 （62）	洛陽	崇望	岳	温叟	劉公墓表	河南集 13/1a
～穎	公實		1136—1213 （78）	西安	瑶	持	蘊	劉公墓誌銘	水心集 20/4a
～冀	堯京		1075—1161 （87）	安福	泳	昱	彥直	劉君墓誌銘	盧溪集 46/1a
～興甫	周士		1227—1258 （32）	莆田	夙	彌正	克遜	周士姪墓誌 銘	後村集 159/15a
～龜年	且老		？—1178	祥符	攽	方	襄	朝奉劉公墓 表	朱文公集 90/3b
～獅	去邪		1103—1153 （51）	泰和	宗孟	紹	及甫	劉承議墓誌 銘	澹庵集 25/12a
～孺	元長		？—1110	温州	文隆	□	恂	劉君元長墓 誌銘	浮沚集/ 補遺/7b
～隨	仲豫		971—1035 （65）	考城	利賓	運	濟	劉府君墓誌 銘	元憲集 34/11a

姓 名	字	號	生卒年 (年齡)	籍貫	曾祖	祖	父	篇 名	出 處
～璪	德章		1096—1168 (73)	安福	迪	仕先	良軻	劉君德章墓 誌銘	廬溪集 46/10a
～彌正	退翁	退齋	1157—1213 (57)	莆田	愿	炳	夙	劉公墓誌銘	水心集 20/8a
～彌邵	壽翁	習靜	1165—1246 (82)	莆田	愿	炳	夙	習靜叔父墓 誌銘	後村集 151/6a
～贄	叔獻	冲厚 居士	1014—1081 (68)	安福				劉君墓誌銘	龍雲集 32/5a
～鶚	仲翔		944—986 (43)	廬陵		珍	雄	劉君墓誌銘	徐公集 30/11a
～爚 (鑰)	晦伯	雲莊	1144—1216 (73)	建陽			懋	劉文簡公爚 覆議(臧恪撰)	雲莊集/ 卷首 27a
								劉文簡公爚 覆議(樓觀撰)	雲莊集/ 卷首 29a
								劉公行狀 (陳孔碩撰)	雲莊集/ 卷首 25a
								劉文簡公神 道碑	真西山集 41/1a 雲莊集/ 卷首 33a
								從祀五賢祠 記(陳孔碩撰)	雲莊集/ 卷首 31a
								劉文簡公年 譜(沈侗述)	雲莊集/ 卷首 15a
								劉文簡公力 扶道統遺事	雲莊集 12/18a
～讜	知言		1100—1142 (43)	永嘉	瑩	去非	安上	劉知言墓誌 銘	竹軒雜著 6/7a
～某	致端		1089—1173 (85)	崇安	滋	照	元振	劉十九府君 墓誌銘	朱文公集 91/1a
～某				東光	居正	摯		劉開州墓表	五峰集 3/40a
～某								劉先生傳	山房集 4/10a

姓　名	字	號	生卒年 （年齡）	籍　貫	曾祖	祖	父	篇　　名	出　　處
滕　甫 甫後	元發 達道		1020—1090 （71）	東陽	仁俊	鑒	高	滕公墓誌銘	蘇東坡全集/ 後 18/1b 吳都續文粹 38/7a
～宗諒	子京		991—1047 （57）	河南	裔	嶼	感	滕君墓誌銘	范文正集 13/20a
～　洙	希尹		1129—1193 （65）	婺源	谷	爲	恂	滕府君行狀 滕君希尹墓 誌銘	尊德集 3/22a 朱文公集 94/17b 新安文獻 91/9b
～　戒	季度		1154—1218 （65）	吳縣	友	康	琪	滕季度墓誌 銘	水心集 24/2b
～　庚	子端		1087—1128 （42）	宋城	堯臣	公綽	友	滕公庚神道 碑	益國文忠集 29/19a 益公集 29/126a
～　康	子濟		1085—1132 （48）	宋城	堯臣	公綽	友	滕子濟墓誌 銘	浮溪集 26/22b
～　塸	仲復 仲塞	星崖 星巖		婺源				滕星崖事畧	新安文獻/ 先賢上/15a
～　璘	德粹	溪齋	1150—1229 （80）	婺源	爲	恂	洙	滕公墓誌銘	真西山集 46/1a 新安文獻 69/8b
								滕溪齋事畧	新安文獻/ 先賢上/8a
魯宗顏	潛甫		？ （46）	譙				魯君墓誌銘	鄆溪集 21/7b
～　訔	季欽 季卿	冷齋	1100—1176 （77）	嘉興	延厚	惟辯	壽寧	魯公訔墓誌 銘	益國文忠集 34/1a 益公集 34/33a
～　詧	如晦		1096—1171 （76）	嘉興	延厚	惟辯	壽寧	魯公詧墓誌 銘	益國文忠集 32/2b 益公集 32/3a

256 傳狀 一 十五畫 滕 魯

姓　名	字	號	生卒年 (年齡)	籍貫	曾祖	祖	父	篇　名	出　處
～詹	巨山		1082—1133 (52)	嘉興	延厚	惟辯	壽寧	魯公墓誌銘	毘陵集 13/3a
～壽寧	景修		1053—1139 (87)	海鹽	承秀	延厚	惟辯	魯公墓誌銘	丹陽集 13/10a
鄧　立	公儀		? (32)	南城				鄧公儀傷辭 並序	直講集 31/10a
～孝先	希舜		1060—1111 (52)	平陽				鄧南夫墓誌	橫塘集 20/3b
～昂			1098—1158 (61)	資州				鄧承直墓誌 銘	方舟集 16/12a
～洵侯	元直		1097—1172 (76)	廬陵	河	注	衍	鄧君洵侯墓 誌銘	益國文忠集 32/6b 益公集 32/7b
～洵異	子同		1069—1090 (22)	陽翟		至	良	鄧子同墓誌	浮沚集 7/22a
～柔中	克强		1067—1130 (64)	廬陵	德清	守惠	冠	鄧司理墓誌 銘	檆溪集 12/9a
～密	季明	全樂 居士	1061—1133 (73)	延平	克誠	若蒙	兼濟	樂全居士墓 誌銘	梁溪集 170/6b
～御夫	從義		1032—1107 (76)	鉅野				鄧先生墓表	雞肋集 63/9a
～景儁	師厚		1043—1075 (33)	南城	懋	立	元甫	鄧公墓表	程北山集 32/7a
～應午	明父		1137—1225 (89)	濛陽	仲和	師況	森	鄧君應午墓 誌	鶴山集 84/7a
～皥	熙民							鄧文學墓誌 銘	方舟集 16/14a
～某	仲翔	南齋	1196—1254 (59)	高安				鄧仲翔墓誌 銘	雪坡集 50/12b

十 六 畫

姓名	字	號	生卒年(年齡)	籍貫	曾祖	祖	父	篇名	出處
霍端友	仁仲		1066—1115 (50)	武進	昶	恭	寧	霍公行狀	鴻慶集 42/1a 孫尚書集 51/1a
駱季友	觀國		1110—1199 (90)	寧海	益	全	恂	駱觀國墓誌銘	宋本攻媿集 113/5a 攻媿集 106/4b
盧大經	子權		1096—1173 (78)	淳安	文照	慶孫	哲	盧君墓誌銘	東萊集 11/4a
~臣忠	信仲			黟縣				凌待制唐佐盧諫議臣忠傳(羅願撰)	新安文獻 64/11b
~習	擇善		1092—1164 (73)	晉陵			察	盧公墓誌銘	鴻慶集 39/5a 孫尚書集 60/38b
~察	隱之		985—1039 (55)	河內	真啓	億	多遜	盧公墓誌銘並序	河南集 16/10b
~諮			998—1050 (53)	昌樂				盧君墓誌銘	祠部集 35/2b
閻充國	厚民		1019—1085 (67)	許	規	惟吉	照	閻君墓誌銘	范忠宣集 14/9a
~師孟	醇老		1061—1100 (40)	鉅野	貽慶	詢	仲甫	閻君墓誌銘	雞肋集 65/24a
~象			? (77)	鉅野				閻公神道碑銘	歐陽文忠集 20/1a
~蓋	天錫			鉅野	貽慶	化基	仲宣	閻君墓誌銘	雞肋集 68/9a
~某(高叟、真叟、孟叟父)			997—1061 (65)	唐安				閻君墓誌銘	丹淵集 36/8b

姓　名	字	號	生卒年 （年齡）	籍貫	曾祖	祖	父	篇　名	出　處
～某 （瑀、 瑾祖父）			1020—1065 （46）	鉅野				閻公行狀	樂静集 30/2b
～某	宗一			濟州				閻宗一墓誌 銘	樂静集 30/10a
錢　乙	仲陽		？ （82）	鄆州	贇		顥	錢乙傳	學易集 7/1a 宋文鑑 150/13b
～之望	表臣		1131—1199 （69）	晉陵	孟回	知雄	友	錢公墓誌銘	水心集 18/3b
～安國	繼先		1146—1207 （62）	龍水	宗	明	晃	錢君安國墓 誌銘	鶴山集 70/10b
～冶	良範		982—1033 （52）	武進				錢君墓表	歐陽文忠集 25/1a
～即	中道		1054—1124 （71）	宜興	子節	昌濟	重範	錢忠定公墓 誌銘	龜山集 33/7b
～易直 （敬直）	季莊 敬子		1168—1211 （44）	樂清		堯卿	選	錢君墓誌銘	水心集 18/10a
～彦遠	子高		994—1050 （57）	錢塘	元瓘	倧	易	錢起居神道 碑	蘇魏公集 52/9a
～若水	淡成 長卿		960—1003 （44）	新安	蕚	柔	文敏	錢宣靖諡議	傳家集 66/10a 司馬温公集 55/11a
								錢公墓誌銘	武夷新集 9/5a
～俣	廷碩 惟大		1119—1178 （60）	常熟	仁貴	衎	觀復	錢公俣墓誌	宮教集 12/11a
～禹卿	仲謨		1033—1082 （50）	臨安	俶	惟濟	暌	錢君墓誌銘	鷄肋集 65/5b
～褒	去私		1014—1066 （53）	金堂	贊	緒	炤	錢君墓誌銘	丹淵集 37/1a
～羔羊	升卿		？—1073	錢塘			先芝	錢君墓銘	雲巢編10（三 沈集 8/64a）
～時	子是	融堂		淳安			晦仲	錢融堂事畧	新安文獻/ 先賢上/11b

姓 名	字	號	生卒年 （年齡）	籍貫	曾祖	祖	父	篇 名	出 處
～ 俶 （弘俶）	文德		929—988 (60)	臨安		鏐	元瓘	錢忠懿王墓 誌（慎知禮撰）	八瓊金石補 85/24a 芒洛冢墓 文/下/16a
～造父			？ (62)	銀山				孝廉先生墓 誌銘	方舟集 16/30b
～朝彦	用明	冲虛 居士	1104—1180 (77)	樂清	恬	潔	忠卿	錢君朝彦墓 碣	益國文忠集 78/1a 益公集 78/96a
～象先	資元		996—1076 (81)	蘇州				錢公墓誌銘 並序	樂全集 40/46a
～ 彌	聖俞		？—1203	金壇	仲方	京	邦傑	錢賢良行述	漫塘集 33/6a
～端禮	處和		1109—1177 (69)	錢塘	暄	景臻	忱	錢公行狀	攻媿集 92/1a
～ 廓 （擴）	叔因		1054—1083 (30)	浦江		良臣	贊	錢叔因墓碣 銘	龍川集 28/17a
～ 撫	子立		1168—1219 (52)	嘉禾	皞	諷	敷	錢公撫墓誌 銘	簣窗集 8/1a
～ 勰	穆父		1034—1097 (64)	開封	倧	易	彦遠	錢公墓誌銘	梁溪集 167/4b
～ 嵒			？—1230	淳安	隱之			錢氏二侯嵒 嵒傳 （吳朝陽撰）	新安文獻96 上/後 12b
～ 變	彌世		1045—1098 (54)	錢塘	倧	易	彦遠	錢隨州墓誌 銘	太倉集 70/1a
～應孫	定之		1227—1291 (65)	臨海		象祖		錢公墓誌銘	霽山集 5/13b
～ 贊	元卿		1131—1156 (26)	浦江			良臣	錢元卿墓碣 銘	龍川集 27/10b
～ 藻	純老 醇老		1022—1082 (62)	蘇州	儼	昭慈	順之	錢公墓誌銘	元豐稿 42/7a 吳都續文粹 39/1a
～ 嶨			？—1230	淳安	隱之			錢氏二侯嵒 嶨傳	新安文獻 96 上/後 12b

姓　名	字	號	生卒年 (年齡)	籍貫	曾祖	祖	父	篇　名	出　處
～觀復	知原		1090—1154 (65)	常熟	訓	仁貴	衍	錢君墓誌銘	苕溪集 51/4a
～某 (淇沂父)			987—1057 (71)	歷陽				錢君墓碣	臨川集 94/7b
穆　修	伯長		979—1032 (54)	蔡州				穆參軍遺事	穆參軍集/ 遺附 1a
～深之			1106—1174 (69)	彭州				穆承奉墓誌 銘	方舟集 16/22a
～　翬	彥翔		1064—1112 (49)	章邱	賓	端		穆府君墓誌 銘 穆翬墓表 (穆浹撰)	學易集 8/3a 八瓊金石補 111/17a
鮑宗師	從聖		1010—1065 (56)	錢塘	修讓	漢文	仁爽	鮑君墓誌銘	郎溪集 21/8b
～俊德	明叔 日新		1128—1183 (56)	奉化	遂良	智	璿	鮑明叔墓誌 銘	宋本攻媿集 108/31a 攻媿集 101/18a
～粹然	醇父		？ (73)	龍泉	安德	貽周	謙	鮑公墓誌銘	真西山集 46/24a
～　瀟	清卿		1141—1208 (68)	永嘉	極	誨	得朋	鮑公墓誌銘	水心集 16/1a

十　七　畫

姓　名	字	號	生卒年 (年齡)	籍貫	曾祖	祖	父	篇　名	出　處
蹇君章	晦卿		1169—1227 (59)	通泉	常通	利用	南運	蹇君墓誌銘	鶴山集 75/12b
〔晉〕 **謝　安**	安石		320—385 (66)	陽夏			裒	謝文靖公碑	程北山集 19/2b 新安文獻 44/2b

姓 名	字	號	生卒年 (年齡)	籍 貫	曾 祖	祖	父	篇 名	出 處
								謝太傅贊 (方岳撰)	新安文獻 47/11a
～ 孚	允中		1067—1120 (54)	建安	易知	守靖	伯益	謝君墓誌銘	斐然集 26/32b
～ 泌	宗源		950—1012 (63)	歙縣				謝公泌墓記 (周叔虎撰) 謝諫議傳 (羅願撰)	新安文獻 77/1a 新安文獻 77/1b
								謝諫議事畧	新安文獻/ 先賢上/2b
～昌言	仲謨		？ —1034	河南				謝君墓誌銘	河南集 14/5b
～季康	和卿		1027—1083 (57)	陽翟	成之	師顔	曄	謝君墓誌銘	無爲集 12/12b
～ 雩	季澤		1135—1197 (63)	永嘉	文淵	君任	知柔	謝君墓誌銘	宋本攻媿集 115/20a 攻媿集 109/6a
～景平	師宰		1032—1064 (33)	富陽	崇禮	濤	絳	謝師宰墓誌 銘	臨川集 98/7b
～景回	師復		1041—1059 (19)	富陽	崇禮	濤	絳	謝景回墓誌 銘	臨川集 98/7b 吳都續文粹/ 補遺上/44a
～景初	師厚	今是 翁	1020—1084 (65)	富陽	崇禮	濤	絳	謝公墓誌銘	范忠宣集 13/5b
～舜賓	穆叔		1073—1139 (67)	建安				謝君墓誌銘	斐然集 26/16b
～ 絳	希深		994—1039 (46)	富陽			濤	謝公行狀 謝公墓誌銘	臨川集 90/1b 吳都續文粹/ 補遺上/25a 歐陽文忠集 26/2a
～ 源	資深	空齋	1124—1181 (58)	臨川		邁	敏行	謝君墓碣銘	朱文公集 91/27b
～ 達	景安		1124—1184 (61)	長溪				謝教授墓誌 銘	龍川集 28/5a

姓　名	字	號	生卒年 （年齡）	籍貫	曾祖	祖	父	篇　　名	出　　處
～　微 （徽）			985—1053 （69）	晉江				謝公墓誌銘	蔡忠惠集 35/8b
～漢章	景雲	春塘	1244—1275 （32）	將樂	維清	如晦	炎	謝春塘墓誌 銘	四如集 4/11a
～　諤	昌國	艮齋 定齋	1121—1194 （74）	新喻	臻	誠	革	謝公神道碑	誠齋集 121/11b
								謝諤神道碑	益國文忠集 68/4a 益公集 68/12a
～　濤	濟之		961—1034 （74）	富陽	廷徵	懿文	崇禮	謝公行狀	河南集 12/1b
								謝公墓誌銘 謝公神道碑 銘	歐陽文忠集 62/2a 范文正集 11/13b
～　翺	臯羽 臯父	晞髮 子	1249—1295 （47）	浦城	景暉	嘉	鑰	謝君臯羽行 狀 謝臯羽墓録 （丁立撰）	存雅稿 3/6b 晞髮集/ 狀 1a 晞髮集/ 墓録/a
								謝君臯羽壙 誌（吳謙撰） 謝臯羽先生 墓碑記 （鄧椿撰）	晞髮集/ 誌/a 晞髮集/ 墓碑記 1a
								謝處士傳 （任士林撰） 謝臯父傳 （鄧牧撰）	晞髮集/ 傳 1a 晞髮集/ 傳 3a
								謝臯父傳 謝臯羽先生 年譜	伯牙琴 1/12b 晞髮集/ 年譜 1a
應　洙	師魯		1152—1207 （56）	餘姚	佑	常	袞	應從議墓誌 銘	絜齋集 20/11b

姓 名	字	號	生卒年 （年齡）	籍 貫	曾祖	祖	父	篇 名	出 處
～瑞孫	季圮	豸峰	1231—1289 (59)	寧海	笙	自得	弘	豸峰應君墓誌銘	閬風集 12/6b
～節嚴	和父 穌父	平坡 居士	1211—1300 (90)	陽平	光大	顯道	叔度	應公墓誌銘	霽山集 5/18b
～震伯	長卿	花厓	? (75)	鄞縣	琮	中義	詳之	應長卿墓誌銘	本堂集 91/11b
麋 弇	仲昭	省翁	1207—1264 (58)	平江	鍇	師旦	溧	麋公行狀	黃氏日鈔 96/1a
璩 慶				黎陽 郡				璩慶墓誌銘 並序	山右冢墓 文/下/45a
戴 丁	華父		1145—1221 (72)	黃巖	洵羲	舜文	秉器	戴佛墓誌銘	水心集 25/9b
～日宣	德甫		1137—1213 (77)	奉化	昰	蘊	先世	戴君墓誌銘	絜齋集 19/3a
～佛夫				永嘉			栩	佛夫壙銘	浣川集 10/11a
～ 述	明仲		1074—1110 (37)	永嘉				戴明仲墓誌 銘	浮沚集 7/16b
～ 厚	俊仲 長文		1122—1189 (68)	永嘉	天休	臨	端夫	戴俊仲墓誌 銘	宋本攻媿集 114/2b 攻媿集 107/2b
～若冰	景清		1155—1225 (71)	永嘉	迅	顗	九韶	戴君墓誌銘	浣川集 10/9a
～ 禺	仲若						逵	載公之碑	寶晉英光集 7/3a 寶晉山林集 4/8a
～翊羽	漢宗 漢卿		1149—1196 (48)	盧陵	汝明	蔣行	經	二戴君墓碣	益國文忠集 77/3a 益公集 77/84b

姓　名	字	號	生卒年（年齡）	籍貫	曾祖	祖	父	篇　名	出　處
～　經	元禮		1126—1197（72）	廬陵	昶	汝明	蔣行	二戴君墓碣	益國文忠集 77/3a 益公集 77/84b
～　機	伯度	藝堂	1135—1201（67）	鄞縣	侃	冕	汝明	戴伯度墓誌銘	宋本攻媿集 113/1a 攻媿集 106/1a
～　樟	伯皋		1142—1182（41）	鄞縣	侃	冕	汝明	戴伯皋墓誌銘	袁正獻遺文 卷上/11a
～龜朋	叔憲	竹洲	1146—1207（62）	黃巖		舜欽	秉中	戴君墓誌銘	水心集 23/19b
鞠　常	可久		928—974（47）	高密		真	慶孫	鞠君墓碣銘並序	小畜集 30/1a
～　巖	驤之	鞠花巖 華巖	1198—1281（84）	永豐				鞠華巖墓誌銘	須溪集 7/10b
檀　渙	元吉		1135—1222（88）	建德	宗益	伸	師醇	檀公壙中記	昌谷集 15/9b
〔唐〕韓乂賓			812—886（75）	博野	朏	沛	全	重修五代祖塋域記	安陽集 46/3b
～公彦	師道		1008—1059（52）	安陽	構	國華	球	公彦墓誌銘	安陽集 46/21a
～　永	昭父	玉陽	1172—1231（60）	懷安	瓊	翼	昱	韓隱君墓誌銘	後村集 157/13b
～世忠	良臣		1089—1151（63）	綏德	則	廣	慶	韓公墓誌銘 韓忠武王世忠中興佐命定國元勳之碑（趙雄撰）	鴻慶集 36/5a 孫尚書集 62/1a 琬琰存 1/29a 吳都續文粹 38/27a 金石萃編 150/1a

姓 名	字	號	生卒年(年齡)	籍貫	曾祖	祖	父	篇 名	出 處
～甲	聖可		1162—1209 (48)	臨邛	輔	仁	廷俊	韓甲墓誌銘	鶴山集 72/5b
～光壽				安陽	國華	璩	正彥	姪孫四殤墓記	安陽集 46/25b
～宗厚	敦夫		1042—1094 (53)	潁昌	保樞	億	緯	韓宗厚墓誌銘(朱光裔撰)	金石萃編 142/2b 中州冢墓文/ 57b
～宗道	持正		1027—1097 (71)	潁昌	保樞	億	綜	韓宗道墓誌銘(曾肇撰)	金石萃編 142/7b 中州冢墓文/ 59b
～直彥	師黯		1029—1053 (25)	安陽	構	國華	琚	直彥墓誌銘	安陽集 46/17a
～忠彥	師樸		1038—1109 (72)	安陽		國華	琦	韓公行狀	西臺集 15/1a
～恬	安之		1042—1063 (22)	安陽	國華	球	公彥	韓恬墓誌銘	安陽集 49/1a 鄴下二編/ 43a
～海僧								韓海僧墓誌 (韓忠彥撰)	鄴下二編/ 45b
～球	伯玉		? (34)	安陽	璆	構	國華	長兄德清尉墓誌銘	安陽集 46/10b
～惟忠				靈壽				韓太保惟忠墓表 (李清臣撰)	琬琰存 2/46a
～跂	至之		1052—1115 (64)	安陽		琚	直彥	韓至之墓誌銘	竹隱集 18/1a
～國華	光弼		957—1011 (55)	安陽	昌辭	璆	構	韓公墓誌銘並序 韓國華祖道碑銘並序 (富弼撰)	河南集 16/3b 金石萃編 135/24b
～通	仲達		908—960 (53)	太原	瑩		章	韓公墓誌 (陳保衡撰)	芒洛冢墓文/下/10b

姓　名	字	號	生卒年 (年齡)	籍貫	曾祖	祖	父	篇　　名	出　　處
〔秦〕 ～　終 (衆)	登真							韓終傳	蜀文輯存 100/8a
～琦	稚圭	贛叟	1008—1075 (68)	安陽	璆	構	國華	韓忠獻公琦 行狀(李清臣撰) 西朝顧命定 策元勳之碑 (宋神宗趙頊撰) 韓魏公墓誌 銘(陳薦撰) 忠獻韓魏王 遺事(強至撰) 忠獻韓魏王 家傳 忠獻韓魏王 別録誌石蓋 記	琬琰存 2/57b 琬琰存 1/3b 鄴下冢墓文/ 22b 安陽集/ 遺事 1a 安陽集/家傳 1/1a－10/16b 安陽集/別録 上/1a—下/7b 安陽集 46/16b
～　琚	子温		989—1040 (52)	安陽	璆	構	國華	三兄司封行 狀 韓公墓誌銘 並序	安陽集 46/12a 河南集 16/8a
～　嵓	子説		1100—1117 (18)	安陽		通之	毅胄	韓嵓墓誌 (韓紹撰)	鄴下二編/ 47b
～　復	辨翁		1026—1082 (57)	葉	歸惠	慶之	穎	韓君墓誌銘	豫章集 22/23a
～　絳	子華		1012—1088 (77)	長社	處均	保福	億	韓公墓誌銘 韓獻肅公絳 忠弼之碑 (李清臣撰)	范忠宣集 15/1a 琬琰存 1/19a
～亶奴			？ (5)	安陽	國華	琚	方彦	姪孫亶奴墓 誌	安陽集 49/2a
～　瑄	仲瑜		？ (27)	安陽	璆	構	國華	二兄監簿以 下墓誌銘	安陽集 46/11a
～　愷	和仲		1041—1060 (20)	安陽	國華	球	公彦	姪孫愷墓誌 銘	安陽集 46/25a 金石萃編 135/14a 鄴下冢墓文/ 24b

姓名	字	號	生卒年 (年齡)	籍貫	曾祖	祖	父	篇名	出處
〔唐〕 ～愈	退之		768—824 (57)	南陽				韓退之傳	灌園集 16/1a
～粹彥	師美 師質		1065—1118 (54)	安陽		國華	琦	韓公行狀 資政韓公家 傳	竹隱集 17/1a 眉山集 9/7a
～瑢 (璙)	君表 公表		1069—1121 (53)	穎昌	億	維	宗文	韓公表墓誌 銘	嵩山集 20/5b
～熙載	叔言		902—970 (69)	北海	鈞	殷	光嗣	韓公墓銘	徐公集 16/1b
～綜	仲文		1008—1052 (45)	開封	處均	保樞	億	韓君墓誌銘 並序	樂全集 39/30b
～維	持國		1017—1098 (82)	穎昌	處均	保樞	億	韓公行狀 (鮮于綽撰) 韓侍郎維傳 (實錄)	韓南陽集/ 後序 1a 琬琰存 3/35b
～碓	百堅		1037—1058 (21)	安陽	國華	球	公彥	姪孫碓墓誌 銘	安陽集 46/24a
～億	宗魏		972—1044 (73)	靈壽	惟忠	處均	保樞	韓公行狀 韓公墓誌銘 並序 韓公神道碑 銘仲序	蘇學士集 16/1a 樂全集 39/1a 樂全集 37/9a
～縝	玉汝		1019—1097 (79)	開封	處均	保樞	億	韓太保縝傳 (實錄)	琬琰存 3/52
～璩	子徹		1002—1042 (41)	安陽	璘	構	國華	五兄著作墓 誌銘	安陽集 46/15a
～翼冑	欽夫		1076—1094 (19)	昌黎	璙	正彥	嚮	韓翼冑墓誌 (向濤撰)	鄴下二編/ 45a
～曠	攝生							韓曠傳	鐔津集 16/11a
～黶	少汲		1105—1153 (49)	雍丘		億	璆	韓承議墓誌 銘	盤洲集 75/1a
～某 (祥父)				玉山				韓公墓誌銘	洺水集 14/21b

姓　名	字	號	生卒年 （年齡）	籍貫	曾祖	祖	父	篇　　名	出　處
薛良朋	貴益 季益		1116—1185 （70）	瑞安			薛公壙誌		止齋集 49/1a 東甌金石志 7/1a
～良孺	得之		1018—1063 （46）	正平	溫瑜	化光	睦	薛君墓誌銘	歐陽文忠集 34/2b
～直孺	質夫		1017—1040 （24）	正平			奎	薛質夫墓誌銘	歐陽文忠集 28/6b
～長孺	元卿		1001—1061 （61）	正平	溫瑜	化光	睦	薛君墓誌銘	歐陽文忠集 34/1a
～昌圖	純之	虞鄉	1032—1078 （47）	河東				薛君墓誌銘	潏水集 8/7a
～季良	傳叟		1198—1257 （60）	興化	珩	元肅	若水	薛潮州墓誌銘	後村集 159/1a
～季宣	士龍 士隆	艮齋	1132—1171 （40）	永嘉	庠	強立	徽言	薛公行狀 薛常州墓誌銘	止齋集 51/1a 浪語集 35/12a 東萊集 10/7b 浪語集 35/25a
～季卿	公遜		997—1060 （64）	蜀	競	允中	映	薛公季卿墓誌銘	華陽集 38/24a
～居寶 （居實）	云華		1123—1180 （58）	鄞縣	弁	唐	朋龜	薛公行狀	攻媿集 90/18a
～　奎	宿藝 伯藝		967—1034 （68）	正平				薛公墓誌銘	歐陽文忠集 26/6a
～　紹	承之		1139—1212 （74）	永嘉				薛公墓誌銘	水心集 19/4a
～　弼	直老		1088—1150 （63）	永嘉	元禮		強立	薛公墓誌銘	水心集 22/4a
～揚祖	元振 元祖		1147—1219 （73）	慶元 郡	唐	朋龜	居實	薛公墓誌銘	絜齋集 18/7a
～　睦	睦之		956—1024 （69）	正平	景	溫瑜	光化	薛君墓表	歐陽文忠集 24/9a 山右石刻編 13/28b

姓　名	字	號	生卒年（年齡）	籍貫	曾祖	祖	父	篇　　名	出　　處
～　塾	宗道		977—1041（65）	正平	景	溫瑜	光化	薛君墓誌銘 薛君墓表	歐陽文忠集 61/12a 歐陽文忠集 24/5a
～　儀	式之		998—1048（51）	河東	昉	允恭	田	薛君墓誌銘	傳家集 77/6b 司馬溫公集 79/1a
～徽言	德老		1093—1139（47）	永嘉	元禮	庠	強立	箋先大夫行狀	浪語集 33/1a
～　顏	彥回		953—1025（73）	萬泉	憲	筠		薛公神道碑	彭城集 36/1a
～　鷺	君立	鐵耕道人	1255—1299（45）	莆陽	穆	一興	阿小	薛君立墓誌銘	四如集 4/24a
～　某（元泳父）			1132—1188（57）	寧海				薛翁媼墓銘	漫塘集 28/6b
鍾仁卿	子壽		1167—1230（64）	臨安	景常	子淵	億	二鍾君墓記	平齋集 31/16a
～南金	大明		1124—1200（77）	順化	鎮	勛	琮	鍾大明墓誌銘	緣督集 8/3a
～俊卿	子明		1157—1231（75）	臨安	景常	子淵	億	二鍾君墓記	平齋集 31/16a
～將之	仲山		1127—1196（70）	丹陽	順	父	久	鍾大夫墓誌銘	漫塘集 30/5a
～穎	元達	練塘	1159—1232（74）	丹陽	父	久	將之	鍾開國墓誌銘	漫塘集 3/18b
鮮于天一			？（33）	劍州				鮮于天一墓誌銘 （高尚午撰）	蜀文輯存 83/20a
～　侁	子駿		1019—1087（69）	閬中	演	瓘	至	鮮于子駿行狀 鮮于諫議侁墓誌銘 （范鎮撰）	淮海集 36/1a 蜀文輯存 10/9b

姓　名	字	號	生卒年 （年齡）	籍　貫	曾祖	祖	父	篇　名	出　處
繆仲公	南美		1137—1212 （76）	平陽	文珂	敏	從才	繆南美墓誌銘	昌谷集 19/24a

十　八　畫

姓　名	字	號	生卒年 （年齡）	籍　貫	曾祖	祖	父	篇　名	出　處
顔頤仲	景正	員嶠	1188—1262 （75）	龍溪	實	師魯	徹	顔尚書神道碑	後村集 143/13a
聶　山 （昌）	賁遠		1078—1126 （49）	臨川	經	榮	用之	聶公墓誌銘	盧溪集 42/1a
～**冠卿**	長孺		988—1042 （55）	新安			致堯	聶内翰冠卿傳（王珪撰）	新安文獻 94上/5b
								聶内翰事畧	新安文獻/ 先賢3a
豐之進								豐君之進墓誌銘	鄮峰録 44/原闕
～**稷**	相之		1033—1107 （75）	鄞縣	衍	表	禄	豐公墓誌	豐清敏遺書/ 遺事附録/1a
								乾道四明圖經本傳	豐清敏遺書/遺事續增附録/3b
								寶慶四明志本傳	豐清敏遺書/遺事續增附録/4b
								祠堂記 （袁燮撰）	豐清敏遺書/遺事新增附録3a
								宣和遺事一則	豐清敏遺書/遺事新增附録5a
								豐清敏公遺事（李朴撰）	豐清敏遺書/遺事3/1a

姓　名	字	號	生卒年 (年齡)	籍貫	曾祖	祖	父	篇　名	出　處
藍元用				大梁			養父 繼宗	藍元用諡榮恪議	西溪集 9 (三沈集 3/32b)
蕭之敏		敏中	1112—1177 (66)	湖口	昇	中山	固	蕭公之敏墓誌銘	益國文忠集 33/5a 益公集 33/22a
～公餉	濟父		1033—1091 (59)	新淦	泳	漢卿	中和	蕭濟父墓誌銘	豫章集 23/1b
～仁傑	仲實		1145—1211 (67)	臨海	克誠	機	浩	蕭仲實行狀	箕窗集 7/12b
～化基	子固		993—1054 (62)	廬陵	霽	煥	良輔	蕭君墓誌銘	臨川集 96/6a
～必簡	季然		1166—1224 (59)	湖口	固	之敏	顗	蕭君墓誌銘	昌谷集 18/24b
～正奇	端偉		1119—1172 (54)	廬陵	松	傑	潯	蕭君端偉墓誌銘	澹庵集 28/18a
～汝爲	叔展		1023—1071 (49)	廬陵	煥	良輔	化基	蕭孝廉墓表	龍雲集 31/11b
～安中	和仲	介輔	1224—1270 (47)	泰和			逢辰	蕭從事墓誌	文山集 11/34a
～宋珍	君瞍		1189—1268 (80)	莆田	掄	歡	宗永	蕭君墓誌銘	後村集 165/20a
～定基	守一		989—1042 (54)	廬陵	霽	煥	良輔	蕭公神道碑	臨川集 89/4b
～　固	幹臣		1002—1066 (65)	新喻	處鈞	紹	世則	蕭君墓誌銘	臨川集 94/1a
～　服	昭甫		1059—1114 (56)	廬陵	良輔	定基	汝奭	蕭公墓誌銘	澹庵集 29/23a
～　洵	公美		1021—1065 (45)	新喻	紹	世則	固	蕭君墓誌銘	臨川集 93/9b
～　陟	希陞			新喻	處鈞	著	質	蕭府君墓誌銘並序	武溪集 20/9b
～　許	嶽英		1102—1176 (75)	吉水	汝賢	公謹	昂	蕭嶽英墓誌銘	誠齋集 128/9a

姓　名	字	號	生卒年 （年齡）	籍貫	曾祖	祖	父	篇　名	出　處
～楚	子荊	三顧隱客	1064—1130 （67）	泰和			仲舒	清節先生墓誌銘	澹庵集 29/26a
～飭	國華		1110—1191 （82）	橫溪	吉	琇玠	個	蕭君國華墓誌銘	誠齋集 130/1a
～壽甫	靜安		？ （73）					蕭壽甫墓誌銘	須溪集 7/8b
～碩	景蘇		1154—1205 （52）	湖口	仲山	固	之敏	蕭景蘇墓誌銘	昌谷集 19/4b
～應堅新	子固 明允		1221—1266 （46）	廬陵	炳文	國老	景伯	蕭明允墓誌銘	文山集 11/33a
～燧	照鄰		1117—1193 （77）	新喻	洵	錞	增	蕭正蕭公燧神道碑	益國文忠集 66/71b 益公集 67/11b
～顏	景淵		1145—1212 （68）	湖口	仲山	固	之美	蕭景淵墓誌銘	昌谷集 18/21b
～顗	景仁		1140—1197 （58）	湖口			之敏	蕭景仁墓誌銘	昌谷集 19/1a
簡世傑	伯俊		1127—1192 （66）	進賢	真	英	喬	簡公墓誌銘	誠齋集 130/13a
魏大名	國賓		1092—1148 （57）	建陽	文璉	穎	貢	魏君墓誌銘	斐然集 26/61b
～文翁	嘉父		1181—1231 （51）	蒲江	大昕	革	孝壽	魏公〔墓銘〕	鶴山集 81/10a
～天祐	德先		1132—1213 （82）	蒲江		大臨		魏府君天祐墓誌銘	鶴山集 71/1a
～少翁	儀甫		1186—1219 （34）	蒲江			南壽	魏府君景翁少翁墓誌銘	鶴山集 72/14b
～羽	垂天		944—1001 （58）	婺源				魏太尉羽傳 （羅願撰）	新安文獻 80/3b
～杞	南夫	碧溪先生	1121—1184 （64）	壽春			銖	書魏丞相奉使事實 （樓鑰撰） 魏丞相行狀 （朱熹撰）	魏文節遺書/附錄41a 魏文節遺書/附錄 4a

姓　名	字	號	生卒年 （年齡）	籍貫	曾祖	祖	父	篇　名	出　處
								魏公神道碑 （鄭清之撰）	魏文節遺書/ 附錄 24b
～宗訥	景仁		1038—1070 （33）	彭城			齊	魏府君墓表	後山集 20/10b
～　玠	德潤		1164—1223 （60）	吳郡	憲	持	興□	魏公壙志 （魏汝礪撰）	江蘇金石志 15/21b
～叔介	端直		1140—1177 （38）	宣城	覺	樞	良臣	魏君墓誌銘	南澗稿 21/34b
～和孫 （明孫）	伯同		1141—1200 （60）	蒲江			邦達	魏府君和孫 墓誌銘	鶴山集 70/12b
～咸信	國寶		949—1017 （69）	汲	楚	韜	仁溥	魏公墓誌銘	文莊集 29/1a
～　清	友置		939—1001 （63）	南昌	批	奭	讜	魏公墓誌銘 並序	武溪集 20/22a
～掞之 （挺之）	子實 元履	艮齋 先生	1116—1173 （58）	建陽			大名	魏公墓誌銘 魏元履墓表	朱文公集 91/2b 南軒集 40/13a
～　野	仲先	草堂 居士	960—1019 （60）	陝縣				東都事畧列 傳	東觀集/ 附錄 1a
～　通	擇之		1031—1082 （52）	平原	象	超	可法	魏君墓誌銘	鷄肋集 65/11b
～　紹	承之		1038—1094 （57）	下蔡		羽	瓘	魏嘉州墓銘	後山集 20/2b
～越翁	純甫		1173—1220 （48）	蒲江			孝璹	魏府君純甫 墓誌銘	鶴山集 72/13a
～雄飛	仲舉		1130—1207 （78）	浦江				魏君雄飛墓 誌銘	鶴山集 70/2b
～　景	同叟							魏景傳	淮海集 25/3a
～景翁	清甫		1178—1220 （43）	蒲江			南壽	魏府君景翁 少翁墓誌銘	鶴山集 72/14b
～　閑	雲夫	清逸 處士	980—1063 （84）	陝縣			野	魏君墓誌銘	傳家集 78/9a 司馬溫公集 77/3a
～　裔	貫通		1048—1117 （70）	豫章	憲	拱	兼	魏公墓誌銘	襄陵集 11/15b

姓　名	字	號	生卒年(年齡)	籍貫	曾祖	祖	父	篇　名	出　處
～憲	令則		1068—1140 (73)	吳江	德	禧	應誠	魏公墓誌銘	丹陽集 12/1a
～濤	信卿		1031—1087 (57)	彭城			吉	魏君墓銘	後山集 20/4a
～瓘	用之		? (71)	婺源	昌	遂	羽	魏公神道碑	豫章集 24/2a 新安文獻 80/6b

十　九　畫

姓　名	字	號	生卒年(年齡)	籍貫	曾祖	祖	父	篇　名	出　處
譚孚先	信仲		1107—1195 (88)	永新	華	傑	觀復	譚宣義孚先墓誌銘	益國文忠集 72/3a
～知古	邦鑑		1093—1143 (51)	善化		章	世勣	譚君墓誌銘	斐然集 70/20b
～章	煥之		1059—1144 (86)	長沙	裕	暎	盛	譚章墓誌銘	浮溪集 28/5b
～紹先	顯仲		1138—1196 (59)	永新	華	傑	觀成	譚君紹先墓誌銘	益國文忠集 75/12b 益公集 75/64a
譙令憲	景源 景原		1155—1222 (68)	益都			熙載	譙殿撰墓誌銘	真西山集 44/18b
～仲午	仲甫		1167—1225 (59)	蒲江	景陽	洵	椿	譙君墓誌銘	鶴山集 76/17b
～定	天授	涪陵居士 譙夫子		涪陵				譙先生祠記	雪山集 7/1a
～椿	子長		1143—1213 (71)	蒲江	祖道	景陽	詢	譙府君椿墓誌	鶴山集 70/14a
龐元魯	之道		1016—1047 (32)	成武			籍	龐之道墓誌銘	傳家集 78/2b 司馬溫公集 76/10a

姓　名	字	號	生卒年 (年齡)	籍貫	曾祖	祖	父	篇　名	出　處
～安時	安常		? (58)	蘄水	愷	震	之慶	龐安常墓誌銘	張右史集 59/1a
～謙孺	祐甫	白蘋老人	1117—1167 (51)	單州	籍	元中	敏孫	祐甫墓誌銘	南澗稿 22/6a
～　籍	醇之		988—1063 (76)	成武	武	文進	格	龐公墓誌銘 龐莊敏公籍 神道碑	傳家集 76/1a 司馬溫公集 76/1a 華陽集 35/16a
關　嶠	仲山		1160—1218 (59)	臨海	軾	碩	静	關君安人郭 氏墓誌銘	蒙齋集 18/14b
羅士友	熹善 晉卿	融齋	1199—1266 (68)	新安	暉	時英	莘老	羅融齋墓誌 銘	文山集 11/19b
～上行	元亨		1101—1161 (61)	廬陵	耕	仇	紳	羅元亨墓表	誠齋集 122/12a
～上義	元忠		1107—1174 (68)	廬陵	耕	仇	紳	羅元忠墓誌 銘	誠齋集 126/10b
～上達	元通		1096—1169 (74)	廬陵	耕	仇	紳	羅元通墓誌 銘	誠齋集 126/3a
～介圭	元度		? (71)	臨安	曉	彭	若濟	羅迪功墓誌 銘	平齋集 31/17a
～必元	亨甫	北谷 山人	1175—1265 (91)	隆興	先	俊臣	天祐	羅公墓誌銘	後村集 162/15b
～全昺	仲謀		1128—1175 (48)	廬陵	仇	紳	上行	羅仲謀墓誌 銘	誠齋集 127/5a
～汝檝	彦濟		1089—1158 (70)	歙縣	仁昇	承吉	舉	羅尚書墓誌 銘羅彦濟事 畧	盤洲集 77/4a 新安文獻/ 先賢上/4b
～安强	守道		1077—1131 (55)	廬陵	元	茂先	徽	羅守道墓誌 銘	梇溪集 12/12b
～如松	彦節		? (42)	廬陵	安	稷	紳	羅彦節墓誌 銘	誠齋集 127/1a
～良弼	長卿	漫叟	1108—1164 (57)	廬陵	寬	允	無競	羅迪功墓誌 銘	澹庵集 26/14a

姓 名	字	號	生卒年 (年齡)	籍貫	曾祖	祖	父	篇 名	出 處
～克開	達父		1141—1209 (69)	龍泉	衡	革	襲	羅公墓誌銘	水心集 23/12a
～似臣				歙縣			汝檝	羅府教事畧	新安文獻/ 先賢上/10a
～彥輔	經世		1027—1100 (74)	太平	德祖	明	貫	羅大夫暮誌銘	姑溪集 48/1a
～ 俊	子杰	浮雲	1184—1249 (66)	吉安	世奇	瑛	澄	族兄浮雲評事壙誌	澗谷集 2/12b
～致恭	奉之		983—1041 (59)	雙流	毅	遵道	顯	羅君墓誌銘	丹淵集 37/6b
～ 晉	晉伯		1196—1266 (71)	進賢	俊傑	諤奕	應	羅晉伯墓誌銘	後村集 164/7b
～從彥	仲素	豫章 先生	1072—1135 (64)	劍浦	文弼	世南	神繼	謚議 (陳協撰) 覆謚議 (周坦撰) 請謚羅李二先生狀 (楊棟撰) 豫章羅先生年譜	羅豫章集/ 卷末 5a 羅豫章集/ 卷末 6a 延平集 4/14a 羅豫章集/ 年譜 1a
～博文	宗約 宗禮		1116—1168 (53)	沙縣	安中	畸	彥溫	羅公行狀 羅宗約墓誌銘	朱文公集 97/34a 文定集 22/10b
～ 椅	子遠	碉谷 澗谷		廬陵				族祖權院府君傳 (羅洪先撰)	澗谷集/傳 1a
～棐恭	欽若		？—1168	廬陵	宣	拱辰	蚪	羅公墓誌銘	澹庵集 28/14a
～無競	謙中	遜翁	？ (53)	廬陵	晟	亮	允	孝逸先生傳	澹庵集 31/1a
～ 頌	端規		？—1132	歙縣	承吉	舉	汝楫	羅郢州墓誌 (羅頠撰)	新安文獻 84/8a 鄂州集/羅 郢州墓誌 1a

姓　名	字	號	生卒年 (年齡)	籍　貫	曾祖	祖	父	篇　名	出　處
								羅郢州事畧	新安文獻/ 先賢上/7b
～顗				歙縣			汝檝	羅蘄倅事畧	新安文獻/ 先賢上/7b
～維藩	价卿		1130—1181 (52)	廬陵	仇	紳	上達	羅价卿墓誌 銘	誠齋集 129/1a
～適	正之	赤城	1029—1101 (73)	寧海	爽	德誠	允明	羅公墓誌銘	舒嬾堂文存 3/9b 臺州金石錄 4/1a
～點	春伯	此庵	1150—1194 (45)	崇仁	起	琢	朝俊	羅公行狀	絜齋集 12/1a
～願	端良	存齋 先生	1136—1184 (49)	歙縣	承吉	舉	汝楫	羅公願傳 (曹涇撰) 羅鄂州事畧	新安文獻 94下/後3b 新安文獻/ 先賢上/7b
邊友誠	仁叟 應叟		1114—1194 (81)	鄞縣	玘	日章	用和	邊友誠墓碣	絜齋集 20/18a
～友□			1125—1200 (76)	鄞縣	玘	日章	用和	邊用和墓誌 銘	絜齋集 20/20a
～用和				鄞縣		玘	日章	邊用和墓誌 銘	絜齋集 20/20a
～恢	汝實		1160—1197 (38)	鄞縣	日章	用和	友誠	邊汝實行狀	絜齋集 16/1a
～珣	仲寶		1024—1095 (72)	楚丘		肅	調	邊公墓誌銘	陶山集 14/1a

二 十 畫

姓　名	字	號	生卒年 (年齡)	籍　貫	曾祖	祖	父	篇　名	出　處
〔上古〕 蘄　先								蘄處士傳	江湖集 29/1a
蘇文思	子深		1010—1071 (62)	益都				蘇君墓誌銘 (王沂撰)	山左冢墓文 /30b

姓　名	字	號	生卒年 （年齡）	籍貫	曾祖	祖	父	篇　名	出　處
～安世	夢得		996—1054 (59)	開封	進之	繼	咸熙	蘇君墓誌銘	臨川集 92/6a
～在鎔	和父		1153—1234 (82)	郫縣	仲文	處約	覺	蘇和父墓誌銘	鶴山集 86/1a
～序	仲先		971—1045 (75)	眉山	釿	祐	杲	蘇君墓誌銘	元豐稿 43/7a
～玭	訓直		1129—1192 (64)	同安	頌	攜		蘇君墓誌銘	渭南集 39/3a
～洵	明允	老泉	1009—1066 (58)	眉山	祐	杲	序	蘇洵謚議 (李壁撰) 蘇君（一作 趙郡蘇明 允)墓誌銘 文安先生墓 表 蘇明允哀詞	蜀文輯存 75/2a 歐陽文忠集 34/6b 樂全集 39/57a 元豐稿 41/4a
～洵先 　世								蘇氏族譜 族譜後錄 （上下）	嘉祐集 13/1a 嘉祐集 13/3b、5b
～咸熙	太和		961—1035 (75)	成都	厚	進之	繼	蘇公墓誌銘	武溪集 19/2a
～振文	伯起		？—1233	遂寧				蘇伯起振文 墓誌銘	鶴山集 84/15b
～叟	蟠叟		993—1037 (45)	銅山	寓	協	易簡	蘇府君墓誌 銘並序	蘇學士集 14/1a
～耆	國老		987—1035 (49)	銅山	寓	協	易簡	先公墓誌銘 並序	蘇學士集 14/1a
～峴	叔子		1118—1183 (66)	眉山	軾	迨	簹	蘇公墓誌銘	南澗稿 21/37a
～師德	仁仲		1098—1177 (80)	丹徒	紳	頌	京	蘇公墓誌銘	南澗稿 20/31b
～渙	公羣 文父		1001—1062 (62)	眉山	祐	杲	序	伯父墓表	欒城集 25/1a
～雲卿		蘇翁		廣漢				蘇雲卿傳	屏山集 6/10b

姓　名	字	號	生卒年 (年齡)	籍貫	曾祖	祖	父	篇　名	出　處
～舜元	才翁		1006—1054 (49)	銅山	協	易簡	耆		
～舜欽	子美	滄浪翁	1008—1048 (41)	銅山	協	易簡	耆	蘇君墓誌銘	歐陽文忠集 31/8b
～軾	子瞻 和仲	東坡居士	1036—1101 (66)	眉山	杲	序	洵	亡兄子瞻端明墓誌銘	欒城集/後 22/1a
～過	叔黨	斜川居士 小坡	1072—1123 (52)	眉山	序	洵	軾	蘇叔黨墓誌銘	嵩山集 20/22a 斜川集/ 附錄上/1b
～頌	子容		1020—1101 (82)	南安			紳	蘇公行狀蘇公墓誌銘	道鄉集39/1a 曲阜集4/22a 蘇魏公集/ 附錄1a
～澄	道淵		1031—1082 (52)	河南	易簡	耆	舜賓	蘇君墓誌銘	范忠宣集 15/10a
～轍	子由 同叔	潁濱遺老	1039—1112 (74)	眉山	杲	序	洵	潁濱遺老傳蘇文定公謚議	欒城集/ 後12/1a 欒城集/ 謚議1a
								蘇文定公祠碑	蜀文輯存 66/2b 南澗稿 19/3a
～繹	謀甫		1006—1077 (72)	景陵	先誨	祐圖	仲昌	景陵府君墓誌銘	蘇魏公集 62/1a
～繼	傳之		? (75)	成都		厚	進之	蘇府君墓誌銘	武溪集 25/1a
～攜	季升		1065—1140 (76)	丹陽	仲昌	紳	頌	蘇公墓誌銘	浮溪集 25/1a
～某 (師古某、 師顏父)			969—1042 (74)	懷州				蘇騏驥墓碣銘序	傳家集 77/14a 司馬溫公集 75/3b
～某	基先		1199—1270 (72)	瑞安				蘇公墓誌銘	魯齋集 20/1a

姓名	字	號	生卒年（年齡）	籍貫	曾祖	祖	父	篇名	出處
嚴致堯	正之	龍洲居士	1107—1162 (56)	太和		執衡	章	嚴君致堯墓碣	益國文忠集 77/4b 益公集 77/86a
饒昌齡	彭年		983—1046 (64)	南城				處士饒君墓表	直講集 31/3b
～應子	定夫		1206—1262 (57)	崇仁	美	延年	焯	饒公墓誌銘	後村集 162/11a
～懷英			？ (73)	撫州				饒寺丞墓誌	灌園集 19/5b

二十一畫

姓名	字	號	生卒年（年齡）	籍貫	曾祖	祖	父	篇名	出處
顧復幾	彌先		1061—1114 (54)	會稽	晃	言	臨	顧君墓誌銘	程北山集 32/11b
～義先	忠卿		1146—1222 (77)	鄞縣	宗明	文彊	成忠	顧君義先墓誌銘	絜齋集 19/19a
～孺履	君謀		1190—1254 (65)	莆田	□爲	清	幼强	顧監承墓誌銘	後村集 156/6a
蘧某	德威		1230—1301 (72)	南江				蘧君墓誌銘	霽山集 5/25b
龔日孜	子脩		1173—1227 (55)	興化軍	時中	汝舟	顯良	龔君墓誌銘	復齋集 22/21b
～夫	彥和			瀛州				龔公諡節肅議	水心集 26/13a
～堪	少任		1170—1211 (42)	興化軍		茂良	昇	龔公墓誌銘	復齋集 21/12b
～戡	仲暘		1159—1229 (71)	莆田			茂良	龔公壙銘	復齋集 22/23a
～鼎臣	輔之	東原	1010—1086 (77)	須城	倫	凝	誘衷	龔公墓誌銘	忠肅集 13/2b

姓　名	字	號	生卒年 (年齡)	籍貫	曾祖	祖	父	篇　名	出　處
~齊襃 (冠)	漢卿							龔漢卿墓誌 銘	方舟集 15/1a
~夢良	肖之		1122—1161 (40)	莆田				龔肖之窆銘	艾軒集 9/26b
權邦彦	朝美	且然 居士	1080—1133 (54)	河間	顯	慶	經	權公墓誌銘	誠齋集 124/18b

二、女甲

二　畫

姓　名	字	號	生卒年 （年齡）	籍　貫	曾　祖	祖	父	篇　名	出　處
丁世雄 妻戴氏			1154—1200 （47）	黃巖				戴夫人墓誌銘	水心集 17/15a
～昌期 妻蔣氏			1039—1102 （64）	永嘉			宇	蔣氏墓誌銘	橫塘集 20/3a

四　畫

姓　名	字	號	生卒年 （年齡）	籍　貫	曾　祖	祖	父	篇　名	出　處
文天祥 母曾德慈			1214—1278 （65）	泰和	知和	昌權	珏	齊魏兩國夫人行實	文山集 18/2a
方大琮 祖母鄭氏			1124—1202 （79）		倩		彥輔	鄭氏壙誌	鐵菴集 41/1a
～大琮 伯母顧氏			1153—1213 （61）	莆田				顧氏壙誌	鐵菴集 41/2b
～大琮 母林守真			1157—1231 （75）	福州		雾	天明	林氏墓誌	鐵菴集 41/6a
～大興 妻趙必善	泉		1188—1260 （73）		仲忽	士晤	不劬	趙孺人墓誌銘	後村集 158/13b
～大鏞 妻薛氏			1199—1255 （57）			元鼎		方君薛氏墓誌銘	後村集 157/5a
～天驥 妻潘氏			1196—1270 （75）					潘氏墓誌	蛟峰集 7/35b
～烈妻 王氏			1045—1085 （41）	咸平	代恕	拱辰		王氏墓誌銘	演山集 34/1a
～符母 陳氏			1157—1230 （74）			繹之		陳太孺人墓誌銘	後村集 149/11b

姓　名	字	號	生卒年 （年齡）	籍貫	曾祖	祖	父	篇　名	出　處
～逢辰 妻邵滿			1223—1256 （34）	嚴陵			彌高	邵氏墓誌銘	蛟峰集 7/35a
王十朋 母萬氏			1083—1149 （67）	樂清	文會	安	男	萬氏夫人墓 誌銘	漢濱集 15/13a
～十朋 妻賈氏			1114—1168 （55）	樂清		奭	如訥	令人壙誌	梅溪集/後 29/17a
～之道 妻孫氏			1093—1130 （38）	巢	守宗	倚	祉	孫宜人墓誌 銘	相山集 29/1a
～元妻 趙氏			1034—1063 （30）	開封		安仁	慎微	趙氏墓誌銘	雞肋集 67/13a
～元繼 妻晁氏			1041—1093 （53）	開封			仲衍	晁氏墓誌銘	雞肋集 67/14a
～平妻 曾氏			1000—1078 （79）	晉江		穆	會	曾氏墓誌銘	元豐稿 45/1a
～世昌 妻淳于 氏				齊				淳于氏墓誌 銘	長興集 26 （三沈集 5/34b）
～令妻 吳氏			1035—1093 （59）	臨川	德筠	敏	賁	吳氏墓碣銘 （王雲撰）	廣陵集/ 附錄 13b
～安母 程氏			？—1179	德興	守益	萬	械	程氏墓誌銘	東萊集 13/7a
～安石 母吳氏			998—1063 （66）	金溪			畋	吳氏墓誌	曾南豐集 29/5b 元豐稿 45/4b
～安石 祖母謝 氏			964—1053 （90）					謝氏墓誌銘 謝氏墓銘	元豐稿 45/8b 曾南豐集 29/5a
～安石 外祖母 黃氏			970—1041 （72）					黃夫人墓表	臨川集 90/16b
～安石 女王鄞			1047—1048 （2）	臨川			安石	鄞女墓誌銘	臨川集 100/1b
～夷仲 妻袁氏			1106—1161 （56）	溫江	昭	穆	玠	袁氏墓誌銘	方舟集 17/24a

姓　名	字	號	生卒年 (年齡)	籍　貫	曾　祖	祖	父	篇　名	出　處
～夷仲 妻唐氏			1137—1214 (78)	寧海				唐氏墓誌銘	水心集 22/11b
～仲初 母阮氏			1168—1249 (82)	平陽		延年		阮安人墓誌銘	後村集 154/1a
～自得 祖母傅氏			1092—1166 (75)	義烏				傅氏墓誌銘	東萊集/外 5/4a
～沖妻 華氏			990—1066 (77)	餘杭	先業	興嗣	輯	華夫人墓誌銘	彭城集 39/7b
～孝曾 妻李氏			1176—1231 (56)	莆田	宗顏	利正	宣仲	李節婦墓誌銘	後村集 149/10b
～孚妻 趙氏			1153—1190 (38)		仲佺		不忘	趙氏墓誌銘	誠齋集 129/10b
～邦乂 妻歐陽氏			1127—1176 (50)	廬陵	懷	銳	斌	歐陽氏墓誌銘	誠齋集 127/7b
～利妻 李氏			962—1047 (86)	湖南			昭文	李氏墓誌銘	歐陽文忠集 36/5a
～宗卿 母袁妙覺	亡礙		1131—1222 (92)	新昌				袁氏墓誌銘	洺水集 14/15b
～炎妻 汪氏			？ (61)	歙州				汪氏墓銘	王雙溪集 9/16b
～炎午 母劉氏			1218—1303 (86)	安福	彥直	君德	淑行	劉氏孺人事狀	吾汶稿 9/14a
～表民 母黎道素			？—1201	華陽	上行	朝彥	繟	黎氏墓誌銘	鶴山集 70/5b
～東美 妻蘇氏			1027—1101 (75)	眉山				王夫人墓誌銘	欒城集/後 24/3a
～季安 妻蕭氏			1018—1104 (87)	西昌			桂	蕭氏墓誌銘	誠齋集 129/9a
～居仁 妻卓氏			1172—1249 (78)	黃巖				卓氏墓誌銘	庸齋集 6/24b
～洙妻 齊氏			1011—1065 (55)	蒲陰		安	永清	齊氏墓誌銘	臨川集 100/5b

姓名	字	號	生卒年（年齡）	籍貫	曾祖	祖	父	篇名	出處
～彦成 母蔣氏			1044—1115 (72)	全椒	誠	咸	守玉	蔣氏夫人墓誌銘	襄陵集 12/11a
～愍妻 李氏			1020—1089 (70)	真定	昉	宗諒	邁昭	李夫人墓誌銘	張右史集 60/8a
～拱辰 母李氏			979—1031 (53)	陳留				李氏墓誌銘	景文集 60/17b
～英臣 妻樊氏			1123—1206 (84)	永新	佐	仲文	才	樊氏墓誌銘	渭南集 38/19b
～信母 徐氏			1108—1176 (69)	青田	新	棠	順	徐氏墓誌銘	益國文忠集 36/10a 益公集 36/69b
～信妻 郭氏			1141—1195 (55)	東陽	感	招	知常	郭氏墓誌銘 （戴溪撰）	括蒼金石志 6/11b
～浩母 吳氏			1066—1155 (90)	德興				王夫人墓誌銘	浪語集 38/1b
～庭珪 妻劉氏			1078—1143 (66)	廬陵			瑗	劉氏二婦墓誌銘	廬溪集 46/7b
～庭璋 妻劉氏			1086—1144 (59)	廬陵			成制	劉氏二婦墓誌銘	廬溪集 46/7b
～荀龍 妻趙氏			1019—1079 (61)	聊城	羽	韜	繼永	趙夫人墓誌銘	忠肅集 14/16b
～師伋 妻宗惠貞			1173—1256 (84)	義烏	夔	膺	行之	宗氏墓誌銘	後村集 161/5b
～清臣 母毛氏			1061—1111 (51)	永嘉				毛氏墓誌銘	浮沚集 7/11b
～國望 母仇氏			1189—1271 (83)	廬陵			彦誠	仇氏墓誌銘	文山集 11/29b
～逢妻 陳氏			1028—1065 (38)	蘇州	質	郁	之武	陳氏墓誌銘	臨川集 100/8a 吳都續文粹/補遺上/41b
～植妻 莊則			？—1206	金華				莊夫人墓誌銘	水心集 16/3a

姓名	字	號	生卒年（年齡）	籍貫	曾祖	祖	父	篇名	出處
~覃妻吕氏			990—1059（70）	并州	夢奇	龜祥	蒙巽	吕氏墓誌銘	華陽集 40/5b
~景亮妻張氏			1025—1093（69）	鉅野	澄	永言	璧	張氏墓誌銘	學易集 8/9b
~景道妻賈氏			1081—1136（56）	渭南	素	翊	昌言	賈氏墓誌銘	金石續編 17/42a
~無咎妻曾德克	淑珍		1040—1108（69）	南豐	仁旺	致堯	易占	曾氏墓誌銘 曾氏墓誌銘	元豐稿 46/2b 道鄉集 37/7a
~勝妻柴氏			？—1165	開封				柴夫人墓誌銘	鉛刀編 28/4a
~溥母張氏			1026—1094（69）	管城	繼旻	崇儁	武仲	張氏墓誌銘	西臺集 14/9b
~萬樞妻蔡氏			1154—1223（70）	望亭	袞	覲	樗	蔡氏墓誌銘 蔡氏行狀	真西山集 45/27a 漫塘集 34/10a
~誦、王誨母張氏	彦由		？—1096	德興				張夫人墓誌銘	溪堂集 9/6b
~碩妻陳氏			1015—1075（61）	羅源			莊	陳氏墓誌銘	蘇魏公集 62/13a
~夢龍妻趙汝議	履巽		？（39）					趙孺人墓誌銘	水心集 25/11a
~霦母宋氏			1049—1107（59）	汝州	文蔚	寅	輔臣	宋氏墓誌銘	西臺集 14/13b
~璪母狄氏			1001—1069（69）	長沙	文蔚	希顔	棐	狄氏墓誌銘	華陽集 40/15b
~鎡妻孫氏			1103—1175（73）	石埭				孫氏墓誌銘	宋本攻媿集 109/17b 攻媿集 102/24a
~贄妻劉氏			？—1067	廬陵				劉氏墓誌銘	臨川集 100/6b

姓　名	字	號	生卒年（年齡）	籍貫	曾祖	祖	父	篇　名	出　處
～觀母李仁用			1001—1083（83）	如皋				李氏夫人墓誌銘	淮海集 33/6b
～某妻楊氏			?—1169					楊夫人權厝誌	八瓊金石補 114/27a
木彥國母藺氏			1031—1101（71）	開封			宗道	藺氏墓誌銘	樂靜集 29/19a
毛滂妻趙英			1062—1089（28）	南陽	亞才	抃	峴	趙氏夫人墓誌銘	東堂集 10/12b
～璲祖母舒妙慧			1135—1212（78）	永康				舒夫人墓誌銘	平齋集 31/11a
～槩妻詹氏								毛夫人墓表	水心集 25/18a
仇車妻綦氏			1121—1140（20）	北海				亡第二女埋銘記	北海集 36/10b
勾龍梁妻錢氏			1094—1160（67）	資州				錢氏太孺人墓誌銘	方舟集 17/20b
尹林妻陳氏			1042—1111（70）	福昌	省華	堯咨	榮古	陳氏墓誌銘（尹焞撰）	東都冢墓文/43a

五　畫

姓　名	字	號	生卒年（年齡）	籍貫	曾祖	祖	父	篇　名	出　處
石文妻樓氏	靚之		1137—1200（64）	鄞縣	常	异	琚	樓夫人墓誌銘	宋本攻媿集 112/17b 攻媿集 105/16b
～秀之妻胡氏			?—1093	永康	承師	則	楷	胡氏墓誌銘	錢塘集 16/31b

姓 名	字	號	生卒年 (年齡)	籍貫	曾祖	祖	父	篇 名	出 處
~知彰 母謝氏			1076—1138 (63)					外姑墓誌銘	北山集 15/3a
~衍之 妻史氏			1018—1100 (83)	剡	行諲	延鼎	綸	史氏墓誌銘	錢塘集 16/27a
~景立 妻朱氏			? (45)	吳				朱氏墓誌	錢塘集 16/26b
~龜山 妻王氏			1136—1187 (52)	古井			雲	王夫人墓誌 銘(劉鼎撰)	蜀文輯存 100/15b
田仔母 趙氏			? (79)	南陽			化成	趙氏墓誌銘	無爲集 14/5b
~況妻 富氏			1016—1087 (72)	河南	處謙	令荀	言	富氏墓誌銘	范太史集 39/1a
~橡妻 尚氏			1138—1195 (58)	安陽	秉	佐均	大伸	尚氏壙誌	益國文忠集 76/8a 益公集 76/80a
史蒙卿 妻陸德 正	適道		1250—1290 (41)	鄞縣	恕	增迪	合	陸氏墓誌銘	本堂集 92/2a
~彌大 乳母戴 氏			1108—1186 (79)	鄞縣				戴氏壙誌	橘洲集 10/8b
令狐暎 母任氏			1046—1112 (67)	遂寧				任夫人墓誌 銘	跨鰲集 29/10b
丘升妻 陳善堅			1195—1266 (72)	福清			焕	陳夫人墓誌 銘	臞齋集 21/7a
~經妻 臧氏			1101—1187 (87)	江陰				臧氏墓誌銘	水心集 13/11b
~雙妻 趙善意			1216—1243 (28)		仲忽	士琯	不慮	趙孺人墓誌 銘	後村集 150/17b

姓　名	字	號	生卒年(年齡)	籍貫	曾祖	祖	父	篇　名	出　處
白時中女白慶通	慧應		1088—1159 (72)	壽春			時中	白宜人墓誌銘	盤洲集 76/8b
司馬光妻張氏			1023—1082 (60)	信都			存	敍清河郡君	傳家集 78/16a 司馬温公集 64/13b
～遵妻王中	正節		1160—1203 (44)	北海	競	慎	峴	孺人王氏墓表	渭南集 39/18a

六　畫

姓　名	字	號	生卒年(年齡)	籍貫	曾祖	祖	父	篇　名	出　處
江汝明妻宋氏			1044—1110 (67)	管城	白	良臣	保孫	宋氏墓誌銘	程北山集 31/9a
～惇褆妻胡氏			1077—1149 (73)	壽昌		楚材	彝	胡氏墓誌銘	香溪集 22/4a
～琦妻虞道永	無盡		1103—1182 (80)				恫	虞氏墓誌銘	朱文公集 92/12b
～燁母巢氏			1145—1231 (87)	都昌	自牧	勉	紹椿	巢氏墓誌銘	蒙齋集 17/14b
～褒妻曾氏季儀			1079—1113 (35)	南豐	致堯	易占	布	曾氏墓誌銘	程北山集 31/13b
～戀相繼妻劉氏			1038—1106 (69)				敬	劉氏墓誌銘	嵩山集 19/33b
宇文師説妻房妙光			1124—1182 (59)	華陽	審能	希參	永	房氏墓誌銘	宋本攻媿集 115/26a 攻媿集 109/12a

姓　名	字	號	生卒年 (年齡)	籍貫	曾祖	祖	父	篇　名	出　處
安沉母 趙氏			994—1061 (68)	蘇州				趙夫人墓誌 銘	祠部集 35/7a
～癸仲 女安寶 孫			1204—1223 (20)	廣安		丙	癸仲	女寶孫壙銘 (安癸仲撰)	蜀文輯存 92/7a
艾謙妻 李氏			1158—1226 (69)				彥	李氏墓誌銘	漫塘集 30/2a
朱世衡 妻桂氏			1053—1109 (57)	貴溪	承慶	弼	舒	桂夫人墓誌 銘 桂夫人墓表	溪堂集 9/13a 溪堂集 10/3a
～有安 妻周氏			1000—1055 (56)	餘杭				周氏夫人墓 誌銘	祠部集 35/4b
～邦衡 妻劉氏			？ (59)	安福			文蘊	劉氏墓銘	誠齋集 132/5a
～延之 妻沈氏			1024—1068 (45)	歷陽	仁諒	平	立	沈氏夫人墓 誌銘	元豐稿 45/16b
～伯履 妻陳氏								朱氏旌表門 閭碑	湖山集/ 輯補 7b
～昌年 母陳氏			1040—1114 (75)	平陽				陳氏墓誌銘	浮沚集 7/20b
～植母 劉氏			1189—1263 (75)	廬陵	皋	文正	先朝	劉安人墓誌 銘	後村集 161/12a
～舜舉 妻范氏			1058—1099 (42)	晉陵				范氏墓誌 (林覘撰)	江蘇金石志 10/17b
～聖言 妻陳氏			1140—1202 (63)	臨川		巽	錫	陳氏墓誌	緣督集 8/9b
～軾母 曾氏				南豐	仁旺	致堯		曾氏墓誌銘	元豐稿 46/8b
～熹女 朱巳	叔		1173—1187 (15)	婺源	森	松	熹	女巳埋銘	朱文公集 93/1a

姓　名	字	號	生卒年 （年齡）	籍貫	曾祖	祖	父	篇　名	出　處
～熹母 祝氏			1100—1169 （70）	歙縣			確	祝氏壙誌	朱文公集 94/25b 新安文獻 98/4a
～瓛妻 葉氏			1077—1142 （66）	麗水	縜	才冠	育	葉氏墓誌銘	筠溪集 24/10a
～某妻 戴氏			988—1064 （77）	高郵			奎	戴氏墓誌銘	元豐稿 46/5b
仲并妻 陳氏	靜琬		1115—1134 （20）	毗陵	光榮	延祐		陳氏墓銘	浮山集 4/21a
任伋妻 宋氏			1019—1068 （50）	眉山			廣陵	宋氏墓誌銘	丹淵集 40/1a
～逢母 史氏			？ （90）	青神	沱	嘉謀	祐	史夫人墓銘	鶴山集 70/15b
～道宗 妻林氏			1146—1219 （74）	長樂				林氏行狀	勉齋集 37/22a
～賢臣 妻王氏			？—1182	慈溪			庭秀	王氏墓誌銘	朱文公集 92/3a
～遵聖 妻呂氏			1017—1094 （78）	眉山				呂氏墓誌銘	净德集 27/5b
向伯劭 妻王氏			1138—1207 （70）	鄞縣	震	仰	從	王夫人墓誌 銘	宋本攻媿集 114/9b 攻媿集 107/9b
～宗諤 妻李氏			？ （19）				就	李氏墓記	華陽集 40/19a
～絃妻 傅氏			1046—1067 （22）	考城			求	傅夫人墓誌 銘	郿溪集 21/12a
～傳範 妻趙氏			？ （60）			德昭	惟吉	趙氏墓誌銘	郿溪集 21/10a

姓　名	字	號	生卒年 (年齡)	籍貫	曾祖	祖	父	篇　名	出　處
危拱辰 子婦傅 氏			996—1077 (82)					傅夫人墓誌 銘	灌園集 20/14a

七　畫

姓　名	字	號	生卒年 (年齡)	籍貫	曾祖	祖	父	篇　名	出　處
沈扶妻 翟氏			1010—1066 (57)	金鄉	令圖	守序	希言	翟氏墓誌銘 並序	臨川集 100/4b
～周妻 許氏			986—1068 (83)	吳縣			仲容	許氏墓誌銘	元豐稿 45/6a
～迥、 ～遵母 魏氏			987—1050 (64)	常州			居中	魏氏墓誌銘	臨川集 99/10b
～耕道 妻某氏				瑞安				沈耕道妻某 氏墓誌銘	橫塘集 20/2a
～巽之 妻錢氏			1078—1142 (65)	烏程	文友	宗澤	詠	錢氏墓誌銘	苕溪集 50/2a
～端輔 妻吳文 剛			1092—1146 (55)	無錫				沈氏考妣墓 誌銘	南澗稿 20/3a
～播妻 元氏			996—1065 (70)	錢塘		德昭	好文	元氏墓誌銘	元豐稿 45/12b
汪仲儀 母王氏			1123—1173 (51)	金華	本	登	師古	王氏墓誌銘	東萊集 11/3a
～沇母 呂貞蘭			1115—1176 (62)					呂氏墓表 (汪琪撰)	新安文獻 98/5a
～浹妻 曹氏			1099—1177 (79)	金華	隨	介	韶	曹氏墓誌銘	龍川集 30/1a
～清英 妻李氏								李氏墓誌銘	秋崖稿 45/2a
～紹妻 朱氏			1042—1108 (67)	婺源	昭元	維甫	郢	朱氏墓誌銘 (胡伸撰)	新安文獻 98/3a
～愷母 王文麗	幼明		1051—1124 (74)	蕭山		絲	霽	王氏墓誌銘	浮溪集 28/14b

姓　名	字	號	生卒年 （年齡）	籍貫	曾祖	祖	父	篇　名	出　處
～萬頃 母鄔氏			？—1190	奉化				鄔太孺人墓 誌	舒文靖集 2/4a
～穀妻 陳氏			1039—1115 （77）	開封	贊	承道	諮	陳氏行狀	浮溪集 24/23b
～擇善 妻金妙 湛			1131—1194 （64）	休寧				金氏墓誌銘 （汪知言撰）	新安文獻 98/7b
～簡母 葉氏			1156—1235 （80）	婺源				葉氏墓誌銘	竹坡稿 4/4a
宋子固 妻郭氏			1050—1094 （45）				敏通	郭孺人墓誌 銘	跨鰲集 29/12b
～松峰 妻何道 真			？—1196	淳安				何氏墓誌	潛齋集 10/4a
～咸母 江氏			969—1048 （80）	江南	文蔚	翹	湜	江氏墓碣銘 並序	直講集 30/14b
～修叔 母王氏			1134—1207 （74）	嚴陵	庭堅			宋母墓銘	慈湖遺書 5/11b
～訐妻 王氏			1118—1175 （58）		臨	承	恪	王氏墓誌銘	南軒集 41/8a
～瑱妻 史氏			1020—1089 （70）	成都			遜	史氏墓誌銘	范太史集 41/3a
～璋母 李氏			986—1064 （79）					李氏埋銘	丹淵集 40/14b
杜子民 母闕氏			1010—1086 （77）	開封				闕氏墓誌銘	鷄肋集 66/10a
～衍妻 相里氏			988—1065 （78）	濟源				相里氏墓誌 銘並序	樂全集 39/54b
～訢妻 張氏			1021—1041 （21）			文節	承勗	張氏墓文	蘇學士集 15/3b
～儀母 崔氏			？ （72）					崔氏墓誌銘	范忠宣集 12/10a

姓　名	字	號	生卒年 （年齡）	籍貫	曾祖	祖	父	篇　名	出　處
李之儀 妻胡淑 修	文柔			晉陵	穌	宿	宗質	胡氏文柔墓 誌銘	姑溪集 50/1a
～大年 母龐氏			1092—1168 （77）					龐氏母墓誌 銘	方舟集 17/10a
～文炳 母田氏			1085—1163 （79）	眉州				田氏墓誌	方舟集 17/11b
～友直 妻史氏			1139—1197 （59）	鄞縣	詔	師仲	浩	史氏墓誌銘	燭湖集 12/11b
～介夫 妻吳氏			1035—1084 （50）	金溪	德筠	敏	蒙	吳氏夫人墓 誌銘	宗伯集 17/11b
～公車 妻王氏			1049—1104 （56）	長安	夷簡	希哲	宗愿	王氏墓誌銘	學易集 8/12b
～汝明 妻彭氏			1047—1152 （106）	廬陵	播	莊	九成	彭氏太孺人 墓誌銘	梠溪集 12/26a
～兑妻 錢氏			1002—1084 （83）	陳	師紹	承德	秀	錢氏墓誌銘	范太史集 38/12a
～迁妻 王氏			931—1010 （80）	太原				王氏墓誌銘	元豐稿 45/12a
～伯玉 母霍氏			？—1240					霍氏墓誌銘	鐵菴集 41/18a
～尚仁 妻胡氏			1094—1132 （39）	廬陵			登臣	李氏姊墓誌 銘	澹庵集 30/8a
～昉妻 符氏			952—1018 （67）	真定			嗣	符氏墓誌 （祖士衡撰）	龍學集 15/15a
～孟珍 母管氏			1104—1175 （72）	龍泉	大忠	師醇	時可	管氏墓誌銘	朱文公集 92/8a
～洵直 妻鄭氏			1061—1119 （59）	濠陽	積	行簡	槩	鄭氏墓誌銘 （任忠厚撰）	蜀文輯存 40/8a
～春母 曾氏			1098—1175 （78）	廬陵				曾氏墓誌銘	誠齋集 127/4a
～珤母 鄭和悟			1136—1219 （84）	閩	中節	正倫	昺	鄭氏行狀	絜齋集 16/16a
〔南唐〕 ～昇妃 孟氏			901—943 （43）			造	及	孟氏墓銘	徐公集 17/4a

姓　名	字	號	生卒年 (年齡)	籍貫	曾祖	祖	父	篇　名	出　處
～修己 繼妻 蔣季荃			1169—1235 (67)	興安	熙	允澤	礪	蔣恭人墓誌銘	鶴山集 87/12a
～俛妻 王氏			? (25)	太原		潛	裔	李氏夫人墓銘	徐公集 17/8a
～衍妻 方氏				莆田			參	李氏母窆銘	艾軒集 9/22b
～兟妻 趙氏			1035—1110 (76)	西洛			恭和	趙氏墓誌銘	樂靜集 28/13a
～復妻 范遠	寶之		1061—1117 (57)	長安	忠恕	祥	褒	范氏墓誌銘	澉水集 8/14b
～鷹叔 母王氏			1024—1091 (68)	開封				王氏墓誌銘	濟南集 7/18a
～楚老 母杜氏			1029—1098 (70)	洪州			杞	杜氏墓誌銘	張右史集 60/5b
～愷妻 段氏			1072—1155 (84)	廬陵			賫	段夫人墓誌銘	盧溪集 43/7b
～頵妻 田氏			1011—1079 (69)	諸城		勻	姚	田氏墓誌銘	長興集 29 (三沈集 5/71b)
～寧妻 羅氏			1036—1088 (53)	開封			易直	羅氏墓誌銘	鷄肋集 66/8b
～寬母 鄭氏			? (75)	徐州	僅			鄭氏墓誌銘	水心集 21/2b
～端修 妻周氏			1113—1196 (84)	臨海	文寵	允平	永瞻	周氏墓誌銘 (謝深甫撰)	台州金石録 7/17a
～圖南 妻段净 才			1135—1203 (69)	吉州	居簡	公輔	子沔	段夫人墓誌銘	益國文忠集 76/7a 益公集 76/79a
～潮妻 陳體真	端卿		1137—1166 (30)	長樂	沔	察	致一	陳氏墓誌銘	拙齋集 18/11a
～璟昭 容吉氏			913—945 (33)	朐山	徵	黨	彥輝	昭容吉氏墓誌	徐公集 17/4b
～覿母 鄭氏			983—1051 (69)	南城				先夫人墓誌	直講集 31/7a

姓 名	字	號	生卒年 (年齡)	籍貫	曾祖	祖	父	篇 名	出 處
～覯妻 陳氏			1015—1047 (33)	南城				亡室墓誌	直講集 31/9a
～覯女 李氏			？ (26)	南城			覯	亡女墓銘	直講集 31/9b
～競妻 高氏			1018—1087 (70)	蒙城			遵望	高氏墓誌銘	道鄉集 37/1a
～夔妻 吳氏			1058—1101 (44)	劍川	崇	轂	桓	吳氏墓誌銘	龜山集 32/10b
～某妻 盛氏				汴梁				盛氏墓誌銘	臨川集 99/7b
束正卿 妻王氏			1032—1099 (68)	密	瀚	仲卿	度	王氏夫人墓 誌銘	陶山集 15/14a
～斌卿 母李氏			？ (80)	城紀			來	李氏墓誌銘	竹隱集 19/11a
呂大同 妻方氏			1128—1176 (49)	桐廬	楷	蒙	元矩	方氏墓誌銘	渭南集 36/1a
～申妻 胡氏			1082—1149 (68)	崇陽		抃	師父	胡氏墓誌銘	鴻慶集 40/2b 孫尚書集 64/5b
～明甫 妻陳氏			1046—1073 (28)	晉江			從益	陳氏墓誌銘	無爲集 14/2b
～祖平 母方氏			1128—1175 (48)	桐廬	楷	蒙	元矩	方夫人誌	東萊集/ 外 5/4a
～祖謙 妻韓氏			？ (27)				元吉	祔韓氏誌	東萊集 10/5a
～祖謙 繼妻芮 氏			1162—1179 (18)	烏程				祔芮氏誌	東萊集 13/3a
～師愈 妻夏氏			1129—1192 (64)	永康	恭	開	琛	夏氏墓誌銘	龍川集 20/11b
～紹義 妻陳氏			1134—1198 (65)	東陽	懿	嚴	子淵	陳氏墓誌銘	渭南集 36/3a

姓 名	字	號	生卒年 (年齡)	籍貫	曾祖	祖	父	篇 名	出 處
～博聞 妻吳氏			？—1089	樂平				吳氏埋銘	東堂集 10/16a
吳之才 妻萬氏			1089—1166 (78)					萬氏墓誌銘	應齋雜著 4/11a
～永年 妻何氏			？—1130	吳縣				二烈婦傳	唯室集 2/8a
～永年 姊吳氏								二烈婦傳	唯室集 2/8a
～克禮 妻狄氏			1044—1086 (43)	太原	希顏	耒	遵禮	狄氏墓誌銘	道鄉集 37/5a
～君謀 母陳氏			1163—1248 (86)	水南			景溫	陳安人墓誌 銘	後村集 152/8a
～長文 妻趙氏			1008—1039 (32)	信都			立	趙氏墓誌銘	公是集 53/15b
～津妻 姚氏			？—1190	黃巖			義	姚氏墓誌銘	宋本攻媿集 115/6b 攻媿集 108/14b
～宣德 妻王氏			？ (77)	漳浦				王氏墓誌銘	西塘集 4/15b
～奎母 王氏			987—1023 (37)	北海			汀	王氏墓誌銘	歐陽文忠集 36/9a
～幾復 祖母劉 氏			？—1019	單父				劉氏墓誌銘	傳家集 78/13a 司馬溫公集 75/9a
～漢英 妻陳道 蘊			1144—1223 (80)	金華			嚴震	陳氏墓誌銘	漫塘集 31/7b
～漸妻 黃氏			1125—1188 (64)	臨川			謂	黃夫人墓誌 銘	象山集 28/6a
～察母 龔氏			1085—1158 (74)	義烏	文政	待	宗諤	龔夫人墓誌 銘	橫浦集 20/17b
～震妻 王氏			1061—1118 (58)	河南	益恭	慎	羣	王氏墓誌銘 (劉唐允撰)	芒洛四編/ 補遺29b

姓　名	字	號	生卒年 （年齡）	籍貫	曾祖	祖	父	篇　名	出　處
～磐妻 穆氏			？—1095	廣陵	彥璋	琪	之武	穆氏墓誌銘	雞肋集 65/2b
～頴妻 徐氏			999—1066 （68）				泌	徐夫人墓表 銘	清獻集 5/22b
～積中 妻許氏			1062—1124 （63）	瑞安			球	許氏壙誌	東甌金石志 6/18a
～應龍 母宗氏			1143—1221 （79）	建平	藻	實	奕	宗氏安人墓 誌銘	漫塘集 29/13b
～懋妻 楊氏			1082—1141 （60）	武進	奉端	修	瓛	楊恭人墓誌 銘	鴻慶集 40/10a 孫尚書集 60/41a
～某妻 曾氏			985—1058 （74）	南豐				曾氏墓誌銘	臨川集 100/3a
～某妻 熊氏			1123—1193 （71）	樂安				熊氏墓誌銘	江湖集 35/15a
余充甫 妻單氏			1041—1112 （72）	宜興				單氏夫人墓 誌銘	摛文集 15/7b
～楚繼 妻陳氏			？ （78）	建陽				陳夫人墓誌 銘	臨川集 99/6b
～鳳母 姚氏			1105—1181 （77）				安仁	姚氏墓誌	網山集 4/3b
～澤妻 洪氏			？—1195			若禰		洪氏孺人墓 誌銘	江湖集 35/6a
～夒妻 於氏			？—1206	黃巖	齡	然	光時	於夫人墓誌 銘	鶴山集 80/17b
何及妻 劉氏			1041—1117 （77）	建安				劉氏墓誌銘	鴻慶集 40/3b 孫尚書集 65/8a
～先妻 鄭氏			1060—1129 （70）	金華				何氏考妣墓 表	北山集 15/8a
～松妻 杜氏			1133—1186 （54）	東陽	義	伯忻	杉	杜氏墓誌銘	龍川集 30/4b

姓　名	字	號	生卒年 （年齡）	籍貫	曾祖	祖	父	篇　名	出　處
～執禮 妻孫氏			1054—1124 (71)	分宜				孫氏墓表	鴻慶集 41/8a 孫尚書集 55/12a 又見 65/6b
～懋之 妻宣希 真			1145—1221 (77)	鄞縣	士隆		與言	宣氏墓誌銘	絜齋集 21/3b
阮自勵 妻鍾妙 清			1173—1229 (57)	臨安				鍾孺人墓誌 銘	平齋集 31/9a

八　畫

姓　名	字	號	生卒年 （年齡）	籍貫	曾祖	祖	父	篇　名	出　處
林文質 妻朱氏			1108—1170 (63)	瑞安			俊	朱氏墓誌銘	誠齋集 126/8a
～公遇 妻陳氏			1186—1231 (46)	福清				陳孺人墓誌 銘	後村集 151/8a
～松妻 方氏			？ (83)	福州				方夫人墓誌 銘	勉齋集 38/3b
～美中 妻顧氏			1143—1229 (87)	莆田		時亨	師顏	顧安人墓誌 銘	後村集 149/8a
～思哲 妻周氏			1157—1238 (82)	東陽			溥	周夫人墓誌 銘	蒙齋集 18/11a
～勉妻 袁氏			1120—1195 (76)	鄞縣	轂	灼	埴	袁氏墓誌銘	絜齋集 21/6b
～師醇 妻程氏			1061—1092 (32)	晉陵	士鄰	昌言	端	程氏墓誌銘	道鄉集 37/4a
～棟妻 孫汝靜			1206—1263 (58)	平陽			叔惠	孫夫人墓誌 銘	虞齋集 22/13a
～詢母 鄭氏			1096—1181 (86)	莆田				鄭氏墓誌	網山集 4/9a
～概母 黃氏			991—1067 (77)	福清				黃氏墓誌銘 黃氏夫人墓 表	元豐稿 45/3b 彭城集 36/7a

姓　名	字	號	生卒年 （年齡）	籍　貫	曾祖	祖	父	篇　名	出　處
～璞妻 陳氏			1139—1212 （74）	平陽				陳氏墓誌銘	水心集 21/14a
～齡妻 吳氏			1115—1199 （85）	懷安			貴	吳氏夫人墓 誌銘	勉齋集 38/5a
～觀母 王淨慧			1192—1266 （75）	福清			西應	王孺人墓誌 銘	後村集 163/1a
金君卿 母徐氏			990—1066 （77）	浮梁				徐氏墓誌銘 徐氏墓誌銘	臨川集 99/8a 臨川集 100/7b
竺頎妻 舒氏			1125—1189 （65）	奉化				舒氏壙誌	舒文靖集 2/1a
季陵妻 上官氏			1094—1178 （85）	邵武		照	恢	上官氏墓誌 銘	南澗稿 22/22a
周必大 伯母尚 氏			1098—1152 （55）	安陽	從諫	棐	佐均	尚氏墓誌銘	益國文忠集 36/1a 益公集 36/59a
～必大 母王氏			1102—1138 （37）	安陽	察	復	靚	王氏墓誌	益國文忠集 36/3a 益公集 36/61b
～必大 姊周氏			1120—1166 （47）	盧陵	衍	誂	利建	尚夫人墓誌	益國文忠集 36/5a 益公集 36/64a
～必大 妻王氏			1135—1203 （69）	崑山	申	億	葆	益國夫人墓 誌銘	益國文忠集 76/5a 益公集 76/72a

姓　名	字	號	生卒年 （年齡）	籍貫	曾祖	祖	父	篇　名	出　處
～必大 母之乳 母孟氏			1078—1152 （75）	東平				孟媼葬記	益國文忠集 36/13a 益公集 36/73b
～必大 妾孫芸 香			1154—1173 （20）	錢塘				芸香葬記	益國文忠集 36/14a 益公集 36/75a
～池妻 劉氏			？—1121	懷安	仲甫	若思	彜	劉氏墓誌銘	梁溪集 170/2a
～成己 母胡氏			1046—1102 （57）	毗陵				胡氏墓銘 胡氏墓誌銘	江蘇金石志 10/52b 浮沚集 7/10b
～君錫 妻鄭妙 靜			1213—1243 （31）	吳縣			賫	鄭孺人墓誌 （周君錫撰）	江蘇金石志 17/17a
～況妻 胡氏			1046—1102 （57）	毗陵				胡氏墓銘 胡氏墓誌銘	江蘇金石志 10/52b 浮沚集 7/10b
～虎母 何氏			1122—1212 （91）	山陽				何氏行狀	山房集 5/16b
～彥先 妻王氏			？ （48）	臨川			貫之	王夫人墓誌 銘	臨川集 100/8b
～晄妻 黃氏			1133—1179 （47）	永康		琇	大圭	黃氏墓誌銘	龍川集 30/3a
～師厚 妻范氏			1031—1109 （79）	吳			仲溫	范氏墓誌銘	道鄉集 37/10b
～惇頤 祖母陳 氏								陳夫人墓表	八瓊金石補 121/9a
～繪女 周村娘			1170—1182 （13）	廬陵	利建	必大	繪	村女壙志	益國文忠集 76/8b 益公集 76/81a
～誼妻 陳氏			1123—1190 （68）	建陽			安世	陳氏墓誌銘	朱文公集 93/25a

姓　名	字	號	生卒年 （年齡）	籍貫	曾祖	祖	父	篇　名	出　處
邵潛妻 孫氏			1031—1106 （76）	宜興			秉陽	孫氏墓誌銘	摛文集 15/4b
孟忠厚 妻王氏			1096—1149 （54）	長洲	準	珪	仲爰	王氏墓誌銘	鴻慶集 40/1a 孫尚書集 64/3a
～嵩妻 仲靈湛			1133—1184 （52）	揚州	彦明	將之	并	孟夫人墓誌 銘	水心集 13/4b

九　畫

姓　名	字	號	生卒年 （年齡）	籍貫	曾祖	祖	父	篇　名	出　處
洪适母 沈氏			1089—1138 （50）	無錫		宗道	復	慈壟石表	盤洲集 77/1a
～适妻 沈德柔			1119—1179 （61）	無錫	宗道	復	松年	萊國墓銘	盤洲集 77/9a
～壽卿 繼妻趙 氏			1121—1158 （38）				士鵬	趙孺人墓銘	盤洲集 75/6a
～懷祖 妻盛氏			1113—1175 （63）	嘉禾	偕	兌	師聖	盛夫人墓誌 銘	宋本攻媿集 108/3b 攻媿集 100/10b
施昌言 妻徐氏			1001—1043 （43）	静海				徐氏墓誌	歐陽文忠集 36/2b
～象母 林氏			1011—1082 （72）	漳南				林氏墓誌銘	演山集 34/4b
姜諤妻 史氏			1022—1077 （56）	如皋	筠	樞	用舟	史夫人墓誌 銘並序 （胡志忠撰）	廣陵冢墓文/ 23a
郎思母 吳氏			1135—1228 （94）	臨安		瓚	憲	吳氏墓誌銘	平齋集 31/8a

姓　名	字	號	生卒年（年齡）	籍貫	曾祖	祖	父	篇　名	出　處
柳開叔母穆氏			918—989 (72)					穆夫人墓誌銘並序	河東集 14/6a
胡仅妻莫氏			1074—1160 (87)	餘姚				莫氏墓誌銘	莒溪集 52/1b
~序妻薛氏			1129—1208 (80)	永嘉			徽言	薛氏墓誌銘	水心集 15/20b
~泳妻李氏			1143—1189 (47)	上虞	高	光	孟堅	李氏墓誌銘	誠齋集 129/17a
~宗古妻陳氏			？—1177	泰和			時彥	陳氏墓誌銘	澹庵集 24/19a
~括母呂氏			1128—1175 (48)	永康	孟	該	章	呂氏墓誌銘	龍川集 29/4b
~則妻陳氏			960—1038 (79)	金華	晦	資	文諭	陳氏墓誌銘	范文正集 12/12b
~寅妻張季蘭	德馨		1108—1137 (30)	涉縣			苟	張氏墓誌銘	斐然集 26/14b
~宿母李氏			969—1043 (75)	晉陵				李太夫人行狀	文恭集 40/10b
~金文妻彭氏			1096—1161 (66)	廬陵		醇	瑞	彭夫人墓誌	澹庵集 25/6a
~著妻劉氏			1113—1198 (86)	泰和			獅	劉氏墓誌銘	誠齋集 131/1a
~愷妻張氏			？—1130					張氏墓誌銘	澹庵集 30/6a
~遠方妻葛氏			1039—1109 (71)	常州	鄘	惟則	瑜	葛氏墓誌銘	道鄉集 37/8b
~銓妻劉氏			1105—1158 (54)	贛	揆	景	敏才	劉氏墓誌銘	盧溪集 42/6b
~銓母曾氏			1078—1154 (77)	廬陵				曾氏行狀	澹庵集 31/10a
~震女			？ (75)				震	胡氏墓誌銘	歐陽文忠集 36/4a
~諤妻孫氏			1063—1139 (77)	晉陵	諷	夷清	志康	孫氏墓誌銘	鴻慶集 40/7b 孫尚書集 65/3a

姓名	字	號	生卒年 (年齡)	籍貫	曾祖	祖	父	篇名	出處
~鎬母 李行實			1080—1138 (59)	樂平				李氏墓誌銘	澹庵集 30/10a
~簿修 母施氏			1023—1076 (54)				元長	施氏墓誌銘	長興集 29 (三沈集 5/73b)
范仲黼 母王氏			?—1181	華陽		延	輔	王氏墓表	朱文公集 90/19a
~仲寶 妻范氏				蜀				范孺人墓誌 銘	方舟集 17/16a
~如山 妻張氏			1131—1221 (91)	鉅鹿				張氏行狀	漫塘集 34/15b
~克信 妻趙悟 真			1154—1224 (71)	東賀				趙氏行述	漫塘集 34/18b
~浚嬪 母章氏			1075—1145 (71)	開封		發	志孟	章氏合祔誌	香溪集 22/9b
~純仁 妻王氏			1031—1098 (68)	大名	祐		質	魏國王夫人 墓誌銘	西臺集 14/7a
~賁妻 朱氏			1074—1145 (72)	烏程		臨	彤	朱氏墓誌銘	莒溪集 50/1a
~輝母 周氏			1038—1095 (58)	萬年	緒	實	宗古	周夫人墓誌 銘	潏水集 8/12b
俞允成 母徐氏			1108—1175 (68)	吳郡				徐氏墓誌銘	鉛刀編 28/5a
~充母 辜氏			1017—1070 (54)					辜氏墓誌銘	華陽集 40/17b
~泳妻 吳妙静			1168—1226 (59)	臨安	賓	憲	渭	吳氏墓誌銘	平齋集 31/5a
~烈母 張氏			1117—1191 (75)	臨安	景初	鈇	浹	張氏墓誌銘	水心集 14/1a
~備妻 陳氏			1024—1083 (60)	沙陽				陳氏墓誌銘	演山集 33/11b
~擇妻 王氏			1011—1080 (70)	諸暨				王氏夫人墓 誌銘	陶山集 15/16a

姓 名	字	號	生卒年 (年齡)	籍 貫	曾祖	祖	父	篇 名	出 處
～積妻 汪氏			1080—1148 (69)	德興	宗顏	轂	槃	汪氏墓誌銘	浮溪集 28/11b
郤漸妻 傅氏			1097—1148 (52)	清河			璋	傅氏墓誌銘	鴻慶集 40/6b 孫尚書集 65/1b
段允母 彭氏			1084—1141 (58)	廬陵	齊	說	聞明	彭夫人墓誌 銘	盧溪集 44/6a
～永妻 李氏			1098—1151 (54)	吉水	宗舜	誠之	楸	李夫人墓誌 銘	盧溪集 46/8b
～禮賓 母薛氏			972—1014 (43)					薛氏墓誌銘	元豐稿 45/14a
侯正臣 妻鮑氏			1024—1092 (69)	永嘉			軻	鮑氏夫人墓 誌銘	陶山集 16/2a
姚勉妻 鄒妙莊	美文		1230—1257 (28)	豐城			一龍	梅莊夫人墓 誌銘	雪坡集 50/7a
～枼忱 妻臧氏			1072—1110 (39)	山陰				臧氏墓誌銘	道鄉集 37/10a
～滂母 張氏			1021—1082 (62)	靜海	轂	臻	日新	張氏墓誌銘	龍雲集 32/6b
～漢英 母沈氏			？—1187	金華				沈氏墓誌銘	龍川集 30/8b

十　畫

姓 名	字	號	生卒年 (年齡)	籍 貫	曾祖	祖	父	篇 名	出 處
家定國 母楊氏			1009—1090 (82)	眉山				楊氏墓誌銘	范太史集 41/1a
～朝南 母史稷	虞卿		1152—1181 (30)	青神	憷	振	允譜	史氏墓誌銘	鶴山集 81/5a

姓 名	字	號	生卒年 （年齡）	籍 貫	曾祖	祖	父	篇 名	出 處
～朝南 繼母程 曼卿	子華		1156—1235 （80）			之元	庭	程氏墓誌銘	鶴山集 87/9a
高不愚 母翁氏			1035—1192 （58）	永嘉				高夫人墓誌 銘	水心集 14/2a
～公亮 妻戴氏			1161—1205 （45）	衢州			樸	戴夫人壙記 戴夫人墓誌 銘	燭湖集 12/20b 燭湖集 12/13a
～公軒 母薛氏			1062—1145 （84）	絳州		奎	仲儒	薛氏墓誌銘	梽溪集 12/20a
～祚母 王靜明			（79）	梁縣				高侍郎夫人 墓誌銘	于湖集 29/6b
～廣妻 馮氏			1043—1115 （73）	靖安				馮氏墓誌	石門禪 29/22b
～薄妻 司徒氏			1098—1182 （85）	朐山	恂	儼	庠	司徒氏墓誌 銘	益國文忠集 76/1a 益公集 76/74a
席延昌 妻杜氏			1057—1112 （56）	宋城		詵	振	杜氏墓誌銘	學易集 8/12a
唐庚女 唐船娘			1115—1116 （2）	丹稜			庚	船娘銘	眉山集 11/1a
～庚侍 女黎氏				楊越				黎氏權厝銘	眉山集 11/1b
～彥通 妻史氏			1033—1088 （56）	青神	著明	昭吉	及	史夫人行狀	眉山集 16/3a
～環母 丁氏			1044—1094 （51）	晉原	延緒	允懷	宗道	丁夫人墓誌 銘	跨鰲集 29/6a
凌堅母 何道融	處和		1140—1190 （51）	諸暨	辦	滿	新	何氏墓誌銘	龍川集 30/9b

姓　名	字	號	生卒年 （年齡）	籍　貫	曾祖	祖	父	篇　名	出　處
袁文妻 戴氏			1121—1192 （72）	鄞縣			冕	戴氏壙誌	絜齋集 21/9a
～方妻 范普元			1143—1222 （80）	鄞縣	文	佺	醇	范氏墓誌銘	絜齋集 21/11b
～任妻 趙氏			1164—1213 （50）		仲御	士樽	不忚	趙氏壙誌	絜齋集 21/17a
～良妻 席氏			989—1064 （76）	毗陵	循	翊	佐	席氏墓誌銘	長興集 26 （三沈集 5/41a）
～甫妻 趙希怡			1177—1235 （59）	黃巖	子英	伯淮	師淵	趙氏壙誌	蒙齋集 18/6a
～清卿 妻邵氏			1144—1225 （82）	鄞			峙	邵氏壙誌	漫塘集 32/18b
～說友 妻惠道 素			1143—1173 （31）	常州				惠夫人墓銘	東塘集 20/30a
～燮妻 邊氏			1175—1203 （29）	鄞縣	日章	用和	友益	邊氏壙誌	絜齋集 21/15a
郝玤妻 趙氏			1091—1116 （26）	河南	克常	叔邑	述之	趙氏墓誌銘	芒洛四編 6/47a
～戭妻 聶氏			1015—1093 （79）	陳	遵美	詠	震	聶氏墓誌銘	范太史集 43/9b
～質妻 朱氏			1014—1088 （75）	開封				朱氏墓誌銘 （李覯撰）	東都冢墓文/ 36b 八瓊金石補 105/28a
夏伯孫 母李氏			1007—1091 （85）	開封				李氏墓誌銘	無爲集 14/4a
～康佐 母朱氏			1074—1157 （84）	樂平				朱安人墓銘	盤洲集 76/3a
夏侯某 妻倪氏				天長				烈婦倪氏傳	廣陵集 14/7b

姓　名	字	號	生卒年 （年齡）	籍　貫	曾祖	祖	父	篇　名	出　處
馬治鳳 妻姚氏								姚氏墓誌銘	桐江集 8/29b
～端臨 母張氏			1228—1285 (58)	婺源	盛美	昌辰	遂	魯國夫人墓 銘	碧梧集 19/11a
～巖甫 母段氏			1192—1265 (74)	樂平	克明		誠中	段太夫人墓 誌	碧梧集 19/8b
晏成裕 妻張氏			1013—1069 (57)	河南	誼	去華	師皐	張氏墓誌銘	彭城集 39/10a
～防母 吳氏			1035—1106 (72)	西安			震	吳夫人墓誌 銘	溪堂集 9/9b
～殊子 婦王氏				咸平	沔	睦	乙	王夫人墓誌 銘	張右史集 60/4a
畢從古 繼妻陳 氏			1016—1089 (74)			堯叟	師古	陳氏墓誌銘	蘇魏公集 62/9a
～從古 女			1056—1073 (18)	鄭州			從古	畢氏墓誌銘	西臺集 14/17a
晁仲參 妻公孫 氏			1010—1086 (77)	商河	渥	昉	簡	孫氏行狀	鷄肋集 62/27b
～端仁 妻葉氏			1034—1080 (47)	錢塘			曖	葉氏墓誌銘	鷄肋集 64/20a
～端本 妻閻氏			1039—1103 (65)	鉅野			德基	閻氏墓誌銘	鷄肋集 68/11a
～遘妻 張氏			983—1069 (87)	鉅野				張氏墓誌銘	元豐稿 45/17b
時澟母 陳璟				金華				陳氏墓誌銘	東萊集 13/8b
～鎬母 邵氏			1113—1183 (71)	金華	瓊	悅	之才	邵氏墓表	朱文公集 90/12a

姓　名	字	號	生卒年 (年齡)	籍貫	曾祖	祖	父	篇　名	出　處
翁彥深 女翁寧			1102—1116 (15)	崇安	元方	仲通	彥深	翁季女墓誌 銘	襄陵集 12/9b
徐人傑 妻盧氏			1116—1179 (64)	衢	襃	元達	輊	盧氏墓誌銘	南澗稿 22/28a
～安道 妻葛氏			1041—1117 (73)	江陰				葛氏墓誌銘	丹陽集 14/9b
～奕妻 柯氏			1163—1234 (72)					柯孺人墓誌 銘	後村集 149/15b
～庭蘭 母趙氏			？—1234	富春				趙氏墓誌銘	鐵菴集 41/16a
～處仁 妻陳氏			1070—1123 (54)	嚴州		逸	向	陳氏墓誌銘	浮溪集 28/20b
～鹿卿 母甘氏			1143—1234 (92)	豐城	仲賢	文雨	如松	甘氏夫人墓 誌銘	蒙齋集 17/17b
～畫妻 周氏			999—1047 (49)	分寧			恭先	周氏墓誌銘 並序	伐檀集 下/20a
～閎中 母林氏			1026—1109 (84)	建安			含章	林氏墓銘	姑溪集 49/3b
～復母 李氏			？—1054					徐夫人墓銘 並序	直講集 30/8b
～椿母 李氏			1150—1227 (78)					李氏墓誌銘	漫塘集 30/15a
～椿年 妻黃氏			？—1243	豐城	巷	仙	昌	黃氏墓誌銘	徐文惠稿 5/9a
～鉉岳 母劉氏			910—958 (49)	彭城				劉氏墓銘	徐公集 17/7a
～鉉妻 王琬	國香		919—968 (50)	盧江		潛	坦	王氏夫人墓 銘	徐公集 17/9a
～經孫 叔母揭 氏			1162—1227 (66)	豐城	宰	先民	丕	揭氏墓誌銘	徐文惠稿 5/2b
～碩妻 趙氏			？ (27)					趙氏墓誌銘	龍川集 29/7a
～賡母 留氏			1131—1200 (70)	常山	唐	永	師古	留夫人墓誌 銘	渭南集 36/13b

姓　名	字	號	生卒年 （年齡）	籍貫	曾祖	祖	父	篇　名	出　處
～繼宏 母周氏			929—976 （48）	廬江				周氏夫人墓 誌銘	徐公集 30/6a
～鐸母 陳氏			1013—1087 （75）	莆陽		允	賞	陳氏墓誌銘	陶山集 15/7a
～某妻 蔡氏			1037—1075 （39）	山陽			中正	蔡氏夫人行 狀	淮海集 36/8b
～某妻 吳氏			？—1239	潼川			時英	吳令人墓誌 銘	鶴林集 35/19b
殷克其 妻周氏			1169—1221 （53）	金壇				周氏埋銘	漫塘集 32/27a
桑莊妻 陸氏			1112—1185 （74）	山陰				陸孺人墓誌 銘	渭南集 33/4a
孫之宏 母吳氏			1141—1223 （83）	餘姚			端禮	吳氏墓誌銘	鶴山集 81/8a
～大成 妻張氏			1142—1219 （78）	京口			大用	張氏孺人墓 誌銘	漫塘集 29/3b
～介妻 張氏			1122—1207 （86）	餘姚	嘉	儼	日休	張氏墓銘	燭湖集/ 附下/5a
～沔妻 邊氏			1017—1081 （65）	楚邱		肅	調	邊氏墓誌銘	陶山集 18/7b
～叔特 妻趙氏			1120—1171 （52）	瑞安	岵		耆孫	趙夫人墓誌 銘	止齋集 47/2a
～昌齡 母史氏			1024—1094 （71）	青神	著明	昭吉	及	史夫人墓誌 銘	眉山集 15/9a
～洙母 莊氏			990—1039 （50）	廣陵				莊夫人墓碣 並銘	彭城集 39/5b
～祖善 妻鄭氏			1098—1157 （60）	建德		彝	續	鄭宜人墓誌 銘	盤洲集 75/7b
～庭臣 妻施氏			1055—1148 （94）	毗陵		洵	辨	施氏墓誌銘	浮溪集 28/23a
～書言 妻員氏			1109—1156 （48）	三嵎	安興	當侯	之	員氏墓誌銘	九華集 21/15a

姓　名	字	號	生卒年 （年齡）	籍　貫	曾祖	祖	父	篇　名	出　處
～淮妻 許氏			？ （72）	吳郡			式	許氏夫人墓 誌銘	長興集 27 （三沈集 5/49b）
～貫母 周氏			1128—1169 （42）	永康			資則	周氏墓誌銘	龍川集 29/1b
～貫之 妻、孫 昌齡母 楊氏			1003—1066 （64）	無錫	元	從	霖	楊氏墓誌銘	臨川集 99/12a
～廣妻 崔氏			？ （57）					崔夫人墓誌 銘	郎溪集 22/3b
～稷妻 強氏			1078—1153 （76）	晉陵		相如	恕	強氏墓誌銘	鴻慶集 40/8b 孫尚書集 65/4b
～鎮妻 晁氏			1120—1140 （21）	濟北	仲冬	端知	貫	晁氏墓誌銘	浮溪集 28/13a
～某妻 王氏			1007—1059 （53）	河南				王氏墓誌銘	臨川集 100/2a 陶山集 15/17b

十 一 畫

姓　名	字	號	生卒年 （年齡）	籍　貫	曾祖	祖	父	篇　名	出　處
梁世昌 妻黃氏			1141—1180 （40）	臨川			謂	黃氏墓誌銘	象山集 28/1a
～季珌 妻吳靜 貞			1146—1220 （75）	處州	希	方	翊	吳夫人行狀	漫塘集 34/5b
～訪母 李氏			989—1060 （72）				著	李氏墓誌銘	祠部集 35/11a
章存道 妻葉氏			1045—1069 （25）	仙遊				葉氏墓誌銘	演山集 34/2b
～佑妻 張氏			988—1057 （70）	建安			士龍	張氏墓誌銘	元豐稿 45/15a

姓　名	字	號	生卒年 （年齡）	籍貫	曾祖	祖	父	篇　名	出　處
～表妻 陳氏	三山		？ （73）	南浦				陳氏墓誌銘	楳埜集 11/2b
～浩妻 胡氏			1141—1176 （36）	縉雲			權	胡氏墓誌銘	龍川集 29/3b
～得象 母張氏			953—1032 （80）	建安		元吉	仁肅	張氏墓誌銘	景文集 60/19b
～濟妻 田氏			1123—1175 （53）	縉雲	玉	褒	大亨	田氏墓誌銘	龍川集 29/6a
～徽之 妻盧氏								盧氏坎誌	網山集 4/18a
～鑑母 盛氏			1172—1241 （70）					盛宜人墓誌 銘	鶴林集 35/17a
商錡妻 陳氏			1126—1173 （48）	義烏	裕	鎧	宗啇	陳氏墓誌銘	龍川集 29/2b
許大寧 妻李淑 英			1196—1255 （60）	婺源	知微	頤	季麒	李太安人行 狀	先天集 10/2a
～平施 妻劉氏			1025—1072 （48）	陽安			琚	劉氏墓誌銘	丹淵集 40/5a
～世妻 王氏			959—1038 （80）	金陵				王夫人墓誌 銘	武溪集 19/22a
～洗妻 夏侯氏			1001—1069 （69）	臨淄			綱	夏侯夫人墓 誌銘	長興集26 （三沈集 5/33b）
～振叔 妻戴氏			1076—1119 （44）	無錫			通	戴氏墓誌銘	程北山集 32/1a
～規妻 倪氏			？ （85）				弼	倪氏墓誌銘	華陽集 40/1a
～景衡 妻陳氏			1075—1108 （34）	山陰				陳孺人述	橫塘集 20/5b
～鍾母 張正因			1179—1247 （69）	杭州			槃	張碩人墓誌 銘	後村集 152/17a
～瞻妻 楊氏			991—1071 （81）	濮陽				楊氏墓誌銘	丹淵集 40/8a

姓名	字	號	生卒年(年齡)	籍貫	曾祖	祖	父	篇名	出處
郭三益 母周氏			1040—1113 (74)				順之	周氏墓誌銘	程北山集 31/11a
~申錫 繼妻吳嗣真	道卿		1018—1068 (51)	崇仁		錯	有鄰	吳郡君墓誌銘	忠肅集 14/17b
~昌年 母曹氏			1138—1201 (64)	東陽				曹氏墓誌銘	江湖集 35/7b
~堂母 林道静			1215—1293 (79)					林氏墓誌銘	四如集 4/31b
~景聞 妻孔氏			1095—1161 (67)	新淦			俊民	孔氏夫人墓誌銘	盧溪集 45/3b
~衡妻 曾氏			1074—1125 (52)	泰和	肅			曾氏墓誌銘	樵溪集 12/7a
~徽妻 盛氏			1130—1213 (84)				得象	盛氏墓誌銘	昌谷集 20/10b
~體仁 母田氏			1056—1113 (58)	京兆			守度	田孺人墓誌銘	西臺集 14/11b
黃子野 妻樓氏			？—1189	義烏			若虛	樓氏墓誌銘	龍川集 30/13a
~石母 許氏			1085—1111 (27)	政和			庥	許氏墓碣銘	朱文公集 92/28a
~希文 妻丁氏			1033—1077 (45)				文惠	丁氏墓誌銘	灌園集 20/15b
~叔敖 妻李蒙	幼龜		1071—1092 (22)	江南			常	李氏墓誌銘	鷄肋集 66/1a
~厚之 妻張氏			1147—1224 (78)	平陽			啓	張夫人墓誌銘	浣川集 10/8a
~庭堅 母李氏			1020—1091 (72)	連昌			特進	李夫人墓銘	後山集 20/1b
~琪妻 許氏			987—1074 (88)	衡陽			勝	許夫人墓誌銘	忠肅集 14/15a
~陟岳 母聶氏			981—1054 (74)					聶氏墓誌銘 並序	直講集 31/1a
~淮妻 曹氏				都昌		興宗	彥純	曹氏墓誌銘	昌谷集 18/14b

姓名	字	號	生卒年（年齡）	籍貫	曾祖	祖	父	篇名	出處
~崇妻游氏			1077—1132（56）	建陽	正卿	希古	儀	游氏墓誌銘	朱文公集 91/13b
~鈞母許氏			1009—1084（76）	衡陽			永宗	許氏墓誌銘	宗伯集 17/10b
~巽母李氏			？—1060	鄱陽				李夫人墓表	臨川集 90/15b
~齊母李氏			1078—1153（76）	桂林			世則	李氏墓誌銘	斐然集 26/66a
~齊妻陸氏			1134—1200（67）	吴興				陸氏墓誌銘	渭南集 37/14b
~裳母程氏			？（67）	福唐				程孺人墓誌銘	後村集 161/17b
~裳姊、陳某妻			1032—1100（69）	南平				黄氏墓誌銘	演山集 34/3b
~震妻王氏	同英		？（68）	廬陵			存禮	王氏夫人墓誌銘	澹庵集 24/5a
~隱母盧氏			1016—1097（82）	興化			建隆	盧氏墓銘	後山集 20/6a
~瓌母皇甫氏			？（81）	雙流				皇甫孺人墓誌	方舟集 17/23a
梅堯臣妻謝氏			1008—1044（37）	富陽			濤	謝氏墓誌銘	歐陽文忠集 36/1a
曹如愚母何氏			？（79）	金華	端禮	溟	松	何氏墓誌銘	靈巖集 8/3b
~彦約女曹柔則	如範		1191—1217（27）	都昌			彦約	長女如範葬記	昌谷集 15/11a
~彦約女曹柔美	如璧		1191—1220（30）	都昌			彦約	次女如璧葬記	昌谷集 15/12a
~彦約妻王氏			1168—1222（55）	鄱陽				王氏壙銘	昌谷集 20/26a

姓　名	字	號	生卒年 （年齡）	籍貫	曾祖	祖	父	篇　名	出　處
～修古 女曹氏				建安			修古	曹氏女傳	蔡忠惠集 29/6a 宋文鑑 150/1b
～彖母 陳氏			？—1174	長樂				曹氏母窆銘	網山集 4/17a
戚如圭 母周氏			1113—1174 （62）	金華	餘慶	昐	彥昭	周氏墓誌銘	東萊集 11/1a
盛遵甫 妻王氏				真定		化基	舉善	王氏墓誌銘	嵩山集 20/26a
常構妻 李氏			1025—1090 （66）	依政		元熙	奐	李夫人墓誌 銘	净德集 27/4a
彪虎臣 妻王氏			1088—1150 （63）					王氏墓誌銘	斐然集 26/64a
莫子純 母虞氏			1137—1213 （77）	山陰				虞夫人墓誌 銘	水心集 20/11b
～友妻 葉氏			1133—1201 （69）	慈溪	應晞	朝	廷茂	莫府君夫人 墓誌銘	燭湖集 12/15a
莊宗恕 妻陳韓 匹			1039—1122 （84）	閬中	省華	堯咨	博古	陳氏墓誌銘	嵩山集 20/19b
崔光弼 妻吳氏			1058—1114 （57）	新安 郡			瀚	吳夫人墓誌 銘	浮溪集 28/18b
張士佺 母羅氏			？—1118	沙縣				羅氏墓表	朱文公集 90/15a

姓　名	字	號	生卒年 （年齡）	籍貫	曾祖	祖	父	篇　名	出　處
～文英 妻徐氏			1014—1066 （53）	揚子		昌言	守約	徐氏夫人墓 誌銘	淮海集 33/5a
～友仁 妻鄭如 玉	德潤		1146—1221 （76）	上饒	積中	驥預	可久	鄭孺人墓誌 銘	克齋集 12/14a
～公翊 妻錢氏			1030—1081 （52）	錢塘	倧	易	彥遠	錢氏墓誌銘	蘇魏公集 62/6b
～次元 繼妻嚴 氏			1039—1110 （72）	姑蘇	諫	穎	孟堅	嚴氏墓誌銘	道鄉集 37/12a
～仲莊 妻王氏			1025—1091 （67）	開封	繼華	兼	子融	王氏墓誌銘	范太史集 42/11a
～沅母 許氏				歙縣			逖	許氏墓誌銘	廣陵集 20/2a
～沔妻 魏氏			992—1064 （73）	新安			羽	魏氏墓誌銘	西溪集 10 （三沈集 3/54a）
～希元 妻張氏			1007—1064 （58）	武信 軍	德權	昉	奎	張夫人墓誌 銘	丹淵集 40/10b
～廷傑 妻李氏			1110—1159 （50）	平江	應	雅	寬	李夫人墓誌 銘	益國文忠集 36/6b 益公集 36/65b
～即功 妻趙氏			1054—1103 （50）	韋城	秘	永寧		伯姊墓誌銘	竹隱集 19/3b
～宗望 妻吳氏			1036—1114 （79）	開封	廷祚	元辰	守一	吳夫人墓誌 銘	竹隱集 19/7b
～宗雅 妻符氏			1022—1078 （57）	陳	昭原	承佑	惟忠	符氏墓誌銘	古靈集 20/16a
～宗演 母倪氏								倪氏墓誌銘	碧梧集 19/7a
～炳母 周氏			？—1105	安仁			知默	周夫人墓誌 銘	浮溪集 28/26a
～奎妻 王文淑			1025—1080 （56）	臨川			益	王氏墓誌	臨川集 99/5b
～昭式 妻鮑氏			1036—1086 （51）	開封			從周	鮑氏墓誌銘	陶山集 16/3b

姓 名	字	號	生卒年 (年齡)	籍 貫	曾祖	祖	父	篇 名	出 處
~宰母 王氏			1037—1125 (89)	山陽				王氏墓誌銘	丹陽集 14/7b
~珧妻 費法謙	海山		1117—1171 (55)	建平			樞	費夫人墓誌 銘	渭南集 32/7b
~根妻 黃氏			1063—1121 (59)	邵武		汝濟	履	黃氏墓誌銘	梁溪集 170/9b
~挺卿 妻蘇氏			1031—1072 (42)				紳	蘇氏墓誌銘	蘇魏公集 62/5b
~處約 妻高氏			989—1065 (77)	毗陵			禹錫	高氏墓誌銘 並序	長興集26 (三沈集 5/37b)
~琬妻 范氏			1042—1118 (77)	吳			仲淹	范氏墓誌銘	嵩山集 19/46b
~裁妻 趙氏			(33)	韋城	秘	永寧		十六安人墓 誌銘	竹隱集 19/5b
~揚卿 母徐氏			1102—1156 (55)	瑞安				徐氏墓誌銘	朱文公集 91/25b
~景憲 妻尹氏			1026—1087 (62)	河南		仲宣	洙	尹氏墓誌銘	范太史集 39/3a
~該妻 林慈午			1186—1268 (83)					林氏墓誌	黃氏日鈔 97/12b
~虞卿 繼妻嚴 氏			1047—1093 (47)	毗陵			士元	嚴氏墓誌銘	道鄉集 37/3a
~嶼母 駱氏			1056—1132 (77)	陰城			寧	先夫人歸祔 誌	紫微集 35/13a
~奭妻 王氏			1132—1192 (61)	慶	茂	庶	之道	王氏墓誌銘	誠齋集 130/19a
~應辰 妻王氏			1094—1148 (55)	營丘			師敏	王夫人墓誌 銘	浮溪集 28/16b
~應運 祖母卞 妙覺			1144—1235 (92)	雪川				卞氏墓誌銘	蒙齋集 18/16a
~鎮妻 韋氏			1168—1230 (63)	延陵		兼	世將	韋氏孺人墓 誌銘	漫塘集 31/9a

姓　名	字	號	生卒年（年齡）	籍貫	曾祖	祖	父	篇　名	出　處
陸似妻吳氏			1038—1101（64）	龍泉			彀	吳氏墓誌銘	陶山集 15/11a
～似妻虞麗華			1044—1070（27）	山陰			昱	虞氏夫人墓誌銘	淮海集 33/6a
～珪妻邊氏			1025—1093（69）	楚邱		蕭	調	邊氏夫人行狀	陶山集 16/14b
～師閔妻范氏			1040—1108（69）	華亭			仲模	范氏墓誌銘	嵩山集 19/41b
～游女陸閏娘（定娘）			1186—1187（2）	山陰	佃	宰	游	陸氏女女墓銘	渭南集 33/9a
～游妻王氏			1127—1197（71）	蜀				王氏壙記	渭南集 39/19b
～琪妻王氏			1017—1088（72）	蕭山			絲	王氏夫人墓誌銘	陶山集 15/13a
～軫妻吳氏			1006—1091（86）	建陽			植	吳氏墓誌銘	陶山集 15/11b
陳之奇、陳之中母江氏			1052—1109（58）	臨川	日華	道悅	巨卿	江夫人墓誌銘	溪堂集 9/15b
～子益母林氏			1119—1182（64）					陳子益母夫人墓銘	止齋集 48/2a
～子師母張氏			1132—1198（67）	高郵				張氏埋銘	江湖集 35/14a
～元平妻朱氏			？—1199					朱夫人墓表	勉齋集 38/37a
～世則妻符氏				番禺			臻	符夫人墓誌	柯山集補/拾遺 12/74b
～全始妻鄧氏			1063—1093（31）	沙縣			硈	鄧夫人墓誌	龍雲集 31/8a
～安石妻王氏			1017—1038（22）				曙	王氏墓誌銘並記	河南集 14/4b
～安禮妻李氏			1030—1109（80）				晟	李夫人墓誌銘	西臺集 14/15b

姓　名	字	號	生卒年 （年齡）	籍貫	曾祖	祖	父	篇　名	出　處
～仲罕 母李氏								陳氏母坎誌	網山集 4/16a
～仲孫 妻卞氏			1019—1087 (69)					卞氏墓誌銘	樂靜集 30/1a
～旭母 竇氏			983—1070 (88)	安陽				竇氏墓誌銘	古靈集 20/20b
～孝常 妻龐氏			1026—1102 (77)	東平		高	大同	龐氏墓誌銘	學易集 8/13b
～孝標 妻李氏			1016—1053 (38)	東光		昭度	緯	李夫人墓誌 銘	忠肅集 14/18b
～見素 妻樂氏			989—1063 (75)	河南	璋	史	黃裳	樂氏墓誌銘	臨川集 99/9b
～宓妻 梁妙惠			1069—1202 (34)	晉江			克家	梁氏葬葵山 壙誌	復齋集 21/24a
								梁氏改葬下 余壙誌	復齋集 21/25a
～宗諤 妻吳氏			1039—1105 (67)	臨川	文徹	光顯	暉	吳夫人墓誌 銘	溪堂集 9/7b
～亮母 黃氏			1129—1165 (37)			璘	大圭	黃氏夫人墓 誌銘	龍川集 29/1a
～垓妻 周氏			1180—1219 (40)	括蒼			夢祥	周氏墓誌銘	水心集 23/11b
～昺妻 姚氏			1152—1210 (59)	臨海				姚夫人墓誌 銘	水心集 25/4a
～俊卿 母卓氏			1081—1150 (71)	壺山				卓氏行狀	知稼翁集 11/6b
～俊卿 妻聶氏			1120—1200 (81)	晉江			裕	聶氏行述	復齋集 23/23a
～俊卿 子婦聶 柔中			1173—1251 (79)	晉江	崇	裕	遜	聶令人墓誌 銘	後村集 154/3a
～耆卿 嬪母 祝氏			？—1209	臨海	寧	穎	興宗	祝夫人壙誌	箕窗集 8/12b
～師堯 妻朱氏			1061—1112 (52)	金溪		宿	宗良	朱夫人墓誌 銘	幼槃集 10/4b

姓　名	字	號	生卒年（年齡）	籍貫	曾祖	祖	父	篇　名	出　處
～師道 母龐氏			1019—1095 (77)	成武	文進	格	籍	龐氏墓誌銘 先夫人行狀	鷄肋集 64/18b 後山集 20/14b
～斑 母鄭懿柔			1178—1228 (51)				元樞	鄭氏墓誌銘	後村集 148/13b
～處厚、陳處仁 母林氏			? (86)	莆田			·	林氏埋銘	網山集 4/7a
～國寧 妻李氏			1194—1262 (69)					李氏墓誌銘	後村集 160/5a
～造 妻阮徽	德媛		1037—1120 (84)	建陽		中度	通	阮氏墓誌銘	嵩山集 20/9a
～俁 母羅氏			? (83)	沙縣				羅氏墓誌銘	臨川集 100/1b
～紹孫 母高氏			? (89)	長社			守成	高氏墓誌銘	蘇魏公集 62/4a
～貫 妻李氏			? (44)	濮陽			獲	李氏墓誌銘並序	河南集 14/3b
～堯文 母杜氏			1078—1143 (66)	鄢陵				杜氏太孺人墓誌銘	方舟集 17/17b
～雄 妻林正善			1153—1227 (75)	長溪			簡	林夫人墓誌銘	真西山集 45/15a
～著 妻童尚柔	子敬		1216—1252 (37)	奉化			居善	童氏墓表	本堂集 90/7a
～凱 妻黃氏			1162—1237 (76)	崇仁			寅	黃氏墓碣	漁墅稿 6/4a
～舜昂 母林氏			1011—1089 (79)				將	林氏墓誌銘	道鄉集 37/2a
～傅良 叔祖母韓氏				永嘉				韓氏墓銘	止齋集 47/5a
～傅良 妻張幼昭	景惠		1146—1195 (50)	永嘉		煇	孝愷	張氏壙誌 張令人墓誌銘	止齋集 50/7a 水心集 14/14b
～虞卿 妻彭氏			1067—1109 (43)	金溪	日新	賀	育	彭夫人墓誌銘	溪堂集 9/14b

姓 名	字	號	生卒年 （年齡）	籍 貫	曾祖	祖	父	篇 名	出 處
～筊妻 朱氏			1074—1110 （37）	金溪		彥國	獻可	朱夫人墓誌 銘	幼槃集 10/3a
～端卿 妻彭氏			？—1109	金溪				彭夫人墓誌 銘	溪堂集 9/12a
～說之 妻項氏			1193—1229 （37）	黃巖				項氏墓誌銘	漫塘集 30/19a
～增妻 趙汝偕			1199—1249 （51）	晉江	士珸	不猜	善蘭	趙安人墓誌 銘	後村集 154/4b
～奭妻 方氏			987—1056 （70）	東陽			允	方夫人墓誌 銘	西溪集 10（三 沈集 3/56a）
～樞母 周氏			1011—1045 （35）	長興				周氏墓誌銘	元豐稿 45/7a
～璣妻 何氏			？—1233					何氏墓誌銘	洺水集 14/22b
～錫母 朱氏			1109—1172 （64）	義烏	績	存	逢	朱氏墓誌銘	東萊集 11/4b
～積中 妻蔣氏			1006—1080 （75）	金壇			郢	蔣氏夫人墓 誌銘	陶山集 16/5b
～衡妻 黃氏			？—1191	侯官	紹	遷	仲文	黃氏墓誌銘	朱文公集 93/27b
～龜朋 妻黃氏			1189—1265 （77）	永福				黃夫人墓誌 銘	後村集 164/1a
～濤母 楊氏			1031—1119 （89）	將樂		思	苗	楊氏墓誌銘	龜山集 31/11a
～獻臣 妻時氏			1054—1135 （82）	安樂		廉	允	時氏墓誌銘	毘陵集 14/4a
～某妻 葉氏			1008—1078 （71）	建安				葉氏墓誌銘	灌園集 20/16a
～某母 曹氏								曹氏坎誌	網山集 4/17b
陶舜卿 妻林氏			1031—1084 （54）	羣舒	保圖	特實	湜	林氏墓誌銘	長興集 30（三 沈集 5/80a）
～躍之 妻吳氏			1188—1266 （79）					吳氏壙誌	無文印集 4/15a

十 二 畫

姓 名	字	號	生卒年 （年齡）	籍貫	曾祖	祖	父	篇 名	出 處
游玠母 陳氏			1123—1180 (58)				敏	陳氏墓誌銘	東萊集 13/8a
湯 烈 湯照母 潘氏			1092—1164 (73)	金華			亮	潘夫人墓誌 銘	東萊集 10/1a
~順之 妻游氏			1028—1082 (55)	南豐				游夫人墓誌 銘	灌園集 20/17a
~詵母 潘氏			1144—1231 (88)	括蒼	廎	特竦	曾	潘氏納壙誌 （湯詵撰）	括蒼金石志 7/28b
甯儁妻 賀氏			？ —1193	永新			師孟	賀氏墓誌銘	誠齋集 130/4b
童君覗 母蔡氏			？ (79)	彭州				蔡氏母墓誌	方舟集 17/25b
馮式妻 朱氏			995—1066 (72)		秘	葆光	昂	朱氏墓誌銘	華陽集 40/11a
~暨母 楊氏			1064—1141 (78)	普州				孺人墓誌銘 （劉儀鳳撰）	蜀文輯存 50/1b
~襄妻 朱氏			1009—1051 (43)	監利				朱夫人墓誌 銘	鄖溪集 22/5a
曾正臣 妻劉氏			1120—1170 (51)	永新	沇	琯	仸	劉氏墓誌銘	誠齋集 126/4b
~光祖 母 ~嘉謨 妻李氏			1113—1198 (86)	安福	兌	榮	宗孟	李氏墓誌銘	益國文忠集 76/3a 益公集 76/76b
~光庭 妻劉氏			1079—1171 (93)	新淦	德誠	如新	義	劉氏墓誌銘	益國文忠集 36/8a 益公集 36/67b

姓　名	字	號	生卒年 （年齡）	籍貫	曾祖	祖	父	篇　名	出　處
～致堯 妻黃氏			953—1044 （92）	江寧				黃氏墓誌銘	臨川集 99/3a
～悟母 蘇氏			1072—1147 （76）	眉山				伯母事述	曾雲莊集 5/24a
～時仲 母王氏			1118—1166 （49）	廬陵				王氏墓誌銘	誠齋集 128/1b
～堅妻 王幼平			1212—1245 （34）	新昌			夢月	王孺人墓誌 銘	後村集 151/1a
～發妻 張氏			？—1176	舒州	鼎臣	復貫	激	張氏墓表	南軒集 41/7a
～巽妻 郭氏			1135—1213 （79）	龍舒			作德	郭夫人墓誌 銘	勉齋集 38/27a
～鞏妻 晁德儀			1037—1062 （26）	祥符	佺	遘	宗恪	晁氏墓誌銘	曾南豐集 30/1b 元豐稿 46/11a
～鞏妹 曾德操	淑文		1044—1074 （31）	南豐	仁旺	致堯	易占	曾氏墓誌銘	曾南豐集 30/2a 元豐稿 46/13b
～鞏女 曾興老			1065—1066 （2）	南豐	致堯	易占	鞏	二女墓誌銘	曾南豐集 30/2b 元豐稿 46/13a
～鞏女 曾慶老			1059—1061 （3）	南豐	致堯	易占	鞏	二女墓誌銘	曾南豐集 30/2b 元豐稿 46/13a
～鞏妹 曾德耀	淑明		1042—1061 （20）	南豐	仁旺	致堯	易占	曾氏女墓誌 銘	元豐稿 46/13a
～鞏母 吳氏			？ （35）	臨川				吳氏墓誌銘	臨川集 100/3b
～德賢 妻鄒氏			1137—1191 （55）	新塗	復	昌齡	敦禮	鄒氏墓誌銘	誠齋集 130/16b
～諶母 任氏			？ （27）	定陶	惟吉	曉	顒	任氏墓誌銘	長興集30 （三沈集 5/82a）

姓　名	字	號	生卒年 (年齡)	籍貫	曾祖	祖	父	篇　名	出　處
～濟妻 朱氏			1010—1053 (44)	天長			巽	朱氏墓誌銘	祠部集 35/3b
彭雲翼 妻劉氏			？—1199	安福			彦純	劉氏墓銘	誠齋集 131/3b
～鳳繼 妻曹氏			1157—1212 (56)	都昌		省	一夔	曹氏墓誌銘	昌谷集 18/16b
揭汝功 母王如 玉	季瓊		1188—1253 (66)	高安				王夫人墓誌 銘	雪坡集 49/14a
華直淵 妻鄒氏			1021—1102 (82)	晉陵			霖	鄒氏墓誌銘	道鄉集 37/5b
單夔母 葉妙慧			1104—1185 (82)	建州				葉氏行狀	東塘集 20/22b
喻夏卿 妻王氏								王氏改葬墓 誌銘	龍川集 29/8a
舒岳祥 妻王氏			1212—1284 (73)	寧海			昺	王氏墓誌銘	閬風集 12/8a
程大昌 母程畎 妻陳氏			1102—1163 (62)	休寧			與	陳氏墓誌銘 (洪邁撰)	新安文獻 98/6b 洪文敏集 7/5a
～叔清 女			？ (17)	歙縣				記程叔清女 死節事 (羅願撰)	新安文獻 98/2b
～叔達 母胡氏			1091—1165 (75)	黟縣	德勤	義璇	獻卿	胡氏墓誌銘	益國文忠集 36/11b 益公集 36/71b 新安文獻 98/5b

姓名	字	號	生卒年(年齡)	籍貫	曾祖	祖	父	篇名	出處
~昂妻汪氏			1108—1170(63)	玉山				汪氏墓誌銘	文定集 28/16a
~瑊伯姊程氏			?—1220	休寧				吳范二姊墓誌銘	洛水集 14/25a 洛水集 22
~瑊仲姊程氏			?—1230	休寧				吳范二姊墓誌銘	洛水集 14/25a 洛水集 22
~俱母鄧氏			?—1123	建昌		立	潤甫	先妣遷奉墓誌	程北山集 31/1a
~師孟妻賀氏			1015—1083(69)	吳縣			儆	賀氏墓誌銘	陶山集 15/9a
~琳妻陳氏			992—1062(71)	壽春	誷	誨	京	陳氏墓誌銘	臨川集 99/8b
~頤母侯氏			1004—1052(49)	孟	元	昌	道濟	上谷郡君家傳	二程集(伊川)47/9a
~澥妻譚幼玉			1213—1258(46)	新建		遵	畝	譚氏孺人墓誌銘	雪坡集 50/1a
~顥女程澶娘			1071—1077(7)	河南			顥	澶娘墓誌	二程集(明道)41/22a
~顥女			1061—1085(25)	河南			顥	孝女程氏墓誌	二程集(伊川)47/14a
喬仲遷妻郭氏			1095—1165(71)	汴京	愉	元基	沖	郭氏墓誌銘	澹庵集 26/18a
~行簡母俞氏			1121—1195(75)	東陽	義	咨益	嗣回	俞氏墓誌銘	宋本攻媿集 110/12a 攻媿集 103/11b
~執中母孫氏			1001—1087(87)	淮南			護	孫氏夫人墓誌銘	陶山集 16/6b
傅瑩側室盛氏			1007—1077(71)	和州				盛氏夫人墓誌銘	陶山集 16/1a

姓　名	字	號	生卒年 （年齡）	籍貫	曾祖	祖	父	篇　名	出　處
～璟母 周氏			1006—1070 （65）	山陰				周氏夫人行 狀	陶山集 16/13a
費文妻 魏氏			995—1074 （80）	普		淵	昭逈	魏氏墓誌銘	净德集 27/2a

十　三　畫

姓　名	字	號	生卒年 （年齡）	籍貫	曾祖	祖	父	篇　名	出　處
褚珵妻 張氏			1014—1080 （67）				隱	張氏墓誌銘	陶山集 15/15a
雷宜中 母王氏			1176—1257 （82）	豫章	昌	頤	蓐顔	王氏墓誌銘	後村集 161/3a
楊大雅 妻張氏			970—1006 （37）	歷城	敏		保衡	張氏墓誌銘	歐陽文忠集 62/1a
～大雅 繼妻張 氏			996—1055 （60）	開封	嗣	平	從古	張氏墓誌銘	歐陽文忠集 36/6a
～文敏 母盧氏			979—1035 （57）	單父			之翰	盧君墓誌銘	歐陽文忠集 61/13b
～元崇 母王氏			1009—1071 （63）			樸	球	王氏墓誌銘	祠部集 35/12b
～安持 母張氏			1047—1088 （42）	建昌				張氏墓誌銘	龜山集 30/2b
～沆妻 陸氏			1026—1076 （51）	越州			軫	陸氏墓誌銘	陶山集 16/4b
～希元 妻張氏			1026—1061 （36）	譙	成	傅	彭	張夫人墓誌 銘	張右史集 60/10a
～宗閔 妻劉氏			1067—1129 （63）	開封		斌	居易	劉氏墓碑	苕溪集 48/10b
～明妻 朱氏			995—1077 （83）	延平				楊母朱氏墓 誌	龜山集 30/1a

姓　名	字	號	生卒年 （年齡）	籍貫	曾祖	祖	父	篇　名	出　處
～恪妻 馮媛安	婉正		？—1213					冢婦墓銘	慈湖遺書 5/21a
～昞母 俞氏			1029—1100 （72）	南劍 州	英	懷選	守瓊	俞氏墓誌銘	龜山集 30/5b
～訓母 莢氏			1068—1145 （78）	湘潭				莢氏墓誌銘	斐然集 26/35a
～偰母 趙紫真			1107—1150 （44）		仲琳	士某	不侮	趙氏墓表	鴻慶集 41/1a 孫尚書集 55/1a
～嗣參 妻戴道 慧			1192—1233 （42）	黃巖	謙	秉信	時	戴氏壙誌 （楊嗣參撰）	台州金石錄 9/26a
～雺妻 彭氏			1094—1153 （60）	新都				彭氏墓誌銘	蓮峰集 10/12a
～縝妻 林氏			1137—1181 （45）	平陽			祀	林氏墓誌銘	止齋集 47/8b
～應夢 妻鄭氏			1097—1127 （31）	婺州				楊氏娣墓石 書丹	北山集 7/3b
～應霆 母何靜 恭			1162—1237 （76）			涇	楷	何氏墓誌銘	蒙齋集 18/8a
～翔妻 吳氏			985—1057 （73）	錢塘		文顥		吳氏墓誌銘 並序	臨川集 99/4a
～某妻 薛氏			1071—1131 （61）	嘉州				薛氏墓誌銘	方舟集 17/18b
賈昌朝 妻陳氏			1005—1067 （63）	閬州	昭汶	省華	堯咨	陳氏墓誌銘	華陽集 40/13b
～偁妻 王氏			1054—1128 （75）				克詢	王氏墓誌銘	斐然集 26/28a
虞璠妻 郞氏			1007—1191 （85）	寧國			侗	郞氏墓誌銘	誠齋集 131/18a

姓名	字	號	生卒年(年齡)	籍貫	曾祖	祖	父	篇名	出處
葉元吉母張景昭			?—1218				允恭	張氏墓誌銘	慈湖遺書 5/21b
~助妻晁靜			1052—1081 (30)	鉅野				晁夫人墓誌銘	鷄肋集 65/1a
~適女葉嫒			1184—1187 (4)				適	嫒女瘞銘	水心集 13/9a
~適妻高氏			1160—1211 (52)	蒙城				高令人墓誌銘	水心集 18/16a
~適母杜氏			1126—1178 (53)	瑞安				杜氏墓誌銘	水心集 25/19a
~觀母陶氏			1169—1228 (60)	嘉興		文幹	逢	陶氏墓誌銘	漫塘集 30/16a
萬涇祖母朱氏			982—1064 (83)	錢塘				朱氏墓誌銘	雲巢編 9 (三沈集 8/40a)
葛宮妻孫氏			989—1055 (67)				冕	孫氏墓誌銘	蔡忠惠集 35/4b
~惟明妻承氏			967—1042 (76)	江陰			懷	葛處士夫人墓誌銘	蔡忠惠集 34/4a
~寔妻尹氏			1002—1061 (60)				少連	尹夫人墓誌銘	蔡忠惠集 36/3b
~勝仲妻張濩	靖姜		1072—1122 (49)	宜興			磐	張氏墓誌銘	丹陽集 14/10b
~豐、~謙母								葛母墓誌銘	雪坡集 50/12a
董文和妻李仲琬	德華		?—1101	武昌			無競	李氏墓誌銘	鷄肋集 66/2a
~沖元母林氏			1110—1177 (68)	四明			庇民	林宜人墓誌銘	澹庵集 24/23a

姓 名	字	號	生卒年 (年齡)	籍 貫	曾 祖	祖	父	篇 名	出 處
~縫妻 祝氏			1021—1088 (68)	濟陰			正辭	祝氏墓誌銘	浄德集 27/7b
詹扴妻 邵氏			? —1121	宜興	靈甫	藏	宗回	邵氏墓誌銘	毘陵集 14/5b
鄒迪母 楊氏			1011—1055 (45)	新淦				鄒夫人墓銘 並序	直講集 30/6b

十　四　畫

姓 名	字	號	生卒年 (年齡)	籍 貫	曾 祖	祖	父	篇 名	出 處
滿涇妻 楊氏			1007—1067 (61)				元賓	楊氏墓誌銘	臨川集 99/2b
廖天經 妻張氏			1141—1191 (51)	湘潭		大任	曄	張氏墓誌銘	誠齋集 131/11a
~竦妻 蕭氏			1043—1120 (78)	歐寧			勝	蕭氏墓誌銘	高峰集 11/25b
榮弋妻 周氏			? (46)					周夫人墓誌 銘	彭城集 39/4b
趙之才 妻牟氏			1093—1160 (68)	資陽			里仁	趙牟氏墓誌 銘（范器撰）	蜀文輯存 72/2a
~士宇 妻王氏			1058—1102 (45)	濟陰	博文	罟	屹	王氏墓誌 （鄭居中撰）	東都冢墓文/ 41a
~士屹 妻王氏			1032—1090 (19)				德用	王氏墓誌銘	范太史集 46/2a
~士劬 妻王氏			1051—1089 (39)		世隆	克明	誨	王氏墓誌銘	范太史集 49/14b
~士洞 妻劉氏			1071—1089 (19)		永崇	允濟	仲達	劉氏墓誌銘	范太史集 48/14a

姓　　名	字	號	生卒年 （年齡）	籍貫	曾祖	祖	父	篇　名	出　　處
～士宥 妻張氏			1069—1090 （22）		永和	茂則	巽	張氏墓誌銘	范太史集 43/8b
～士珝 女			1090—1092 （3）		宗悌	仲微	士珝	右監門衛大 將軍女墓記	范太史集 53/7a
～士悰 妻曹氏			1054—1090 （37）	開封	玭	僅	諤	曹氏墓誌銘	范太史集 48/11a
～士絃 妻高氏			1061—1090 （30）		繼忠	遵奭	士永	高氏墓誌銘	范太史集 52/3b
～士專 妻吳氏			1069—1090 （22）		均	世安	沛	吳氏墓誌銘	范太史集 48/7b
～士揄 妻翟氏			1071—1089 （19）	開封	藏之	儀	元衡	翟氏墓誌銘	范太史集 48/2a
～士健 妻王氏			1061—1092 （32）		貽永	道卿	彭年	王氏墓誌銘	范太史集 50/6a
～士詿 妻李氏			1069—1089 （21）	開封	應機	咸熙	昭嗣	李氏墓誌銘	范太史集 47/14b
～士普 妻張氏			1066—1089 （24）	開封	玉	耆	舉一	張氏墓誌銘	范太史集 49/4b
～士珱 妻杜氏			1071—1093 （23）		正己	宗敏	士言	杜氏墓誌銘	范太史集 50/11a
～士鄄 妻石氏			1056—1088 （33）		保吉	先普	繼勳	石氏墓誌銘	范太史集 48/7a
～士羿 女			1087—1088 （2）		宗彥	仲寂	士羿	右侍禁女墓 記	范太史集 53/5b
～士燄 妻郭氏			1065—1088 （24）	潁昌	榮	澄	瓊	郭氏墓誌銘	范太史集 51/5b
～士雋 妻侍其 氏			1050—1086 （37）			溥	玠	侍其氏墓誌 銘	范太史集 48/15a
～士隆 妻翟氏			1078—1093 （16）	開封	藏之	儀	元弼	翟氏墓誌銘	范太史集 48/8a
～士愫 妻孫氏			1066—1091 （26）		可度	成	吉	孫氏墓誌銘	范太史集 48/9a
～士僅 妻呂氏			1075—1092 （18）	開封			師道	呂氏墓誌銘	范太史集 47/9b

姓　名	字	號	生卒年 （年齡）	籍貫	曾祖	祖	父	篇　名	出　處
～士綴 女			1084—1087 （4）		宗惠	仲奚	士綴	右監門衛大 將軍女墓記	范太史集 53/6b
～士詠 妻楊氏			1073—1090 （18）		延福	忠	永保	楊氏墓誌銘	范太史集 52/1a
～士褒 女			1080—1093 （14）		宗鼎		士褒	右監門衛大 將軍女墓記	范太史集 53/9a
～士稷 妻孫氏			1067—1087 （21）				惟道	孫氏墓誌銘	范太史集 52/5b
～士澧 妻李氏			1073—1088 （16）		繼隆	昭亮	惟賞	李氏墓誌銘	范太史集 49/15b
～士穎 妻王氏			1066—1086 （21）	開封	貴	振	從善	王氏墓誌銘	范太史集 52/14a
～士戴 妻王氏			1063—1090 （28）	開封	承休	世範	克敦	王氏墓誌銘	范太史集 45/16b
～士薦 妻劉氏			1060—1088 （29）	開封	知信	承嗣	永壽	劉氏墓誌銘	范太史集 49/16b
～士穋 妻魏氏			1070—1093 （24）		杲	處約	孝祥	劉氏墓誌銘	范太史集 46/2b
～士歸 妻馬氏			1053—1090 （38）	開封	德韜	崇正	用舟	馬氏墓誌銘	范太史集 52/9b
～士競 妻江氏			1055—1090 （36）	開封	文溥	規	惟善	江氏墓誌銘	范太史集 45/15b
～士饒 妻李氏			1071—1091 （21）	開封	惟寶	宗旦	豫	李氏墓誌銘	范太史集 49/10b
～士讚 女			1086—1087 （2）		宗彥	仲集	讚	右監門率府 率長女墓記	范太史集 54/11a
～子明 妻陳氏			1070—1092 （23）	閬州	省華	堯佐	象古	陳氏墓誌銘	范太史集 49/5a
～子翔 妻李氏			1074—1093 （20）	開封	昭述	正卿	士彥	李氏墓誌銘	范太史集 51/14b
～子琦 妻史氏			1073—1091 （19）	開封	達	青	永年	史氏墓誌銘	范太史集 46/13a
～子閔 妻范氏			1067—1089 （23）	開封	守斌	文玉	滋	范氏墓誌銘	范太史集 50/15b
～子買 妻杜氏			1065—1093 （29）		顏鈞	贊	宗旦	杜氏墓誌銘	范太史集 49/2a

姓　名	字	號	生卒年 （年齡）	籍貫	曾祖	祖	父	篇　名	出　處
～子綸 妻王氏			1067—1085 （19）				詵	王氏墓誌銘	范太史集 48/6b
～子縉 妻林氏			1068—1093 （26）		懋	秀	澤	林氏墓誌銘	范太史集 48/14b
～子櫟 妻田氏			1071—1091 （21）		承謂	紹淵	良佐	田氏墓誌銘	范太史集 48/6a
～子鶱 妻高氏			1071—1093 （23）		瓊	繼和	遵武	高氏墓誌銘	范太史集 49/1a
～子獻 妻呂氏			1065—1087 （23）	開封	祐之	士隆	蒙吉	呂氏墓誌銘	范太史集 46/12a
～子瓔 妻安氏			1069—1093 （25）	開封	靖	居簡	巽	安氏墓誌銘	范太史集 47/4a
～方妻 胡氏			1153—1230 （78）	湘潭				胡氏行狀	漫塘集 35/6a
～不侉 妻李氏			1111—1161 （51）	東平			華宗	李氏墓誌銘	澹庵集 25/4a
～不俛 繼妻毛 氏			1127—1184 （58）	衢州 江山		京	亨	毛氏墓誌銘	南澗稿 22/30a
～不逪 妻向氏			1136—1211 （76）					向夫人墓誌 銘	克齋集 12/5a
～公用 妻方静 真			1170—1241 （72）		渭	粢	燠	方氏夫人墓 誌銘 （方汝勉撰）	吳都續文粹 38/19b
～公彦 妻朱妙 真			1168—1251 （84）	永陽	廷傑	明叔	用康	朱夫人墓誌 銘	庸齋集 6/22a
～公恃 妻郭氏			1129—1222 （94）	河南	英	子齊	師仁	郭安人墓誌 銘	性善稿 14/3b
～公賓 妻李洞 安			1155—1219 （65）	莆田	宗顔	持正	尹仲	李氏行狀	勉齋集 37/15b
～公碩 母郭氏			1089—1164 （76）	開封			師厚	郭氏墓誌銘	南澗稿 22/17a
～允成 妻康氏			999—1065 （67）	開封	碩	廷翰	仁矩	康氏墓誌銘	鄖溪集 22/1a

姓　名	字	號	生卒年（年齡）	籍貫	曾祖	祖	父	篇　名	出　處
～允良女			1045—1046（2）				允良	第九女石記文	樂全集38/35a
～允誠妻呂氏			996—1014（19）					呂氏墓誌銘	文莊集29/22a
～必愿妻湯氏			1182—1236（55）	金壇	鵬舉	廷直	邦彥	湯氏宜人墓誌銘	漫塘集30/21a
～必鑒母劉孟溫			1204—1269（66）	武川	塘	續	琮	劉夫人墓誌銘	鶴齋集21/12b
～世安女			？（19）		惟忠	從恪	世安	趙縣主墓誌銘	鄖溪集22/7a
～世昌妻錢氏			？—1041	彭城	延正	守榮	允德	錢氏墓誌銘	景文集60/16b
～世岳妻李氏			1043—1067（25）		繼昌	遵勉	端憲	李氏墓誌銘	臨川集99/11b
～世表妻柴氏			1034—1091（58）	開封	禹錫	完亮	貽憲	柴氏墓誌銘	范太史集48/12a
～世倧妻陳氏			？—1089	開封	文顗	緩	承德	陳氏墓誌銘	范太史集49/12b
～世哲妻周氏			1029—1057（29）		景	瑩	普	周氏墓誌銘	歐陽文忠集37/12b
～世恩妻宋氏			1042—1093（52）	開封	龜	皐	絪	宋氏墓誌銘	范太史集51/4b
～世設妻程氏			1052—1088（37）	河南	坦	戩	莘	程氏墓誌銘	范太史集50/13b
～世堅妻李氏			1031—1053（23）		繼勳	守微	舜舉	李氏墓誌銘	歐陽文忠集37/10a
～世覃妻郭氏			1025—1057（33）		恕	遵式	昭晦	郭氏墓誌銘	歐陽文忠集37/11a
～世雄女			1080—1089（10）		惟忠	從藹	世雄	密州觀察使之女墓記	范太史集58/9a
～世智妻鄭氏			1036—1054（19）		誠	崇勳	從範	鄭氏墓誌銘	歐陽文忠集37/11b
～世統妻王氏			1044—1093（50）	開封	漢忠		道恭	王氏墓誌銘	范太史集49/17a

姓　名	字	號	生卒年 （年齡）	籍　貫	曾祖	祖	父	篇　名	出　處
～世準 妻錢氏			1030—1057 （28）	餘杭	佽	惟渲	象興	錢氏墓誌銘	歐陽文忠集 37/10b
～世瑞 妻陳氏			1048—1092 （45）	開封	堯咨	榮	知德	陳氏墓誌銘	范太史集 47/13b
～世謐 妻安氏			1029—1065 （37）			習	惟演	安氏墓誌銘 並序	樂全集 38/23a
～世顥 妻高氏						瓊	繼隆	高氏墓誌銘 並序	樂全集 38/25a
～世耀 妻康氏			1043—1068 （26）		碩	廷翰	遵度	康氏墓誌銘	臨川集 100/9a
～田之 妻鄭氏			1070—1104 （35）	開封	守忠	惟懿	价	鄭氏墓誌銘	摛文集 14/13a
～令夫 女			1092—1093 （2）		守度	世宏	令夫	第十三女墓 記	范太史集 54/3a
～令劭 妻王氏			1066—1087 （22）	開封	士安	諫	益	王氏墓誌銘	范太史集 46/3a
～令音 妻鄭氏			1061—1089 （29）	開封	守忠	惟懿	佐	鄭氏墓誌銘	范太史集 52/4b
～令柯 女			1072—1087 （16）		守約	世辰	令柯	第三女墓記	范太史集 54/2b
～令珣 妻彭氏			1064—1091 （28）	開封	睿祖	再問	崇一	彭氏墓誌銘	范太史集 49/11b
～令振 妻劉氏			1067—1087 （21）	開封	懷懿	可用	漢卿	劉氏墓誌銘	范太史集 46/7b
～令時 妻宋氏			1065—1085 （21）	開封	文質	世寧	良肱	宋氏墓誌銘	范太史集 46/1a
～令教 妻郭氏			1046—1089 （44）		贄	紹昇	肅之	郭氏墓誌銘	范太史集 50/2a
～令組 妻王氏			1069—1086 （18）	開封	亮	察	復	王氏墓誌銘	范太史集 45/10b
～令詞 妻鄭氏			1066—1087 （22）					鄭氏墓誌銘	范太史集 48/2b
～令超 妻潘氏			1046—1069 （24）		美	惟熙	仁矩	潘氏墓誌銘	傳家集 78/18b 司馬溫公集 78/2b

姓　名	字	號	生卒年 （年齡）	籍貫	曾祖	祖	父	篇　名	出　處
～令偉 妻錢氏			1073—1089 （17）		惟演	晦	景祥	錢氏墓誌銘	范太史集 48/3a
～令誠 妻王氏			1064—1086 （23）		惟志	凱	大方	王氏墓誌銘	范太史集 18/1b
～令話 妻程氏			1063—1091 （29）	開封	懷亮	勳	祥	程氏墓誌銘	范太史集 51/12b
～令想 長女			1078—1089 （12）		守節	世符	令想	右監門衛大 將軍之長女 墓記	范太史集 53/10a
～令想 四女			1085—1088 （4）		守節	世符	令想	右監門衛大 將軍之四女 墓記	范太史集 53/11a
～令蛻 妻夏侯 氏			1067—1089 （23）		廷敏	仁訥	緬	夏侯氏墓誌 銘	范太史集 52/5a
～令羣 妻花氏			1067—1093 （27）	開封			永安	花氏墓誌銘	范太史集 45/17a
～令箋 妻張氏			1057—1086 （30）				道周	張氏墓誌銘	范太史集 50/10a
～令耦 女			1078—1090 （13）		從藹	世綱	令耦	前皇城副使 長女墓記	范太史集 54/3a
～令稼 妻李氏			1049—1067 （19）			言	祺	李氏墓誌銘 並序	樂全集 38/20b
～令緝 妻郭氏			1056—1093 （38）	開封	彥昇	遵式	昭簡	郭氏墓誌銘	范太史集 52/2b
～令瑠 女			1089—1090 （2）		從讜	世程	令瑠	右千牛衛將 軍第二女墓 記	范太史集 54/6b
～令講 妻張氏			1059—1086 （28）		受益	文炳	用莊	張氏墓誌銘	范太史集 50/9b
～令顥 妻王氏			1065—1092 （28）	開封	克恭	有度	仲簡	王氏墓誌銘	范太史集 52/17a
～令瓊 女			1070—1090 （21）		從恪	世規	令瓊	右金吾衛大 將軍之女墓 記	范太史集 53/10a
～令蓬 女			1091—1092 （2）		守約	世靜	令蓬	英州防禦使 第八女墓記	范太史集 54/8a

姓　名	字	號	生卒年 （年齡）	籍貫	曾祖	祖	父	篇　名	出　處
～汝鐸 妻樓氏			？—1216	四明			鍔	趙孺人墓銘	水心集 22/3a
～守節 妻魏氏			1003—1059 （57）	任城	仁浦	咸美	昭吉	魏氏墓誌銘	華陽集 40/4a
～仲玉 女			1084—1088 （5）		允升	宗悌	仲玉	昭州防禦使 女墓記	范太史集 54/14a
～仲全 妻陳氏			1028—1089 （62）		明之	易	祐之	陳氏墓誌銘	范太史集 52/8a
～仲企 妻向氏			1055—1088 （34）		傳正	約	宗儒	向氏墓誌銘	范太史集 51/11b
～仲伋 妻劉氏			1041—1079 （39）	開封	延翰	贊明	永正	劉氏墓誌銘 （章惇撰）	東都冢墓文/ 35b
～仲玘 妻郭氏			1034—1087 （54）		密	守信	琮	郭氏墓誌銘	范太史集 45/11a
～仲甫 妻魏氏			1024—1044 （21）		仁浦	咸熙	昭文	魏氏墓誌銘 並序	樂全集 38/24a
～仲炎 妻李氏			1044—1067 （24）		延嗣	仁德	用和	李氏墓誌銘 並序	樂全集 38/22b
～仲佺 女			1081—1092 （12）		允讓	宗樸	仲佺	潤州觀察使 第十一女墓 記	范太史集 54/7b
～仲佺 女			1081—1091 （11）		允讓	宗樸	仲佺	潤州觀察使 第十二女	范太史集 54/8a
～仲夌 妻郭氏			1072—1092 （21）		愷	珪	履祥	郭氏墓誌銘	范太史集 48/10b
～仲徢 女			1090—1092 （3）		允迪	宗粹	徢	右監門率府 率長女墓記	范太史集 54/6b
～仲珣 妻夏氏			1061—1090 （30）	開封	竦	安期	伯孫	夏氏墓誌銘	范太史集 52/13b
～仲郢 女			1041—1042 （2）		允言	宗說	仲郢	右内率府副 率仲郢長女 石記文	樂全集 38/32b
～仲奚 妻石氏			1046—1088 （43）	洛陽	繼遠	熙政	中本	石氏墓誌銘	范太史集 47/12b
～仲寂 妻郭氏			1046—1090 （45）		守信	世隆	承顔	郭氏墓誌銘	范太史集 45/12a

姓　名	字	號	生卒年 （年齡）	籍　貫	曾祖	祖	父	篇　名	出　處
～仲訛 妻賈氏			1057—1078 （22）		貴	習	達	賈氏墓誌銘	王魏公集 8/1b
～仲旌 女			1085—1092 （8）		允升	宗彥	仲旌	右武衛將軍 第七女墓記	范太史集 54/10b
～仲焉 妻武氏			1051—1068 （18）		崇亮	昭遜	掖	武氏墓誌銘	臨川集 100/10a
～仲逌 女			1089—1089 （1）		允良	宗絳	仲逌	右監門率府 率第三女墓 記	范太史集 53/8b
～仲逌 女			？—1089		允良	宗絳	仲逌	右監門率府 率之女墓記	范太史集 53/10b
～仲參 妻楊氏			1041—1090 （50）	開封	全美	崇勳	宗識	楊氏墓誌銘	范太史集 51/15b
～仲越 女			1067—1087 （21）		允寧	宗諤	仲越	感德軍節度 使惠國敦孝 公第三女墓 誌	范太史集 53/5b
～仲集 女			1088—1092 （5）		允升	宗彥	仲集	右武衛大將 軍第九女墓 記	范太史集 54/11b
～仲塤 妻王氏			1067—1086 （20）	開封	堯基	諤	瞳	王氏墓誌銘	范太史集 46/9b
～仲軾 妻劉氏			1069—1090 （22）	開封	仁罕	謙	懷安	劉氏墓誌銘	范太史集 47/15a
～仲愈 妻郝氏			1060—1081 （22）		勳	旻	惠	郝氏墓誌銘	王魏公集 8/1a
～仲香 妻曹氏			1071—1089 （19）	開封	詡	同文	評	曹氏墓誌銘	范太史集 51/13a
～仲篊 女			1085—1090 （6）		允成	宗仁	仲篊	右武衛大將 軍第十女墓 記	范太史集 54/4b
～仲戴 妻李氏			1064—1087 （24）	開封	繼隆	昭亮	惟賞	李氏墓誌銘	范太史集 45/14b
～仲虢 女			1087—1089 （3）		允升	宗彥	仲虢	右武衛大將 軍長女墓記	范太史集 54/11b
～仲璑 妻張氏			1067—1093 （27）	浚義	堯	化基	守素	張氏墓誌銘	范太史集 45/15a

姓　名	字	號	生卒年 （年齡）	籍貫	曾祖	祖	父	篇　名	出　處
～仲瞞 妻康氏			1054—1087 （34）	開封	琪	公元	德濟	康氏墓誌銘	范太史集 49/11a
～仲鋸 女			1087—1088 （2）		允良	宗藺	仲鋸	右千牛衛將 軍第二女墓 記	范太史集 54/6a
～仲篤 女			1078—1092 （15）		允讓	宗袞	仲篤	右武衛大將 軍第四女墓 記	范太史集 54/7a
～仲謇 妻慕容 氏			1034—1058 （25）		隱	興	守思	慕容氏墓誌 銘	歐陽文忠集 37/12a
～仲謙 妻蔚氏			1038—1087 （50）		興	昭敏	保用	蔚氏墓誌銘	范太史集 45/13a
～仲騑 妻安氏			1037—1092 （56）		習	懷正	承祐	安氏墓誌銘	范太史集 49/3b
～仲醹 妻張氏			1059—1090 （32）	開封	延貴	宗益	修遠	張氏墓誌銘	范太史集 50/6b
～克己 妻武氏			1004—1075 （72）					武氏墓誌銘	長興集 27 （三沈集 5/51b）
～克戒 妻李氏			1021—1055 （35）		定	京	周珣	李氏墓誌銘	公是集 52/12b
～克告 妻杜氏			1037—1102 （66）	開封	審進	彥彬	贊仁	杜氏墓誌銘	摘文集 14/11b
～克周 妻王氏			1031—1057 （27）		贇	文慶	承彬	王氏墓誌銘	公是集 52/12a
～克淳 妻李氏			1034—1051 （18）		訓	斌	繼中	李氏墓誌銘	公是集 52/13b
～克常 妻盧氏			1027—1055 （29）		贇	亮	炳	盧氏墓誌銘	公是集 52/14a
～克懋 妻武氏			1019—1073 （55）					武氏墓誌銘	長興集 27 （三沈集 5/54a）
～伯妻 方氏			1123—1201 （79）	慈溪			固	方氏壙記	燭湖集 12/19b
～伯璋 妻呂氏			1102—1156 （55）	新鄉	持	覺	無黨	呂氏宜人墓 誌銘	盧溪集 45/8a

姓　名	字	號	生卒年 （年齡）	籍貫	曾祖	祖	父	篇　名	出　處
～君章 妻王和			1037—1057 （21）	開封		化基	舉元	王夫人墓誌銘	無爲集 14/8a
～宗立 妻李氏			1010—1043 （34）	隴西		至	惟良	李氏墓誌銘	景文集 60/21b
～宗旦 妻賈氏			1014—1048 （35）			宗	德滋	賈氏墓誌銘	華陽集 40/8a
～宗史 妻宋氏			1050—1068 （19）	開封	在中	世基	京	宋夫人墓誌 銘	郟溪集 21/11b
～宗彥 妻張氏			1019—1042 （24）			遵	文慶	張氏墓誌銘 並序	樂全集 38/21b
～宗訥 妻賈氏			1019—1054 （36）		廷瓛	宗	德滋	賈氏墓誌銘 賈氏墓誌銘	華陽集 40/9a 歐陽文忠集 37/7a
～宗博 妻郭氏			1030—1070 （41）	太原	暉	守文	崇仁	郭氏墓誌銘	忠肅集 14/14b
～宗景 妻李氏			1030—1081 （52）					李氏墓誌銘	王魏公集 8/3b
～宗喬 女			1083—1090 （8）		元偓	允弼	宗喬	南陽郡王之 女墓記	范太史集 54/13b
～宗道 妻崔氏			998—1066 （69）	清河	周度	汝礪	立	崔氏墓誌 （張吉甫撰）	八瓊金石補 103/22a 芒洛冢墓文/ 下/21a
～宗楷 妻吳氏			1020—1093 （74）		廷祚	元慶	守仁	吳氏墓誌銘	范太史集 48/3b
～宗漢 女			1078—1089 （12）		守節	世符	宗漢	右監門衛大 將軍女墓記	范太史集 53/8a
～宗說 女			1037—1047 （11）		元佐	允言	宗說	祁國公宗說 第六女石記	樂全集 38/33a
～宗嚴 女			1039—1042 （4）		元佐	允成	宗嚴	右屯衛將軍 宗嚴第五女 石記文	樂全集 38/34a
～宗嚴 女			1041—1042 （2）		元佐	允成	宗嚴	右屯衛將軍 宗嚴第七女 石記文	樂全集 38/34a
～宗辯 妻李氏			1023—1090 （68）		漢瓊	文昶		李氏墓誌銘	范太史集 47/10a

姓　名	字	號	生卒年 （年齡）	籍貫	曾祖	祖	父	篇　名	出　處
～庚夫 妻顧静 華		雪觀 居士	1186—1238 （53）	莆田			杞	雪觀居士墓 誌銘	後村集 156/1a
～叔干 妻彭氏			1046—1103 （58）	開封	睿	再問	崇正	彭氏墓誌銘	摛文集 14/11b
～叔旄 妻李氏			？ （28）	開封	昭德	惟賢	宗述	李氏墓誌銘	摛文集 14/13a
～叔象 妻胡氏			1049—1103 （55）	開封	令儀	規	潛	胡氏墓誌銘	摛文集 14/12b
～叔陔 女			1104—1105 （2）		承睦	克戒	叔陔	舒州防禦使 第四女石誌	摛文集 14/14b
～叔寄 妻張氏			1076—1103 （28）		宗禮	子奕	仲昌	張氏墓誌銘	摛文集 14/14a
～叔惠 妻王氏			1047—1105 （59）	開封	審琦	承佑	世彦	王氏墓誌銘	摛文集 14/10b
～叔策 妻王氏			？—1056		漢賓	從周	溫恭	王氏石記	公是集 54/8a
～叔腆 妻王氏			1074—1104 （31）		潛	中庸	承昭	王氏墓誌銘	摛文集 14/10b
～叔慈 妻賈氏			1056—1105 （50）		常	德滋	世奕	賈氏墓誌銘	摛文集 14/13b
～叔頤 妻王氏			1047—1069 （23）	開封	審奇	承德	世厚	王氏墓誌銘	蘇魏公集 60/16a
～叔蓬 女			1098—1104 （7）		承操	克勛	叔蓬	内殿崇班第 三女石誌	摛文集 14/14a
～叔蹊 女			1102—1104 （3）		承操	克勛	叔蹊	西頭供奉官 第四女石誌	摛文集 14/14b
～叔驍 妻方氏			1069—1103 （35）	開封	景	琬	侗	方氏墓誌銘	摛文集 14/13b
～叔羈 妻翁氏			1058—1079 （22）		通	日新	舜弼	翁氏墓誌銘	王魏公集 8/4b
～�妻 牛氏			？—1093		景	進賢	正平	牛氏夫人墓 誌銘	東堂集 10/14b
～承訓 妻張氏			994—1059 （66）		璡	炳	利用	張氏墓誌銘	公是集 52/10b

姓　名	字	號	生卒年 (年齡)	籍　貫	曾　祖	祖	父	篇　名	出　處
～承慶 女趙氏			1032—1034 (3)					懷州刺史殤 女墓記	元憲集 34/19a
～承遵 妻符氏				開封	彥琳	昭浦	承俊	符氏墓誌 (章德象撰)	中州冢墓文/ 補/5a
～彥呐 妻楊氏			1169—1232 (64)	昌元	説	師中	鐸	楊氏墓誌銘	鶴山集 82/12b
～彥騍 妻王惠 真			1150—1228 (79)				震	王氏夫人墓 誌銘	復齋集 21/25b
～彥繩 妻宣氏			1138—1202 (65)	餘姚	弼	昂	祇德	宣氏壙記	燭湖集 12/19a
～祐妻 李氏				鄞				李氏墓誌銘	雞肋集 68/7b
～時侃 妻湯氏			1162—1230 (69)	金壇	鵬舉	廷佐	國彥	湯氏行狀	漫塘集 35/9b
～偁女			1084—1086 (3)		禎	曙	偁	徐王第八女 墓記	范太史集 53/11b
～師郏 妻陳氏			1161—1196 (36)					陳夫人墓誌 銘	慈湖遺書/ 續 1/31b
～師龍 妻聞人 氏			1142—1201 (60)	餘姚	修	嘉謀	穎達	聞人氏壙記	燭湖集 12/18a
～訢之 妻龔氏			1080—1106 (27)		世昌	意	咸	龔氏墓誌銘	摛文集 14/11a
～望之 妻慕容 氏			1078—1142 (65)	河南	延釗		彥義	慕容氏墓誌 銘	建康集 8/13a
～惟和 妻馮氏			987—1053 (67)		暉	繼業	訥	馬氏墓誌銘	歐陽文忠集 37/7a
～惟憲 妻和氏			992—1047 (56)			凝	嶧	徐國太夫人 墓誌銘並序	樂全集 38/19a
～從古 妻宋道 柔	仲和		1004—1064 (61)		廷浩	偓	元載	宋氏墓誌銘	華陽集 40/9b

姓　名	字	號	生卒年 （年齡）	籍貫	曾祖	祖	父	篇　名	出　處
～從古 女趙道 娘			1033—1047 （15）			惟能	從古	安國公從古 第四女道娘 石記	樂全集 38/35b
～從恪 妻米氏			999—1049 （51）		承德	信	繼豐	米氏墓誌銘	歐陽文忠集 37/8b
～從藹 妻慕容 氏			998—1053 （56）		章	延釗	德正	慕容氏墓誌 銘	歐陽文忠集 37/9a
～揚妻 蘇氏			？—1097	武功			安世	蘇氏墓誌銘 並序 （劉次莊撰）	金石萃編 141/20b 江蘇金石志 10/7b
～善臨 妻王氏			？—1204	臨海	居中	庭筠	衜	王氏墓誌銘	水心集 24/1a
～禎 （仁宗） 昭儀俞 氏			1021—1064 （44）	吳越	承遜	仁祐	振	俞氏墓誌銘 並序	樂全集 38/1a
～禎 （仁宗）女 秦國大 長公主			1059—1067 （9）		光義	恒	禎	秦國大長公 主墓誌銘並 序	樂全集 38/3b
～禎 （仁宗）女 韓國公 主			1043—1045 （3）		光義	恒	禎	皇第八女追 封韓國公主 石記	樂全集 38/26a
～禎 （仁宗）女 鄆國公 主			1042—1043 （2）		光義	恒	禎	鄆國公主石 記	樂全集 38/27a
～項 （神宗）女 蔡國長 公主			1085—1090 （6）		禎	曙	項	蔡國長公主 墓誌銘 蔡國長公主 追封記	范太史集 51/11a 范太史集 53/4b
～項 （神宗）女 鄧國長 公主			1082—1085 （4）		禎	曙	項	鄧國長公主 追封記	范太史集 53/3b

姓 名	字	號	生卒年 (年齡)	籍貫	曾祖	祖	父	篇 名	出 處
～鼎臣 從姊 趙氏								武氏姊傳	竹隱集 14/1a
～嗣德 母范氏				高平				范氏墓誌銘	碧梧集 19/4b
～槩母 高氏			964—1046 (83)	益都			肇	廣陵郡太君 墓誌銘	蘇學士集 15/8b
～蒙母 何氏			995—1075 (81)	咸安				何氏墓誌銘	丹淵集 40/2b
～徽母 張慧清			1135—1223 (89)	洺州	陟	周登	潛	張孺人墓誌 銘	性善稿 14/7a
臧夢祥 母蔣處 定	常一		1157—1225 (69)	鄞縣	俊明	璠	怡	蔣氏墓誌銘	慈湖遺書/ 續 1/27a
蓋鑄母 章氏			1140—1224 (85)	華亭	糈	祝	終	章氏行狀	後樂集 17/24a
管鑑妻 趙氏			？—1180	士頴	不迷	善良		趙氏墓誌銘	鄂州集 4/5a
熊大經 母周氏			1144—1229 (86)	豐城			師古	周夫人墓誌 銘	後村集 149/19b
翟起宗 母周氏			1142—1217 (76)				逵	周氏墓誌銘	漫塘集 29/1a

十 五 畫

姓 名	字	號	生卒年 (年齡)	籍貫	曾祖	祖	父	篇 名	出 處
潘友恭 妻王氏			1154—1186 (33)		牲	令洙	琮	潘氏婦墓誌 銘	朱文公集 92/29b

姓名	字	號	生卒年(年齡)	籍貫	曾	祖	父	篇名	出處
~苣、潘莘母朱氏			1076—1128 (53)	安吉			繹	朱夫人墓誌銘	龜溪集 12/5a
~景憲妻朱氏			1146—1179 (34)	桐鄉	廣	載上	翌	朱夫人墓誌銘	東萊集 13/3b
~興嗣妻錢氏			1026—1072 (47)	錢塘				錢夫人墓誌銘	無爲集 14/7a
鄭巨中妻王氏							秉均	王氏姚氏合葬銘	北山集 7/1a
~巨中妻姚氏			1081—1121 (41)	金華			公度	王氏姚氏合葬銘	北山集 7/1a
~洙母侯氏			1050—1120 (71)					侯夫人行狀	北山集 7/4b
~昭先妻黃德純	和卿		1157—1225 (69)	沙			頤	黃氏行狀	復齋集 23/20a
~紓妻李氏			1000—1031 (32)			山古	文蔚	李氏墓誌銘	臨川集 100/10b
~惇儒妻趙氏			1019—1084 (66)			乂	鼎	趙氏夫人墓誌銘	陶山集 15/8b
~國華妻汪處正			1203—1256 (54)	臨川		汝	堯佐	汪氏墓誌銘	敝帚稿 6/20a
~朝昌妻林氏			？—1174					鄭氏母壙誌	網山集 4/15b
~絳妻錢氏			1068—1126 (59)	吳	喆	中孚	承	錢氏墓誌銘	程北山集 32/3a
~戩妻李氏			997—1058 (62)	岐	譚	運	昌言	李氏墓誌銘	華陽集 40/2a
~德稱妻黃氏			1074—1151 (78)	晉安			待問	黃夫人墓誌銘	蘆川集 10/7a
~潚妻陳氏			1076—1143 (68)	金華			鄰臣	陳氏墓誌銘	北山集 15/10b
~襄母王氏			1015—1080 (66)	衢州				王氏夫人墓誌銘	陶山集 15/18b

姓 名	字	號	生卒年 （年齡）	籍 貫	曾祖	祖	父	篇 名	出 處
～某母 陳氏			989—1053 （65）	南城				陳氏墓誌銘 並序	直講集 30/9b
樓弄妻 張氏			1105—1182 （78）	鄞縣			詢	張夫人墓誌 銘	宋本攻媿集 108/1a 攻媿集 100/7b
～鐔妻 蔣氏			1117—1202 （86）	鄞縣	侃	浚明	琮	蔣氏墓誌銘	宋本攻媿集 112/13a 攻媿集 105/12b
～鑰母 汪慧通	正柔		1110—1204 （95）	鄞縣	元吉	洙	思溫	安康郡太夫 人行狀	宋本攻媿集 88/1a 攻媿集 85/2a
鞏澐妻 楊氏			1127—1194 （68）	武義	瓊	彬	伸卿	楊夫人墓誌 銘 楊夫人墓表	渭南集 34/13a 水心集 14/12a
歐陽修 母鄭氏			981—1052 （72）					鄭夫人石槨 銘	歐陽文忠集 62/10a
～修妻 胥氏			1017—1033 （17）	潭州			偃	胥氏夫人墓 誌銘	歐陽文忠集 62/10a
～修繼 妻楊氏			1017—1034 （18）	錢塘			大雅	楊氏夫人墓 誌銘	歐陽文忠集 62/11a
～修繼 妻薛氏			1017—1089 （73）	正平			奎	薛氏墓誌銘	欒城集 25/6a
～夢桂 妾陸柔 柔				海鹽				柔柔傳	心史/下/41a
慕容宗 古妻李 氏			1035—1111 （77）	林□			恩	李氏墓誌銘	學易集 8/10b

姓　名	字	號	生卒年 （年齡）	籍貫	曾祖	祖	父	篇　名	出　處
蔡元定 妻江氏			1140—1217 （78）					江氏墓誌	節齋集 3/26a
～延慶 妻王氏			1031—1063 （33）	虞城	礪	涣	獻臣	王氏墓誌銘	范太史集 39/16b
～祥母 胡氏			1007—1067 （61）	楚			宿	胡氏墓誌銘	長興集 26(三 沈集 5/36a)
～挺妻 王氏			1013—1038 （26）	睢陽	化	礪	涣	王氏墓誌銘	樂圃集 10/9a
～琇妻 盧氏			975—1066 （92）	惠安				盧氏墓誌銘	歐陽文忠集 36/10a
～湍妻 方道堅			1115—1191 （77）	莆田	宿	齊卿	松	方氏墓誌銘	誠齋集 129/12a
蔣如晦 妻潘妙 靜			1147—1219 （73）	四明			致祥	潘氏墓誌銘	絜齋集 21/1a
～重珍 母顧氏			1146—1224 （79）	毗陵				顧夫人墓誌 銘	鶴山集 73/3a
～僅母 李氏			998—1075 （78）	上元	弘義	潛	文覽	李氏墓銘	雲巢編 9(三 沈集 8/53b)
～慘妻 黃惟淑	順師		？ （49）	都昌	可	武	瓘	黃氏夫人墓 誌銘	昌谷集 18/13a
～鶚妻 郭氏			1135—1218 （84）	臨海			筠	蔣知縣夫人 墓誌銘	箕窗集 8/11a
樊滋妻 蔡氏			1080—1134 （55）	西安	仲謀	元康	邦直	蔡氏墓誌銘	丹陽集 14/8b
樂泳母 黃氏			？ （42）				慶長	黃氏墓誌銘	河南集 15/6b
衛廷諤 妻徐氏			965—1038 （74）	錢塘			啓	徐氏墓誌 （李之才撰）	八瓊金石補 94/5a 中州冢墓文/ 54b

姓名	字	號	生卒年（年齡）	籍貫	曾祖	祖	父	篇名	出處
～時敏妻沈氏			1036—1181 (46)	平江				先伯知縣先伯母孺人墓銘	後樂集 18/1a
～涇女衛安娘			1197—1208 (12)				涇	安娘壙銘	後樂集 18/26a
～樸妻周艮							南	長女壙銘	山房集 5/15b
劉大禮妻陳氏			1132—1182 (51)	金華	良直	忠	文德	陳氏墓誌銘	龍川集 30/3b
～子羽妻熊氏			1095—1130 (36)	建陽			安行	熊氏令人陸氏孺人墓表	屏山集 9/9b
～子翔妻朱氏			1139—1181 (43)	婺源	絢	森	松	劉氏妹墓誌銘	朱文公集 91/26b
～子聲妻陸氏			1108—1131 (24)	越州		佃	寘	熊氏令人陸氏孺人墓表	屏山集 9/9b
～文禮妻方氏			1216—1246 (31)	莆田			君采	劉君方氏墓誌銘	後村集 152/1a
～允妻商氏			996—1069 (74)	營丘			餘慶	商氏墓誌銘並序	長興集 25(三沈集 5/31a)
～必明妻徐氏				龍游				徐氏墓誌銘	水心集 16/19a
～安止母傅氏			1041—1118 (78)	山陰	仁弼	霖	瑩	傅氏墓誌銘	苕溪集 51/7b
～光世妻向氏			1089—1151 (63)	開封	經	宗回	子章	向氏墓誌銘	苕溪集 50/3b
～仲光母丁氏			？ (49)	永嘉			瑜	丁氏墓誌銘	朱文公集 93/25b
～汲 ～湜 母徐氏			1049—1100 (52)	丹稜				徐夫人墓誌銘	眉山集 15/5a
～克永妻林氏			1203—1261 (59)	莆田		矩	傅	林氏墓誌銘	後村集 160/4a
～克莊妻林節			1190—1228 (39)	福清	遹	埏	璩	亡室墓誌銘	後村集 148/16a

姓 名	字	號	生卒年 （年齡）	籍貫	曾祖	祖	父	篇 名	出 處
～克莊 母林氏			1161—1248 （88）	莆田	選	孝澤	窆	魏國太夫人 墓誌銘	後村集 153/1a
～克莊 仲妹			1192—1249 （58）	莆田	炳	夙	彌正	仲妹墓誌銘	後村集 157/2b
～克莊 外孫女 陳氏			1245—1257 （13）	莆田		宗院	琰	外孫淑人墓 誌銘	後村集 159/4a
～克莊 側室 陳氏			1208—1262 （55）	莆				山甫生母墓 誌銘	後村集 161/10a
～克遜 妻方氏			1190—1259 （70）	莆田	深道	縮	鎔	方宜人墓誌 銘	後村集 158/10b
～邦翰 妻郭氏			1107—1170 （64）	常州	宗元	瑑	三益	郭宜人墓誌 銘	東萊集 10/6a
～廷直 妻向茬			1113—1175 （63）	開封			子齊	向夫人墓誌 銘	誠齋集 127/8b
～延宇 妻趙氏			920—1005 （86）	京兆			拯	趙氏墓誌銘	武夷新集 8/17a
～宜之 妻徐氏			1115—1192 （78）	慈溪				徐氏墓誌銘	江湖集 35/4b
～京妻 易氏			1099—1175	安成			翔	易氏夫人墓 誌銘	澹庵集 24/1a
～叔向 妻何氏			1134—1186 （53）	義烏	京	先榘		何氏墓誌銘	龍川集 30/6b
～祐妻 錢氏			1112—1191 （80）	臨海				錢氏墓誌銘	水心集 23/14a
～昱妻 王氏			1056—1134 （79）	安福	謨			王氏墓誌銘	盧溪集 13/5a
～弇母 周氏			1024—1088 （65）	安福	智崇	光	藻	周夫人墓誌 銘（劉定撰）	龍雲集/ 附錄 1a
～宰妻 陶氏			1170—1193 （24）	嘉興				陶氏壙銘	漫塘集 32/26a
～宰繼 妻梁氏			1170—1219 （50）	麗水	固	汝嘉	季秘	梁氏墓誌 梁氏壙銘	漫塘集 32/11a 漫塘集 32/26b

姓　名	字	號	生卒年 （年齡）	籍　貫	曾祖	祖	父	篇　名	出　處
～從遠 妻唐氏			1066—1150 （85）	長社			禧	唐氏墓誌	松隱集 36/1a
～敦實 妻王氏			1089—1165 （77）	安福			行巳	王氏夫人墓 誌銘	盧溪集 44/7b
～滁繼 妻裴氏			1096—1176 （80）	祥符			珪	裴夫人墓誌 銘	誠齋集 127/2b
～煇叔 妻方氏			1193—1249 （57）				銓	方安人墓誌 銘	後村集 153/10b
～　渙 （凝之） 妻錢氏			1004—1076 （73）	錢塘	湜	昭晟	穆	錢氏墓誌銘	元豐稿 45/2b 三劉家集/ 101a
～黻母 解道寧			1191—1274 （84）	樂清			好古	解氏墓誌	蒙川稿 4/7b
～黻姑 母劉氏			1208—1270 （63）	樂成	安仁	大年	康民	劉氏墓誌	蒙川稿 4/8b
～蘊妻 董氏			1112—1192 （81）	西安				董氏墓誌銘	誠齋集 131/7b
滕宗諒 母刁氏			966—1037 （72）		晃	傑	允成	刁氏墓誌銘	范文正集 12/2b
魯有開 妻李氏			？ （42）	汶	京	定	周珣	李夫人墓誌 銘	郟溪集 22/4a
鄧立妻 陳氏			1006—1087 （82）	南城			求	陳氏墓誌銘	蘇魏公集 62/11a

十　六　畫

姓　名	字	號	生卒年 （年齡）	籍　貫	曾祖	祖	父	篇　名	出　處
操明甫 妻葉純 真			？—1249					葉夫人墓誌 銘	秋崖稿 45/6b

姓　名	字	號	生卒年 （年齡）	籍貫	曾祖	祖	父	篇　名	出　處
駱與京 妻李氏			985—1063 （79）	長葛	譚	運	昌言	李氏墓誌銘	元豐稿 45/10a
閻路妻 楊氏			987—1065 （79）	華陽			元吉	楊氏墓誌銘	丹淵集 40/12a
～德基 乳母 齊氏			1021—1088 （68）	蕭山				齊氏墓碣	鷄肋集 66/10b
～驟妻 高氏			1054—1130 （77）	南徐	亮	溥	仲華	高氏墓誌銘	苕溪集 50/16a
錢冶妻 蔣氏			985—1054 （70）	宜興				蔣氏墓誌銘	臨川集 99/6a
～君晦 妻李氏			1010—1052 （43）		崇矩	繼昌	遵最	李氏墓誌銘	蔡忠惠集 35/5b
～易母 江氏				錢塘	元	傳	庭滔	江氏墓表	斐然集 26/12a
～受之 妻呂氏			1100—1148 （49）	東萊	公著	希純	聰問	呂氏墓誌銘	文定集 23/14a
～時母 徐氏								錢子是請誌 姒徐氏墓	慈湖遺書 5/24a
～訪妻 吳氏			1003—1070 （68）	錢塘			充	吳氏墓誌銘	古靈集 20/1a
～暄妻 胡氏			1015—1090 （76）	開封	瀹	承師	賁	胡氏墓誌銘	范太史集 42/1a
～觀復 妻徐氏	德柔		1098—1156 （59）	吳郡	真樞	模	鐸	徐氏安人墓 誌銘	苕溪集 51/11b
鮑當妻 陳氏			983—1056 （74）	開封		明	易	陳氏墓誌銘	郎溪集 22/5b
～瀟妻 劉善敬			1149—1212 （64）	永嘉		安上	誥	劉夫人墓誌 銘	水心集 17/18a

姓 名	字	號	生卒年 （年齡）	籍貫	曾祖	祖	父	篇 名	出 處
謝絳妻 高氏				宣城			惠運	高氏墓碣	歐陽文忠集 86/7b
~絳妻 夏侯氏			1000—1022 （23）	鉅野	浦	嶠	晟	夏侯氏墓碣	臨川集 99/1b
~賜妻 廖氏			1046—1109 （64）	順昌				廖氏墓表	高峰集 11/23b
應懋之 妻林氏			1164—1205 （42）	永康			大中	林氏墓誌銘	水心集 16/15b
戴伯桂 母胡妙 柔			1172—1243 （72）	徽州				戴氏母墓銘	先天集 10/6a
韓元龍 繼妻 張法善			1134—1172 （39）	清曠		幾	祁	張氏墓誌銘	南澗稿 22/20a
~公彥 妻賈氏			926—1045 （20）				昌符	賈氏墓誌銘	安陽集 46/16a
~公彥 妻張氏			1010—1063 （54）				昌	張氏墓誌銘	安陽集 48/4a
~永妻 李道康			1178—1255 （78）	閩	荀	溍	國材	李氏墓誌銘	後村集 156/14b
~玉汝 妻程氏			1020—1068 （49）	博野	贊明	元白	琳	程氏墓誌銘	彭城集 39/9a
~正彥 妻王氏			1031—1069 （39）			曾	繹	王氏墓誌銘	安陽集 48/5a
~正彥 妻艾氏			1034—1089 （56）	壽安				艾氏墓誌銘 （韓治撰）	鄆下二編/ 44a
~宗道 妻聶氏								聶夫人墓誌 銘	彭城集 39/11a

姓　名	字	號	生卒年 （年齡）	籍貫	曾祖	祖	父	篇　名	出　處
～宗魏 繼妻 王氏			984—1027 （44）	莘	徹	祐	旦	王氏墓誌	蘇學士集 15/1a
～忠彦 妻呂氏			1039—1065 （27）			夷簡	公弼	呂氏墓誌銘	安陽集 48/6a
～純彦 妻孫氏			1062—1118 （57）	管城			固	孫令人墓誌 銘	竹隱集 19/12b
～球繼 妻李氏			1104—1177 （74）	開封	端懿	說	宗仁	李氏墓誌銘	南澗稿 22/25a
～通妻 董氏			？ （42）					董氏墓誌銘 並序 （王玭撰）	芒洛冢墓文/ 下/8b
～琦母 胡氏			968—1030 （63）	成都			覺	胡氏墓誌銘	安陽集 46/9a
～琦妻 崔氏			？—1062	鄢陵	周度	汝礪	立	錄夫人崔氏 事迹與崔殿 丞請爲行狀	安陽集 46/18b
～琦姪 孫女 韓氏				安陽	國華	球	公彦	三姪孫女墓 記	安陽集 46/26a
～琥妻 劉氏			1084—1157 （74）	壽春		應誠	鵬	劉氏墓誌銘	鴻慶集 40/4b 孫尚書集 64/7a
～絳妻 范氏			1015—1067 （53）	宗城	質	旻	令孫	范氏墓誌銘	彭城集 39/2a
～僖、 僑母 時氏			1046—1088 （23）	汴				時氏墓誌銘 （楊信功撰） 時氏改葬記 （韓僖撰）	鄴下二編/ 46a 鄴下二編/ 46b
～璩妻 陳氏			1003—1070 （68）		從信	惟德	士元	陳氏墓誌銘	安陽集 48/2a
～璹妻 陳氏			1013—1068 （56）	晉江			詁	陳氏墓誌銘	雞肋集 64/17a
～繹妻 范氏			1036—1067 （32）	太原			雍	范氏墓誌銘	彭城集 39/1a

姓　名	字	號	生卒年 (年齡)	籍貫	曾祖	祖	父	篇　名	出　處
～鐸繼 母楊氏			1005—1054 (50)	吳			蛻	玉城縣君墓 誌銘並序	傳家集 78/12a 司馬溫公集 75/2b
～某妾 劉氏			1051—1113 (63)	博野				劉氏墓誌銘 (韓治撰)	鄮下二編/ 47a
薛元泳 母潘氏			？—1214					薛翁媼墓銘	漫塘集 28/6b
～若水 妻吳守 初			1171—1228 (58)	莆田			瑤	吳氏夫人墓 誌銘	復齋集 21/20b
～雅州 妻曹氏			1099—1166 (68)	靈壽				曹氏令人墓 誌銘	方舟集 17/14a
～璀母 余氏			1194—1274 (81)	鄞縣				余夫人墓誌 銘	黃氏日鈔 97/13b
鍾子度 妻吳守 靜			1163—1226 (64)	臨安	贇	憲	渭	吳氏孺人墓 誌銘	平齋集 31/6b
～岳秀 母劉氏			1143—1201 (59)	廬陵				劉夫人墓誌 銘	緣督集 8/8a
～懷建 母王氏			884—958 (75)	豫章				王氏墓銘	徐公集 17/5b
～鶱妻 蔣氏				臨賀				蔣列女碑記 (王端禮撰)	粵西金石略 4/15a
繆昭妻 王氏			1111—1191 (81)	黃宜	及	暐	徽之	王氏墓誌銘	江湖集 35/11b

十　八　畫

姓　名	字	號	生卒年 (年齡)	籍貫	曾祖	祖	父	篇　名	出　處
聶武仲 母王氏			？—1053	歙州				聶夫人墓銘	直講集 30/5b 新安文獻 98/2a

姓　名	字	號	生卒年 （年齡）	籍貫	曾祖	祖	父	篇　名	出　處
蕭之美 妻黃德 方			1126—1196 （71）	湖口		敏	良弓	黃氏墓誌銘	昌谷集 18/11a
～宋珍 妻林玉 融			？ （75）	鏡江				林夫人墓誌 銘	鷹齋集 21/20a
～希韓 母彭氏				廬陵			伯莊	彭氏墓誌銘	誠齋集 126/1a
～叔獻 母文氏			977—1058 （82）	青巖			寶龜	文氏墓誌銘	淨德集 27/1a
～賈妻 李氏			999—1066 （68）	新喻				李氏墓誌銘	臨川集 100/9b
魏了翁 姪女魏 端意	廣		1208—1234 （27）	蒲江		南壽	景翁	姪女端意墓 誌銘	鶴山集 83/5b
～了翁 祖母 高氏			1110—1187 （78）	蒲江	晈	惟譚	永堅	高氏行狀	鶴山集 88/1a
～炎母 胡慧覺	悟真		1116—1183 （68）	無爲			贊	胡氏行狀	東塘集 20/18a
～衍母 劉氏			1034—1099 （66）					劉氏墓銘	後山集 20/7b
雙華妻 邢氏			974—1059 （86）	巢				邢氏墓誌銘	元豐稿 45/13b

十　九　畫

姓　名	字	號	生卒年 （年齡）	籍貫	曾祖	祖	父	篇　名	出　處
譚世勣 母龔氏			1052—1119 （68）	湘潭			用罔	龔氏夫人墓 誌銘	襄陵集 12/12b
～吉先 妻左氏			1119—1194 （76）	永新			時彥	左氏墓銘	誠齋集 131/13a

姓　名	字	號	生卒年 (年齡)	籍貫	曾祖	祖	父	篇　名	出　處
～彥才 妻王蔡			1136—1204 (69)	長江	之皋	豐	安世	王夫人墓誌銘	性善稿 14/1a
～思順 母龍氏			1085—1163 (79)	茶陵				龍氏墓誌銘	澹庵集 25/20a
～　掞 (文初) 妻謝氏			1050—1078 (29)	汝陰	泌	衍	立	謝夫人墓表	西塘表 4/2a
～篆妻 青陽氏				井研		泰	古	青陽夫人墓 誌銘	渭南集 33/1a
關彥長 妻慎氏			? (41)	陳		守禮	暉吉	慎夫人墓誌 銘	鄎溪集 22/7a
～景仁 妻周琬	東玉		1040—1065 (26)	益都		協	約	周氏墓誌銘	元豐稿 45/8a
～景暉 妻曾氏			1026—1057 (32)	南豐	仁旺	致堯	易占	曾氏墓表	元豐稿 46/3b
～嶗妻 郭氏			1169—1238 (70)	東陽				郭氏墓誌銘	蒙齋集 18/14b
～魯妻 傅氏			993—1056 (64)	會稽			霖	傅氏墓誌銘	元豐稿 45/15b
羅士友 妻蕭氏			1198—1273 (76)	吉水	琢	曾	異	羅母墓誌銘	文山集 11/22a
～汝楫 妻俞氏			1102—1158 (57)	安吉	汝尚	溫文	俟	俞淑人墓誌 銘	盤洲集 77/8a
～良弼 母羅無 競妻朱 氏			1082—1153 (72)	吉水			綬	羅無競妻朱 氏夫人墓誌 銘	樅溪集 12/30b
								羅長卿母朱 氏墓誌銘	澹庵集 25/7a
～晉伯 妻趙崇 玉			1206—1258 (53)		不敏	善時	女釭	趙孺人墓誌 銘	後村集 158/9a

二 十 畫

姓 名	字	號	生卒年 (年齡)	籍 貫	曾祖	祖	父	篇 名	出 處
竇從謙 妻霍氏			1163—1207 (45)	常州			瀛	霍氏墓誌銘	漫塘集 28/4a
蘇不欺 妻蒲氏			? (68)	閬中	穎士	伸	師道	蒲氏墓誌銘	淨德集 27/8b
~邧母 甘氏			1041—1108 (68)	豫章		利涉	遂	甘夫人墓誌銘	溪堂集 9/10b
~洵妻 程氏			1010—1057 (48)	眉山			文應	蘇主簿夫人墓誌銘 (程夫人墓誌銘)	司馬溫公集 76/11b 傳家集 78/14a
~茂母 穆氏			?—1163	彭州				穆氏墓誌銘	方舟集 17/13a
~耆妻 王氏			987—1041 (55)	大名莘		佑	旦	太原縣君墓銘並序	韓南陽集 30/1a
~舜元 妻劉氏			1005—1085 (81)	開封	嚴	惟吉	達	劉夫人墓誌銘	蘇東坡全集/ 續 12/47b
~舜欽 妻鄭氏			?—1035	滎陽			希甫	鄭氏墓誌銘	蘇學士集 14/6b
~璩妻 孫氏			1141—1193 (53)	山陰	之文	延	綜	孫氏墓誌銘	渭南集 35/1a
~軾妻 王弗			1039—1065 (27)	青神			方	王氏墓誌銘	蘇東坡全集 39/17a
~軾乳 母任採 蓮			1009—1080 (72)	眉山			遂	乳母任氏墓誌銘	蘇東坡全集 39/18a 襄陽冢墓文/ 22a
~軾妾 王朝雲	子霞		1063—1096 (34)	錢塘				朝雲墓誌銘	蘇東坡全集/ 續 12/49b
~轍保 母楊金 嬋			1010—1077 (68)	眉山				楊氏墓誌銘	蘇東坡全集 39/18b

姓　名	字	號	生卒年 (年齡)	籍　貫	曾祖	祖	父	篇　名	出　　處
嚴萬全 妻胡懿			？—1162	泰和				女懿墓誌銘	澹庵集 25/11a
饒幹母 呂氏			1122—1177 (56)	建陽				呂氏墓誌銘	朱文公集 91/8b

三、女乙

二　畫

姓　名	字	號	生卒年 (年齡)	籍貫	曾祖	祖	父	篇　名	出　處
丁　氏 黃希皎妻			1033—1077 (45)				文惠	丁氏墓誌銘	灌園集 20/15b
～　氏 唐環母			1044—1094 (51)	晉原	延緒	允懷	宗道	丁夫人墓誌銘	跨鰲集 29/6a
～　氏 劉仲光母			? (49)	永嘉			瑜	丁氏墓誌銘	朱文公集 93/25b
刁　氏 滕宗諒母			966—1037 (72)		晃	傑	允成	刁氏墓誌銘	范文正集 12/2b

三　畫

姓　名	字	號	生卒年 (年齡)	籍貫	曾祖	祖	父	篇　名	出　處
上官氏 季陵妻			1094—1178 (85)	邵武		照	恢	上官氏墓誌銘	南澗稿 22/22a

四　畫

姓　名	字	號	生卒年 (年齡)	籍貫	曾祖	祖	父	篇　名	出　處
卞妙覺 張應運 祖母			1144—1235 (92)	雪川				卞氏墓誌銘	蒙齋集 18/16a
～　氏 陳仲孫妻			1019—1087 (69)					卞氏墓誌銘	樂靜集 30/1a
文　氏 蕭叔獻母			977—1058 (82)	青巖			寶龜	文氏墓誌銘	净德集 27/1a
方　氏 陳奭妻			987—1056 (70)	東陽			允	方夫人墓誌銘	西溪集 10 (三沈集 3/56a)

姓　名	字	號	生卒年（年齡）	籍貫	曾祖	祖	父	篇　名	出　處
～氏 趙叔驍妻			1069—1103（35）	開封	景	琬	個	方氏墓誌銘	摛文集 14/13b
～氏 李術妻				莆田			參	李氏母窆銘	艾軒集 9/22b
～氏 呂祖平母			1128—1175（48）	桐廬	楷	蒙	元矩	方夫人誌	東萊集/外 5/4a
～道堅 蔡湍妻			1115—1191（77）	莆田	宿	齊卿	松	方氏墓誌銘	誠齋集 129/12a
～氏 呂大同妻			1128—1176（49）	桐廬	楷	蒙	元矩	方氏墓誌銘	渭南集 36/1a
～氏 趙伯妻			1123—1201（79）	慈溪			固	方氏壙記	燭湖集 12/19b
～氏 林松妻			?（83）	福州				方夫人墓誌銘	勉齋集 38/4a
～氏 劉文禮妻			1216—1246（31）	莆田			君采	方氏墓誌銘	後村集 152/1a
～氏 劉燁叔妻			1193—1249（57）				銓	方安人墓誌銘	後村集 153/10b
～氏 劉克遜妻			1190—1259（70）	莆田	深道	縮	鎔	方宜人墓誌銘	後村集 158/10b
～靜真 趙公用妻			1170—1241（72）	餘杭	渭	㟁	燠	方氏夫人墓誌銘（方汝勉撰）	吳都續文粹 38/19b
王文淑 張奎妻			1025—1080（56）	臨川			益	王氏墓誌	臨川集 99/5b
～文麗 汪愷母	幼明		1051—1124（74）	蕭山		絲	霈	王氏墓誌銘	浮溪集 28/14b
～中 司馬遵妻	正節		1160—1203（44）	北海	競	慎	崌	王氏墓表	渭南集 39/18a
～幼平 曾堅妻			1212—1245（34）	新昌			夢月	王孺人墓誌銘	後村集 151/1a
～如玉 揭汝功母	李瓊		1188—1253（66）	高安				王夫人墓誌銘	雪坡集 49/14a
～和 趙君章妻			1037—1057（21）	開封		化基	舉元	王夫人墓誌銘	無爲集 14/8a

姓　名	字	號	生卒年 (年齡)	籍貫	曾祖	祖	父	篇　名	出　處
～净慧 林觀母			1291—1265 (75)	福清			西應	王孺人墓誌銘	後村集 163/1a
～惠真 趙顏鰊妻			1150—1228 (79)				震	王氏夫人墓誌銘	復齋集 21/25b
～朝雲 蘇軾妾	子霞		1063—1096 (34)	錢塘				朝雲墓誌銘	蘇東坡全集 /續 12/49b
～　琬 徐鉉妻	國香		919—968 (50)	廬江		潛	坦	王氏夫人墓銘	徐公集 17/9a
～　鄞 王安石女			1047—1048 (2)	臨川			安石	鄞女墓誌銘	臨川集 100/1b
～　蔡 譚彥才妻			1136—1204 (69)	長江	之臯	豐	安世	王夫人墓誌銘	性善稿 14/1a
～静明 高祚母			? (81)	梁縣				高侍郎夫人 墓誌銘	于湖集 29/6b
～　氏 鍾懷建母			884—958 (75)	豫章				王氏墓銘	徐公集 17/5b
～　氏 李俛妻			? (25)	太原		潛	裔	李氏夫人墓銘	徐公集 17/8a
～　氏 許世妻			959—1038 (80)	金陵				王夫人墓誌銘	武溪集 19/22a
～　氏 韓正彥妻			1031—1069 (39)			曾	繹	王氏墓誌銘	安陽集 48/5a
～　氏 陳安石妻			1017—1038 (22)				曙	王氏墓誌銘 並記	河南集 14/4b
～　氏 楊元崇母			1009—1071 (63)			樸	球	王氏墓誌銘	祠部集 35/12b
～　氏 韓億繼妻			984—1027 (44)	莘	徹	祐	旦	王氏墓誌	蘇學士集 15/1a
～　氏 趙叔頤妻			1047—1069 (23)	開封	審琦	承德	世厚	王氏墓誌銘	蘇魏公集 60/16a
～　氏 聶武仲母			?—1053	歙州				聶夫人墓銘	直講集 20/5b 新安文獻 98/2a
～　氏 趙克周妻			1024—1050 (27)		贊	文慶	承彬	王氏墓誌銘	公是集 52/12a

姓　名	字	號	生卒年（年齡）	籍貫	曾祖	祖	父	篇　名	出　處
～　氏 趙叔策妻			？—1056		漢賓	從周	温恭	王氏石記	公是集 54/8a
～　氏 李迂妻			931—1010 （80）	太原				王氏墓誌銘	元豐稿 45/12a
～　氏 蔡延慶妻			1031—1063 （33）	虞城	礩	渙	獻臣	王氏墓誌銘	范太史集 39/16b
～　氏 張仲莊妻			1025—1091 （67）	開封	繼華	兼	子融	王氏墓誌銘	范太史集 42/11a
～　氏 趙令組妻			1069—1086 （18）	開封	亮	察	復	王氏墓誌銘	范太史集 45/10b
～　氏 趙士戭妻			1063—1090 （28）	開封	承休	世範	克敦	王氏墓誌銘	范太史集 45/16b
～　氏 趙士屺妻			1032—1090 （19）				德用	王氏墓誌銘	范太史集 46/2a
～　氏 趙令劼妻			1066—1087 （22）	開封	士安	諫	益	王氏墓誌銘	范太史集 46/3a
～　氏 趙仲埍妻			1067—1086 （20）	開封	堯基	諤	瞳	王氏墓誌銘	范太史集 46/9b
～　氏 趙令誠妻			1064—1086 （23）		惟志	凱	大方	王氏墓誌銘	范太史集 48/1b
～　氏 趙子綸妻			1067—1085 （19）				詵	王氏墓誌銘	范太史集 48/6b
～　氏 趙士劬妻			1051—1089 （39）		世隆	克明	誨	王氏墓誌銘	范太史集 49/14b
～　氏 趙世統妻			1044—1093 （50）	開封	漢忠		道恭	王氏墓誌銘	范太史集 49/17a
～　氏 趙士健妻			1061—1092 （32）		貽永	道卿	彭年	王氏墓誌銘	范太史集 50/6a
～　氏 趙士穎妻			1066—1086 （21）	開封	貴	振	從善	王氏墓誌銘	范太史集 52/14a
～　氏 趙令頵妻			1065—1092 （28）	開封	克恭	有度	仲簡	王氏墓誌銘	范太史集 52/17a
～　氏 蘇耆妻			987—1041 （55）	莘		祐	旦	太原縣君墓 銘並序	韓南陽集 30/1a
～　氏 吳奎母			987—1023 （37）	北海			汀	王氏墓誌銘	歐陽文忠集 86/9a

姓名	字	號	生卒年（年齡）	籍貫	曾祖	祖	父	篇名	出處
～氏 周彦先妻			？（48）	臨川			貫之	王夫人墓誌銘	臨川集 100/8b
～弗 蘇軾妻			1039—1065（27）	青神			方	王氏墓誌銘	蘇東坡全集 39/17a
～氏 晏殊子婦				咸平	沔	睦	乙	王夫人墓誌銘	張右史集 60/4a
～氏 李廌叔母			1024—1091（68）	開封				王氏墓誌銘	濟南集 7/18a
～氏 陸琪妻			1017—1088（72）	蕭山			絲	王氏夫人墓誌銘	陶山集 15/13a
～氏 束正卿妻			1032—1099（68）	密	瀚	仲卿	度	王氏夫人墓誌銘	陶山集 15/14a
～氏 俞擇妻			1011—1080（70）	諸暨				王氏夫人墓誌銘	陶山集 15/16a
～氏 孫某妻			1007—1059（53）	河南				王氏墓誌銘	陶山集 15/17b 臨川集 100/2a
～氏 鄭襄母			1015—1080（66）	衢州				王氏夫人墓誌銘	陶山集 15/18b
～氏 吳宣德妻			？（77）	漳浦				王氏墓誌銘	西塘集 4/15b
～氏 盛遵甫妻			？（84）	真定		化基	舉善	王氏墓誌銘	嵩山集 20/26a
～氏 蔡挺妻			1013—1038（26）	睢陽	化	礪	渙	王氏墓誌銘	樂圃集 10/9a
～氏 方烈妻			1045—1085（41）			拱辰	拱安	王氏墓誌銘	演山集 34/1a
～氏 李公車妻			1049—1104（56）	長安	夷簡	希哲	宗愿	王氏墓誌銘	學易集 8/12b
～氏 范純仁妻			1031—1098（68）	大名	祐		質	王夫人墓誌銘	西臺集 14/7a
～氏 趙叔惠妻			1047—1105（59）	開封	審琦	承佑	世彦	王氏墓誌銘	摘文集 14/10b
～氏 趙叔㒟妻			1074—1104（31）		潛	中庸	承昭	王氏墓誌銘	摘文集 14/10b

姓　名	字	號	生卒年 （年齡）	籍貫	曾祖	祖	父	篇　名	出　處
～　氏 張宰母			1037—1125 （89）	山陽				王氏墓誌銘	丹陽集 14/7b
～　氏 張應辰妻			1094—1148 （55）	營丘			師敏	王夫人墓誌銘	浮溪集 28/16b
～　氏 劉昱妻			1056—1134 （79）	安福	謨			王氏墓誌銘	盧溪集 43/5a
～　氏 劉敦實妻			1089—1165 （77）	安福			行已	王氏夫人墓誌銘	盧溪集 44/7b
～　氏 孟忠厚妻			1096—1149 （54）	長洲	準	珪	仲蘷	王氏墓誌銘	鴻慶集 40/1a 孫尚書集 64/3a
～　氏 黃震妻	同英		？ （68）	盧陵			存禮	王氏夫人墓誌銘	澹庵集 24/5a
～　氏 賈偶妻			1054—1128 （75）				克詢	王氏墓誌銘	斐然集 26/28a
～　氏 彪虎臣妻			1088—1150 （63）					王氏墓誌銘	斐然集 26/64a
～　氏 鄭巨中妻							秉均	王氏姚氏合葬銘	北山集 7/1a
～　氏 范仲戲母			？—1181	華陽		延	輔	王氏墓表	朱文公集 90/19a
～　氏 任賢臣妻			？—1182	慈溪			庭秀	王氏墓誌銘	朱文公集 92/3a
～　氏 潘友恭妻			1154—1186 （33）		牲	令洙	琮	潘氏婦墓誌銘	朱文公集 92/29b
～　氏 周必大母			1102—1138 （37）	安陽	察	復	靚	王氏墓誌	益國文忠集 36/3a 益公集 36/61b
～　氏 周必大妻			1135—1203 （69）	崑山	申	億	葆	益國夫人墓誌銘	益國文忠集 76/5a 益公集 76/72a
～　氏 汪仲儀母			1123—1173 （51）	金華	本	登	師古	王氏墓誌銘	東萊集 11/3a

姓名	字	號	生卒年(年齡)	籍貫	曾祖	祖	父	篇名	出處
～氏 向伯劭妻			1138—1207 (70)	鄞縣	震	仰	從	王夫人墓誌銘	宋本攻媿集114/9b 攻媿集107/9b
～氏 宋修叔母			1134—1207 (74)	嚴陵	庭堅			宋母墓銘	慈湖遺書5/10a
～氏 曾時中母			1118—1166 (49)	廬陵				王氏墓誌銘	誠齋集126/1b
～氏 張奭妻			1132—1192 (61)	慶	茂	庶	之道	王氏墓誌銘	誠齋集130/19a
～氏 陸游妻			1127—1197 (71)	蜀				王氏壙記	渭南集39/19b
～氏 趙善臨妻			？—1204	臨海	居中	庭筠	衛	王氏墓誌銘	水心集24/1a
～氏 繆昭妻			1111—1191 (81)	宜黃	及	日章	徽之	王氏墓誌銘	江湖集35/11b
～氏 曹彥約妾			1168—1222 (55)	鄱陽				王氏壙銘	昌谷集20/26a
～氏 宋許妻			1118—1175 (58)		臨	承	恪	王氏墓誌銘	南軒集41/8a
～氏 喻夏卿妻								王氏改葬墓誌銘	龍川集29/8a
～氏 雷宜中母			1176—1257 (82)	豫章	昌	頤	夢顏	王氏墓誌銘	後村集161/3a
～氏 舒岳祥妻			1212—1284 (73)	寧海			昺	王氏墓誌銘	閬風集12/8a
～氏 石龜山妻			1136—1187 (52)	古井			雲	王夫人墓誌銘(劉鼎撰)	蜀文輯存100/15b
～氏 吳震妻			1061—1118 (58)	河南	益恭	慎言	羣	王氏墓誌銘(劉唐允撰)	芒洛四編/補遺29b
～氏 趙士宇妻			1058—1102 (45)	濟陰	博文	略	岵	王氏墓誌(鄭居中撰)	東都冢墓文/41a
元氏 沈播妻			996—1065 (70)	錢塘		德昭	好文	元氏墓誌銘	元豐稿45/12b

姓　名	字	號	生卒年 （年齡）	籍　貫	曾　祖	祖	父	篇　名	出　處
公孫氏 晁仲參妻			1010—1086 （77）	商河	渥	昉	簡	公孫氏行狀	鷄肋集 62/27b
牛　氏 趙岍妻			？—1093	景	進賢		正平	牛氏夫人墓 誌銘	東堂集 10/14b
毛　氏 王清臣母			1061—1111 （51）	永嘉 郡				毛氏墓誌銘	浮沚集 7/11b
～　氏 趙不倿、 繼妻			1127—1184 （58）	衢州 江山		京	亨	毛氏墓誌銘	南澗稿 22/30a
仇　氏 王國望母			1189—1271 （83）	盧陵			彥誠	仇氏墓誌銘	文山集 11/29b
尹　氏 葛實妻			1002—1061 （60）				少連	尹夫人墓誌 銘	蔡忠惠集 36/3b
～　氏 張景憲妻			1026—1087 （62）	河南		仲宣	洙	尹氏墓誌銘	范太史集 39/3a
孔　氏 郭景聞妻			1095—1161 （67）	新淦			俊民	孔氏夫人墓 誌銘	盧溪集 45/3b

五　畫

姓　名	字	號	生卒年 （年齡）	籍　貫	曾　祖	祖	父	篇　名	出　處
甘　氏 蘇邴母			1041—1108 （68）	豫章		利涉	遂	甘夫人墓誌 銘	溪堂集 9/10b
～　氏 徐鹿卿母			1143—1234 （92）	豐城	仲賢	文雨	如松	甘氏夫人墓 誌銘	蒙齋集 17/17b
左　氏 譚吉先妻			1119—1194 （76）	永新			時彥	左氏墓銘	誠齋集 131/13a

姓　名	字	號	生卒年 （年齡）	籍貫	曾祖	祖	父	篇　名	出　處
石　氏 趙仲奧妻			1046—1088 （43）	洛陽	繼遠	熙政	中本	石氏墓誌銘	范太史集 47/12b
～　氏 趙士郵妻			1056—1088 （33）		保吉	先普	繼勳	石氏墓誌銘	范太史集 48/7a
田　氏 李顧妻			1011—1079 （69）	諸城		勺	姚	田氏墓誌銘	長興集 29（三 沈集 5/71b）
～　氏 趙子櫟妻			1071—1091 （21）		承謂	紹淵	良佐	田氏墓誌銘	范太史集 48/6a
～　氏 郭體仁母			1056—1113 （58）	京兆			守度	田孺人墓誌 銘	西臺集 14/11b
～　氏 李文炳母			1085—1163 （79）	眉州				田氏墓誌	方舟集 17/11b
～　氏 章濟妻			1123—1175 （53）	縉雲	玉	褒	大亨	田氏墓誌銘	龍川集 29/6a
史　稷 家朝南母	虞卿		1152—1181 （30）	青神	愷	振	允諧	史氏墓誌銘	鶴山集 81/5a
～　氏 石衍之妻			1018—1100 （83）	剡	行諲	延鼎	綸	史氏墓誌銘	錢塘集 16/27a
～　氏 宋琪妻			1020—1089 （70）	成都			遜	史氏墓誌銘	范太史集 41/3a
～　氏 趙子琦妻			1073—1091 （19）	開封	達	青	永年	史氏墓誌銘	范太史集 46/13a
～　氏 孫昌齡母			1024—1094 （71）	青神	著明	昭吉	及	史夫人墓誌 銘	眉山集 15/9a
～　氏 唐彥通妻			1033—1088 （56）	青神	著明	昭吉	及	史夫人行狀	眉山集 16/3a
～　氏 李友直妻			1139—1197 （59）	鄞縣	詔	師仲	浩	史氏墓誌銘	燭湖集 12/11b
～　氏 任逢母				青神	沱	嘉謀	祐	史夫人墓銘	鶴山集 70/15b
～　氏 姜諤妻			1022—1077 （56）	如皋	筠	樞	用舟	史夫人墓誌 銘並序 （胡志忠撰）	廣陵冢墓文/ 23a

姓 名	字	號	生卒年 （年齡）	籍貫	曾祖	祖	父	篇 名	出 處
白慶通 白時中女	慧應		1088—1159 (72)	壽春			時中	白宜人墓誌 銘	盤洲集 76/8b
司徒氏 高薄妻			1098—1182 (85)	胊山	恂	儼	庠	司徒氏墓誌 銘	益國文忠集 76/1a 益公集 76/74a

六　畫

姓 名	字	號	生卒年 （年齡）	籍貫	曾祖	祖	父	篇 名	出 處
江氏 宋咸母			969—1048 (80)	江南	文蔚	翹	湜	江氏墓碣銘 並序	直講集 30/14b
〜氏 趙士競妻			1055—1090 (36)	開封	文溥	規	惟善	江氏墓誌銘	范太史集 45/15b
〜氏 陳之奇、 陳之中母			1052—1109 (58)	臨川	日華	道悅	巨卿	江夫人墓誌 銘	溪堂集 9/15b
〜氏 錢易母				錢塘	元	傳	庭滔	江氏墓表	斐然集 26/12a
〜氏 蔡元定妻			1140—1217 (78)					江氏墓誌	節齋集 3/26a
安寶孫 安癸仲女			1204—1223 (20)	廣安		丙	癸仲	女寶孫壙銘 （安癸仲撰）	蜀文輯存 92/7a
〜氏 趙子璔妻			1069—1093 (25)	開封	清	居簡	巽	安氏墓誌銘	范太史集 47/4a, 49/2b
〜氏 趙仲騑妻			1037—1092 (56)		習	懷正	承祐	安氏墓誌銘	范太史集 49/3b
〜氏 趙世謐妻			1029—1065 (37)			習	惟演	安氏墓誌銘 並序	樂全集 38/23a
米氏 趙從恪妻			999—1049 (51)		承德	信	繼豐	米氏墓誌銘	歐陽文忠集 37/8b

姓　名	字	號	生卒年 （年齡）	籍貫	曾祖	祖	父	篇　名	出　處
吉　氏 李璟昭容			913—945 （33）	朐山	徵	黨	彦輝	吉氏墓誌	徐公集 17/4b
艾　氏 韓正彦妻			1034—1089 （56）	壽安				艾氏墓誌銘 （韓治撰）	鄞下二編/ 44a
朱　巳 朱熹女	叔		1173—1187 （15）	婺源	森	松	熹	女巳埋銘	朱文公集 93/1a
～妙真 趙公彦妻			1168—1251 （84）	永陽	廷傑	明叔	用康	朱夫人墓誌 銘	庸齋集 6/22a
～　氏 曾濟妻			1010—1053 （44）	天長			巽	朱氏墓誌銘	祠部集 35/3b
～　氏 馮式妻			995—1066 （72）	江陵	秘	葆光	昂	朱氏墓誌銘	華陽集 40/11a
～　氏 萬涇祖母			982—1064 （83）	錢塘				朱氏墓誌銘	雲巢編9（三 沈集8/40a）
～　氏 馮襄妻			1009—1051 （43）	監利				朱夫人墓誌 銘	郎溪集 22/5a
～　氏 石景立妻			？ （45）	吳				朱氏墓誌	錢塘集 16/26b
～　氏 陳笑妻			1074—1110 （37）	金溪		彦國	獻可	朱夫人墓誌 銘	幼槃集 10/3a
～　氏 陳師堯妻			1061—1112 （52）	金溪		宿	宗良	朱夫人墓誌 銘	幼槃集 10/4b
～　氏 楊明妻			995—1077 （83）	延平				朱氏墓誌	龜山集 30/1a
～　氏 羅無競妻、 羅良弼母			1082—1153 （72）	吉水			綬	朱氏夫人墓 誌銘 朱氏墓誌銘	榿溪集 12/30b 澹菴集25/7a
～　氏 范賁妻			1074—1145 （72）	烏程		臨	彤	朱氏墓誌銘	茗溪集 50/1a
～　氏 潘芑、 潘莘母			1076—1128 （53）	安吉			繹	朱夫人墓誌 銘	龜溪集 12/5a

姓　名	字	號	生卒年 （年齡）	籍　貫	曾　祖	祖	父	篇　名	出　處
〜　氏 劉子翔妻			1139—1181 （43）	婺源	絢	森	松	劉氏妹墓誌銘	朱文公集 91/26b
〜　氏 潘景憲妻			1146—1179 （34）	桐鄉	厪	載上	翌	朱夫人墓誌銘	東萊集 13/3b
〜　氏 夏康佐母			1074—1157 （84）	樂平				朱安人墓銘	盤洲集 76/3a
〜　氏 林文質妻			1108—1170 （63）	瑞安			俊	朱氏墓誌銘	誠齋集 126/8a
〜　氏 陳元平妻			？ —1199					朱夫人墓表	勉齋集 38/37a
〜　氏 汪紹妻			1042—1108 （67）	婺源	昭元	維甫	郢	朱氏墓誌銘 （胡伸撰）	新安文獻 98/3a
〜　氏 郝質妻			1014—1088 （75）	開封				朱氏墓誌銘 （李嬰撰）	八瓊金石補 105/28a 東都冢墓文/ 36b
〜　氏 陳錫母			1109—1172 （64）	義烏	績	存	逢	朱氏墓誌銘	東萊集 11/4b
仲靈湛 孟嵩妻			1133—1184 （52）	揚州	彥明	將之	并	孟夫人墓誌銘	水心集 13/4b
任社娘								任杜娘傳	雲巢編8（三 沈集8/27b）
〜採蓮 蘇軾乳母			1009—1080 （72）	眉山			遂	任氏墓誌銘	蘇東坡全集 39/18a 襄陽冢墓文/ 22a
〜　氏 曾諲母			？ （27）	定陶	惟吉	曉	顥	任氏墓誌銘	長興集30 （三沈集 5/82a）
〜　氏 令狐暎母			1046—1112 （67）	遂寧				任夫人墓誌銘	跨鰲集 29/10b

姓　名	字	號	生卒年(年齡)	籍貫	曾祖	祖	父	篇　名	出　處
向　茌 劉廷直妻			1113—1175 (63)	開封			子齊	向夫人墓誌銘	誠齋集 127/8b
～　氏 趙仲企妻			1055—1088 (34)		傳正	約	宗儒	向氏墓誌銘	范太史集 51/11b
～　氏 劉光世妻			1089—1151 (63)	開封	經	宗回	子章	向氏墓誌銘	苕溪集 50/3b
～　氏 趙不逿妻			1136—1211 (76)					向夫人墓誌銘	克齋集 12/5a
牟　氏 趙之才妻			1093—1160 (68)	資陽			里仁	趙牟氏墓誌銘(范器撰)	蜀文輯存 72/2a

七　畫

姓　名	字	號	生卒年(年齡)	籍貫	曾祖	祖	父	篇　名	出　處
沈德柔 洪适妻			1119—1179 (61)	無錫		復	松年	萊國墓銘	盤洲集 77/9a
～　氏 朱延之妻			1024—1068 (45)	歷陽	仁諒	平	立	沈氏夫人墓誌銘	元豐稿 45/16b
～　氏 洪适母			1089—1138 (50)	無錫		宗道	復	慈塋石表	盤洲集 77/1a
～　氏 衛時敏妻			1036—1181 (46)	平江				先伯知縣先伯母孺人墓銘	後樂集 18/1a
～　氏 姚漢英母			？—1187	金華				沈氏墓誌銘	龍川集 30/8b
汪處正 鄭國華妻			1203—1256 (54)	臨川		汶	堯佐	汪氏墓誌銘	敝帚稿 6/20a
～慧通 樓鑰母	正柔		1110—1204 (95)	鄞縣	元吉	洙	思溫	亡姚安康郡太夫人行狀	宋本攻媿集 88/1a 攻媿集 85/2a
～　氏 俞積妻			1080—1148 (69)	德興	宗顏	穀	槃	汪氏墓誌銘	浮溪集 28/11b

姓　名	字	號	生卒年 （年齡）	籍貫	曾祖	祖	父	篇　名	出　處
～　氏 程昂妻			1108—1170 （63）	玉山				汪氏墓誌銘	文定集 23/16a
～　氏 王炎妻			？ （61）	歙州				汪氏墓銘	王雙溪集 9/16a
宋道柔 趙從古妻	仲和		1004—1064 （61）		廷浩	偓	元載	宋氏墓誌銘	華陽集 40/9b
～　氏 任伋妻			1019—1068 （50）	眉山			廣陵	宋氏墓誌銘	丹淵集 40/1a
～　氏 趙宗史妻			1050—1068 （19）	開封	在中	世基	京	宋夫人墓誌 銘	鄖溪集 21/11b
～　氏 趙令時妻			1065—1085 （21）	開封	文質	世寧	良肱	宋氏墓誌銘	范太史集 46/1a
～　氏 趙世恩妻			1042—1093 （52）	開封	龜	皐	絪	宋氏墓誌銘	范太史集 51/4b
～　氏 王霶母			1049—1107 （59）	汝州	文蔚	寅	輔臣	宋氏墓誌銘	西臺集 14/13b
～　氏 江汝明妻			1044—1110 （67）	管城	白	良臣	保孫	宋氏墓誌銘	程北山集 31/9a
邢　氏 雙華妻			974—1059 （86）	巢縣				邢氏墓誌銘	元豐稿 45/13b
杜　氏 趙子買妻			1065—1093 （29）		顏鈞	贊	宗旦	杜氏墓誌銘	范太史集 49/2a
～　氏 趙士璉妻			1071—1093 （23）		正己	宗敏	士言	杜氏墓誌銘	范太史集 50/11a
～　氏 李楚老母			1029—1098 （70）	洪州			杞	杜氏墓誌銘	張右史集 60/5b
～　氏 席延昌妻			1057—1112 （56）	宋城		訛	振	杜氏墓誌銘	學易集 8/12a
～　氏 趙克告妻			1037—1102 （66）	開封	審進	彥彬	贊仁	杜氏墓誌銘	摘文集 14/11b
～　氏 陳堯文母			1078—1143 （66）	鄢陵				杜氏太孺人 墓誌銘	方舟集 17/17b

姓　名	字	號	生卒年 （年齡）	籍貫	曾祖	祖	父	篇　名	出　處
～　氏 葉適母			1126—1178 （53）	瑞安				杜氏墓誌銘	水心集 25/19a
～　氏			？—1120	永康				二列女傳	龍川集 13/12a
～　氏 何松妻			1133—1186 （54）	東陽	義	伯忻	杉	杜氏墓誌銘	龍川集 30/4b
李仁用 王觀母			1001—1083 （83）	如皋				李氏夫人墓 誌銘	淮海集 33/6b
～仲琬 董文和妻			？—1101	武昌			無競	李氏墓誌銘	鷄肋集 66/2a
～行實 胡鎬母			1080—1138 （59）	樂平				李氏墓誌銘	澹庵集 30/10a
～洞安 趙公賓妻			1155—1219 （65）	莆田	宗顏	持正	尹仲	李氏行狀	勉齋集 37/15b
～　珏			1089—1150 （62）	山陽				李夫人墓誌	東牟集 14/16a
～　桂				穀城				桂女傳	漢濱集 15/6a
～淑英 許大寧妻			1196—1255 （60）	婺源	知微	頤	季麒	李太安人行 狀	先天集 10/2a
～道康 韓永妻			1178—1255 （78）	閩	苟	濬	國材	李氏墓誌銘	後村集 156/14b
～　蒙 黃叔敖妻	幼龜		1071—1092 （22）	江南			常	李氏墓誌銘	鷄肋集 66/1a
～　氏 王拱辰母			979—1031 （53）	陳留				李氏墓誌銘	景文集 60/17b
～　氏 趙宗立妻			1010—1043 （34）	隴西		至	惟良	李氏墓誌銘	景文集 60/21b
～　氏 胡宿母			969—1043 （75）	晉陵				李太夫人行 狀	文恭集 40/10b
～　氏 陳貫妻			？ （44）	濮陽			獲	李氏墓誌銘 並序	河南集 14/3b
～　氏 錢晦妻			1010—1052 （43）		崇矩	繼昌	遵最	李氏墓誌銘	蔡忠惠集 35/5b

姓 名	字	號	生卒年 （年齡）	籍貫	曾祖	祖	父	篇 名	出 處
～ 氏 梁訪母			989—1060 （72）				著	李氏墓誌銘	祠部集 35/11a
～ 氏 鄭戩妻			997—1058 （62）	岐	譚	運	昌言	李氏墓誌銘	華陽集 40/2a
～ 氏 向宗諤妻			？ （19）				就	李氏墓記	華陽集 40/19a
～ 氏 徐復母			？—1054					徐夫人墓銘 並序	直講集 30/8b
～ 氏 李覯女			？ （26）	南城			覯	亡女墓銘	直講集 31/9b
～ 氏 趙克戒妻			1021—1055 （35）		定	京	周珣	李氏墓誌銘	公是集 52/12b
～ 氏 趙克淳妻			1034—1051 （18）		訓	斌	繼中	李氏墓誌銘	公是集 52/13b
～ 氏 宋璋母			986—1064 （79）					李氏埋銘	丹淵集 40/14b
～ 氏 蔣僅母			998—1075 （78）	上元	弘義	潛	文覽	李氏墓銘	雲巢編 9(三 沈集 8/53b)
～ 氏 魯有開妻			？ （42）	汶	京	定	周絢	李夫人墓誌 銘	郇溪集 22/4a
～ 氏 常構妻			1025—1090 （66）	依政		元熙	奐	李夫人墓誌 銘	净德集 27/4a
～ 氏 駱與京妻			985—1063 （79）	長葛	譚	運	昌言	李氏墓誌銘	元豐稿 45/10a
～ 氏 陳孝標妻			1016—1053 （38）	東光		昭度	緯	李夫人墓誌 銘	忠肅集 14/18b
～ 氏 夏伯孫母			1007—1091 （85）	開封				李氏墓誌銘	無爲集 14/4a
～ 氏 趙宗景妻			1030—1081 （52）					李氏墓誌銘	王魏公集 8/3b
～ 氏 趙仲戴妻			1064—1087 （24）	開封	繼隆	昭亮	惟賞	李氏墓誌銘	范太史集 45/14b
～ 氏 趙宗辯妻			1023—1090 （68）			漢瓊	文昶	李氏墓誌銘	范太史集 47/10a
～ 氏 趙士註妻			1069—1089 （21）	開封	應機	咸熙	昭嗣	李氏墓誌銘	范太史集 47/14b

姓　名	字	號	生卒年 （年齡）	籍貫	曾祖	祖	父	篇　名	出　處
~　氏 趙士鐃妻			1071—1091 （21）	開封	惟寶	宗旦	豫	李氏墓誌銘	范太史集 49/10b
~　氏 趙士澧妻			1073—1088 （16）		繼隆	昭亮	惟賞	李氏墓誌銘	范太史集 49/15b
~　氏 趙子翔妻			1074—1093 （20）	開封	昭述	正卿	士彦	李氏墓誌銘	范太史集 51/14b
~　氏 王利妻			962—1047 （86）	湖南			昭文	李氏墓誌銘	歐陽文忠集 36/5a
~　氏 趙世堅妻			1031—1053 （23）		繼勳	守微	舜舉	李氏墓誌銘	歐陽文忠集 37/10a
~　氏 趙令稼妻			？ （19）			言	祺	李氏墓誌銘並序	樂全集 38/20b
~　氏 趙仲炎妻			1044—1067 （24）		延嗣	仁德	用和	李氏墓誌銘並序	樂全集 38/22b
~　氏 黄巽母			？—1060	鄱陽				李夫人墓表	臨川集 90/15b
~　氏 趙世岳妻			1043—1067 （25）		繼昌	遵勉	端憲	李氏墓誌銘	臨川集 99/11b
~　氏 蕭蕡妻			999—1066 （68）	新喻				李氏墓誌銘	臨川集 100/9b
~　氏 鄭紓妻			1000—1031 （32）			岾	文蔚	李氏墓誌銘	臨川集 100/10b
~　氏 黄庭堅母			1020—1091 （72）	連昌			特進	李夫人墓誌銘	後山集 20/1b
~　氏 王崈妻			1020—1089 （70）	真定	昉	宗諒	邁昭	李夫人墓誌銘	張右史集 60/8a
~　氏 趙祐妻				鄴				李氏墓誌銘	鷄肋集 68/7b
~　氏 慕容宗古妻			1035—1111 （77）	林□			恩	李氏墓誌銘	學易集 8/10b
~　氏 陳安禮妻			1030—1109 （80）				晟	李夫人墓誌銘	西臺集 14/15b
~　氏 趙叔旄妻			1077—1104 （28）	開封	昭德	惟賢	宗述	李氏墓誌銘	摛文集 14/13a

姓　名	字	號	生卒年 (年齡)	籍貫	曾祖	祖	父	篇　名	出　處
～　氏 束斌卿母				成紀			來	李氏墓誌銘	竹隱集 19/11a
～　氏 段永妻			1098—1151 (54)	吉水	宗舜	誠之	楙	李夫人墓誌銘	盧溪集 46/8b
～　氏 趙不侉妻			1111—1161 (51)	東平			華宗	李氏墓誌銘	澹庵集 25/4a
～　氏 黃齊母			1078—1153 (76)	桂林			世則	李氏墓誌銘	斐然集 26/66a
～　氏 張廷傑妻			1110—1159 (50)	平江	應	雅	寬	李夫人墓誌銘	益國文忠集 26/6b 益公集 36/65b
～　氏 曾嘉謨妻			1113—1198 (86)	安福	兌	榮	宗孟	李氏墓誌銘	益國文忠集 76/3a 益公集 76/76b
～　氏 陳仲罕母								陳氏母坎誌	網山集 4/16a
～　氏 胡泳妻			1143—1189 (47)	上虞	高	光	孟堅	李氏墓誌銘	誠齋集 129/17a
～　氏 韓求繼妻			1104—1177 (74)	開封	端懿	說	宗仁	李氏墓誌銘	南澗稿 22/25a
～　氏 艾謙妻			1158—1226 (69)				彥	李氏墓誌銘	漫塘集 30/2a
～　氏 徐椿母			1150—1227 (78)					李氏墓誌銘	漫塘集 30/15a
～　氏 王孝曾妻			1176—1231 (56)	莆田	宗顏	利正	宣仲	李節婦墓誌銘	後村集 149/10b
～　氏 陳國寧妻			1194—1262 (69)					李氏墓誌銘	後村集 160/5a
～　氏 汪清英妻								李氏墓誌銘	秋崖稿 45/2a
呂貞蘭 汪沆母			1115—1176 (62)					呂氏墓表 (汪玘撰)	新安文獻 98/5a

姓 名	字	號	生卒年 （年齡）	籍 貫	曾 祖	祖	父	篇 名	出 處
～ 氏 趙允誠妻			996—1014 （19）				呂	氏墓誌銘	文莊集 29/22a
～ 氏 韓忠彥妻			1039—1065 （27）			夷簡	公弼	呂氏墓誌銘	安陽集 48/6a
～ 氏 王覃妻			990—1059 （70）	并州	夢奇	龜祥	蒙巽	呂氏墓誌銘	華陽集 40/5b
～ 氏 任遵聖妻			1017—1094 （78）	眉山				呂氏墓誌銘	净德集 27/5b
～ 氏 趙子獻妻			1065—1087 （23）	開封	祐之	士隆	蒙吉	呂氏墓誌銘	范太史集 46/12a
～ 氏 趙士僅妻			1075—1092 （18）	開封			師道	呂氏墓誌銘	范太史集 47/9b
～ 氏 趙伯璋妻			1102—1156 （55）	新鄉	持	覺	無黨	呂氏宜人墓 誌銘	盧溪集 45/8a
～ 氏 錢受之妻			1100—1148 （49）	東萊	公著	希純	聰問	呂氏墓誌銘	文定集 23/14a
～ 氏 饒幹母			1122—1177 （56）	建陽			希説	呂氏墓誌銘	朱文公集 91/8b
～ 氏 胡括母			1128—1175 （48）	永康	孟	該	章	呂氏墓誌銘	龍川集 29/4b
吳文剛 沈端輔妻			1092—1146 （55）	無錫				沈氏考妣墓 誌銘	南澗稿 20/3a
～守初 薛若水妻			1171—1228 （58）	莆田			瑤	吳氏夫人墓 誌銘	復齋集 21/20b
～守靜 鍾子度妻			1163—1226 （64）	臨安	賷	憲	渭	吳氏孺人墓 誌銘	平齋集 31/6b
～妙靜 俞泳妻			1168—1226 （59）	臨安	賷	憲	渭	吳氏墓誌銘	平齋集 31/5a
～嗣真 郭申錫、 繼妻	道卿		1018—1068 （51）	崇仁		錯	有鄰	吳郡君墓誌 銘	忠肅集 14/17b
～靜貞 梁季珌妻			1146—1220 （75）	處州	希	方	翊	吳夫人行狀	漫塘集 34/5b

姓　名	字	號	生卒年 （年齡）	籍貫	曾祖	祖	父	篇　名	出　處
～　氏 錢訪妻			1003—1070 （68）	錢塘			充	吳氏墓誌銘	古靈集 20/1a
～　氏 王安石母			998—1063 （66）	金溪			畋	吳氏墓銘	曾南豐集 29/5b 元豐稿 45/4b
～　氏 趙宗楷妻			1020—1093 （74）		廷祚	元慶	守仁	吳氏墓誌銘	范太史集 48/3b
～　氏 趙士專妻			1069—1090 （22）		均	世安	沛	吳氏墓誌銘	范太史集 48/7b
～　氏 楊翔妻			985—1057 （73）	錢塘		文顗		吳氏墓誌銘 並序	臨川集 99/4a
～　氏 曾鞏母			？ （35）	臨川				吳氏墓誌銘	臨川集 100/3b
～　氏 王令妻			1035—1093 （59）	臨川	德筠	敏	賁	吳氏墓碣銘 （王雲撰）	廣陵集/ 附錄 13b
～　氏 陸佖妻			1038—1101 （64）	龍泉			轂	吳氏墓誌銘	陶山集 15/11a
～　氏 陸軫妻			1006—1091 （86）	建陽			植	吳氏墓誌銘	陶山集 15/11b
～　氏 李介夫妻			1035—1084 （50）	金溪	德筠	敏	蒙	吳氏夫人墓 誌銘	宗伯集 17/11b
～　氏 陳宗諤妻			1039—1105 （67）	臨川	文徽	光顯	日華	吳夫人墓誌 銘	溪堂集 9/7b
～　氏 晏防母			1035—1106 （72）	西安			震	吳夫人墓誌 銘	溪堂集 9/9b
～　氏 呂博聞妻			？ —1089	樂平				吳氏埋銘	東堂集 10/16a
～　氏 張宗望妻			1036—1114 （79）	開封	廷祚	元辰	守一	吳夫人墓誌 銘	竹隱集 19/7b
～　氏 李夔妻			1058—1101 （44）	劍川	崇	敷	桓	吳氏墓誌銘	龜山集 32/10b
～　氏 崔光弼妻			1058—1114 （57）	郡			瀚	吳夫人墓誌 銘	浮溪集 28/18b
～　氏 吳永年姊								二烈婦傳	唯室集 2/8a

姓　名	字	號	生卒年 (年齡)	籍　貫	曾祖	祖	父	篇　名	出　處
～　氏 王浩母			1066—1155 (90)	德興				王夫人墓誌銘	浪語集 23/1b
～　氏 林齡妻			1115—1199 (85)	懷安			貴	吳氏夫人墓誌銘	勉齋集 38/5a
～　氏 孫之宏母			1141—1223 (83)	餘姚			端禮	吳氏墓誌銘	鶴山集 81/8a
～　氏 郎思母			1135—1228 (94)	臨安		贇	憲	吳氏墓誌銘	平齋集 31/8a
～　氏 徐某妻			？—1239	潼川			時英	吳令人墓誌銘	鶴林集 35/19b
～　氏 陶躍之妻			1188—1266 (79)					吳氏壙誌	無文印集 4/15a
余　氏 薛璉母			1194—1274 (81)	鄞縣				余夫人墓誌銘	黃氏日鈔 97/13b
何道真 宋松峰妻			？—1196	淳安				何氏墓誌	潛齋集 10/4a
～道融 凌堅母	處和		1140—1190 (51)	諸暨	辨	滿	新	何氏墓誌銘	龍川集 30/9b
～靜恭 楊應霆母			1162—1237 (76)			涇	楷	何氏墓誌銘	蒙齋集 18/8a
～　氏 趙蒙母			995—1075 (81)	咸安				何氏墓誌銘	丹淵集 40/2b
～　氏 吳永年妻			？—1130	吳縣				二烈婦傳	唯室集 2/8a
～　氏 周虎母			1122—1212 (91)	山陽				何氏行狀	山房集 5/16b
～　氏 陳璣妻			？—1233					何氏墓誌銘	洛水集 14/22b
～　氏 劉叔向妻			1134—1186 (53)	義烏	京	先	槊	何氏墓誌銘	龍川集 30/6b
～　氏 曹如愚母			？ (79)	金華	端禮	濱	松	何氏墓誌銘	靈巖集 8/3b

姓　名	字	號	生卒年 （年齡）	籍　貫	曾祖	祖	父	篇　名	出　處
狄　氏 王璪母			1001—1069 （69）	長沙	文蔚	希顔	棐	狄氏墓誌銘	華陽集 40/15b
～　氏 吳克禮妻			1044—1086 （43）	太原	希顔	棐	遵禮	狄氏墓誌銘	道鄉集 37/5a
阮　徽 陳造妻	德媛		1037—1120 （84）	建陽		中度	通	阮氏墓誌銘	嵩山集 20/9a
～　氏				餘杭				阮女傳	錢塘集 17/15a
～　氏 王仲初母			1168—1249 （82）	平陽			延年	阮安人墓誌 銘	後村集 154/1a

八　畫

姓　名	字	號	生卒年 （年齡）	籍　貫	曾祖	祖	父	篇　名	出　處
宗惠真 王師伋妻			1173—1256 （84）	義烏	夔	膚	行之	宗氏墓誌銘	後村集 161/5b
～　氏 吳應龍母			1143—1221 （79）	建平	藻	實	奕	宗氏安人墓 誌銘	漫塘集 29/13b
於　氏 余夔妻			？—1206	黃巖	齡	然	光時	於夫人墓誌 銘	鶴山集 80/17b
房妙光 宇文師説 妻			1124—1182 （59）	華陽	審能	希參	永	房氏墓誌銘	宋本攻媿集 115/26a 攻媿集 109/12a
武　氏 趙克己妻			1004—1075 （72）					武氏墓誌銘	長興集 27(三 沈集 5/51b)
～　氏 趙克懋妻			1019—1073 （55）					武氏墓誌銘	長興集 27(三 沈集 5/54a)
～　氏 趙仲馮妻			1051—1068 （18）	崇亮	昭遜	披		武氏墓誌銘	臨川集 100/10a

姓　名	字	號	生卒年（年齡）	籍貫	曾祖	祖	父	篇　名	出　處
青陽氏 譚篆妻				井研		泰	古	青陽夫人墓誌銘	渭南集 33/1a
林玉融 蕭宋珍妻			？ （75）	鏡江				林夫人墓誌銘	虞齋集 21/20a
～正善 陳雄妻			1163—1227 （75）	長溪			簡	林夫人墓誌銘	真西山集 45/15a
～守真 方大琮母			1157—1231 （75）	福州		雰	天明	林氏墓誌	鐵菴集 41/6a
～道静 郭堂母			1215—1293 （79）					林氏墓誌銘	四如集 4/31b
～節 劉克莊妻			1190—1228 （39）	福清	通	埏	璪	亡室墓誌銘	後村集 148/16a
～慈午 張詼妻			1186—1268 （83）				～	林氏墓誌	黃氏日鈔 97/12b
～氏 陶舜卿妻			1031—1084 （54）	群舒	保圖	特實	湜	林氏墓誌銘	長興集 30（三沈集 5/80a）
～氏 趙子縉妻			1068—1093 （26）		戀	秀	澤	林氏墓誌銘	范太史集 48/14b
～氏 施象母			1011—1082 （72）	漳南				林氏墓誌銘	演山集 34/4b
～氏 徐閡中母			1026—1109 （84）	建安			含章	林氏墓銘	姑溪集 49/3b
～氏 陳舜昂母			1011—1089 （79）				將	林氏墓誌銘	道鄉集 37/2a
～氏 董冲元母			1110—1177 （68）	四明			庇民	林宜人墓誌銘	澹庵集 24/23a
～氏 楊繽妻			1137—1181 （45）	平陽			祀	林氏墓誌銘	止齋集 47/8b
～氏 陳子益母			？ （64）					陳子益母夫人墓銘	止齋集 48/2a
～氏 陳處厚 陳處仁母			？ （86）	莆田				林氏埋銘	網山集 4/7a

姓　名	字	號	生卒年 （年齡）	籍貫	曾祖	祖	父	篇　名	出　處
～　氏 鄭朝昌妻			？—1174					鄭氏母坎誌	網山集 4/15b
～　氏 應懋之妻			1164—1205 （42）	永康			大中	林氏墓誌銘	水心集 16/15b
～　氏 任道宗妻			1146—1219 （74）	長樂				林氏行狀	勉齋集 37/22a
～　氏 劉克莊母			1161—1248 （88）	莆田	選	孝澤	窠	魏國太夫人 墓誌銘	後村集 153/1a
～　氏 劉克永妻			1203—1261 （59）	莆田		矩	傅	林氏墓誌銘	後村集 160/4a
尚　氏 周必大伯 母			1098—1152 （55）	安陽	從諫	棐	佐均	尚氏墓誌銘	益國文忠集 36/1a 益公集 36/59a
～　氏 田橡妻			1138—1195 （58）	安陽	棐	佐均	大伸	尚氏壙誌	益國文忠集 76/8a 益公集 76/80a
卓　氏 陳俊卿母			1081—1150 （71）	壺山				卓氏行狀	知稼翁集 11/6b
～　氏 王居仁妻			1172—1249 （78）	黃巖				卓氏墓誌銘	庸齋集 6/24b
芮　氏 呂祖謙繼妻			1162—1179 （18）	烏程	寧	彥輔	燁	芮氏誌	東萊集 13/3a
花　氏 趙令疇妻			1067—1093 （27）	開封			永安	花氏墓誌銘	范太史集 45/17a
易　氏 劉京妻			1099—1175 （77）	安成			翔	易氏夫人墓 誌銘	澹庵集 24/1a

姓　名	字	號	生卒年 （年齡）	籍貫	曾祖	祖	父	篇　名	出　處
金妙湛 汪擇善妻			1131—1194 （64）	休寧				金氏墓誌銘 （汪知言撰）	新安文獻 98/7b
和　氏 趙惟憲妻			992—1047 （56）			凝	嶧	徐國太夫人 墓誌銘並序	樂全集 38/19a
侍其氏 趙士儔妻			1050—1086 （37）			溥	珏	侍其氏墓誌 銘	范太史集 48/15a
周　艮 衛樸妻							南	長女壙銘	山房集 5/15b
～村娘 周綸女			1170—1182 （13）	廬陵	利建	必大	綸	村女壙誌	益國文忠集 76/8b 益公集 76/81a
～　琬 關景仁妻			1040—1065 （26）	益都		協	約	周氏墓誌銘	元豐稿 45/8a
～　氏 徐繼宏母			929—976 （48）	舒			本	周氏夫人墓 誌銘並序	徐公集 80/6a
～　氏 朱有安妻			1000—1055 （56）	餘杭				周氏夫人墓 誌銘	祠部集 35/4b
～　氏 徐晝妻			999—1047 （49）	分寧			恭先	周氏墓誌銘 並序	伐檀集/ 下/20a
～　氏 榮弋妻			？ （46）					周夫人墓誌 銘	彭城集 39/4b
～　氏 陳樞母			1011—1045 （35）	長興				周氏墓誌銘	元豐稿 46/7a
～　氏 趙世哲妻			1029—1057 （29）		景	瑩	普	周氏墓誌銘	歐陽文忠集 37/12b
～　氏 傅璟母			1006—1070 （65）	山陰				周氏夫人行 狀	陶山集 16/13a
～　氏 劉异母			1024—1088 （65）	安福	智崇	光	藻	周夫人墓誌 銘（劉定撰）	龍雲集/ 附錄1a
～　氏 張炳母			？—1105	安仁			知默	周夫人墓誌 銘	浮溪集 28/26a

姓　名	字	號	生卒年 （年齡）	籍貫	曾祖	祖	父	篇　名	出　處
～　氏 郭三益母			1040—1113 （74）				順之	周氏墓誌銘	程北山集 31/11a
～　氏 周必大姊 尚大伸妻			1120—1166 （47）	廬陵	衎	詵	利建	尚夫人墓誌	益國文忠集 36/5a 益公集 36/64a
～　氏 戚如圭母			1113—1174 （62）	金華	餘慶	旼	彥昭	周氏墓誌銘	東萊集 11/1a
～　氏 范煇母			1038—1095 （58）	萬年	緒	實	宗古	周夫人墓誌 銘	灊水集 8/12b
～　氏 陳垓妻			1180—1219 （40）	括蒼			夢祥	周氏墓誌銘	水心集 23/11b
～　氏 翟起宗母			1142—1217 （76）				逑	周氏墓誌銘	漫塘集 29/1a
～　氏 殷克其妻			1169—1221 （53）	金壇				周氏埋銘	漫塘集 32/27a
～　氏 孫貫母			1128—1169 （42）	永康			資則	周氏墓誌銘	龍川集 29/1b
～　氏 林思哲妻			1157—1238 （82）	東陽			溥	周夫人墓誌 銘	蒙齋集 18/11a
～　氏 熊大經母			1144—1229 （86）	豐城			師古	周夫人墓誌 銘	後村集 149/19b
～　氏 李端修妻			1113—1196 （84）	臨海	文寵	允平	永瞻	周氏墓誌銘 （謝深甫撰）	台州金石錄 7/17a
邵昭明			？—1016	廣陵				邵氏墓誌銘	文莊集 29/20a
～　滿 方逢辰妻			1223—1256 （34）	嚴陵			彌高	邵氏墓誌銘	蛟峰集 7/35a
～　氏 詹抃妻			？—1121	宜興	靈甫	藏	宗回	邵氏墓誌銘	毘陵集 14/5b
～　氏 時鎬母			1113—1183 （71）	金華	瓊	悦	之才	邵氏墓表	朱文公集 90/12a
～　氏 袁清卿妻			1144—1225 （82）	鄱			峙	邵氏壙誌	漫塘集 32/18b

姓　名	字	號	生卒年 (年齡)	籍　貫	曾祖	祖	父	篇　名	出　處
承　氏 葛惟明妻			967—1042 (76)	江陰			懷	葛處士夫人 墓誌銘	蔡忠惠集 34/4a
〔南唐〕 孟　氏 李昪妃			901—943 (43)			造	及	孟氏墓銘	徐公集 17/4a
～　氏 周必大母 之乳母			1078—1152 (75)	東平				孟媪葬記	益國文忠集 36/13a 益公集 36/73b

九　畫

姓　名	字	號	生卒年 (年齡)	籍　貫	曾祖	祖	父	篇　名	出　處
洪　氏 余澤妻			？—1195			若爾		洪氏孺人墓 誌銘	江湖集 35/6a
宣希真 何戀之妻			1145—1221 (77)	鄞縣	士隆		與言	宣氏墓誌銘	絜齋集 21/3b
～　氏 趙彥繩妻			1138—1202 (65)	餘姚	弼	昂	祇德	宣氏壙記	燭湖集 12/19a
施　氏 胡簿修母			1023—1076 (54)				元長	施氏墓誌銘	長興集 29(三 沈集 5/73b)
～　氏 孫庭臣妻			1055—1148 (94)	毗陵		洵	辨	施氏墓誌銘	浮溪集 28/23a
郎　氏 虞璠妻			1007—1191 (85)	寧國			侗	郎氏墓誌銘	誠齋集 131/18a
祝　氏 董絗妻			1021—1088 (68)	濟陰			正辭	祝氏墓誌銘	淨德集 27/7b

姓　名	字	號	生卒年 （年齡）	籍貫	曾祖	祖	父	篇　名	出　處
～　氏 朱熹母			1100—1169 （70）	歙縣			確	祝氏壙誌	朱文公集 94/25b 新安文獻 98/4a
～　氏 陳耆卿 嬸母			？—1209	臨海	寧	穎	興宗	祝夫人壙誌	篔窗集 8/12b
柯　氏 徐奕妻			1163—1234 （72）					柯孺人墓誌 銘	後村集 149/15b
相里氏 杜衍妻			988—1065 （78）	濟源				相里氏墓誌 銘並序	樂全集 39/54b
胡妙柔 戴伯桂母			1172—1243 （72）	徽州				戴氏母墓銘	先天集 10/6a
～淑修 李之儀妻	文柔			晉陵	𣲝	宿	宗質	胡氏文柔墓 誌銘	姑溪集 50/1a
～慧覺 魏炎母	悟貞		1116—1183 （68）	無爲			贊	胡氏行狀	東塘集 20/18a
～　懿 嚴萬全妻			？—1162	泰和			銓	女懿墓誌銘	澹庵集 25/11a
～　氏 韓琦母			968—1030 （63）	成都			覺	胡氏墓誌銘	安陽集 46/9a
～　氏 蔡祥母			1007—1067 （61）	楚			宿	胡氏墓誌銘	長興集 26 （三沈集 5/36a）
～　氏 石秀之妻			？—1093	永康	承師	則	楷	胡氏墓誌銘	錢塘集 16/31b
～　氏 錢喧妻			1015—1090 （76）	開封	濬	承師	貫	胡氏墓誌銘	范太史集 42/1a
～　氏 胡震女			（75）				震	胡氏墓誌銘	歐陽文忠集 36/4a
～　氏 趙淑豪妻			1049—1103 （55）	開封	令儀	規	潛	胡氏墓誌銘	摛文集 14/12b

姓　名	字	號	生卒年 （年齡）	籍貫	曾祖	祖	父	篇　名	出　處
～　氏 周況妻、 周成己母			1046—1102 （57）	毗陵				胡氏墓銘 胡氏墓誌銘	江蘇金石志 10/52b 浮沚集 7/10b
～　氏 呂申妻			1082—1149 （68）	崇陽		抃	師父	胡氏墓誌銘	鴻慶集 40/2b 孫尚書集 64/5b
～　氏 李尚仁妻			1094—1132 （39）	盧陵			登臣	李氏姊墓誌 銘	澹庵集 30/8a
～　氏 江惇裡妻			1077—1149 （73）	壽昌		楚材	彝	胡氏墓誌銘	香溪集 22/4a
～　氏 程叔達母 程晉之妻			1091—1165 （75）	黟	德勤	義璇	獻卿	胡氏墓誌銘	益國文忠集 36/11b 益公集 36/71b 新安文獻 98/5b
～　氏 趙方妻			1153—1230 （78）	湘潭				胡氏行狀	漫塘集 35/6a
～　氏 章浩妻			1141—1176 （36）	縉雲			權	胡氏墓誌銘	龍川集 29/3b
范普元 袁方妻			1143—1222 （80）	鄞縣	文	佺	醇	范氏墓誌銘	絜齋集 21/11b
～　遠 李復妻	寶之		1061—1117 （57）	長安	忠恕	祥	褒	范氏墓誌銘	潏水集 8/14b
～　氏 韓繹妻			1036—1067 （32）	太原			雍	范氏墓誌銘	彭城集 39/1a
～　氏 韓絳妻			1015—1067 （53）	宗城	質	旻	令孫	范氏墓誌銘	彭城集 39/2a
～　氏 趙子閔妻			1067—1089 （23）	開封	守斌	文玉	滋	范氏墓誌銘	范太史集 50/15b
～　氏 陸師閔妻			1040—1108 （69）	華亭			仲模	范氏墓誌銘	嵩山集 19/41b
～　氏 張琬妻			1042—1118 （77）	吳			仲淹	范氏墓誌銘	嵩山集 19/46b

姓　名	字	號	生卒年 （年齡）	籍貫	曾祖	祖	父	篇　名	出　　處
～　氏 周師厚妻			1031—1109 （79）	吳			仲溫	范氏墓誌銘	道鄉集 37/10b
～　氏 范仲寶妻				蜀				范孺人墓誌 銘	方舟集 17/16a
～　氏 趙嗣德母				高平				范氏墓誌銘	碧梧集 19/4b
～　氏 朱舜舉妻			1058—1099 （42）	晉陵				范氏墓誌 （林覬撰）	江蘇金石志 10/17b
符　氏 趙承遵妻				開封	彥琳	昭浦	承俊	符氏墓誌 （章得象撰）	中州冢墓文 /補 15a
俞　氏 仁宗 趙禎昭儀			1021—1064 （44）	吳越	承遜	仁祐	振	俞氏墓誌銘 並序	樂全集 38/1a
～　氏 楊昞母			1029—1100 （72）	南劍 州	英	懷選	守瓊	俞氏墓誌銘	龜山集 30/5b
～　氏 喬行簡母			1121—1195 （75）	東陽	義	咨益	嗣回	俞氏墓誌銘	宋本攻媿集 110/12a 攻媿集 103/11b
～　氏 羅汝楫妻			1102—1158 （57）	安吉	汝尚	溫父	俟	俞淑人墓誌 銘	盤洲集 77/8a
段淨才 李圖南妻			1135—1203 （69）	吉州	居簡	公輔	子沔	段夫人墓誌 銘	益國文忠集 76/7a 益公集 76/79a
～　氏 李愷妻			1072—1155 （84）	廬陵			賁	段夫人墓誌 銘	廬溪集 43/7b
～　氏 馬巖甫母			1192—1265 （74）	樂平	克明		誠中	段太夫人墓 誌	碧梧集 19/8b
皇甫氏 黃壤母			？ （81）	雙流				皇甫孺人墓 誌	方舟集 17/23a

姓　名	字	號	生卒年 （年齡）	籍貫	曾祖	祖	父	篇　名	出　處
侯　氏 程頤母			1004—1052 （49）	孟	元	昌	道濟	上谷郡家傳	二程集（伊 川）47/9a
～　氏 鄭洙母			1050—1120 （71）					侯夫人行狀	北山集 7/4b
胥　氏 歐陽修妻			1017—1033 （17）	潭州			偃	胥氏夫人墓 誌銘	歐陽文忠集 62/10a
韋　氏 張鎮妻			1168—1230 （63）	延陵		兼	世將	韋氏孺人墓 誌銘	漫塘集 31/9a
姚　氏 鄭巨中妻			1081—1121 （41）	金華			公度	王氏姚氏合 葬銘	北山集 7/1a
～　氏 余鳳母			1105—1181 （77）				安仁	姚氏墓誌	網山集 4/3b
～　氏 吳津妻			？—1190	黃巖			義	姚氏墓誌銘	宋本攻媿集 115/6b 攻媿集 108/14b
～　氏 陳昺妻			1152—1210 （59）	臨海				姚夫人墓誌 銘	水心集 25/4a
～　氏 馬治鳳妻								姚氏墓誌銘	桐江集 88/29b

十　畫

姓　名	字	號	生卒年 （年齡）	籍貫	曾祖	祖	父	篇　名	出　處
高　氏 趙槩母			964—1046 （83）	益都			肇	廣陵郡太君 墓誌銘	蘇學士集 15/8b
～　氏 陳紹孫母			？ （89）	長社			守成	高氏墓誌銘	蘇魏公集 62/4a
～　氏 張處約妻			989—1065 （77）	毗陵			禹錫	高氏墓誌銘 並序（沈括撰）	三沈集 5/37b
～　氏 趙子騫妻			1071—1093 （23）		瓊	繼和	遵武	高氏墓誌銘	范太史集 49/1a

姓 名	字	號	生卒年 （年齡）	籍 貫	曾 祖	祖	父	篇 名	出 處
～ 氏 趙士絃妻			1061—1090 （30）		繼忠	遵奭	士永	高氏墓誌銘	范太史集 52/3b
～ 氏 謝絳妻				宣城			惠運	高氏墓碣	歐陽文忠集 36/7b
～ 氏 趙世顒妻			1031—1047 （17）			瓊	繼隆	高氏墓誌銘 並序	樂全集 38/25a
～ 氏 李競妻			1018—1087 （70）	蒙城			遵望	高氏墓誌銘	道鄉集 37/1a
～ 氏 閭覲妻			1054—1130 （77）	南徐	亮	溥	仲華	高氏墓誌銘	苕溪集 50/16a
～ 氏 葉適妻			1160—1211 （52）	蒙城				高令人墓誌 銘	水心集 18/16a
～ 氏 魏了翁母			1110—1187 （78）	蒲江	晈	惟諱	永堅	高氏行狀	鶴山集 88/1a
席 氏 袁良妻			989—1064 （76）	毗陵	循	翊	佐	席氏墓誌銘	長興集 26 （三沈集 5/41a）
唐船娘 唐庚女			1115—1116 （2）	丹稜			庚	船娘銘	眉山集 11/1a
～ 氏 劉從遠妻			1066—1150 （85）	長社			禧	唐氏墓誌	松隱集 36/1a
～ 氏 王夷仲妻			1137—1214 （78）	寧海				唐氏墓誌銘	水心集 22/11b
袁妙覺 王宗卿母	亡礙		1131—1222 （92）	新昌				袁氏墓誌銘	洺水集 14/15b
～ 氏 王夷仲妻			1106—1161 （56）	溫江	昭	穆	玠	袁氏墓誌銘	方舟集 17/24a
～ 氏 林勉妻			1120—1195 （76）	鄞縣	轂	灼	埴	袁氏墓誌銘	絜齋集 21/6b
郝 氏 趙仲愈妻			1060—1081 （22）		勳	旻	惠	郝氏墓誌銘	王魏公集 8/1a

姓　名	字	號	生卒年（年齡）	籍貫	曾祖	祖	父	篇　名	出　處
桂　氏 朱世衡妻			1053—1109 （57）	貴溪	承慶	弼	舒	桂夫人墓誌銘 桂夫人墓表	溪堂集 9/13a 溪堂集 10/3a
夏　氏 趙仲珣妻			1061—1090 （30）	開封	竦	安期	伯孫	夏氏墓誌銘	范太史集 52/13b
～　氏 呂師愈妻			1129—1192 （64）	永康	恭	開	琛	夏氏墓誌銘	龍川集 30/11b
夏侯氏 許洗妻			1001—1069 （69）	臨淄			君綱	夏侯夫人墓誌銘	長興集 26 （三沈集 5/33b）
～　氏 趙令蜕妻			1067—1089 （23）		廷敏	仁訥	緬	夏侯氏墓誌銘	范太史集 52/5a
～　氏 謝絳妻			1000—1022 （23）	鉅野	浦	嶠	晟	夏侯氏墓碣	臨川集 99/1b
馬　氏 趙士歸妻			1053—1090 （38）	開封	德韜	崇正	用舟	馬氏墓誌銘	范太史集 52/9b
柴　氏 趙世表妻			1034—1091 （58）	開封	禹錫	完亮	貽憲	柴氏墓誌銘	范太史集 48/12a
～　氏 王勝妻			？　—1165	開封				柴夫人墓誌銘	鉛刀編 28/4a
畢　氏 畢從古女			1056—1073 （18）	鄭州			從古	畢氏墓誌銘	西臺集 14/17a
晁德儀 曾肇妻	文柔		1037—1062 （26）	祥符	佺	遘	宗恪	晁氏墓誌銘	曾南豐集 30/1b 元豐稿 46/11a
～　靜 葉助妻			1052—1081 （30）	鉅野				晁夫人墓誌銘	鷄肋集 65/1a

姓　名	字	號	生卒年 （年齡）	籍貫	曾祖	祖	父	篇　名	出　處
～　氏 王元繼妻			1041—1093 （53）	開封			仲衍	晁氏墓誌銘	鷄肋集 67/14a
～　氏 孫鎮妻			1120—1140 （21）	濟北	仲冬	端知	貫	晁氏墓誌銘	浮溪集 28/13a
員　氏 孫書言妻			1109—1156 （48）	三峴	安興	當侯	之	員氏墓誌銘	九華集 21/15a
時　氏 陳獻臣妻			1054—1135 （82）	安樂		廉	允	時氏墓誌銘	毘陵集 14/4a
～　氏 韓偓 韓僑母			1046—1088 （23）	汴				時氏墓誌銘 （楊信功撰） 時氏改葬記 （韓偓撰）	鄴下二編/ 46a 鄴下二編/ 46b
翁　寧 翁彥深女			1102—1116 （15）	崇安	元方	仲通	彥深	翁季女墓誌 銘	襄陵集 12/9b
～　氏 趙叔禰妻			1058—1079 （22）		通	日新	舜弼	翁氏墓誌銘	王魏公集 8/4b
～　氏 高不愚母			1035—1192 （58）	永嘉				高夫人墓誌 銘	水心集 14/2a
倪　氏 許規妻			？ （85）				弼	倪氏墓誌銘	華陽集 40/1a
～　氏 夏侯某妻				天長				倪氏傳	廣陵集 14/7b
～　氏 張宗演母								倪氏墓誌銘	碧梧集 19/7a
徐　溫 錢觀復妻	德柔		1098—1156 （59）	吳郡	真樞	模	鐸	徐氏安人墓 誌銘	茗溪集 51/11b
～　氏 吳穎妻			999—1066 （68）				泌	徐夫人墓誌 銘	清獻集 5/22b
～　氏 施昌言妻			1001—1043 （43）	静海				徐氏墓誌銘	歐陽文忠集 36/2b

姓　名	字	號	生卒年 （年齡）	籍貫	曾祖	祖	父	篇　名	出　處
～　氏 金君卿母			990—1066 （77）	浮梁				徐氏墓誌銘 徐氏墓誌銘	臨川集 99/8a 100/7b
～　氏 張文英妻			1014—1066 （53）	楊子		昌言	守約	徐氏夫人墓 誌銘	淮海集 33/5a
～　氏 劉汲、 劉湜母			1049—1100 （52）	丹稜				徐夫人墓誌 銘	眉山集 15/5a
～　氏 張揚卿母			1102—1156 （55）	瑞安				徐氏墓誌銘	朱文公集 91/25b
～　氏 王信母、 王長方妻			1108—1176 （69）	青田	新	棠	順	徐氏墓誌銘	益國文忠集 36/10a 益公集 36/69b
～　氏 俞允成母			1108—1175 （68）	吳郡				徐氏墓誌銘	鉛刀集 28/5a
～　氏 錢時母								徐氏墓	慈湖遺書 5/24a
～　氏 劉必明妻				龍游				徐氏墓誌銘	水心集 16/19a
～　氏 劉宜之妻			1115—1192 （79）	慈溪				徐氏墓誌銘	江湖集 35/4b
～　氏 衛廷諤妻			965—1038 （74）	錢塘			啓	徐氏墓誌 （李之才撰）	八瓊金石補 94/5a 中州冢墓文/ 54b
留　氏 徐虞母			1131—1200 （70）	常山	唐	永	師古	留夫人墓誌 銘	渭南集 36/13b
孫汝靜 林棟妻			1206—1263 （58）	平陽			叔惠	孫夫人墓誌 銘	虡齋集 22/13a
～芸香 周必大妾			1154—1173 （20）	錢塘				芸香葬記	益國文忠集 36/14a 益公集 36/75a

姓　名	字	號	生卒年 （年齡）	籍　貫	曾祖	祖	父	篇　名	出　處
～　氏 葛宮妻			989—1055 （67）				冕	孫氏墓誌銘	蔡忠惠集 35/4b
～　氏 趙士愫妻			1066—1091 （26）		可度	成	吉	孫氏墓誌銘	范太史集 48/9a
～　氏 趙士稷妻			1067—1087 （21）				惟道	孫氏墓誌銘	范太史集 52/5b
～　氏 喬執中母			1001—1087 （87）	淮南			護	孫氏夫人墓 誌銘	陶山集 16/6b
～　氏 邵潛妻			1031—1106 （76）	宜興			秉陽	孫氏墓誌銘	摛文集 15/4b
～　氏 韓純彥妻			1062—1118 （57）	管城			固	孫令人墓誌 銘	竹隱集 19/12b
～　氏 王之道妻			1093—1130 （38）	巢	守宗	倚	祉	孫宜人墓誌	相山集 29/1a
～　氏 胡諤妻			1063—1139 （77）	晉陵	諷	夷清	志康	孫氏墓誌銘	鴻慶集 40/7b 孫尚書集 65/3a
～　氏 何執禮妻			1054—1124 （71）	分宜				孫氏墓表	鴻慶集 41/8a 孫尚書集 55/12a， 又見 65/6b
～　氏 王鎰妻			1103—1175 （73）	石埭				孫氏墓誌銘	宋本攻媿集 109/17b 攻媿集 102/24a
～　氏 蘇璟妻			1141—1193 （53）	山陰	之文	延	綜	孫氏墓誌銘	渭南集 35/1a

十 一 畫

姓　名	字	號	生卒年 （年齡）	籍　貫	曾祖	祖	父	篇　名	出　處
淳于氏 王世昌妻				齊				淳于氏墓誌 銘	長興集 26(三 沈集)5/34b
梁妙惠 陳必妻			1069—1202 （34）	晉江			克家	梁氏葬葵山 壙誌	復齋集 21/24a

姓 名	字	號	生卒年 （年齡）	籍 貫	曾 祖	祖	父	篇 名	出 處
								梁氏改葬下 余壙誌	復齋集 21/25a
～ 氏 劉宰繼妻			1170—1219 （50）	麗水	固	汝嘉	季秘	梁氏壙銘梁 氏墓誌	漫塘集 32/26b 漫塘集 32/11a
章 氏 范浚嬬母			1075—1145 （71）	開封		發	志孟	章氏合祔誌	香溪集 22/9b
～ 氏 蓋鑄母			1140—1224 （85）	華亭	稆	祝	終	章氏行狀	後樂集 17/24a
商 氏 劉允妻			996—1069 （74）	營丘			餘慶	商氏墓誌銘 並序	長興集25(三 沈集 5/31a)
許 氏 孫淮妻			？ （72）	吳郡			式	許氏夫人墓 誌銘	長興集 27 （三沈集 5/49b）
～ 氏 沈周妻			986—1068 （83）	吳縣			仲容	許氏墓誌銘	元豐稿 45/6a
～ 氏 黃琪妻			987—1074 （88）	衡陽			勝	許夫人墓誌 銘	忠肅集 14/15a
～ 氏 張沇母				歙縣			遜	許氏墓誌銘	廣陵集 20/2a
～ 氏 黃鈞母			1009—1084 （76）	衡陽			永宗	許氏墓誌銘	宗伯集 17/10b
～ 氏 黃石母			1085—1111 （27）	政和			佽	許氏墓碣銘	朱文公集 92/28a
～ 氏 吳積中妻			1062—1124 （63）	瑞安			球	許氏壙誌	東甌金石志 6/18a
郭 氏 趙宗博妻			1030—1070 （41）	太原	暉	守文	崇仁	郭氏墓誌銘	忠肅集 14/14b
～ 氏 趙仲玘妻			1034—1087 （54）		密	守信	琮	郭氏墓誌銘	范太史集 45/11a

姓　名	字	號	生卒年 （年齡）	籍貫	曾祖	祖	父	篇　名	出　處
～　氏 趙仲寂妻			1046—1090 （45）		守信	世隆	承顏	郭氏墓誌銘	范太史集 45/12a
～　氏 趙仲夋妻			1072—1092 （21）		愷	珪	履祥	郭氏墓誌銘	范太史集 48/10b
～　氏 趙士兟妻			1065—1088 （24）	潁昌	榮	澄	瓊	郭氏墓誌銘	范太史集 51/5b
～　氏 趙令教妻			1046—1089 （44）		贄	紹昇	蕭之	郭氏墓誌銘	范太史集 50/2a
～　氏 趙令緝妻			1056—1093 （38）	開封	彥昇	遵式	昭簡	郭氏墓誌銘	范太史集 52/2b
～　氏 趙世覃妻			1025—1057 （33）		恕	遵式	昭晦	郭氏墓誌銘	歐陽文忠集 37/11a
～　氏 宋子固妻			1050—1094 （45）				敏通	郭孺人墓誌 銘	跨鰲集 29/12b
～　氏 喬仲遷妻			1095—1165 （71）	汴京	愉	元基	冲	郭氏墓誌銘	澹庵集 26/18a
～　氏 劉邦翰妻			1107—1170 （64）	常州	宗元	琢	三益	郭宜人墓誌 銘	東萊集 10/6a
～　氏 趙公碩母			1089—1164 （76）	開封			師厚	郭氏墓誌銘	南澗稿 22/17a
～　氏 曾巽妻			1135—1213 （79）	龍舒			作德	郭夫人墓誌 銘	勉齋集 38/27a
～　氏 趙公恃妻			1129—1222 （94）	河南	英	子齊	師仁	郭安人墓誌 銘	性善稿 14/3b
～　氏 關嶹妻			1169—1238 （70）	東陽				郭氏墓誌銘	蒙齋集 18/14b
～　氏 蔣鶚妻			1135—1218 （84）	臨海			筍	蔣知縣夫人 墓誌銘	筼窗集 8/11a
～　氏 王信妻			1141—1195 （55）	東陽	感	招	知常	郭氏墓誌銘 戴溪撰	括蒼金石志 6/11b
康　氏 趙允成妻			999—1065 （67）	開封	碩	廷翰	仁矩	康氏墓誌銘	郎溪集 22/1a
～　氏 趙仲瞞妻			1054—1087 （34）	開封	琪	公元	德濟	康氏墓誌銘	范太史集 49/11a

姓　名	字	號	生卒年 (年齡)	籍貫	曾祖	祖	父	篇　名	出　處
～　氏 趙世燿妻			1043—1068 (26)		碩	廷翰	遵度	康氏墓誌銘	臨川集 100/9a
黃惟淑 蔣慘妻	順師		(49)	都昌	可	武	璪	黃氏夫人墓 誌銘	昌谷集 18/13a
～德方 蕭之美妻			1126—1196 (71)	湖口		敏	良弓	黃氏墓誌銘	昌谷集 18/11a
～德純 鄭昭先妻	和卿		1157—1225 (69)	沙			頤	黃氏行狀	復齋集 23/20a
～　氏 樂泳母			(42)				慶長	黃氏墓誌銘	河南集 15/6b
～　氏 林概母			991—1067 (77)	福清				黃氏墓誌銘 黃氏夫人墓 表	元豐稿 45/3b 彭城集 36/7a
～　氏 王安石 外祖母			970—1041 (72)					黃夫人墓表	臨川集 90/16b
～　氏 曾致堯妻			953—1044 (92)	江寧				黃氏墓誌銘	臨川集 99/3a
～　氏 黃裳姊 陳某妻			1032—1100 (69)	南平				黃氏墓誌銘	演山集 34/3b
～　氏 張根妻			1063—1121 (59)	邵武		汝濟	履	黃氏墓誌銘	梁溪集 170/9b
～　氏 鄭德稱妻			1074—1151 (78)	晉安			待問	黃夫人墓誌 銘	蘆川集 10/7a
～　氏 陳衡妻			？—1191	侯官	紹	遷	仲文	黃氏墓誌銘	朱文公集 93/27b
～　氏 梁世昌妻			1141—1180 (40)	臨川			謂	黃氏墓誌銘	象山集 28/1a
～　氏 吳漸妻			1125—1188 (64)	臨川			謂	黃夫人墓誌 銘	象山集 28/6a
～　氏 陳亮母			1129—1165 (37)			琇	大圭	黃氏夫人墓 誌銘	龍川集 29/1a
～　氏 周晥妻			1133—1179 (47)	永康		琇	大圭	黃氏墓誌銘	龍川集 30/3a

姓　名	字	號	生卒年 （年齡）	籍貫	曾祖	祖	父	篇　名	出　處
～　氏 陳凱妻			1162—1237 （76）	崇仁			寅	黄氏墓碣	漁墅稿 6/4a
～　氏 陳龜朋妻			1189—1265 （77）	永福				黄夫人墓誌 銘	後村集 164/1a
～　氏 徐椿年妻			？—1243	豐城	巷	仙	昌	黄氏墓誌銘	徐文惠稿 5/9a
曹柔美 曹彦約女	如璧		1191—1220 （30）	都昌	禮	興宗	彦約	如璧葬記	昌谷集 15/12a
～柔則 曹彦約女	如範		1191—1217 （27）	都昌	禮	興宗	彦約	如範葬記	昌谷集 15/11a
～　氏 曹修古女				建安			修古	曹氏女傳	蔡忠惠集 29/6a 宋文鑑150/1b
～　氏 趙士俅妻			1054—1090 （37）	開封	玹	僅	諤	曹氏墓誌銘	范太史集 48/11a
～　氏 趙仲奮妻			1071—1089 （19）	開封	翊	同文	評	曹氏墓誌銘	范太史集 51/13a
～　氏 薛雅州妻			1099—1166 （68）	靈壽				曹氏令人墓 誌銘	方舟集 17/14a
～　氏 陳公母								曹氏坎誌	網山集 4/17b
～　氏 郭昌年母			1138—1201 （64）	東陽				曹氏墓誌銘	江湖集 35/7b
～　氏 黄淮妻				都昌	禮	興宗	彦純	曹氏墓誌銘	昌谷集 18/14b
～　氏 彭鳳繼妻			1157—1212 （56）	都昌		省	一夔	曹氏墓誌銘	昌谷集 18/16b
～　氏 汪洪妻			1099—1177 （79）	金華	隨	介	韶	曹氏墓誌銘	龍川集 30/1a
盛　氏 李君妻				汴梁				盛氏墓誌銘	臨川集 99/7b
～　氏 傅瑩側室			1007—1077 （71）	和州				盛氏夫人墓 誌銘	陶山集 16/1a

姓　名	字	號	生卒年 （年齡）	籍貫	曾祖	祖	父	篇　名	出　處
～　氏 洪懷祖妻			1113—1175 （63）	嘉禾	偕	兌	師聖	盛夫人墓誌銘	宋本攻媿集 108/3b 攻媿集 100/10b
～　氏 郭徽妻			1130—1213 （84）				得象	盛氏墓誌銘	昌谷集 20/10b
～　氏 章鑑母			1172—1241 （70）					盛宜人墓誌銘	鶴林集 35/17a
莢　氏 楊訓母			1068—1145 （78）	湘潭				莢氏墓誌銘	斐然集 26/35a
莫　氏 胡伋妻			1074—1160 （87）	餘姚				莫氏墓誌銘	苕溪集 52/1b
莊　則 王植妻			？　—1206	金華				莊夫人墓誌銘	水心集 16/3a
～　氏 孫洙母			990—1039 （50）	廣陵				莊夫人墓碣並銘	彭城集 39/5b
崔　氏 韓琦妻			？　—1062	清河	周度	汝礪	立	録夫人崔氏事迹與崔殿承請為行狀	安陽集 46/18b
～　氏 孫廣妻			？ （57）					崔夫人墓誌銘	郢溪集 22/3b
～　氏 杜儀母			？ （72）					崔氏墓誌銘	范忠宣集 12/10a
～　氏 趙宗道妻			998—1066 （69）	清河	周度	汝礪	立	崔氏墓誌 （張吉甫撰）	八瓊金石補 103/22a 芒洛冢墓文/ 下/21a
符　氏 張宗雅妻			1022—1078 （57）	陳	昭原	承祐	惟忠	符氏墓誌銘	古靈集 20/16a

姓　名	字	號	生卒年 （年齡）	籍貫	曾祖	祖	父	篇　名	出　處
～　氏 李昉妻			952—1018 （67）	真定			嗣	符氏墓誌 （祖士衡撰）	龍學集 15/15a
～　氏 陳世則妻			？ （70）	番禺			臻	符夫人墓誌	柯山集補/ 拾遺 12/14b
張正因 許鍾母			1179—1247 （69）	杭州			槩	張碩人墓誌 銘	後村集 152/17a
～幼昭 陳傅良妻	景惠		1146—1195 （50）	永嘉		燀	孝愷	張氏壙誌 張令人墓誌 銘	止齋集 50/7a 水心集 14/14b
～法善 韓元龍 繼妻			1134—1172 （39）	清曠		幾	祁	張氏墓誌銘	南澗稿 22/20a
～季蘭 胡寅妻			1108—1137 （30）	涉縣			咢	張氏墓誌銘	斐然集 26/14b
～菊花				昌樂				張行婆傳	傳家集 72/7a 司馬溫公集 67/7b
～景昭 葉元吉母			？—1218				允恭	張氏墓誌銘	慈湖遺書 5/21b
～慧清 趙徽母			1135—1223 （89）	洺州	陟	周登	潛	張孺人墓誌 銘	性善稿 14/7a
～濩 葛勝仲妻	靖姜		1074—1122 （49）	宜興			磐	張氏墓誌銘	丹陽集 14/10b
～　氏 章得象母			953—1032 （80）	建安		元吉	仁肅	張氏墓誌銘	景文集 60/19b
～　氏 韓公彦妻			1010—1063 （54）				昌	張氏墓誌銘	安陽集 48/4a
～　氏 杜訢妻			1021—1041 （21）			父節	承勗	張氏墓文	蘇學士集 15/3b
～　氏 司馬光妻			1023—1082 （60）	信都			存	敍清河郡君	傳家集 78/16a 司馬溫公集 64/13b

姓　名	字	號	生卒年 （年齡）	籍貫	曾祖	祖	父	篇　名	出　處
～　氏 趙承訓妻			994—1059 （66）		璉	炳	利用	張氏墓誌銘	公是集 52/10b
～　氏 晏成裕妻			1013—1069 （57）	河南	誼	去華	師臯	張氏墓誌銘	彭城集 39/10a
～　氏 張希元妻			1007—1064 （58）	武信 軍	德權	昉	奎	張夫人墓誌 銘	丹淵集 40/10b
～　氏 章佑妻			988—1057 （70）	建安			壠	張氏墓誌銘	元豐稿 45/15a
～　氏 晁遘妻			983—1069 （87）	鉅野				張氏墓誌銘	元豐稿 45/17b
～　氏 趙仲瑀妻			1067—1093 （27）	浚儀	堯	化基	守素	張氏墓誌銘	范太史集 45/15a
～　氏 趙士宥妻			1069—1090 （22）		永和	茂則	巽	張氏墓誌銘	范太史集 48/8b
～　氏 趙士普妻			1066—1089 （24）	開封	玉	耆	舉一	張氏墓誌銘	范太史集 49/4b
～　氏 趙仲疇妻			1059—1090 （32）	開封	延貴	宗益	修遠	張氏墓誌銘	范太史集 50/6b
～　氏 趙令講妻			1059—1086 （28）		受益	文炳	用莊	張氏墓誌銘	范太史集 50/9b
～　氏 趙令籛妻			1057—1086 （30）				道周	張氏墓誌銘	范太史集 50/10a
～　氏 楊大雅妻			996—1055 （60）	開封	嗣	平	從古	張氏墓誌銘	歐陽文忠集 36/6a
～　氏 楊大雅妻			970—1006 （37）	歷城	敏		保衡	張氏墓誌銘	歐陽文忠集 62/1a
～　氏 趙宗彥妻			1019—1042 （24）			遵	文慶	張氏墓誌銘 並序	樂全集 38/21b
～　氏 楊希元妻			1026—1061 （36）	譙	成	傳	彭	張夫人墓誌 銘	張右史集 60/10a
～　氏 褚珵妻			1014—1080 （67）				隱	張氏墓誌銘	陶山集 15/15a
～　氏 姚涝母			1021—1082 （62）	靜海	毅	臻	日新	張氏墓誌銘	龍雲集 32/6b
～　氏 王景亮妻			1025—1093 （69）	鉅野	澄	永言	璧	張氏墓誌銘	學易集 8/9b

姓　名	字	號	生卒年 （年齡）	籍貫	曾祖	祖	父	篇　名	出　處
～　氏 王溥母			1026—1094 （69）	管城	繼旻	崇雋	武仲	張氏墓誌銘	西臺集 14/9b
～　氏 王誦 王淯母	彥由		？—1096	德興				張夫人墓誌 銘	溪堂集 9/6b
～　氏 趙叔寄妻			1076—1103 （28）		宗禮	子奕	仲昌	張氏墓誌銘	摛文集 14/14a
～　氏 楊安持母			1047—1088 （42）	建昌				張氏墓誌銘	龜山集 30/2b
～　氏 胡愷妻			？—1130					張氏墓誌銘	澹庵集 30/6a
～　氏 樓弄妻			1105—1182 （78）	鄞縣			詢	張夫人墓誌 銘	宋本攻媿集 108/1a 攻媿集 100/7b
～　氏 廖天經妻			1141—1191 （51）	湘潭		大任	曄	張氏墓誌銘	誠齋集 131/11a
～　氏 俞烈母			1117—1191 （75）	臨安	景初	鉞	浹	張氏墓誌銘	水心集 14/1a
～　氏 陳子師母			1132—1189 （67）	高郵				張氏埋銘	江湖集 35/14a
～　氏 孫介妻			1122—1207 （86）	餘姚	矗	儵	日休	張氏墓銘	燭湖集/ 附下/5a
～　氏 曾發妻			？—1176	舒州	鼎臣	復貫	激	張氏墓表	南軒集 41/7a
～　氏 孫大成妻			1142—1219 （78）	京口			大用	張氏孺人墓 誌銘	漫塘集 29/3b
～　氏 范如山妻			1131—1221 （91）	鉅鹿				范大夫及夫 人張氏行狀	漫塘集 34/15b
～　氏 黃厚之妻			1147—1224 （78）	平陽			啓	張夫人墓誌 銘	浣川集 10/8a
～　氏 馬端臨母			1228—1285 （58）	婺源	盛美	昌辰	遂	魯國夫人墓 銘	碧梧集 19/11a
陸柔柔 歐陽夢桂 妾				海鹽				柔柔傳	心史/下/ 41a

姓 名	字	號	生卒年（年齡）	籍 貫	曾 祖	祖	父	篇 名	出 處
～閏娘 更名定娘 陸游女			1186—1187 （2）	山陰	佃	宰	游	陸氏女女墓銘	渭南集 33/9a
～德正 史蒙卿妻	字 適道		1250—1290 （41）	鄞縣	恕	增迪	合	陸氏墓誌銘	本堂集 92/2a
～ 氏 楊沆妻			1026—1076 （51）	越州			軫	陸氏墓誌銘	陶山集 16/4b
～ 氏 劉子翬妻			1108—1131 （24）	越州		佃	寘	陸氏孺人墓表	屏山集 9/5b
～ 氏 黄齊妻			1134—1200 （67）	吴興				陸氏墓誌銘	渭南集 37/14b
～ 氏 桑莊妻			1112—1185 （74）	山陰				陸孺人墓誌銘	渭南集 38/4a
陳池安 王碩妻			1015—1075 （61）	羅源			莊	陳氏墓誌銘	蘇魏公集 62/13a
～善堅 丘升妻			1195—1266 （72）	福清			焕	陳夫人墓誌銘	膚齋集 21/7a
～道蘊 吴漢英妻			1144—1223 （80）	金華			巖震	陳氏墓誌銘	漫塘集 31/7b
～韓匹 莊宗恕妻			1039—1122 （84）	閬中	省華	堯咨	博古	陳氏墓誌銘	嵩山集 20/19b
～ 瓌 時澐母				金華				陳氏墓誌銘	東萊集 13/8b
～體真 李潮妻	端卿		1137—1166 （30）	長樂	沔	察	致一	陳氏墓誌銘	拙齋集 18/11a
～ 氏 韓璩妻			1003—1070 （68）		從信	惟德	士元	陳氏墓誌銘	安陽集 48/2a
～ 氏 胡則妻			960—1038 （79）		晦	資	文諭	陳氏墓誌銘	范文正集 12/12b
～ 氏 畢從古繼妻			1016—1089 （74）			堯叟	師古	陳氏墓誌銘	蘇魏公集 62/9a
～ 氏 鄧立妻			1006—1087 （82）	南城			求	陳氏墓誌銘	蘇魏公集 62/11a

姓　名	字	號	生卒年 (年齡)	籍貫	曾祖	祖	父	篇　名	出　處
～　氏 賈昌朝妻			1005—1067 (63)	閬州	昭汶	省華	堯咨	陳氏墓誌銘	華陽集 40/13b
～　氏 鄭君母			989—1053 (65)	南城				陳氏墓誌銘 並序	直講集 30/9b
～　氏 李覯妻			1015—1047 (33)	南城				亡室墓誌	直講集 31/9a
～　氏 鮑當妻			983—1056 (74)	開封		明	易	陳氏墓誌銘	郎溪集 22/5b
～　氏 吕明甫妻			1046—1073 (28)	晉江			從益	陳氏墓誌銘	無爲集 14/2b
～　氏 趙世瑞妻			1048—1092 (45)	開封	堯咨	榮	知德	陳氏墓誌銘	范太史集 47/13b
～　氏 趙子明妻			1070—1092 (23)	閬州	省華	堯佐	象古	陳氏墓誌銘	范太史集 49/5a
～　氏 趙世佇妻			？—1089	開封	文顗	緩	承德	陳氏墓誌銘	范太史集 49/12b
～　氏 趙仲全妻			1028—1089 (62)		明之	易	祐之	陳氏墓誌銘	范太史集 52/8a
～　氏 余楚繼妻			？ (78)	建陽				陳夫人墓誌 銘	臨川集 99/6b
～　氏 程琳妻			992—1062 (71)	壽春	謂	誨	京	陳氏墓誌銘	臨川集 99/8b
～　氏 王逢妻			1028—1065 (38)	蘇州	質	郁	之武	陳氏墓誌銘	臨川集 100/8a 吳都續文粹/ 補遺上/41b
～　氏 徐鐸妻			1013—1087 (75)	莆陽		允	賞	陳氏墓誌銘	陶山集 15/7a
～　氏 韓璹妻			1013—1068 (56)	晉江			詰	陳氏墓誌銘	鷄肋集 64/17a
～　氏 俞備妻			1024—1083 (60)	沙陽				陳氏墓誌銘	演山集 33/11b
～　氏 朱昌年母			1040—1114 (75)	平陽				陳氏墓誌銘	浮沚集 7/20b
～　氏 許景衡妻			1075—1108 (34)					陳孺人述	橫塘集 20/5b

姓　名	字	號	生卒年 （年齡）	籍貫	曾祖	祖	父	篇　名	出　處
～　氏 汪轂妻			1039—1115 （77）	開封	贊	承道	諮	陳氏行狀	浮溪集 24/23b
～　氏 徐處仁妻			1070—1123 （54）	嚴州		逸	向	陳氏墓誌銘	浮溪集 28/20b
～　氏 胡宗古妻			？—1177	泰和			時彦	陳氏墓誌銘	澹庵集 24/19a
～　氏 鄭濬妻			1076—1143 （68）	金華			鄰臣	陳氏墓誌銘	北山集 15/10b
～　氏 仲并妻	靜琬		1115—1134 （20）	毗陵	光榮	延祐		陳氏墓銘	浮山集 4/21a
～　氏 朱伯履妻								朱氏旌表門 閭碑	湖山集/ 輯補 7b
～　氏 周誼妻			1123—1190 （68）	建陽			安世	陳氏墓誌銘	朱文公集 93/25a
～　氏 曹豢母			？—1174	長樂				曹氏母窆銘	網山集 4/17a
～　氏 游玠母			1123—1180 （58）				敏	陳氏墓誌銘	東萊集 13/8a
～　氏 朱聖言妻			1140—1202 （63）	臨川		巽	錫	陳氏墓誌	緣督集 8/9b
～　氏 趙師峨妻			1161—1196 （36）					陳夫人墓誌 銘	慈湖遺書/ 續 1/31b
～　氏 呂紹義妻			1134—1198 （65）	東陽	懿	嚴	子淵	陳氏墓誌銘	渭南集 36/3a
～　氏 林璞妻			1139—1212 （74）	平陽				陳氏墓誌銘	水心集 21/14a
～　氏			？—1121	縉雲				二列女傳	龍川集 13/12a
～　氏 商錡妻			1126—1173 （48）	義烏	裕	鏜	宗崀	陳氏墓誌銘	龍川集 29/2b
～　氏 劉大禮妻			1132—1182 （51）	金華	良直	忠	文德	陳氏墓誌銘	龍川集 20/3b
～　氏 方符母			1157—1230 （74）			繹之		陳孺人墓誌 銘	後村集 149/11b
～　氏 林公遇妻			1186—1231 （46）	福清				陳孺人墓誌 銘	後村集 151/8a

姓　名	字	號	生卒年（年齡）	籍貫	曾祖	祖	父	篇　名	出　處
～氏 吳君謀母			1163—1248（86）	水南			景溫	陳安人墓誌銘	後村集 152/8a
～氏 劉克莊外孫女			1245—1257（13）	莆田		宗院	琰	外孫淑人墓誌銘	後村集 159/4a
～氏 劉克莊側室			1208—1262（55）	莆				山甫生母墓誌銘	後村集 161/10a
～章表妻	三山			南浦				陳氏墓誌銘	楳埜集 11/2b
～氏 陳大昌母，程畎妻			1102—1163（62）	休寧			與	孺人陳氏墓誌銘（洪邁撰）	新安文獻 98/6b 洪文敏集 7/5a
～氏 周惇頤祖母								陳夫人墓表	八瓊金石補 121/9a
～氏 尹林妻			1042—1111（70）	福昌	省華	堯咨	榮古	陳氏墓誌銘（尹焞撰）	東都冢墓文/43a
陶　氏 葉觀母			1169—1228（60）	嘉興		文幹	逢	陶氏墓誌銘	漫塘集 30/16a
～氏 劉宰妻			1170—1193（24）	嘉興				陶氏壙銘	漫塘集 32/26a
巢　氏 江燁母			1145—1231（87）	都昌	自牧	勉	紹椿	巢氏墓誌銘	蒙齋集 17/14b

十　二　畫

姓　名	字	號	生卒年（年齡）	籍　貫	曾　祖	祖	父	篇　名	出　處
游　氏 湯順之妻			1028—1082（55）	南豐				游夫人墓誌銘	灌園集 20/17a
～氏 黃崇妻			1077—1132（56）	建陽	正卿	希古	儀	游氏墓誌銘	朱文公集 91/13b

姓　名	字	號	生卒年 （年齡）	籍貫	曾祖	祖	父	篇　　名	出　處
湯　氏 趙必愿妻			1182—1236 （55）	金壇	鵬舉	廷直	邦彥	湯氏宜人墓誌銘	漫塘集 30/21a
～　氏 趙時侃妻			1162—1230 （69）	金壇	鵬舉	廷佐	國彥	湯氏行狀	漫塘集 35/9b
富　氏 田況妻			1016—1087 （72）	河南	處謙	令荀	言	富氏墓誌銘	范太史集 39/1a
童尚柔 陳著妻			1216—1252 （37）	奉化			居善	童氏墓表	本堂集 90/7a
馮媛安 楊恪妻	婉正		？—1213					冢婦墓銘	慈湖遺書 5/21a
～　氏 趙惟和妻			987—1053 （67）		暉	繼業	訥	馮氏墓誌銘	歐陽文忠集 37/7a
～　氏 高廣妻			1043—1115 （73）	靖安				馮氏墓銘	石門禪 29/22b
曾慶老 曾鞏女			1059—1061 （3）	南豐	致堯	易占	鞏	二女墓誌銘	曾南豐集 30/2b 元豐稿 46/13a
～德克 王無咎妻	淑珍		1040—1108 （69）	南豐	仁旺	致堯	易占	曾氏墓誌銘 曾氏墓誌銘	元豐稿 43/2b 道鄉集 37/7a
～德慈 文天祥母			1214—1278 （65）	泰和	知和	昌權	珏	齊魏兩國夫人行實	文山集 18/2a
～德操 曾鞏妹	淑文		1044—1074 （31）	南豐	仁旺	致堯	易占	曾氏墓誌銘	曾南豐集 30/2b 元豐稿 46/13b
～德耀 曾鞏妹	淑明		1042—1061 （20）	南豐	仁旺	致堯	易占	曾氏女墓誌銘	元豐稿 46/13a

姓　名	字	號	生卒年 （年齡）	籍貫	曾祖	祖	父	篇　名	出　處
～興老 曾鞏女			1065—1066 （2）	南豐	致堯	易占	鞏	二女墓誌銘	曾南豐集 30/2b 元豐稿 46/13a
～　氏 王平妻			1000—1078 （79）	晉江		穆	會	曾氏墓誌銘	元豐稿 45/1a
～　氏 關景暉妻			1026—1057 （32）	南豐	仁旺	致堯	易占	曾氏墓表	元豐稿 46/3b
～　氏 朱軾母				南豐	仁旺	致堯		曾氏墓誌銘	元豐稿 46/8b
～　氏 吳敏妻			985—1058 （74）	南豐				曾氏墓誌銘	臨川集 100/3a
～　氏 江褒妻	季儀		1079—1113 （35）	南豐	致堯	易占	布	曾氏墓誌銘	程北山集 31/13b
～　氏 郭衡妻			1074—1125 （52）	泰和	肅			曾氏墓誌銘	樅溪集 12/7a
～　氏 胡銓母			1078—1154 （77）	盧陵				曾氏行狀	澹庵集 31/10a
～　氏 李春母			1098—1175 （78）	盧陵				曾氏墓誌銘	誠齋集 127/4a
彭　氏 趙令珣表			1064—1091 （28）	開封	睿	再問	崇一	彭氏墓誌銘	范太史集 49/11b
～　氏 陳端卿妻			？—1109	金溪				彭夫人墓誌 銘	溪堂集 9/12a
～　氏 陳虞卿妻			1067—1109 （43）	金溪	日新	賀	育	彭夫人墓誌 銘	溪堂集 9/14b
～　氏 趙叔干妻			1046—1103 （58）	開封	睿	再問	崇正	彭氏墓誌銘	摛文集 14/11b
～　氏 李汝明妻			1047—1152 （106）	盧陵	播	莊	九成	彭氏太孺人 墓誌銘	樅溪集 12/26a
～　氏 段允母			1084—1141 （58）	盧陵	齊	說	聞明	彭夫人墓誌 銘	盧溪集 44/6a
～　氏 胡釴妻			1096—1161 （66）	盧陵	爽	醇	瑞	彭夫人墓誌 銘	澹庵集 25/6a
～　氏 蕭希韓母				盧陵			伯莊	彭氏墓誌銘	誠齋集 126/1a

姓　名	字	號	生卒年 （年齡）	籍貫	曾祖	祖	父	篇　名	出　處
～　氏 楊霣妻			1094—1153 （60）	新都				彭氏墓誌銘	蓮峰集 10/12a
項　氏 陳說之妻			1193—1229 （37）	黃巖				項氏墓誌銘	漫塘集 30/19a
惠道素 袁說友妻			1143—1173 （31）	常州				惠夫人墓銘	東塘集 20/30a
辜　氏 俞充母			1017—1070 （54）					辜氏墓誌銘	華陽集 40/17b
揭　氏 徐經孫 叔母			1162—1227 （66）	豐城	宰	先民	丕	揭氏墓誌銘	徐文惠稿 5/2b
華　氏 王沖妻			990—1066 （77）	餘杭	先業	興嗣	輯	華夫人墓誌 銘	彭城集 39/7b
單　氏 余充甫妻			1041—1112 （72）	宜興				單氏夫人墓 誌銘	摛文集 15/7b
舒妙慧 毛璲祖母			1135—1212 （78）	永康				舒夫人墓誌 銘	平齋集 31/11a
～　氏 竺頔妻			1125—1189 （65）	奉化				舒氏壙誌	舒文靖集 2/1a
程曼卿 家朝南 繼母	子華		1156—1235 （80）		之元	庭		程氏墓誌銘	鶴山集 87/9a
～澶娘 程顥女			1071—1077 （7）				顥	澶娘（墓）誌	二程集（明 道）41/22a
～　氏 韓玉汝妻			1020—1068 （49）	博野	贊明	元白	琳	程氏墓誌銘	彭城集 39/9a

姓　名	字	號	生卒年 （年齡）	籍貫	曾祖	祖	父	篇　名	出　處
～　氏 蘇洵妻			1010—1057 （48）	眉山			文應	蘇主簿夫人 墓誌銘 （程夫人墓誌銘）	傳家集 78/14a 司馬溫公集 76/11b
～　氏 趙世設妻			1052—1088 （37）	河南	坦	戩	莘	程氏墓誌銘	范太史集 50/13b
～　氏 趙令話妻			1063—1091 （29）	開封	懷亮	勳	祥	程氏墓誌銘	范太史集 51/12b
～　氏 程顥女			1061—1085 （25）	河南			顥	孝女程氏 （墓）誌	二程集(伊 川)47/14a
～　氏 林師醇妻			1061—1092 （32）	晉陵	土鄉	昌言	端	程氏墓誌銘	道鄉集 37/4a
～　氏 王安母			？—1179	德興	守益	萬	械	程氏墓誌銘	東萊集 13/7a
～　氏 程泌伯姊			？—1220	休寧				吳范二姊墓 誌銘	洺水集 14/25a
～　氏 程泌仲姊			？—1230	休寧				吳范二姊墓 誌銘	洺水集 14/25a
～　氏 黃裳母			？ （67）	福唐				程孺人墓誌 銘	後村集 161/17b
～　氏 程叔清女				歙縣				記程叔清女 死節事 （羅願撰）	新安文獻 98/2b
傅　氏 向絃妻			1046—1067 （22）	考城			求	傅夫人墓誌 銘	郎溪集 21/12a
～　氏 關魯妻			993—1056 （64）	會稽			霖	傅氏墓誌銘	元豐稿 45/15b
～　氏 危拱辰之 第三男婦			996—1077 （82）					傅夫人墓誌 銘	灌園集 20/14a
～　氏 劉安止母			1041—1118 （78）	山陰	仁弼	霖	瑩	傅氏墓誌銘	苕溪集 51/7b
～　氏 郄漸妻			1097—1148 （52）	清河			璋	傅氏墓誌銘	鴻慶集 40/6b 孫尚書集 65/1b

姓　名	字	號	生卒年 （年齡）	籍　貫	曾祖	祖	父	篇　名	出　處
～氏 王自得祖母			1092—1166 （75）	義烏				傅氏墓誌銘	東萊集/外 5/4a
強氏 孫稷妻			1078—1153 （76）	晉陵		相如	恕	強氏墓誌銘	鴻慶集 40/8b 孫尚書集 65/4b
費法謙 張珫妻	海山		1117—1171 （55）	建平			樞	費夫人墓誌 銘	渭南集 32/7b
賀氏 程師孟妻			1015—1083 （69）	吳縣			做	賀氏墓誌銘	陶山集 15/9a
～氏 甯儵妻			？—1193	永新			師孟	賀氏墓誌銘	誠齋集 130/4b

十　三　畫

姓　名	字	號	生卒年 （年齡）	籍　貫	曾祖	祖	父	篇　名	出　處
楊金蟬 蘇轍保母			1010—1077 （68）	眉山				楊氏墓誌銘	蘇東坡全集 39/18b
～氏 鄒迪母			1011—1055 （45）	新淦				鄒夫人墓誌 銘並序	直講集 30/6b
～氏 許瞻妻			991—1071 （81）	濛陽				楊氏墓誌銘	丹淵集 40/8a
～氏 閻路妻			987—1065 （79）	華陽			元吉	楊氏墓誌銘	丹淵集 40/12a
～氏 韓鐸繼母			1005—1054 （50）	吳			蜕	王、城縣君 墓誌銘並序	傅家集 78/12a 司馬溫公集 75/2b
～氏 家定國母			1009—1090 （80）	眉山				楊氏墓誌銘	范太史集 41/1a
～氏 趙仲參妻			1041—1090 （50）	開封	全美	崇勳	宗識	楊氏墓誌銘	范太史集 51/15b

姓　名	字	號	生卒年 (年齡)	籍貫	曾祖	祖	父	篇　名	出　處
～　氏 趙士諫妻			1073—1090 (18)		延福	忠	永保	楊氏墓誌銘	范太史集 52/1a
～　氏 歐陽修 繼妻			1017—1034 (18)	錢塘			大雅	楊氏夫人墓 誌銘	歐陽文忠集 62/11a
～　氏 滿涇妻			1007—1067 (61)				元賓	楊氏墓誌銘	臨川集 99/2b
～　氏 陳濤母			1031—1119 (89)	將樂		思	苗	楊氏墓誌銘	龜山集 31/11a
～　氏 吳懋妻			1082—1141 (60)	武進	奉端	修	瓛	楊恭人墓誌 銘	鴻慶集 40/10a 孫尚書集 60/41a
～　氏 鞏澧妻			1127—1194 (68)	武義	瓊	彬	伸卿	楊夫人墓誌 銘 楊夫人墓表	渭南集 34/13a 水心集 14/12a
～　氏 孫貫之妻 孫昌齡母			1003—1066 (64)	無錫	元	從	霖	楊氏墓誌銘	臨川集 99/12a
～　氏 趙彥吶妻			1169—1232 (64)	昌元	說	師中	鐸	楊氏墓誌銘	鶴山集 82/12b
～　氏 馮曁母			1064—1141 (78)	普州				孺人墓誌銘 (劉儀鳳撰)	蜀文輯存 50/1b
～　氏 王某妻			？—1169					楊夫人權厝 誌	八瓊金石補 114/27a
賈　氏 韓公彥妻			926—1045 (20)				昌符	賈氏墓誌銘	安陽集 46/16a
～　氏 趙宗旦妻			1014—1048 (35)		廷璪	宗	德滋	賈氏墓誌銘	華陽集 40/8a
～　氏 趙宗訥妻			1019—1054 (36)		廷璪	宗	德滋	賈氏墓誌銘 賈氏墓誌銘	華陽集 40/9a 歐陽文忠集 37/7a
～　氏 趙仲訛妻			1057—1078 (22)		貴	習	達	賈氏墓誌銘	王魏公集 8/1b

姓　名	字	號	生卒年 （年齡）	籍貫	曾祖	祖	父	篇　名	出　處
～　氏 趙叔慈妻			1056—1105 （50）		常	德滋	世奕	賈氏墓誌銘	摛文集 14/13b
～　氏 王十朋妻			1114—1168 （55）	樂清		奭	如訥	令人壙誌	梅溪集/後 29/17a
～　氏 王景道妻			1081—1136 （56）	渭南	素	翊	昌言	賈氏墓誌銘	金石續編 17/42a
慎　氏 關彥長妻			？ （41）	陳		守禮	暉吉	慎夫人墓誌 銘	鄖溪集 22/7a
虞道永 江琦妻	無盡		1103—1182 （80）				恫	虞氏墓誌銘	朱文公集 92/12b
～麗華 陸佖妻			1044—1070 （27）	山陰			昱	虞氏夫人墓 誌銘	淮海集 33/6a
～　氏 莫子純母			1137—1213 （77）	山陰				虞夫人墓誌 銘	水心集 20/11b
葉妙慧 單夔母			1104—1185 （82）	建州				葉氏行狀	東塘集 20/22b
～純真 操明甫妻			？—1249					葉夫人墓誌 銘	秋崖稿 45/6b
～　媛 葉適女			1184—1187 （4）				適	媛女瘞銘	水心集 13/9a
～壽瑩 汪簡母			1156—1235 （80）	婺源				葉氏墓誌銘	竹坡稿 4/4a
～　氏 晁端仁妻			1034—1080 （47）	錢塘			曖	葉氏墓誌銘	雞肋集 64/20a
～　氏 章存道妻			1045—1069 （25）	仙遊				葉氏墓誌銘	演山集 34/2b
～　氏 陳某妻			1008—1078 （71）	建安				葉氏墓誌銘	灌園集 20/16a
～　氏 朱釀妻			1077—1142 （66）	麗水	緽	才冠	育	葉氏墓誌銘	筠溪集 24/10a
～　氏 莫友妻			1133—1201 （69）	慈溪	應晞	朝	廷茂	莫府君夫人 墓誌銘	燭湖集 12/15a

姓　名	字	號	生卒年 (年齡)	籍貫	曾祖	祖	父	篇　名	出　處
～　氏								葉氏節義傳 (章如愚撰)	新安文獻 98/9a
萬　氏 王十朋母			1083—1149 (67)	樂清	文會	安	男	萬氏夫人墓 誌銘	漢濱集 15/13a
～　氏 吳之才妻			1089—1166 (78)					萬氏墓誌銘	應齋雜著 4/11a
葛　氏 胡遠方妻			1039—1109 (71)	常州	廓	惟則	瑜	葛氏墓誌銘	道鄉集 37/8b
～　氏 徐安道妻			1041—1117 (73)	江陰				葛氏墓誌銘	丹陽集 14/9b
～　母 葛豐 葛謙母								葛母墓誌銘	雪坡集 50/12a
董　氏 劉蘊妻			1112—1192 (81)	西安				董氏墓誌銘	誠齋集 131/7b
～　氏 韓通妻			? (43)					董氏墓誌銘 並序 (王玭撰)	芒洛冢墓 文/下/8b
鄔　氏 汪萬頃母			?—1190	奉化				鄔太孺人墓 誌	舒文靖集 2/4a
詹　氏 毛樾妻								毛夫人墓表	水心集 25/18a
解道寧 劉黻母			1191—1274 (84)	樂清			好古	解氏墓誌	蒙川稿 4/7b
鄒妙莊 姚勉妻	美文		1230—1257 (28)	豐城			一龍	梅莊夫人墓 誌銘	雪坡集 50/7a

姓　名	字	號	生卒年 （年齡）	籍　貫	曾　祖	祖	父	篇　　名	出　　處
～　氏 華直淵妻			1021—1102 （82）	晉陵			霖	鄒氏墓誌銘	道鄉集 37/5b
～　氏 曾德賢妻			1137—1191 （55）	新塗	復	昌齡	敦禮	鄒氏墓誌銘	誠齋集 130/16b

十　四　畫

姓　名	字	號	生卒年 （年齡）	籍　貫	曾　祖	祖	父	篇　　名	出　　處
齊　氏 王洙妻			1011—1065 （55）	蒲陰		安	永清	齊氏墓誌銘	臨川集 100/5b
～　氏 閻德基 家乳母			1021—1088 （68）	蕭山				齊氏墓碣	雞肋集 66/10b
廖　氏 謝暘妻			1046—1109 （64）	順昌				廖氏墓表	高峰集 11/23b
趙必善 方大輿妻			1188—1260 （73）		仲忽	士晤	不劬	趙孺人墓誌銘	後村集 158/13b
～汝偕 陳增妻			1199—1249 （51）	晉江	士珸	不猜	善蘭	趙安人墓誌銘	後村集 154/4b
～汝議 王夢龍妻	履巽		？ （39）		士圃	不息	善臨	趙孺人墓誌銘	水心集 25/11a
～希怡 袁甫妻			1177—1235 （59）	黄巖	子英	伯淮	師淵	趙氏壙誌	蒙齋集 18/6a
～　英 毛滂妻			1062—1089 （28）	南陽	亞才	抃	屼	趙氏夫人墓誌銘	東堂集 10/12b
～悟真 范克信妻			1154—1224 （71）	東賀				趙氏行述	漫塘集 34/18b
～崇玉 羅晉伯妻			1206—1258 （53）		不敏	善時	女釭	趙孺人墓誌銘	後村集 158/9a
～善意 丘雙妻			1216—1243 （28）		仲忽	士珸	不慮	趙孺人墓誌銘	後村集 150/17b
～紫真 楊偰母			1107—1150 （44）		仲琳	士某	不侮	趙氏墓表	鴻慶集 41/1a 孫尚書集 55/1a

姓　名	字	號	生卒年 （年齡）	籍貫	曾祖	祖	父	篇　名	出　處
～道娘 趙從古女			1033—1047 （15）			惟能	從古	安國公從古 第四女 道娘石記	樂全集 38/35b
～　氏 劉延宇妻			920—1005 （86）	京兆			拯	趙氏墓碣銘	武夷新集 8/17a
～　氏 趙承慶女			1032—1034 （3）					懷州刺史殤 女墓記	元憲集 34/19a
～　氏 安沆母			994—1061 （68）	蘇州				趙夫人墓誌 銘	祠部集 35/7a
～　氏 吳長文妻			1008—1039 （32）	信都			立	趙氏墓誌銘	公是集 53/15b
～　氏 向傳範妻			？ （60）			德昭	惟吉	趙氏墓誌銘	郿溪集 21/10a
～　氏 趙世安女			？ （19）		惟忠	從恪	世安	趙縣主墓誌 銘	郿溪集 22/7a
～　氏 王苟龍妻			1019—1079 （61）	聊城	羽	韜	繼永	趙夫人墓誌 銘	忠肅集 14/16b
～　氏 田仔母			？ （79）	南陽			化成	趙氏墓誌銘	無爲集 14/5b
～　氏 神宗趙頊 女、蔡國 長公主			1085—1090 （6）			禎	曙	項	蔡國長公主 墓誌銘 蔡國長公主 追封記	范太史集 51/11a 范太史集 53/4b
～　氏 趙頊女、鄧 國長公主			1082—1085 （4）			禎	曙	項	鄧國長公主 追封記	范太史集 53/3b
～　氏 趙仲越女			1067—1087 （21）		允寧	宗諤	仲越	惠國敦孝公 第三女墓記	范太史集 53/5b
～　氏 趙士墿女			1087—1088 （2）		宗彥	仲寂	士墿	右侍禁女墓 記	范太史集 53/5b
～　氏 趙士綴女			1084—1087 （4）		宗惠	仲奚	士綴	右監門衛大 將軍女墓記	范太史集 53/6b
～　氏 趙士珥女			1090—1092 （3）		宗悌	仲微	士珥	右監門衛大 將軍女墓記	范太史集 53/7a
～　氏 趙宗漢女			1078—1089 （12）		守節	世符	宗漢	右監門衛大 將軍女墓記	范太史集 53/8a

姓　名	字	號	生卒年（年齡）	籍貫	曾祖	祖	父	篇　名	出　處
～　氏 趙仲迪女			1089—1089 （1）		允良	宗絳	仲迪	右監門率府率第三女墓記	范太史集 53/8b
～　氏 趙士襃女			1080—1093 （14）		宗鼎		士襃	右監門衛大將軍女墓記	范太史集 53/9a
～　氏 趙世雄女			1080—1089 （10）		惟忠	從藹	世雄	密州觀察使之女墓記	范太史集 53/9a
～　氏 趙令瓊女			1070—1090 （21）		從恪	世規	令瓊	右金吾衛大將軍之女墓記	范太史集 53/10a
～　氏 趙令想女			1078—1089 （12）		守節	世符	令想	右監門衛大將軍之長女墓記	范太史集 53/10a
～　氏 趙仲迪女			1089—1089 （1）		允良	宗絳	仲迪	右監門率府率之女墓記	范太史集 53/10b
～　氏 趙令想四女			1085—1088 （4）		守節	世符	令想	右監門衛大將軍之四女墓記	范太史集 53/11a
～　氏 趙個女			1084—1086 （3）		禎	曙	個	徐王第八女墓記	范太史集 53/11b
～　氏 趙令柯女			1072—1087 （16）		守約	世長	令柯	右武衛大將軍第三女墓記	范太史集 54/2b
～　氏 趙令夫女			1092—1093 （2）		守度	世宏	令夫	右武衛大將軍第十三女墓記	范太史集 54/3a
～　氏 趙令耦女			1078—1090 （13）		從藹	世綱	令耦	前皇城副使長女墓記	范太史集 54/3a
～　氏 趙仲篪女			1085—1090 （6）		允成	宗仁	仲篪	右武衛大將軍第十女墓記	范太史集 54/4b
～　氏 趙仲鋸女			1087—1088 （2）		允良	宗藺	仲鋸	右千牛衛將軍第二女墓記	范太史集 54/6a
～　氏 趙仲徟女			1090—1092 （3）		允迪	宗粹	仲徟	右監門率府率長女墓記	范太史集 54/6b

姓　名	字	號	生卒年 （年齡）	籍貫	曾祖	祖	父	篇　名	出　處
～　氏 趙令璩女			1089—1090 （2）		從讜	世程	令璩	右千牛衛將 軍第二女墓 記	范太史集 54/6b
～　氏 趙仲篤女			1078—1092 （15）		允讓	宗充	仲篤	右武衛大將 軍第四女墓 記	范太史集 54/7a
～　氏 趙仲佺女			1081—1092 （12）		允讓	宗樸	仲佺	潤州觀察使 第十一女墓 記	范太史集 54/7b
～　氏 趙仲佺女			1081—1091 （11）		允讓	宗樸	仲佺	潤州觀察使 第十二女墓 記	范太史集 54/8a
～　氏 趙令蘧女			1091—1092 （2）		守約	世靜	令蘧	英州防禦使 第八女墓記	范太史集 54/8a
～　氏 趙仲旌女			1085—1092 （8）		允升	宗彥	仲旌	右武衛將軍 第七女墓記	范太史集 54/10b
～　氏 趙士讚女			1086—1087 （2）		宗彥	仲集	士讚	右監門率府 率長女墓記	范太史集 54/11a
～　氏 趙仲集女			1088—1092 （5）		允升	宗彥	仲集	右武衛大將 軍第九女墓 記	范太史集 54/11b
～　氏 趙仲虩女			1087—1089 （3）		允升	宗彥	仲虩	右武衛大將 軍長女墓記	范太史集 54/11b
～　氏 趙宗喬女			1083—1090 （8）		元偓	允弼	宗喬	南陽郡王之 女墓記	范太史集 54/13b
～　氏 趙仲玉女			1084—1088 （5）		允升	宗悌	仲玉	昭州防禦使 女墓記	范太史集 54/14a
～　氏 仁宗趙禎 女、秦國 大長公主			1059—1067 （9）		光義	恒	禎	秦國大長公 主墓誌銘並 序	樂全集 38/3b
～　氏 仁宗趙禎 女、韓國 公主			1043—1045 （3）		光義	恒	禎	皇第八女追 封韓國公主 石記	樂全集 38/26a
～　氏 仁宗趙禎 女、鄆國 公主			1042—1043 （2）		光義	恒	禎	鄆國公主石 記	樂全集 38/27a

姓　名	字	號	生卒年 （年齡）	籍貫	曾祖	祖	父	篇　　名	出　處
～　氏 趙仲郢女			1041—1042 （2）		允言	宗說	仲郢	太子右內率 府副率仲郢 長女石記	樂全集 38/32b
～　氏 趙宗說女			1037—1047 （11）		元佐	允言	宗說	祁國公宗說 第六女石記	樂全集 38/33a
～　氏 趙宗嚴女			1039—1042 （4）		元佐	允成	宗嚴	右屯衞將軍 宗嚴第五女 石記	樂全集 38/34a
～　氏 趙宗嚴女			1041—1042 （2）		元佐	允成	宗嚴	右屯衞將軍 宗嚴第七女 石記	樂全集 38/34a
～　氏 趙允良女			1045—1046 （2）		光義	元儼	允良	華原郡王允 良第九女石 記	樂全集 38/35a
～　氏 鄭惇儒妻			1019—1084 （66）			乂	鼎	趙氏夫人墓 誌銘	陶山集 15/8b
～　氏 王元妻			1034—1063 （30）	開封		安仁	慎微	趙氏墓誌銘	鷄肋集 67/13a
～　氏 李兟妻			1035—1110 （76）	西洛			恭和	趙氏墓誌銘	樂靜集 28/13a
～　氏 趙叔蓬女			1098—1104 （7）		承操	克勛	叔蓬	內殿崇班第 三女石誌	摛文集 14/14a
～　氏 趙叔蹊女			1102—1104 （3）		承操	克勛	叔蹊	西頭供奉官 第四女石誌	摛文集 14/14b
～　氏 趙叔陟女			1104—1105 （2）		承睦	克戒	叔陟	舒州防禦使 第四女石誌	摛文集 14/14b
～　氏 趙鼎臣從姊								武氏姊傳	竹隱集 14/1a
～　氏 張即功妻			1054—1103 （50）	韋城		秘	永寧	伯姊墓誌銘	竹隱集 19/3b
～　氏 張裁妻			？ （33）	韋城		秘	永寧	季妹十六安 人墓誌銘	竹隱集 19/5b
～　氏 管鑑妻			？—1180		士顆	不迷	善良	趙氏墓誌銘	鄂州集 4/5a
～　氏 孫叔特妻			1120—1171 （52）	瑞安	岵		耆孫	趙夫人墓誌 銘	止齋集 47/2a

姓　名	字	號	生卒年 （年齡）	籍貫	曾祖	祖	父	篇　名	出　處
～　氏 袁任妻			1164—1213 （50）		仲御	士樽	不恤	趙氏壙誌	絜齋集 21/17a
～　氏 洪壽卿妻			1121—1158 （38）				士鵬	趙孺人墓銘	盤洲集 75/6a
～　氏 王孚妻			1153—1190 （38）		仲佺		不忱	趙氏墓誌銘	誠齋集 129/10b
～　氏 徐碩妻			？ （27）					趙氏墓誌銘	龍川集 29/7a
～　氏 徐庭蘭母			？—1234	富春				趙氏墓誌銘	鐵菴集 41/16a
～　氏 郝肆妻			1091—1116 （26）	河南	克常	叔邑	述之	趙氏墓誌銘	芒洛四編 6/47a
綦　氏 仇車妻			1121—1140 （20）	北海				亡第二女埋 銘記	北海集 36/10b
臧　氏 姚天迪字 栗忱妻			1072—1110 （39）	山陰				臧氏墓誌銘	道鄉集 37/10a
～　氏 丘經妻			1101—1187 （87）	江陰				臧氏墓誌銘	水心集 13/11b
裴　氏 劉潏繼妻			1096—1176 （80）	祥符			珪	斐夫人墓誌 銘	誠齋集 127/2b
蒲　氏 蘇不欺妻			？ （68）	閬中	穎士	伸	師道	蒲氏墓誌銘	净德集 27/8b
聞人氏 趙師龍妻			1142—1201 （60）	餘姚	修	嘉謀	穎達	聞人氏壙記	燭湖集 12/18a
管　氏 李孟珍母			1004—1175 （72）	龍泉	大忠	師醇	時可	管氏墓誌銘	朱文公集 92/8a

姓　名	字	號	生卒年 （年齡）	籍　貫	曾祖	祖	父	篇　名	出　處
熊　氏 劉子羽妻			1095—1130 （36）	建陽			安行	陸氏孺人墓表	屏山集 9/5b
～　氏 吳某妻			1123—1193 （71）	樂安				熊氏墓誌銘	江湖集 35/15a
翟　氏 趙士㧑妻			1071—1089 （19）	開封	藏之	儀	元衡	翟氏墓誌銘	范太史集 48/2a
～　氏 趙士隆妻			1078—1093 （16）	開封	藏之	儀	元弼	翟氏墓誌銘	范太史集 49/8a
～　氏 沈扶妻			1010—1066 （57）	金鄉	令圖	守序	希言	翟氏墓誌銘 並序	臨川集 100/4b

十　五　畫

姓　名	字	號	生卒年 （年齡）	籍　貫	曾祖	祖	父	篇　名	出　處
潘妙静 蔣如晦妻			1147—1219 （73）	四明			致祥	潘氏墓誌銘	絜齋集 21/1a
～　氏 趙令超妻			1046—1069 （24）	美	惟熙	仁矩		潘氏墓誌銘	傳家集78/18b 司馬溫公 集78/2b
～　氏 湯烈 湯照母			1092—1164 （73）	金華			亮	潘夫人墓誌銘	東萊集 10/1a
～　氏 薛元泳母			？—1214					薛翁媪墓銘	漫塘集 28/6b
～　氏 方天驥妻			1196—1270 （75）					潘氏墓銘	蛟峰集 7/35b
～　氏 湯誐母			1144—1231 （88）	括蒼	廌	特竦	曾	潘氏納壙誌 （湯誐撰）	括蒼金石志 7/28b
鄭仙姑				歙州			八郎	歙州鄭姑事 （蘇轍撰）	新安文獻 100下/1a
～如玉 張友仁妻	德潤		1146—1221 （76）	上饒	積中	驥預	可久	鄭孺人墓誌銘	克齋集 12/14a
～妙静 周君錫妻			1213—1243 （31）	吳縣			贇	鄭孺人墓誌 （周君錫撰）	江蘇金石志 17/17a

姓　名	字	號	生卒年 （年齡）	籍貫	曾祖	祖	父	篇　名	出　處
～和悟 李珏母			1136—1219 （84）	閩	中節	正倫	昺	鄭氏行狀	絜齋集 16/16a
～信陵 	仙儀		981—1045 （65）	定平	纓	彥華	文寶	鄭氏墓誌銘	文恭集 38/12a
～懿柔 陳珽母			1178—1228 （51）				元樞	鄭氏墓誌銘	後村集 148/13b
～　氏 蘇舜欽妻			？—1035	滎陽			希甫	鄭氏墓誌銘	蘇學士集 14/6b
～　氏 李覯母			983—1051 （69）	南城				先夫人墓誌	直講集 31/7a
～　氏 趙令詷妻			1066—1087 （22）					鄭氏墓誌銘	范太史集 48/2b
～　氏 趙令音妻			1061—1089 （29）	開封	守忠	惟懿	佐	鄭氏墓誌銘	范太史集 52/4b
～　氏 趙世智妻			1036—1054 （19）		誠	崇勳	從範	鄭氏墓誌銘	歐陽文忠集 37/11b
～　氏 歐陽修母			981—1052 （72）					鄭夫人石槨 銘	歐陽文忠集 62/10a
～　氏 趙田之妻			1070—1104 （35）	開封	守忠	惟懿	价	鄭氏墓誌銘	摛文集 14/13a
～　氏 楊應夢妻			1097—1127 （31）	婺州				楊氏娣墓石 書丹	北山集 7/3b
～　氏 何先妻			1060—1129 （70）	金華				何氏考妣墓 表	北山集 15/8a
～　氏 林詢母			1096—1181 （86）	莆田				鄭氏墓誌銘	網山集 4/9a
～　氏 孫祖善妻			1098—1157 （60）	建德		舁	續	鄭宜人墓誌 銘	盤洲集 75/7b
～　氏 李寬母			（75）	徐州	僅			鄭氏墓誌銘	水心集 21/2b
～　氏 方大琮 祖母			1124—1202 （79）		倩		彥輔	鄭氏壙誌	鐵菴集 41/1a
～　氏 李洵直妻			1061—1119 （59）	濛陽	積	行簡	槭	鄭氏墓誌銘 （任忠厚撰）	蜀文輯存 40/8a

姓　名	字	號	生卒年 （年齡）	籍貫	曾祖	祖	父	篇　名	出　處
樓　氏 石文妻	靚之		1137—1200 （64）	鄞縣	常	异	琚	樓夫人墓誌銘	宋本攻媿集 112/17b 攻媿集 105/16b
～　氏 趙汝鐸妻			？—1216	四明			鍔	趙孺人墓銘	水心集 22/3a
～　氏 黃子野妻			？—1189	義烏			若虛	樓氏墓誌銘	龍川集 30/13a
歐陽氏 王邦乂妻			1127—1176 （50）	林平	懷	銳	斌	歐陽氏墓誌銘	誠齋集 127/7b
慕容氏 趙從藹妻			998—1053 （56）		章	延劍	德正	慕容氏墓誌銘	歐陽文忠集 37/9a
～　氏 趙仲謇妻			1034—1058 （25）		隱	興	守恩	慕容氏墓誌銘	歐陽文忠集 37/12a
～　氏 趙望之妻			1078—1142 （65）	河南	延劍		彥義	慕容氏墓誌銘	建康集 8/13a
蔡　氏 徐某妻			1037—1075 （39）	山陽			中正	蔡氏夫人行狀	淮海集 36/8b
～　氏 樊滋妻			1080—1134 （55）	西安	仲謀	元康	邦直	蔡氏墓誌銘	丹陽集 14/8b
～　氏				湖州				蔡媼傳	拙軒集 6/4a
～　氏 童君昵母			？ （79）	彭州				蔡氏母墓誌	方舟集 17/25b
～　氏 王萬樞妻			1154—1223 （70）	望亭	袞	覬	楀	蔡氏行狀	漫塘集 34/10a
								蔡氏墓誌銘	真西山集 45/27a
蔚　氏 趙仲謙妻			1038—1087 （50）		興	昭敏	保用	蔚氏墓誌銘	范太史集 45/13a

姓　名	字	號	生卒年 （年齡）	籍貫	曾祖	祖	父	篇　名	出　處
蔣季荃 李修己 繼妻			1169—1235 （67）	興安	熙	允澤	礪	蔣恭人墓誌銘	鶴山集 87/12a
～　氏 錢冶妻			985—1054 （70）	宜興				蔣氏墓誌銘	臨川集 99/6a
～　氏 陳積中妻			1006—1080 （75）	金壇			郢	蔣氏夫人墓誌銘	陶山集 16/5b
～　氏 王彦成母			1044—1115 （72）	全椒	誠	咸	守玉	蔣氏夫人墓誌銘	襄陵集 12/11a
～　氏 丁昌期妻			1039—1102 （64）	永嘉郡			宇	蔣氏墓誌銘	橫塘集 20/3a
～　氏 樓鑰妻			1117—1202 （86）	鄞縣	侃	浚明	琰	蔣氏墓誌銘	宋本攻媿 集 112/13a 攻媿集 105/12b
～處定 臧夢祥母	常一		1157—1225 （69）	鄞縣	俊明	璿	柏	蔣氏墓誌銘	慈湖遺書/ 續 1/27a
〔隋〕 ～　氏 鍾騫妻				臨賀				蔣列女碑記 （王端禮撰）	粵西金石畧 4/15a
樊　氏 王英臣妻			1123—1206 （84）	廬陵	佐	仲文	才	樊氏墓誌銘	渭南集 38/19b
黎　氏 唐庚侍女				楊越				黎氏權厝銘	眉山集 11/1b
～道素 王表民母			？—1201	華陽	上行	朝彦	纁	黎氏墓誌銘	鶴山集 70/5b
樂　氏 陳見素妻			989—1063 （75）	河南	璋	史	黃裳	樂氏墓誌銘	臨川集 99/9b
衞安娘 衞涇女			1197—1208 （12）				涇	安娘壙銘	後樂集 18/26a

姓　名	字	號	生卒年 （年齡）	籍貫	曾祖	祖	父	篇　　名	出　處
劉善敬 鮑瀟妻			1149—1212 （64）	永嘉		安上	誥	劉夫人墓誌銘	水心集 17/18a
～　氏 徐鉉岳母			910—958 （49）	彭城				劉氏墓銘	徐公集 17/7a
～　氏 吳幾復 祖母			？—1019	單父				劉氏墓誌銘	傳家集 78/13a 司馬溫公集 75/9a
～　氏 許平施妻			1025—1072 （48）	陽安			琚	劉氏墓誌銘	丹淵集 40/5a
～　氏 趙令振妻			1067—1087 （21）	開封	懷懿	用可	漢卿	劉氏墓誌銘	范太史集 46/7b
～　氏 趙仲軾妻			1069—1090 （22）	開封	仁罕	謙	懷安	劉氏墓誌銘	范太史集 47/15a
～　氏 趙士洞妻			1071—1089 （19）		永崇	允濟	仲達	劉氏墓誌銘	范太史集 48/14a
～　氏 趙士薦妻			1060—1088 （29）	開封	知信	承嗣	永壽	劉氏墓誌銘	范太史集 49/16b
～　氏 王贄妻			—1067	盧陵				劉氏墓誌銘	臨川集 100/6b
～　氏 蘇舜元妻			1005—1085 （81）	開封	嚴	惟吉	達	劉夫人墓誌 銘	蘇東坡全集/ 續 12/47b
～　氏 魏衍母			1034—1099 （66）					劉氏墓銘	後山集 20/7b
～　氏 江懋相 繼母			1038—1106 （69）				敬	劉氏墓誌銘	嵩山集 19/33b
～　氏 周池妻			？—1121	懷安	仲甫	若思	彝	劉氏墓誌銘	梁溪集 170/2a
～　氏 楊宗閔妻			1067—1129 （63）	開封		斌	居易	劉氏墓碑	苕溪集 48/10b
～　氏 胡銓妻			1105—1158 （54）	贛	揆	景	敏才	劉氏墓誌銘	盧溪集 42/6b
～　氏 王庭珪妻			1078—1143 （66）	盧陵			瑗	劉氏二婦墓 誌銘	盧溪集 46/7b
～　氏 王庭璋妻			1086—1144 （59）	盧陵			成制	劉氏二婦墓 誌銘	盧溪集 46/7b

姓 名	字	號	生卒年 （年齡）	籍貫	曾祖	祖	父	篇 名	出 處
～ 氏 何及妻			1041—1117 （77）	建安				劉氏墓誌銘	鴻慶集 40/3b 孫尚書集 65/8a
～ 氏 韓琥妻			1084—1157 （74）	壽春		應誠	鵬	劉氏墓誌銘	鴻慶集 40/4b 孫尚書集 64/7a
～ 氏 曾光庭妻			1079—1171 （93）	新淦	德誠·	如新	義	劉氏墓誌銘	益國文忠集 36/8a 益公集 36/67b
～ 氏 鐘岳秀母			1143—1201 （59）	盧陵				劉夫人墓誌 銘	緣督集 8/8a
～ 氏 曾正臣妻			1120—1170 （51）	永新	沇	琯	伾	劉氏墓誌銘	誠齋集 126/4b
～ 氏 胡著妻			1113—1198 （86）	太和			獮	劉氏墓誌銘	誠齋集 131/1a
～ 氏 彭雲翼妻			？ —1199	安福			彥純	劉氏墓銘	誠齋集 131/3b
～ 氏 朱邦衡妻			？ （59）	安福			文蘊	劉氏墓銘	誠齋集 132/5a
～ 氏 劉克莊 仲妹			1191—1248 （58）	莆田	炳	夙	彌正	仲妹墓誌銘	後村集 157/2b
～ 氏 朱植母			1189—1263 （75）	盧陵	皐	文正	先朝	劉安人墓誌 銘	後村集 161/12a
～ 氏 劉黻姑母			1208—1270 （63）	樂成	安仁	大年	康民	劉氏墓誌	蒙川稿 4/8b
～孟温 趙必鎣母			1204—1269 （66）	武川	墉	續	琮	劉夫人墓誌 銘	膚齋集 21/12b
～ 氏 王炎午母			1218—1303 （86）	安福	彥直	君德	淑行	劉氏孺人事 狀	吾汶稿 9/14a
～ 氏 韓某妻			1051—1113 （63）	博野				劉氏墓誌銘 （韓治撰）	鄩下二編/ 47a
～ 氏 趙仲佽妻			1041—1079 （39）	開封	延翰	贊明	永正	劉氏墓誌銘 （章惇撰）	東都冢墓 文/35b

姓　名	字	號	生卒年 （年齡）	籍　貫	曾祖	祖	父	篇　　名	出　處
鄧　氏 陳仝始妻			1063—1093 （31）	沙縣			硎	鄧夫人墓誌	龍雲集 31/8a
～　氏 程俱母			？—1123	建昌		立	潤甫	先妣遷奉墓 誌	程北山集 31/1a

十　六　畫

姓　名	字	號	生卒年 （年齡）	籍　貫	曾祖	祖	父	篇　　名	出　處
龍　氏 譚思順母			1085—1163	茶陵				龍氏墓誌銘	澹庵集 25/20a
霍　氏 竇從謙妻			1163—1207 （45）	常州			瀛	霍氏墓誌銘	漫塘集 28/4a
～　氏 李伯玉母			？—1240					霍氏墓誌銘	鐵菴集 41/18a
駱　氏 張嵲母			1056—1132 （77）	陰城			寧	先夫人歸祔 誌	紫微集 35/13a
盧　氏 趙克常妻			1027—1055 （29）		贇	亮	炳	盧氏墓誌銘	公是集 52/14a
～　氏 蔡琇妻			975—1066 （92）	惠安				盧氏墓誌銘	歐陽文忠集 36/10a
～　氏 楊文敏母			979—1035 （57）	單父			之翰	盧氏墓誌銘	歐陽文忠集 61/13b
～　氏 黃隱母			1016—1097 （82）	興化			建隆	盧氏墓銘	後山集 20/6a
～　氏 章徽之妻								盧氏坎誌	網山集 4/18a
～　氏 徐人傑妻			1116—1179 （64）	衢	襃	元達	輕	盧氏墓誌銘	南澗稿 22/28a
閻　氏 晁端本妻			1039—1103 （65）	鉅野			德基	閻氏墓誌銘	雞肋集 68/11a

姓　名	字	號	生卒年 （年齡）	籍貫	曾祖	祖	父	篇　名	出　處
錢　氏 趙世昌妻			？—1041	彭城	延正	守榮	允德	錢氏墓誌銘	景文集 60/16b
～　氏 張公翊妻			1030—1081 （52）	錢塘	倧	易	彥遠	錢氏墓誌銘	蘇魏公集 62/6b
～　氏 劉凝之妻			1004—1076 （73）	錢塘	湛	昭晟	穆	錢氏墓誌銘	元豐稿 45/2b 三劉家 集/101a
～　氏 潘興嗣妻			1026—1072 （47）	錢塘				錢夫人墓誌 銘	無爲集 14/7a
～　氏 李兌妻			1002—1084 （83）	陳	師紹	承德	秀	錢氏墓誌銘	范太史集 38/12a
～　氏 趙令悼妻			1073—1089 （17）		惟演	晦	景祥	錢氏墓誌銘	范太史集 48/3a
～　氏 趙世準妻			1030—1057 （28）	餘杭	俶	惟渲	象興	錢氏墓誌銘	歐陽文忠集 37/10b
～　氏 鄭絳妻			1068—1126 （59）	吳	喆	中孚	承	錢氏墓誌銘	程北山集 32/3a
～　氏 沈巽之妻			1078—1142 （65）	烏程	文友	宗澤	詠	錢氏墓誌銘	苕溪集 50/2a
～　氏 勾龍樑妻			1094—1160 （67）	資州				錢氏太孺人 墓誌銘	方舟集 17/20b
～　氏 劉祐妻			1112—1191 （80）	臨海				錢氏墓誌銘	水心集 23/14a
穆　氏 柳開叔母			918—989 （72）					穆夫人墓誌 銘並序	河東集 14/6a
～　氏 吳磐妻			？—1095	廣陵	彥璋	琪	之武	穆氏墓誌銘	鷄肋集 65/2b
～　氏 蘇茂母			？—1163	彭州				穆氏墓誌銘	方舟集 17/13a
鮑　氏 侯正臣妻			1024—1092 （69）	永嘉			軻	鮑氏夫人墓 誌銘	陶山集 16/2a
～　氏 張昭式妻			1036—1086 （51）	開封			從周	鮑氏墓誌銘	陶山集 16/3b

十 七 畫

姓 名	字	號	生卒年 （年齡）	籍 貫	曾 祖	祖	父	篇 名	出 處
謝 氏 王安石 祖母			964—1053 （90）					謝氏墓誌銘 謝氏墓銘	元豐稿 45/8b 曾南豐集 29/5a
～ 氏 梅堯臣妻			1008—1044 （37）	富陽			濤	謝氏墓誌銘	歐陽文忠集 36/1a
～ 氏 譚文初妻			1050—1078 （29）	汝陰	泌	衍	立	謝夫人墓表	西塘集 4/2a
～ 氏 石知彰母			1076—1138 （63）					外姑墓誌銘	北山集 15/3a
戴道慧 楊嗣參妻			1192—1233 （42）	黃巖	謙	秉信	時	戴氏壙誌 （楊嗣參撰）	台州金石錄 9/26a
～ 氏 朱某妻			988—1064 （77）	高郵			奎	戴氏墓誌銘	元豐稿 46/5b
～ 氏 許振叔妻			1076—1119 （44）	無錫			通	戴氏墓誌銘	程北山集 32/1a
～ 氏 史彌大 乳母			1108—1186 （79）	鄞縣				戴氏墓誌銘	橘洲集 10/8b
～ 氏 袁文妻			1121—1192 （72）	鄞縣			冕	戴氏壙誌	絜齋集 21/9a
～ 氏 丁世雄妻			1154—1200 （47）	黃巖				戴夫人墓誌 銘	水心集 17/15a
～ 氏 高公亮妻			1161—1205 （45）	衢州			樸	戴夫人墓誌 銘 戴夫人壙誌	燭湖集 12/13a 燭湖集 12/20b
韓 氏 韓琦姪 孫女				安陽	國華	球	公彥	三姪孫女墓 記	安陽集 46/26a
～ 氏 呂祖謙妻			？ （27）				元吉	祔韓氏誌	東萊集 10/5a

姓 名	字	號	生卒年（年齡）	籍 貫	曾 祖	祖	父	篇 名	出 處
～ 氏 陳傅良叔祖母				永嘉				韓氏墓銘	止齋集 47/5a
薛 氏 段禮賓母			972—1014 (43)					薛氏墓誌銘	元豐稿 45/14a
～ 氏 歐陽修妻			1017—1089 (73)	正平			奎	薛氏墓誌銘	欒城集 25/6a
～ 氏 高公軒母			1062—1145 (84)	絳州	奎	仲儒		薛氏墓誌銘	樞溪集 12/20a
～ 氏 楊某妻			1071—1131 (61)	嘉州				薛氏墓誌銘	方舟集 17/18b
～ 氏 胡序妻			1129—1208 (80)	永嘉			徽言	薛氏墓誌銘	水心集 15/20b
～ 氏 方大鏞妻			1199—1255 (57)			元鼎		薛氏墓誌銘	後村集 157/5a
鍾妙清 阮自勵妻			1173—1229 (57)	臨安				鍾孺人墓誌銘	平齋集 31/9a

十 八 畫

姓 名	字	號	生卒年（年齡）	籍 貫	曾 祖	祖	父	篇 名	出 處
聶柔中 陳俊卿子婦			1173—1251 (79)	晉江	崇	裕	遜	聶令人墓誌銘	後村集 154/3a
～ 氏 黃陟岳母			981—1054 (74)					聶氏墓誌銘並序	直講集 31/1a
～ 氏 韓宗道妻								聶夫人墓誌銘	彭城集 39/11a
～ 氏 郝戩妻			1015—1093 (79)	陳	遵美	詠	震	聶氏墓誌銘	范太史集 43/9b
～ 氏 陳俊卿妻			1120—1200 (81)	晉江			裕	聶氏行述	復齋集 23/23a
蕭 氏 廖竦妻			1043—1120 (78)	甌寧			勝	蕭氏墓誌銘	高峰集 11/25b

姓 名	字	號	生卒年（年齡）	籍貫	曾祖	祖	父	篇 名	出 處
～ 氏 王季安妻			1018—1104 (87)	西昌			桂	蕭氏墓誌銘	誠齋集 129/9a
～ 氏 羅士友妻			1198—1273 (76)	吉水	琢	曾	異	羅母墓誌銘	文山集 11/22a
魏端意 魏了翁 姪女	廣		1208—1234 (27)	蒲江		南壽	景翁	姪女端意墓 誌銘	鶴山集 83/5b
～ 氏 趙守節妻			1003—1059 (57)	任城	仁浦	咸美	昭吉	魏氏墓誌銘	華陽集 40/4a
～ 氏 張沔妻			992—1064 (73)	新安			羽	魏氏墓誌銘	西溪集 10(三 沈集 3/54a)
～ 氏 費文妻			995—1074 (80)	晉		淵	昭迺	魏氏墓誌銘	淨德集 27/2a
～ 氏 趙士穰妻			1070—1093 (24)		杲	處約	孝祥	魏氏墓誌銘	范太史集 46/2b
～ 氏 趙仲甫妻			1024—1044 (21)		仁浦	咸熙	昭文	魏氏墓誌銘 並序	樂全集 38/24a
～ 氏 沈迥、 沈遵母			987—1050 (64)	常州			居中	魏氏墓誌銘	臨川集 99/10b

十 九 畫

姓 名	字	號	生卒年（年齡）	籍貫	曾祖	祖	父	篇 名	出 處
譚幼玉 程灝妻			1213—1258 (46)	新建		遵	畝	譚氏孺人墓 誌銘	雪坡集 50/1a
龐 氏 陳師道母			1019—1095 (77)	成武	文進	格	籍	龐氏墓誌銘 先夫人行狀	雞肋集 64/18b 後山集 20/14b
～ 陳 氏 陳孝常妻			1026—1102 (77)	東平		高	大同	龐氏墓誌銘	學易集 8/13b
～ 氏 李大年母			1092—1168 (77)					龐氏母墓誌 銘	方舟集 17/10a

姓　名	字	號	生卒年 (年齡)	籍貫	曾祖	祖	父	篇　　名	出　處
羅　氏 陳偁母			(83)	沙縣				羅氏墓誌銘	臨川集 100/1b
～　氏 李寧妻			1036—1088 (53)	開封			易直	羅氏墓誌銘	鷄肋集 66/8b
～　氏 張士佺母			？—1118	沙縣				令人羅氏墓 表	朱文公集 90/15a
邊　氏 孫沔妻			1017—1081 (65)	楚邱		肅	調	邊氏墓誌銘	陶山集 16/7b
～　氏 陸珪妻			1025—1093 (69)	楚邱		肅	調	邊氏夫人行 狀	陶山集 16/14b
～　氏 袁燮妻			？—1203	鄞縣	日章	用和	友益	夫人邊氏壙 誌	絜齋集 21/15a

二　十　畫

姓　名	字	號	生卒年 (年齡)	籍貫	曾祖	祖	父	篇　　名	出　處
竇　氏 陳旭母			983—1070 (88)	安陽				竇氏墓誌銘	古靈集 20/20b
蘭　氏 木彥國母			1031—1101 (71)	開封			宗道	蘭氏墓誌銘	樂静集 29/19a
蘇　氏 張挺卿妻			1031—1072 (42)				紳	蘇氏墓誌銘	蘇魏公集 62/5b
～　氏 王東美妻			1027—1101 (75)	眉山				王夫人墓誌 銘	欒城集/後 24/3a
～　氏 曾悟母			1072—1147 (76)	眉山				伯母事述	雲莊集 5/24a
～　氏 趙揚妻			？—1097	武功			安世	蘇氏墓誌銘 並序 (劉次莊撰)	金石萃編 141/20b 江蘇金石志 10/7b

姓　名	字	號	生卒年 （年齡）	籍貫	曾祖	祖	父	篇　名	出　處
嚴　氏 張虞卿 繼妻			1047—1093 （47）	毘陵			士元	嚴氏墓誌銘	道鄉集 37/3a
～　氏 張次元 繼妻			1039—1110 （72）	姑蘇	諫	穎	孟堅	嚴氏墓誌銘	道鄉集 37/12a
闕　氏 杜子民母			1010—1086 （77）	開封				闕氏墓誌銘	雞肋集 66/10a

二十一畫

姓　名	字	號	生卒年 （年齡）	籍貫	曾祖	祖	父	篇　名	出　處
顧静華 趙庚夫妻		雪觀 居士	1186—1238 （53）	莆田			杞	雪觀居士墓 誌銘	後村集 156/1a
～　氏 蔣重珍母			1146—1224 （79）	毗陵				顧夫人墓誌 銘	鶴山集 73/3a
～　氏 方大琮 伯母			1153—1213 （61）	莆田				顧氏壙誌	鐵菴集 41/2b
～　氏 林美中妻			1143—1229 （87）	莆田		時亨	師顏	顧安人墓誌 銘	後村集 149/8a

二十二畫

姓　名	字	號	生卒年 （年齡）	籍貫	曾祖	祖	父	篇　名	出　處
龔　氏 趙訢之妻			1080—1106 （27）		世昌	意	咸	龔氏墓誌銘	摛文集 14/11a
～　氏 譚世勣母			1052—1119 （68）	湘潭			用罔	龔氏夫人墓 誌銘	襄陵集 12/12b
～　氏 吳察母			1085—1158 （74）	義烏	文政	待	諤	龔夫人墓誌 銘	橫浦集 20/17b

四、釋道

二　畫

姓　名	字	號	生卒年（年齡）	籍貫	曾祖	祖	父	篇　名	出　處
了　一 俗姓徐		照堂	1092—1155 (64)	奉化				照堂一公塔銘	鴻慶集 32/11b 孫尚書集 52/7a

三　畫

姓　名	字	號	生卒年（年齡）	籍貫	曾祖	祖	父	篇　名	出　處
子　宜			1084—1140 (57)					子宜塔記	八瓊金石補 112/32b
～　猷 俗姓陳	脩仲	笑雲老人 壯刹 大慧禪師	1121—1189 (69)	山陰				猷公塔銘	渭南集 40/5a

四　畫

姓　名	字	號	生卒年（年齡）	籍貫	曾祖	祖	父	篇　名	出　處
文　尒 俗姓李			1103—1166 (64)	長溪				尒禪師塔銘	益國文忠集 40/6a 益公集 40/135b
～　政 俗姓令狐	慈應大師		1045—1113 (69)	須城				慈應大師政公之碑	學易集 6/21a
～　準 俗姓梁			1061—1115 (55)	唐固				準禪師行狀	石門禪 30/6a
王紹宗			1074—1158 (85)	龍遊				王老僧塔銘	蓮峰集 10/16a
〔唐〕 ～棲霞	玄隱	玄博大師 貞素先生	891—952 (62)					貞素先生王君之碑	徐公集 12/8b

姓　名	字	號	生卒年（年齡）	籍貫	曾祖	祖	父	篇　名	出　處
元　净 俗姓徐	無象	、 辯才	1011—1091 （81）					辯才法師塔碑録龍井辯才事	欒城集/後 24/5a 淮海集/後 6/4a
～　智 俗姓薛		愚谷 佛慧	1196—1266 （71）	長溪				愚谷佛慧禪師塔銘	虙齋集 21/17a
～　聰 俗姓朱	蒙叟	蒙菴 佛智 禪師	1119—1209 （93）	長樂				徑山蒙菴佛智禪師塔銘	後樂集 18/26b
中　立 俗姓陳		明智 法師	1046—1114 （69）	鄞縣			榮	明智法師碑銘	嵩山集 20/27b
仁　節 俗姓張		靈慧 大師		高平				靈慧大師傳	樂靜集 7/1a
介　清 俗姓王		龍源 佛海	？ （63）	長溪		一夔	良輔	龍源禪師塔銘	牟陵陽集 24/13b
允　憲 俗姓劉		同菴 法師	1179—1247 （69）	暨陽				同菴法師塔銘	虙齋集 21/18b

五　畫

姓　名	字	號	生卒年（年齡）	籍貫	曾祖	祖	父	篇　名	出　處
永　聰 俗姓徐	自聞	蓬山	1161—1225 （65）	於潛				蓬山聰禪師塔銘	北磵集 10/3a
正　韶		雪屋	1202—1260 （59）	于越				韶禪師塔銘	無文印集 5/5b
～　覺 俗姓李		宏智 禪師	1079—1145 （67）	隰州		寂	宗道	宏智禪師妙光塔碑 （周葵撰）	八瓊金石補 114/9b 兩浙金石志 9/5a

姓　名	字	號	生卒年 (年齡)	籍貫	曾祖	祖	父	篇　名	出　處
可　用								如尚法蘊可用塔銘	東塘集 20/32a
〔唐〕 打　地			?—778					打地和尚塔銘(張商英撰)	山右石刻編 15/26a
令　逢 俗姓陳			? (51)	閩				逢禪師碑銘	石門禪 29/16b
～　觀 俗姓黃			1003—1093 (91)	莆田				觀禪師碑	龍雲集 32/11a
幼　旻 俗姓葉		普慈 大師	999—1059 (61)	玉山				普慈大師塔銘	鐔津集 15/15a

六　畫

姓　名	字	號	生卒年 (年齡)	籍貫	曾祖	祖	父	篇　名	出　處
汝　明 俗姓黃		別南翁	1189—1259 (71)	惠安				明禪師墓誌銘	後村集 158/12a
守　真 俗名 張守真	悟元	崇廟 大師	931—996 (66)	盞屋				傳應法師行狀(張濤撰)	金石萃編 134/7b
～　納 俗姓鄭		莫莫 翁	1047—1122 (76)	吳				訥公禪師塔銘	筠溪集 24/11b
朱自英	隱之	觀妙	977—1029 (53)	句曲				觀妙先生朱自英碑 (陳輔撰)	江蘇金石志 10/36a
合　宗 俗姓周	元谷	慧日	(66)	信州				慧日宗元谷目齒兩種不壞之塔銘	北磵集 10/15b

姓　名	字	號	生卒年 (年齡)	籍貫	曾祖	祖	父	篇　名	出　處
自　寶 俗姓吳		妙圓 大師	978—1054 (77)	合肥				妙圓大師塔銘	武溪集 7/14a
行　紹 俗姓沈			954—1033 (80)	錢塘				故紹大德塔表	鐔津集 15/17a
如　尚								如尚法蘊可 用塔銘	東塘集 20/32a
～　琰 俗姓國		佛心 禪師	1151—1225 (75)	寧海				佛心禪師塔 銘	平齋集 31/14a

七　畫

姓　名	字	號	生卒年 (年齡)	籍貫	曾祖	祖	父	篇　名	出　處
沖　煦 俗姓和	大明	法智 禪師 慧悟 大禪 師	916—974 (59)	晉安				慧悟大禪師 墓誌銘並序	徐公集 30/1a
志　言 俗姓許		法華 顯化 禪師	？—1048	壽春				顯化禪師碑 銘	樂全集 36/31a
～　連 俗姓杜	文秀	覺雲	1088—1163 (76)	鄞縣				覺雲講師塔 銘	宋本攻媿集 116/(殘) 攻媿集 110/27a
李　洪	廣元		950—984 (35)				天祐	李神君碑 (趙溥撰)	蜀文輯存 67/6b
〔唐〕 ～通元				太原				長者龕記 (張商英撰)	金石續編 17/34b 山右石刻編 17/25b

姓　名	字	號	生卒年 （年齡）	籍貫	曾祖	祖	父	篇　名	出　處
克　文 俗姓鄭	雲菴	真净 大師	1025—1102 （78）	閺鄉				雲菴真净和 尚行狀	石門禪 30/1a
～　幽 俗姓李			728—787 （60）	長江				克幽禪師碑 （趙嗣業撰）	蜀文輯存 17/12b
～　勤 俗姓駱	無著	圓悟 禪師	1063—1135 （73）	崇寧				圓悟禪師傳	鴻慶集 42/9a 孫尚書集 53/10a
希　夷		石鼓						夷禪師碑陰 靈隱	北磵集 10/6a
～　覺		大智 禪師	？—1115					大智禪師塔 銘	筠溪集 24/17b
何真人		通神 先生 通神 真人	？—1197	淮陽		尚志		何真人事實 （胡𡌫撰）	江蘇金石志 13/44b
系　南 俗姓張		小南 禪師	1050—1094 （45）	長江				第九代南禪 師塔銘	姑溪集/後 14/5a
妙　印 俗姓萬		竹巖	1187—1255 （69）	進賢				石霜竹巖印 禪師塔銘	無文印集 5/3a
～　堪 俗姓毛		笑翁	1176—1247 （72）	慈溪				育王笑翁禪 師行狀	無文印集 4/1a
～　靜 俗名項 舉之	彥升		1051—1121 （71）	遂昌				項舉之墓誌 銘（李石撰）	括蒼金石補 2/11b

八　畫

姓　名	字	號	生卒年 （年齡）	籍貫	曾祖	祖	父	篇　名	出　處
法　一 俗姓潘	貫道	雪巢	？ （75）	祥符			儼	長蘆長老一 公塔銘	鴻慶集 32/10a 孫尚書集 52/5b

姓　名	字	號	生卒年 （年齡）	籍貫	曾祖	祖	父	篇　名	出　處
～　成 俗姓潘		普證	1071—1128 （58）	嘉興				普證大師塔銘	程北山集 32/4b
～　恭 俗姓林		石窗 叟	1102—1181 （80）	奉化				瑞巖石窗禪師塔銘	宋本攻媿集 116/6b 攻媿集 110/6a
～　圓 俗姓談		修證 大師	1144—1220 （77）	崑山				圓訓二大師塔銘	北磵集 10/14a
～輪院主 俗姓苗			1019—1089 （71）	宿縣				法輪院主塔銘	後山集 20/7a
～　燈 俗姓王	傳照		1075—1127 （53）	華陽				鹿門燈禪師塔銘	石門禪 29/13a
～　寶 俗姓名			1015—1083 （69）	小溪				寶師塔銘	韓南陽集 29/3b
～　蘊								如尚法蘊可用塔銘	東塘集 20/32a
宗　可 俗姓張	與之		1171—1231 （61）	金壇		從才	汝爲	宗可塔銘	漫塘集 31/23b
～　杲 俗姓奚	曇晦	妙喜 菴主 佛日 大師 大慧	1189—1163 （75）	寧國				大慧禪師塔銘 （張浚撰）	蜀文輯存 45/16a
～　珏 俗姓孫		大休	1091—1162 （72）	烏江				天童大休禪師塔銘	宋本攻媿集 116/（殘） 攻媿集 110/4a
～　超 俗姓鄭			1200—1252 （53）	莆田	燮	偉	昌	超師墓誌銘	後村集 154/2b
～　頤 俗名孫 無求			（80 餘）					〔失題〕	四庫拾遺 208/忠穆集
卓　珙	璣石		1004—1078 （75）	晉江				卓君墓誌銘	宗伯集 17/13a

姓　名	字	號	生卒年 （年齡）	籍貫	曾祖	祖	父	篇　名	出　處
知　信 俗姓蕭			1030—1088 (59)	閩縣				福昌信禪師 塔銘	豫章集 24/15b
～　頤 俗姓錢	致道	悟悦 慧辯 大師 圓明	1219—1278 (60)	雲間				慧辯圓明悟 悦大師塔銘	秋聲集 5/39b
邵　思 俗姓李		净源 長老		都渚				思長老自造 壽塔銘	武溪集 7/9b

九　畫

姓　名	字	號	生卒年 （年齡）	籍貫	曾祖	祖	父	篇　名	出　處
祖　心 俗姓鄔 或鄒		寶覺 大師 晦堂	1025—1100 (76)	始興				黃龍心禪師 塔銘	豫章集 24/11a
～　日 俗姓鄭			1194—1255 (62)	閩縣				誠少林日九 座塔銘	後村集 159/13b
～　智 俗姓楊	別山		1220—1280 (61)	順慶				別山智禪師 塔銘 （文復之撰）	兩浙金石志 13/39a
～　賢 俗姓饒			1184—1239 (56)	金溪				賢首座墓誌 銘	後村集 150/7a
政 俗姓羅			1043—1113 (71)	平晉				政禪師行狀 記	金石續編 17/27a
思　義 俗姓馮		禪鑒 月室		杭州				禪鑒法師塔 銘	北碉集 10/7b
昭　慶 俗姓林	顯之	漳南 道人	1027—1089 (63)	晉江				慶禪師塔銘	淮海集 33/2a

姓　名	字	號	生卒年 （年齡）	籍貫	曾祖	祖	父	篇　名	出　處
契　嵩 俗姓李	仲靈	潛子 明教 大師	1007—1072 （66）	鐔津				明教大師行 業記	都官集 8/13a 鐔津/明教 1a
种　放	明逸 名逸	雲漢 醉叟 退士	？—1015	洛陽			詡	退士傳 （自撰）	宋文鑑 149/5b
重　宣 俗姓趙			923—1001 （79）	虞鄉				重宣塔記	武夷新集 ？
～　辯		南華 長老						南華長老重 辯師逸事	蘇東坡全集/ 後 20/12b
修　意 俗姓魏	無言		1060—1138 （79）	開化				意上座塔銘	程北山集 33/1a
～　廣 俗姓王	叔微	寶月 大師	1008—1068 （61）	錢塘				寶月大師塔 銘	元豐稿 44/12a
省　聰 俗姓王			1042—1096 （55）	鹽泉				逍遙聰禪師 塔碑	欒城集/後 24/8b

十　畫

姓　名	字	號	生卒年 （年齡）	籍貫	曾祖	祖	父	篇　名	出　處
海　印 俗姓張			1032—1115 （84）	安邑				海印塔銘	斜川集 6/12b
～　淵 俗姓董			1025—1108 （84）	開封				壽聖淵禪師 壞象記 （孫沖撰）	江蘇金石志 10/27b
烟 俗姓張		野翁	1223—1302 （80）	新昌				野翁禪師塔 銘	牟陵陽集 24/11a
悟　心 俗姓楊		北海 禪師						北海禪師塔 銘	北碉集 10/17b

姓　名	字	號	生卒年 （年齡）	籍貫	曾祖	祖	父	篇　名	出　處
～　杲 俗姓苟		德熙	1114—1191 （78）					悟杲碑 （苟申撰）	蜀文輯存 76/11b
～　理 俗姓袁			1014—1094 （81）	趙郡				理公塔銘	後山集 20/5a
倪少通	子明		900—990 （91）	巴陵				倪君碣	徐公集 27/12a
師　訓 俗姓周			？—1210	崑山				圓訓二大師 塔銘	北磵集 10/14a
～　範 俗姓雍		無準 佛鑑 禪師	1178—1249 （72）	梓潼				無準禪師行 狀佛鑑禪師 墓誌銘	無文印集 4/5a 後村集 162/6a
～　簡 俗姓任	仲廉	止堂	1138—1208 （71）	建德				菩提簡宗師 傳	北磵集 5/1b

十一　畫

姓　名	字	號	生卒年 （年齡）	籍貫	曾祖	祖	父	篇　名	出　處
清　遠 俗姓李		佛眼	1067—1120 （54）	臨邛				佛眼禪師塔 銘	筠溪集 24/11b
净　悟 俗姓李	機先		1149—1207 （59）	樂清				豁菴講師塔 銘	北磵集 10/11a
〔唐〕 黄鹿真 人（女） 俗名 馬道興			？—906	東梓				黄鹿真人傳 （楊續撰）	蜀文輯存 64/8b
曹　昕		普印 大師	983—1056 （74）	丹徒				昕公塔銘	文恭集 39/9a

姓 名	字	號	生卒年 (年齡)	籍貫	曾祖	祖	父	篇 名	出 處
盛 勳 俗姓謝			993—1060 (68)	壽陽				勳公塔銘並 序	鐔津集 15/11b
惟 己 俗姓仇	亞休	崇壽 禪師	979—1064 (86)	蒲頓				崇壽禪師塔 銘	丹淵集/拾 遺下/5a
～ 訥 俗姓葛		訥菴	1103—1173 (71)	閩清				訥菴塔銘	益國文忠集 40/8a 益公集 40/137b
～ 德 俗姓潘			1065—1130 (66)	瑞安				德禪師塔銘 (王以寧撰)	台州金石 錄 5/1a
～ 簡 俗姓蘇	宗可	寶月 大師	1012—1095 (84)	眉山				寶月大師塔 銘	蘇東坡全集/ 後 18/11b
常 總 俗姓施		廣慧 大師 照覺 大師	1026—1092 (67)	尤溪				照覺禪師行 狀	演山集 34/11b
處 良 俗姓劉	遂翁		1127—1187 (61)	山陰				良禪師塔銘	渭南集 40/4a
～ 嚴 俗姓賈	伯威	潛澗	1059—1112 (54)	樂清			靖	潛澗嚴闍梨 塔銘	梅溪集/ 前 20/9b
崇 岳 俗姓吳		松源	1132—1202 (71)	龍泉				松源禪師塔 銘	渭南集 40/13a
得 利 俗姓王	子益	白雲 和尚	996—1066 (71)	高陵				利師塔記 (趙宗輔撰)	金石萃編 142/13a
從 廓 俗姓林		妙智 禪師	1119—1180 (62)	長溪				妙智禪師塔 銘	魏文節遺書 1/6b 宋本攻媿集 116/(殘)

姓　名	字	號	生卒年（年齡）	籍貫	曾祖	祖	父	篇　名	出　處
紹月 俗姓馬			915—972 （58）	衡水				月公道者塔記（龔惟節述）	山右石刻編 11/7a
～祖 俗姓楊	繼遠		1094—1168 （75）	龍游				祖山主塔銘	渭南集 40/1a

十 二 畫

姓　名	字	號	生卒年（年齡）	籍貫	曾祖	祖	父	篇　名	出　處
善昇 俗姓仲		日觀 大師		錢塘				日觀大師塔記	范文正集 7/5b
～熹 俗姓沈	無惄	頤菴	1127—1204 （78）	震澤				熹華嚴傳	北澗集 5/1a
琳 俗姓鄧		西堂 琳公		都渚				月華禪師壽塔銘	武溪集 8/8b
惠立 俗姓蔣			1005—1081 （77）	桂林				立禪師塔銘	雲巢編10 （三沈集 8/55b）
～定 俗姓王	寧道		1114—1181 （68）	山陰				定法師塔銘	渭南集 40/2a
～泉				彭城				惠泉事迹	樂靜集 5/2b
～深 俗姓楊		寶月 大師	1010—1084 （75）	柏鄉				惠深碑銘 （李洵撰）	八瓊金石補 107/30a
～通 俗姓王	可久	鐵磬 老人	1068—1135 （68）	新昌				通公塔銘	莊簡集 18/19a
～（慧）詢 俗姓陳	謀道	月堂	1119—1179 （61）	昌國			安寔	月堂講師塔銘	宋本攻媿集 116/（殘） 攻媿集 110/18b
～潤 俗姓劉			1142—1110 （69）	平晉			成	惠潤和尚塔銘 （姚宗道撰）	山右石刻編 17/2b
～暹 俗姓章				南豐				暹師塔銘並序	直講集 31/11b

姓　名	字	號	生卒年 （年齡）	籍貫	曾祖	祖	父	篇　名	出　處
～　辯 俗姓富	訥翁	海月 大師	1014—1073 （60）	華亭				海月法師塔 碑	欒城集/後 24/10b
景　元 俗姓張	此菴		？ （53）	永嘉				護國元此菴 碑陰	北磵集 10/9a
～　蒙 俗姓邵		谷庵	1124—1187 （64）	平陽				谷庵禪師塔 銘	宋本攻媿集 116/16a 攻媿集 110/15a
無　殷 俗姓吳		澄源 禪師	884—960 （77）	連江				澄源禪師碑 銘	徐公集 27/1a
～　演 俗姓張		圓明 大師	1044—1100 （57）	天彭				圓明大師塔 銘	豫章集 24/17b
智　本 俗姓郭			1035—1107 （73）	高安				本禪師塔銘 並序	石門禪 29/11b
～　林 俗姓阮		宣教 大師	1001—1071 （71）	番禺				宣教大師塔 銘並序	樂全集 40/31b
～　性 俗姓蔡		海淨 大師	1103—1192 （90）	山陰				海淨大師塔 銘	渭南集 40/12a
～　海 俗姓萬			1058—1119 （62）	太和				嶽麓海禪師 塔銘並序	石門禪 20/20a
～　海 俗姓劉	濟叔	廣慈 大師	1010—1078 （69）	三原				海公壽塔記 （慧觀撰）	金石萃編 137/30a
～　恭 俗姓陸	季禮	友山	1293—1216 （78）	慈溪				友山恭和尚 塔銘	牟陵陽集 24/16a
～　清 俗姓張			1010—1083 （74）	壽光				智清靈骨記 幢	八瓊金石補 82/37a
～　訥 俗姓夏		妙空 大師 佛海 大師	1078—1157 （80）	崇德				妙空佛海大 師塔銘	鴻慶集 32/8 孫尚書集 52/1a
〔唐〕 ～　琚 俗姓李				新安			禪	智琚傳 （羅顯撰）	新安文獻 100 上/2b

姓　名	字	號	生卒年 (年齡)	籍貫	曾祖	祖	父	篇　名	出　處
～　輶			？—1096	泉南				智輶禪師塔記	張右史集 49/10a
～　策 俗姓陳	涂毒		1117—1192 (76)	天台				涂毒禪師塔銘	宋本攻媿集 116/(殘) 攻媿集 110/1a
～　鑑 俗姓吳	足庵		1105—1192 (88)	全椒				足庵禪師塔銘	宋本攻媿集 116/10b 攻媿集 110/10a
進　英 俗姓羅	拙叟		？—1122	太和				英禪師行狀	石門禪 30/8b
〔后晉〕 賀　亢								賀水部傳	後山集 19/1b

十　三　畫

姓　名	字	號	生卒年 (年齡)	籍貫	曾祖	祖	父	篇　名	出　處
靖　素 俗姓李			1094—1165 (72)	漢嘉				嘉州德山和尚塔銘	九華集 20/12a
義　宗 俗姓賈			1005—1081 (77)	太平				義宗和尚塔記(王宥撰)	山右石刻編 14/39b
～　雲 俗姓黃		退谷禪師	1149—1206 (58)	閩清				退谷雲禪師塔銘	渭南集 40/16b
道　升 俗姓吳			1098—1176 (79)	建安				升禪師塔銘	益國文忠集 40/9a 益公集 40/139a
～　月 俗姓甘			1103—1167 (65)	德陽			槐	無爲長老月公塔銘	澹齋集 16/11b
～　沖 俗姓荀		痴絕	1168—1249 (82)	武信				痴絕禪師行狀	無文印集 4/11a

姓名	字	號	生卒年(年齡)	籍貫	曾祖	祖	父	篇名	出處
～全 俗姓王			1036—1084 (49)	洛陽				全禪師塔銘	欒城集 25/8b
～劫 俗姓謝			?—1123	邵武				三角劫禪師壽塔銘并序	石門禪 29/19b
～昌 俗姓吳	月堂	佛行大師	1090—1171 (82)	歸安				道昌禪師塔銘	松隱集 35/4b
～茂 俗姓紀		覺菴雪山子		歙縣				雪山子道茂傳(羅顯撰)	新安文獻 100下/1b
～詮 俗姓衛		明因大師	981—1033 (53)	文水				明因大師塔記	歐陽文忠集 63/4a
～楷 俗姓崔		定照禪師	1043—1118 (76)	費縣				楷禪師塔銘(王彬撰)	蜀文輯存 40/9b
～甄 俗姓于				淮南				甄公知山骨塔志(向□林)	江蘇金石志 12/11b
〔唐〕 ～廣 俗姓朱		照寂大師	?—743	郴				證真照寂大師塔記并銘	武溪集 12/9b
～濟 俗姓李	湖隱	方圓叟	1137—1209 (73)	天台				湖隱方圓叟舍利銘濟顚	北磵集 10/12b
楊介如	固卿		1158—1255 (68)	豐城			文廣	楊固卿墓誌銘	後村集 148/6b
達觀 俗姓趙		息菴	1138—1212 (75)	義烏				息菴禪師塔銘	北磵集 10/5a
〔唐〕 圓測 文雅			613—696 (84)					圓測法師佛舍利塔銘(宋復撰)	金石萃編 146/34a
～智 俗姓林		證悟大師	?—1158	黃巖				證悟智公塔銘	松隱集 35/7a
～澤								僧圓澤傳	蘇東坡全集/續 12/24a

十 四 畫

姓 名	字	號	生卒年 (年齡)	籍貫	曾祖	祖	父	篇 名	出 處
廣 聞 俗姓林		佛智	1189—1263 (75)	侯官				佛智禪師塔銘	鶴齋集 21/14b
僧 彥 俗姓施			1062—1132 (71)	泉南				彥和尚塔銘	橘洲集 7/6b
審 定 (尼) 俗姓李			933—1004 (72)					尼審定塔銘 (建□撰)	八瓊金石志 87/28a 芒洛冢墓 文/補

十 五 畫

姓 名	字	號	生卒年 (年齡)	籍貫	曾祖	祖	父	篇 名	出 處
諒 元 俗姓董			1062—1125 (64)	福清				元公塔銘	斐然集 26/9b
慶 閑 俗姓卓			1029—1081 (53)	古田				閑禪師碑	欒城集 25/10b
慧 寂 俗姓曹	智齊	通智 大師		安州				齊長老壽塔記並銘	武溪集 12/20a
～ 欽		廣照 大師	? —1068	錢塘				廣照大師塔銘	雲巢編10 (三沈集 8/62a)
～ 新 俗姓曹			1100—1147 (48)	楚邱				新公塔銘 (釋法永撰)	江蘇金石志 11/41a
～ 通 俗姓郁			? —1209	杭州				慧通大師塔銘	北磵集 10/9b
～ 梵 俗姓顧	竺卿	蓬居 生	(89)	崇德				梵蓬居塔銘	北磵集 10/2a

姓　名	字	號	生卒年 （年齡）	籍貫	曾祖	祖	父	篇　名	出　處
〔唐〕 ～　寬 俗姓楊			584—653 （70）	孝水				十傳觀音應 身傳	石門禪 30/10a
～　遠 俗姓彭	瞎堂	佛海禪師	1103—1176 （74）	眉山				佛海禪師遠 公塔銘	益國文忠集 40/10b 益公集 40/140b
德　光 俗姓彭		拙菴 福照 禪師 普慧 宗覺 大禪 師佛 照禪 師	1121—1203 （83）	新喻	崇善	堯訓	術	圜鑑塔銘	益國文忠集 80/10a 益公集 80/132a
～　誠 俗姓鄭			1203—1254 （52）	福清				誠少林日九 座塔銘	後村集 159/13b

十 六 畫

姓　名	字	號	生卒年 （年齡）	籍貫	曾祖	祖	父	篇　名	出　處
遵　式 俗姓葉	知白	慈雲 懺主 慧通 法寶 大師 懺主 禪慧 大法 師	964—1032 （69）	寧海				慈雲式公行 業曲記	鐔津集 15/2b
〔南北朝〕 曇　延 俗姓王			516—588 （73）	蒲州 桑泉				曇延法師碑 銘（王干撰）	山右石刻編 18/2a

十 八 畫

姓 名	字	號	生卒年 (年齡)	籍 貫	曾 祖	祖	父	篇 名	出 處
〔五代吳〕 聶師道	宗微	問政 先生	？—927	歙縣				聶真人師道 傳(羅顯撰)	新安文獻 100上/4b
〔南唐〕 ~紹元	伯初	無名 子鍊 師		歙縣				聶真人師道 傳從孫紹元	新安文獻 100上/4b
歸曉	信天	惠廣 大師	923—988 (66)					惠廣壽塔碑 銘(潘平撰)	八瓊金石補 36/11a

十 九 畫

姓 名	字	號	生卒年 (年齡)	籍 貫	曾 祖	祖	父	篇 名	出 處
懷賢 俗姓何	潛道	圓通 大師	1016—1082 (67)	溫州 永嘉				圓通禪師行 狀	淮海集 86/10a
~謹 俗姓賈		智悟 大師	1011—1085 (75)	開封				智悟大師塔 銘	豫章集 24/22a

二 十 畫

姓 名	字	號	生卒年 (年齡)	籍 貫	曾 祖	祖	父	篇 名	出 處
寶月 俗姓顏			1057—1117 (61)	銅城				月和尚塔銘	嵩山集 20/36a
~月								寶月禪師龕 銘(王箴撰)	金石萃編 139/5a
~印 俗姓李	坦叔	別峰 禪師	1109—1190 (82)	龍游				別峰禪師塔 銘	渭南集 40/7a
〔南北朝 宋〕~誌 俗姓朱		道林 真覺 大師	？—514					道林真覺大 師	石門禪/ 30/11b
~曇 俗姓許	少雲		？—1197	龍遊				龕銘(自作)	橘洲集 10/13a
~緣		慈濟 大師		興元				慈濟大師壽 塔記並銘	武溪集 12/12a

二十一畫

姓名	字	號	生卒年 （年齡）	籍貫	曾祖	祖	父	篇名	出處
〔唐〕 顥公 俗姓苗				潞城				顥公幢銘並序	山右石刻編 13/1a

二十三畫

姓名	字	號	生卒年 （年齡）	籍貫	曾祖	祖	父	篇名	出處
顯達 俗姓苗	彥濟		1018—1109 （92）	洛陽				顯達塔銘	八瓊金石補 111/26a 芒洛冢墓 文下/25b
體訓 （尼） 俗姓馬		資教 大師	? —971					資教大師卯塔銘	芒洛冢墓 文/下/15b

五、姓名未詳者

姓 名	字	號	生卒年 (年齡)	籍貫	曾祖	祖	父	篇 名	出 處
某 俗姓許		法安 大師	1024—1084 (61)	臨川				法安大師塔銘	豫章集 24/19a
□守吉	寡辭		954—1001 (48)	廣平	虔	繼勳	珪	□府君墓誌銘並序 (宗古撰)	
□景武	世謀 藩仲		1154—1212 (59)	麗水	陳	杲	志遠	蕃仲納壙記 (闕名)	括蒼金石志/1a
圉人								圉人傳	傳家集 72/5b 司馬溫公集 67/6b
某		一是 居士						一是居士傳	心史/ 下/24a
某		古迂		穎川				古迂翁傳	牧萊脞語 18/4a
唐河 唐嫗								唐河店嫗傳	小畜集 14/1a
□氏				淮陰				淮陰賢婦墓誌銘清 僧母葬誌	眉山集 15/3a 方舟集 17/22b